RYAN HOLIDAY

DAS LEBEN DER STOIKER

Lektionen über die Kunst des Lebens, von Mark Aurel bis Zenon

DAS LEBEN DER STOIKER

Lektionen über die Kunst des Lebens, von Mark Aurel bis Zenon

New York Times-BESTSELLERAUTOR

RYAN HOLIDAY

STEPHEN HANSELMAN

Bibliografische Information der Deutschen Nationalbibliothek
Die Deutsche Nationalbibliothek verzeichnet diese Publikation in der Deutschen Nationalbibliografie. Detaillierte bibliografische Daten sind im Internet über http://dnb.d-nb.de abrufbar.

Für Fragen und Anregungen:
info@m-vg.de

2. Auflage 2024

Die englische Originalausgabe erschien 2020 unter dem Titel *Lives of the Stoics. The Art of Living from Zeno to Marcus Aurelius.*

Übersetzung: Kerstin Brömer
Redaktion: Anne Büntig-Blietzsch
Korrektorat: Silvia Kinkel
Umschlaggestaltung: Marc-Torben Fischer, in Anlehnung an die Originalausgabe
Umschlagabbildung: shutterstock.com/ Stephen Chung
Illustrationen im Innenteil: © Rebecca DeField.
Satz: ZeroSoft, Timisoara
Druck: GGP Media GmbH, Pößneck
Printed in Germany

ISBN Print 978-3-95972-377-0
ISBN E-Book (PDF) 978-3-96092-701-3
ISBN E-Book (EPUB, Mobi) 978-3-96092-702-0

INHALT

EINLEITUNG

Der einzige Grund, sich mit Philosophie auseinanderzusetzen, ist der, ein besserer Mensch zu werden. Alles andere ist, wie Nietzsche einmal sagte, lediglich eine »Kritik der Worte über Worte«.

Keine andere Denkschule hat so sehr daran geglaubt, dass Taten mächtiger sind als Absichten, wie der Stoizismus, eine antike Philosophie, die aus Griechenland stammt und auf das dritte Jahrhundert vor Christus zurückgeht. Seneca, ein stoischer Philosoph der römischen Ära – und damit weit weg von der Akademie Platons –, sagte einmal ganz unverblümt, dass es keinen anderen Zweck für das Lesen und das Studieren gebe als den, ein glückliches Leben zu führen.

Doch in der modernen Welt spielt die Philosophie eine andere Rolle. Heutzutage dreht sich alles darum, was kluge Menschen sagen, welche großspurigen Worte sie benutzen, mit welchen Paradoxa und Rätseln sie uns verblüffen können. Kein Wunder, dass wir das als unnütz abtun. Das ist es ja auch!

In diesem Buch wird es um eine andere und weitaus zugänglichere Art von Weisheit gehen, nämlich um die, wie sie von Menschen wie Seneca praktiziert wurde, einem Mann, der seinem Land auf höchster Ebene diente, Exil und Verlust ertragen musste, mit Ehrgeiz und persönlichen Fehlern zu kämpfen hatte und schließlich tragisch und heldenhaft starb, als er versuchte, seine Theorien zu verwirklichen.

Anders als den »Schreibtischphilosophen«, wie diese sogar schon vor zweitausend Jahren spöttisch genannt wurden, ging es den Stoikern vor allem darum, wie man *lebte* – die Entscheidungen, die man traf, die Anliegen, denen man sich widmete, die Prinzipien, an die man sich in Zeiten der Not hielt. Ihnen war wichtig, was man tat, und nicht das, was man sagte. Ihre Philosophie, die wir heute mehr denn je brauchen, war keine Philosophie der flüchtigen Gedanken, sondern des Handelns. Deren vier Tugenden sind ebenso einfach wie geradlinig: Tapferkeit, Besonnenheit, Gerechtigkeit und Weisheit.

Daher ist es nicht überraschend, dass wir aus den gelebten Erfahrungen der Stoiker (ihrem Wirken) ebenso viel lernen können wie aus ihren philosophischen Schriften (ihren Worten). Die Weisheit, die die veröffentlichten Werke von Cato dem Jüngeren bieten, ist dürftig – ein Leben im Staatsdienst als Senator und Truppenbefehlshaber bedeutete, dass er zu beschäftigt war, um mehr als ein paar Sätze aufzuschreiben. Aber wie er sich während des Niedergangs und Falls der Republik verhielt – nämlich indem er absolute Integrität und Selbstlosigkeit zeigte –, lehrt mehr über Philosophie als jeder Aufsatz. Von den Theorien des Diotimos, eines Stoikers zu Beginn des ersten Jahrhunderts vor Christus, ist uns nur wenig erhalten geblieben, aber die Legende von seinem literarischen Betrug zeigt uns, wie leicht selbst rechtschaffene Menschen auf Abwege geraten können. Das Gleiche gilt für das Leben von Seneca, dessen sprachgewandte Briefe und Bücher uns in großem Umfang erhalten geblieben sind, und doch muss man sie den Kompromissen gegenüberstellen, die seine Arbeit in Neros Regierung erforderte.

Und nicht nur das Leben der Stoiker kann uns vieles lehren, sondern auch ihr Tod. Jedem Stoiker war stets bewusst, dass er irgendwann sterben musste, sei es durch ein Attentat, durch

Selbstmord oder – höchst einzigartig – durch Lachen, wie es bei Chrysipp der Fall war. Cicero sagte einmal, *Philosophieren heißt sterben lernen.* Die Stoiker lehren uns also in ihrer weisen Art nicht nur, wie man leben sollte, sondern auch, wie man sich dem angsteinflößendsten Teil des Lebens stellen sollte: dem Ende. Sie zeigen uns anhand ihrer eigenen Beispiele die Kunst, gut aus dem Leben zu scheiden.

Die hier porträtierten Stoiker sind überwiegend Männer, denn die Antike war eine Männerwelt. Dennoch waren sie vielfältig. Die Philosophen in diesem Buch stammten aus den entlegensten Winkeln der bekannten Welt, aus Zypern, der Türkei, Ägypten, Libyen, Syrien und dem Irak. Und obwohl ihre Philosophie in Athen Wurzeln schlagen sollte, sahen die Stoiker die gesamte Erde als ihr Land an. Der Begründer des Stoizismus, Zenon von Kition, ein Phönizier, lehnte die athenische Staatsbürgerschaft bekanntlich ab, weil sie im Widerspruch zu seinem aufrichtigen Glauben an den Kosmopolitismus stand. Der Stoizismus fand schließlich seinen Weg nach Rom, wo er im öffentlichen Leben eine große Rolle spielte und den Kurs eines der größten und multikulturellsten Imperien der Geschichte lenkte.

In den ersten fünfhundert Jahren der stoischen Geschichte bilden seine Anhänger ein erstaunliches Spektrum von Lebensstationen ab. Es reicht von Marcus Aurelius, dem allmächtigen Kaiser, bis zu Epiktet, einem niederen Sklaven, der in Gefangenschaft verkrüppelt wurde, dessen Schriften und Leben aber viele, darunter auch Marcus Aurelius, inspirierten. Einige ihrer Namen sind Ihnen vielleicht bereits bekannt, andere (Ariston, Diogenes von Babylon, Porcia, Antipatros, Panaitios, Poseidonios, Areios und Musonius Rufus) wahrscheinlich nicht. Aber es lohnt sich bei ihnen allen, mehr über sie zu erfahren, ob sie nun Kaufleute oder Generäle, Schriftsteller oder Sportler, Eltern oder Professoren,

Töchter oder Diplomaten waren. Jeder von ihnen kann uns etwas Wichtiges beibringen. Jeder ist den Weg der Tugend auf eine Weise gegangen, von der wir lernen können.

Das Wort »stoisch« bedeutet im Deutschen gleichmütig, gelassen, und wird oft verwendet, wenn es darum geht, Unangenehmes ohne große Emotionen zu ertragen. Doch selbst ein flüchtiger Blick auf die Geschichten dieser Menschen beweist einen enormen Unterschied zwischen den Erwartungen, die mit diesem Adjektiv einhergehen, und den Realitäten der Philosophie namens Stoizismus. Der Stoizismus ist eine lebendige, umfangreiche Philosophie, voller Menschen, die liebten, die trauerten, die sich mühten, die in den großen Schlachten der Geschichte tapfer kämpften, die Kinder aufzogen, die wichtige Werke schrieben, die selbstbewusst auftraten, die glaubten und die *lebten*. Zu ihrer Zeit widersetzten sich diese Philosophen dem Klischee eines Stoizismus, laut dem sie gefühllose Lasttiere seien, die das Leben durchlitten und in sich gekehrt waren.

Die Stoiker haben sich nie einfach mit dem Status quo abgefunden und die Ungerechtigkeiten in der Welt widerspruchslos hingenommen. Vielmehr bildeten sie den glühendsten »Widerstand« gegen die Tyrannei von Julius Caesar, Nero und anderen in der Antike und beeinflussten sogar demokratische Volksreformen. So, wie der Stoizismus das »strenge Kindermädchen der Helden im ersten Jahrhundert des Reiches« war, um den Ausdruck des Historikers Richard Gummere zu entlehnen, sollte er noch viele Jahrhunderte danach eine ähnliche Rolle spielen, einschließlich der Inspiration der Führer der Amerikanischen Revolution sowie von Patrioten wie Thomas Wentworth Higginson, der im Bürgerkrieg ein Schwarzen-Regiment für die Sache der Union führte (und ein Übersetzer von Epiktet war). Die Stoiker sind immer Menschen gewesen, die für Veränderungen geblutet haben und für sie gestorben sind, ob dieser Einsatz nun geschätzt wurde oder erfolgreich war oder nicht.

»Ich weiß«, schrieb Seneca 55 nach Christus in einem Buch über die Barmherzigkeit, das für den jungen Kaiser Nero geschrieben wurde, »dass die Stoiker unter den Uninformierten den schlechten Ruf haben, zu gefühllos zu sein und deshalb Königen und Fürsten wohl kaum gute Ratschläge geben zu können: Man wirft ihnen vor, zu behaupten, der Weise empfinde kein Mitleid und vergebe nicht … Tatsächlich ist keine philosophische Schule gütiger und sanftmütiger, keine andere ist menschenfreundlicher und mehr auf das Gemeinwohl bedacht, in dem Maße, dass ihr eigentlicher Zweck darin besteht, nützlich zu sein, Hilfe zu leisten und nicht nur die eigenen Interessen als Schule, sondern die aller Menschen, ob als Individuen oder als Gemeinschaft, zu berücksichtigen«.

Struktur und Stil des vorliegenden Buches sind von Plutarch inspiriert, einem der großen Biografen der Geschichte, der zufälligerweise sowohl Chronist als auch Kritiker des Stoizismus war.* Wir werden Ihnen einander überlappende, aber unabhängige Biografien aller stoischen Persönlichkeiten vorstellen, mit dem Ziel, Ihnen eine reichhaltige Quelle zu bieten, die Sie sich immer wieder vornehmen können – so, wie es Millionen von Lesern von *Der tägliche Stoiker* und *Dein Hindernis ist Dein Weg* seit Jahren tun.

Wir haben jeden der Stoiker durch die Linse eines bestimmten Merkmals oder einer bestimmten Rolle betrachtet, die sie in der Geschichte ihrer Philosophie gespielt haben. Sie treffen auf Porcia, die stoische eiserne Frau, auf Diogenes den Diplomaten, Antipatros den Ethiker, und Zenon den Propheten. Wir möch-

* Sein Enkel Sextus sollte später Philosophielehrer von Mark Aurel werden.

ten Ihnen nicht nur einige Fakten über diese Menschen vermitteln, sondern auch ein tieferes Verständnis für ihr Wesen und die Teile ihres Lebens, die uns das meiste über die Kunst des Lebens lehren.

Mit diesem Werk versuchen wir keine streng wissenschaftliche Genauigkeit zu erreichen – was nach so vielen Jahrhunderten sowieso unmöglich wäre –, sondern die moralischen Lehren zu erläutern, die man aus dem Leben dieser komplizierten Menschen ziehen kann. Als Beispiel für viele der frühen Stoiker wenden wir uns Diogenes Laertios zu, dem sogenannten »Nachtwächter der Geschichte der griechischen Philosophie«. Sein klassisches Werk *Leben und Lehre der Philosophen* aus dem dritten Jahrhundert nach Christus ist bisweilen widersprüchlich und eindeutig eine Mischung aus gesammelten Fakten und Fiktion. Es ist aber auch voller schöner Einsichten und Geschichten. Diogenes war das Persönliche ebenso wichtig wie die Philosophie, und deshalb klingen seine Beobachtungen in einer Weise nach, wie es die anderer antiker Schriftgelehrter und Kritiker nicht tun.

Wegen der Nähe der späteren Stoiker zur politischen Macht in der römischen Epoche tauchen ihre Namen in den klassischen Geschichten von Tacitus, Sueton und Cassius Dio auf, oft mit Bewunderung, wenn sie ihren Idealen gerecht wurden (wie Tacitus' Berichte über den Tod von Thrasea und Seneca), oder mit Hohn, wenn sie an ihnen scheiterten (wie Cassius Dios Bericht über Senecas fragwürdig angehäuften Reichtum). Plinius, Strabon, Athenaios, Aulus Gellius und andere werfen ein zusätzliches Licht auf das Leben und die Lehren der Stoiker. Später helfen auch christliche Schriftsteller wie Justin der Märtyrer, Clemens, Origenes, Tertullian, Eusebius, Hieronymus und der heilige Augustinus, die allesamt viel von zahlreichen Stoikern gelernt haben, deren Leben in den Blickpunkt zu rücken.

In anderen Fällen stützen wir uns auf die Schilderungen von Schriftstellern wie Cicero oder auf die Stoiker selbst. Cicero, der sich als Mitglied der skeptischen Akademie ansah und damit beschäftigt war, an die Spitze der römischen Politik aufzusteigen, widmete dennoch einen großen Teil seines Lebens dem tiefen Eintauchen in die Geschichte und in die Lehren der Stoiker, die ihm vorausgegangen waren. Durch seine Bemühungen haben wir Zugang zu vielen Quellen, die längst verloren gegangen sind. Seneca ist eine weitere ebenso wertvolle Quelle, da er nicht nur neue Schriften über den Stoizismus verfasste, sondern sie auch mit einer Fülle von Zitaten und Anekdoten über seine stoischen Vorgänger anreicherte, die wir sonst nicht hätten. Diese Schnittmengen sind am interessantesten, auch wenn wir nicht immer weitere Dokumente zur Bestätigung haben, denn sie zeigen uns, wie die Stoiker sich gegenseitig beeinflusst haben und wie moralische Erzählungen – wie die, die Generationen von Amerikanern ihren Kindern über George Washington und den Kirschbaum beibrachten – unabhängig von ihrer Wahrhaftigkeit wichtige Lektionen aufzeigen können.

Den Stoikern ging es um Lichter, die den Lebensweg erhellen sollten – etwas, woran wir bis heute interessiert sind. Sie wollten wissen, wie auch wir wissen wollen, wie man Ruhe, Sinn, Selbstbeherrschung und Glück findet. Diese Reise, ob sie nun im antiken Griechenland oder in der Welt von heute beginnt, ist zeitlos. Sie ist notwendig. Sie ist schwierig. Deshalb fragen wir, wie schon die Stoiker fragten: Wer kann mir helfen? Was ist richtig? Woran orientiere ich mich?

»Du hast so manches versucht«, schrieb Marcus Aurelius in *Selbstbetrachtungen* an sich selbst, »und musstest schließlich erkennen, dass du doch nie das Glück des Lebens gefunden hast. Weder in logischen Schlussfolgerungen noch in Reichtum, Ruhm oder Maßlosigkeit. Nirgends.«

Philosophie ist zuallererst eine Antwort auf die Frage, wie man leben soll. Sie ist das, wonach wir gesucht haben. »Möchten Sie wirklich wissen, was die Philosophie der Menschheit bietet?«, fragt Seneca in *Moralische Briefe*. »Die Philosophie bietet Ratschläge.«

Nachdem Sie dieses Buch gelesen haben, wird es Ihre Aufgabe sein, diesen Rat zu beherzigen und sich mit dem auseinanderzusetzen, was Seneca als die wichtigste Aufgabe eines Lesers von philosophischen Schriften bezeichnete: Worte in Taten zu verwandeln, die Lehren aus dem Leben und Sterben, dem Erfolg und dem Scheitern der Männer und Frauen, die vor uns kamen, in der realen Welt in Taten umzusetzen. Denn dies und nichts anderes verleiht einem den Titel: Philosoph.

DAS LEBEN DER STOIKER

ZENON DER PROPHET

* 334 v. Chr.
† 262 v. Chr.

aus Kition, Zypern

Die Geschichte des Stoizismus beginnt passenderweise mit einem Unglück.

An einem schicksalhaften Tag am Ende des vierten Jahrhunderts vor Christus setzte der phönizische Kaufmann Zenon auf dem Mittelmeer die Segel, an Bord eine volle Ladung purpurroten Farbstoffs aus Tyria. Der seltene Farbstoff, äußerst geschätzt von den Reichen und Königen, die sich in damit gefärbte Gewänder kleideten, wurde von Sklaven mühsam aus dem Blut von Meeresschnecken gewonnen und in der Sonne getrocknet, bis er, wie ein antiker Historiker sagte, »sein Gewicht in Silber wert« war. Zenons Familie handelte mit einer der wertvollsten Waren der Antike und ihr Geschäft stand – ebenso wie das vieler anderer Unternehmer – täglich auf dem Spiel.

Niemand weiß, was den Schiffbruch verursacht hat. War es ein Sturm? Piraten? Menschliches Versagen? Ist das überhaupt wichtig? Jedenfalls verlor Zenon alles – Schiff und Ladung – in einer Zeit, bevor es Versicherungen und Kapitalbeteiligungen gab. Es war ein unersetzliches Vermögen. Doch der unglückliche Kaufmann freute sich später über seinen Verlust und behauptete: »Die Reise, bei der ich Schiffbruch erlitt, war eine gewinnbringende Reise.« Denn eben dieser Schiffbruch schickte Zenon nach Athen, auf den Pfad, das zu erschaffen, was die stoische Philosophie werden sollte.

Es gibt, wie bei den Ursprungsgeschichten aller Propheten, einige widersprüchliche Berichte über Zenons frühes Leben, und sein Schiffbruch bildet darin keine Ausnahme. In einem Bericht wird behauptet, dass Zenon bereits in Athen war, als er vom Untergang seiner Fracht erfuhr, und sagte: »Gut gemacht, Schicksal, mich so zur Philosophie zu treiben!« Wieder andere behaupten, dass er die Fracht bereits in Athen verkauft hatte, als er sich der Philosophie zuwandte. Es ist auch gut möglich, dass er von seinen Eltern in die Stadt geschickt worden war, um ihn vor dem schrecklichen Krieg zwischen den Nachfolgern Alexanders des Großen zu schützen, die sein Heimatland verwüsteten. Tatsächlich berichten einige antike Quellen, dass er zum Zeitpunkt seiner Ankunft in Athen ein Anwesen und weitere Investitionen am Mittelmeer im Wert von vielen Millionen besaß. Eine weitere Quelle berichtet, dass Zenon 312 vor Christus im Alter von zweiundzwanzig Jahren ankam, genau in dem Jahr, in dem sein Geburtsort dem Erdboden gleichgemacht wurde und sein König von einem Eindringling getötet wurde.

Als möglicher Auslöser für eine Philosophie, bei der es um Belastbarkeit und Selbstdisziplin sowie um Gleichmut gegenüber Leid und Unglück geht, erscheint eine unerwartete Katastrophe als das wahrscheinlichste Szenario – ob sie Zenon und seine Familie nun in den völligen finanziellen Ruin stürzte oder nicht. Ein Schiffbruch hätte Zenon genauso gut in ein gewöhnliches Leben als Kaufmann mit festem Geschäftssitz oder, indem er ihn seiner Familie beraubt hätte, ihn in die Trunksucht oder in die Armut treiben können. Stattdessen *nutzte* er ihn – er entschied sich, diesem Ruf zu folgen, der ihn zu einem neuen Leben und Selbstverständnis beflügelte.

Diese Anpassungsfähigkeit war ein Überlebensmerkmal, das zu jener Zeit gute Dienste leisten konnte. Zenon wuchs in einer Welt des Chaos auf. Im Jahr 333 vor Christus, ein Jahr nach seiner Geburt in Kition, einer griechischen Stadt auf der Insel Zypern, befreite Alexander der Große das Land von zwei Jahrhunderten persischer Herrschaft. Von da an war Zenons Heimat eine wertvolle Schachfigur auf diesem unsicheren Spielbrett der zerfallenen Reiche, eine, die viele Male den Besitzer wechselte.

Sein Vater, Mnaseas, war gezwungen, buchstäblich durch dieses Chaos zu navigieren, da er für das Handelsunternehmen seiner Familie die Meere bereiste. Vermutlich musste er Blockaden durchbrechen, Bestechungsgelder zahlen und feindliche Linien umgehen, wenn er von Zypern nach Sidon, von Sidon nach Tyrus, von Tyrus nach Piräus, der großen Hafenstadt außerhalb Athens, und wieder zurück segelte. Dennoch scheint er ein liebevoller Vater gewesen zu sein, der seinem Sohn viele Bücher mit nach Hause brachte, darunter auch welche über Sokrates.

Es war wahrscheinlich nie die Frage, ob Zenon in den Familienhandel einsteigen und seinem Vater aufs Meer folgen würde, um mit phönizischer Farbe zu handeln und von Abenteuern und Reichtum zu träumen. Man sagt, er sei groß und schlank gewesen und sein dunkler Teint sowie sein Habitus hätten ihm den Beinamen »ägyptische Rebe« eingebracht. In seinen späteren Jahren habe man ihn als dickbeinig, schwabbelig und schwach beschrieben – Eigenschaften, die ihn unbeholfen werden ließen und bei ihm eine soziale Scheu verursachten, während er älter wurde und sich an das Leben an Land anpasste.

Zwar sind die genauen Umstände von Zenons Ankunft in Athen ungewiss, doch wir wissen, wie die Stadt damals aussah. Athen war ein geschäftiges Handelszentrum mit einundzwanzigtausend Bürgern, halb so vielen Menschen aus dem Ausland und einer erschreckend großen Sklavenbevölkerung, die in die Hunderttausende ging. Die ganze Stadt war auf das Geschäft ausgerichtet und wurde von belesenen Eliten regiert, deren Erfolg und Bildung ihnen die Zeit verschafften, Ideen zu erforschen und zu diskutieren, über die wir noch heute sprechen. Es war ein fruchtbarer Boden für das Erwachen, das Zenon erwartete. Tatsächlich wissen wir sogar genau, wo dieses Erwachen stattfand – an einem überraschend modernen Ort: in einer Buchhandlung.

Eines Tages machte Zenon eine Pause vom Geschäftsleben, stöberte in einer Buchhandlung und suchte nach etwas zum Lesen, als er erfuhr, dass für diesen Tag ein Vortrag geplant war. Er nahm Platz und hörte dem Buchhändler zu, der aus mehreren Werken las, die sich mit Sokrates beschäftigten, dem Philosophen, der ein Jahrhundert zuvor in Athen hingerichtet worden war und dessen Ideen Zenon von seinem Vater vorgestellt wurden, als er noch ein Junge gewesen war.

Auf einer seiner Reisen vor seinem Schiffbruch, vielleicht inspiriert von einer ganz ähnlichen Reise, die Sokrates unternommen hatte, befragte Zenon ein Orakel, was er tun solle, um ein bestmögliches Leben zu führen. Die Antwort des Orakels: »Um das bestmögliche Leben zu leben, solltest du dich mit den Toten unterhalten.« In dieser Buchhandlung, die möglicherweise dieselbe war, in der sein Vater Jahre zuvor eingekauft hatte, muss ihm, während er den Worten des Sokrates zuhörte, die laut vorgelesen und auf diese Weise mit Leben erfüllt wurden, aufgefallen sein, dass er genau das tat, was ihm das Orakel geraten hatte. Denn sind Bücher nicht genau das? Ein Weg, Weisheit von denen zu erlangen, die nicht mehr unter uns weilen?

Als der Buchhändler aus dem zweiten Buch von Xenophons *Memorabilien* las, hörte Zenon die Lehren des Sokrates, wie sie wenige Generationen zuvor in eben diesen Straßen ausgeübt worden waren. Die Passage, die ihn am meisten beeindruckte, war »Die Wahl des Herakles«, eine Geschichte über einen Helden am Scheideweg. In diesem Mythos ist Herakles gezwungen, zwischen zwei Jungfrauen zu wählen, von denen die eine Tugend und die andere Lasterhaftigkeit repräsentiert – die eine ein Leben voller tugendhafter harter Arbeit und die andere eines in Faulheit. »Du musst«, hörte Zenon die Figur der Tugend sagen, »deinen Körper daran gewöhnen, der Diener deines Geistes zu sein, und ihn mit Mühsal und Schweiß trainieren.« Und dann bot die Lasterhaftigkeit eine völlig andere Alternative an. »Moment mal!«, rief sie.

»Siehst du nicht, wie lang und hart der Weg zur Freude ist, den sie beschreibt? Komm mit mir und nimm den einfachen Weg!«

Im Wald, oder besser gesagt, in einer Buchhandlung in Athen, teilt sich der Weg. Der Stoiker wählt den schweren.

Zenon ging zum Buchhändler und stellte ihm die Frage, die sein Leben verändern sollte: »Wo finde ich einen solchen Mann?« Das heißt: Wo kann ich meinen eigenen Sokrates finden? Wo kann ich jemanden finden, bei dem ich studieren kann, so wie Xenophon bei diesem weisen Philosophen? *Wer kann mir bei meiner Wahl helfen?*

Sollte Zenon das Pech gehabt haben, diesen schrecklichen Schiffbruch zu erleiden, so wäre es mehr als wettgemacht worden, indem er in diese Buchhandlung ging, und es wäre sogar doppelt wettgemacht worden, weil in diesem Moment zufälligerweise Krates, ein bekannter Athener Philosoph, vorbeikam. Der Buchhändler streckte einfach seine Hand aus und deutete auf ihn.

Man könnte sagen, es sei Schicksal gewesen. Die Stoiker späterer Jahre hätten es sicher so bezeichnet. Der Held hatte einen großen Verlust erlitten und überschritt deshalb eine Schwelle, um seinen wahren Lehrer zu finden. Gleichzeitig war es die *Entscheidung*, die Zenon traf – nach seinem schrecklichen Verlust in die Buchhandlung zu gehen, dem Buchhändler zuzuhören und, was am wichtigsten war, sich nicht nur mit den Worten, die er dort gehört hatte, zufrieden zu geben. Nein, er wollte mehr. Er *verlangte* nach mehr Antworten und nach einem Lehrer, und aus diesem Impuls heraus sollte sich der Stoizismus bilden.

Krates von Theben war, wie Zenon, der Sohn einer wohlhabenden Familie und Erbe eines großen Vermögens. Von Diogenes Laertios erfahren wir, dass Krates, nachdem er eine Aufführung der *Tragödie des Telephos* – der Geschichte des Königs Telephos, Sohn des Herakles, der von Achilles verwundet wurde – gesehen hatte, sein Geld verschenkte und nach Athen zog, um Philosophie zu studieren. Dort wurde er bekannt als der »Türöffner«, schrieb Diogenes, »der Ausrufer, dem alle Türen offen stehen« von denen, die von dem großen Philosophen lernen wollten.

Wenn der Schüler bereit ist, so sagt ein altes Zen-Sprichwort, erscheint der Lehrer. Krates war genau das, was Zenon brauchte.

Eine der ersten Lektionen von Krates zielte darauf ab, Zenon von seiner Befangenheit aufgrund seines Ansehens zu heilen. Da er spürte, dass sich sein neuer Schüler zu sehr um seinen sozialen Status sorgte, übertrug Krates ihm die Aufgabe, einen schweren Topf Linsensuppe durch die Stadt zu tragen. Zenon versuchte, den Topf durch die Stadt zu schmuggeln, indem er ruhige Nebengassen nahm, um bei dieser demütigenden Aufgabe* nicht gesehen zu werden. Krates erwischte ihn dabei, zerbrach den Topf mit seinem Stab und die Suppe ergoss sich über Zenon. Zenon war das so peinlich, dass er zitterte und zu fliehen versuchte. »Warum davonlaufen, mein kleiner Phönizier?«, fragte ihn Krates lachend. »Dir ist nichts Schreckliches widerfahren.«

Nur, weil jemand Ängste oder Selbstzweifel hat oder ihm schon früh im Leben die falschen Dinge beigebracht wurden, heißt das nicht, dass er nicht zu jemand Großartigem werden kann, vorausgesetzt, er hat den nötigen Mut (und die Mentoren) zur Veränderung. Mit der unverblümten, aber herzlichen Hilfe von Krates überwand Zenon seine Befangenheit, um zu dem Menschen zu werden, zu dem er berufen war.

Als Zenon sein Geschäftsleben hinter sich ließ, wählte er eine neue Lebensweise, die Studium und Denken mit den Bedürfnis-

* Linsen wurden damals als ein Nahrungsmittel angesehen, das nur arme Menschen aßen. Zweifellos versuchte Krates, die versnobte Art der großbürgerlichen Erziehung Zenons infrage zu stellen.

sen einer von Handel, Eroberung und Technologie getriebenen Welt in Einklang brachte. Für Zenon bestand der Zweck der Philosophie, der Tugend, darin, »einen schönen Lauf des Lebens« zu erreichen, um dahin zu gelangen, dass alles, was wir tun, »in harmonischem Einklang mit dem lenkenden Geist eines jeden Menschen und dem Willen desjenigen, der das Universum regiert« ist. Die Griechen glaubten, jeder von uns habe einen Dämon, ein inneres Genie oder einen lenkenden Zweck, der mit der universellen Natur verbunden ist. Wer so lebe, dass die individuelle und die universelle Natur in Einklang miteinander stehen, sei glücklich, sagte Zenon, und diejenigen, bei denen das nicht der Fall sei, seien es nicht.

In dem Bemühen, diese Harmonie zu erreichen, führte Zenon ein einfaches Leben, das sich gar nicht so sehr von dem seines Rivalen Epikur unterschied, der nur wenige Jahre, bevor Zenon eigene Wege ging, seine Schule gründete. Zenons Ernährung bestand hauptsächlich aus Brot und Honig und gelegentlich einem Glas Wein. Er teilte seinen Wohnraum mit anderen und stellte nur selten Bedienstete ein. Selbst, als er krank war, lehnte er alle Versuche ab, ihn zu verwöhnen oder seine magere Ernährung umzustellen. »Er glaubte«, so sagte ein späterer Stoiker, »dass jemand, der einmal die Gourmetküche gekostet hat, sie ständig wollen würde, da der mit dem Trinken und Essen verbundene Genuss in uns den Wunsch nach mehr Essen und Trinken weckt.«

Als Teil des einfachen Lebens verbrachte Zenon viel Zeit allein, zog einen engen Freundeskreis großen gesellschaftlichen Zusammenkünften vor und stahl sich später bekanntlich von einer von König Antigonos veranstalteten Party davon (und wies Einladungen zum Besuch des königlichen Hofes zurück). Er brachte seine Argumente schnell vor und schüttelte den Kopf über unnötige rhetorische Schnörkel. Er war auch klug und witzig und machte es sich zur Gewohnheit, Fremde um Geld zu bitten, um andere davon abzuhalten, dieselbe Bitte an *ihn* zu richten. Es gibt keine Anzeichen dafür, dass sein frühes Leben voller Leichtigkeit und Reichtum ihn in irgendeiner Weise verdorben oder seinen Anspruch an Komfort aufgeblasen hätte. Wenn überhaupt, dann hat ihm der Verlust all dessen bewiesen, dass Geld ihm nur wenig bedeutete. In Athen wurde es fast zu einem geflügelten Wort, einen nüchternen, anspruchslosen und disziplinierten Menschen mit den Worten zu beschreiben: »Er ist noch genügsamer als Zenon der Philosoph!«

Nach seinen Studien bei Krates und dem der megarischen Schule angehörenden Philosophen Stilpon begann Zenon, selbst zu unterrichten – für einen ehemaligen Kaufmann passenderweise in der *Agora* selbst. Dort, inmitten der Läden, in denen die Menschen Waren kauften und verkauften, diskutierte Zenon mit ihnen über den wahren Wert der Dinge. Auf diesem buchstäblichen Marktplatz der Ideen bot er ihnen etwas an, das er für unverzichtbar hielt – eine engagierte Lebensphilosophie, die den Menschen helfen konnte, in einer oft turbulenten Welt Frieden zu finden. »Von den drei Arten des Lebens, dem kontemplativen, dem aktiven und dem rationalen«, schrieb Diogenes, »erklären die Stoiker, dass wir uns für Letzteres entscheiden sollten, weil ein rationales Dasein naturgemäß Kontemplation und Aktion hervorbringt.«

Zenon lernte, ein kreativer Lehrer zu sein, da er seine »Waren«, wie die Dinge nun mal lagen, inmitten so vieler anderer Händler anpries. Bei einem Abendessen mit einem Mann, der dafür bekannt war, so schnell so viel zu essen, dass nur noch wenig für seine Gäste übrigblieb, schnappte Zenon sich ein ganzes Tablett mit Fisch und tat so, als wolle er alles selbst essen. Als er den überraschten Blick seines Gastgebers bemerkte, fragte er: »Was müssen dann die, die bei Euch leben, leiden, wenn Ihr meine Völlerei nicht einen einzigen Tag lang ertragen könnt?«

Als ein junger Student zu viele Bewunderer anzog, befahl Zenon ihm, sich den Kopf zu rasieren, um sie fernzuhalten. Als ein anderer reicher und gutaussehender Student aus Rhodos Zenon um Unterricht bat – der ihn zweifellos an sich selbst in diesem Alter erinnerte –, wies er ihm einen Platz auf einer staubigen Bank zu, da er wusste, dass dadurch die Kleidung des Jungen beschmutzt werden würde. Später schickte er ihn zu den Bettlern, so, wie Krates ihn mit Suppe durch die Stadt geschickt hatte. Aber im Gegensatz zu Zenon, der seine Demütigungen ertragen und aus ihnen gelernt hatte, lief dieser Student einfach davon. Zenon glaubte, dass Selbstgefälligkeit das Haupthindernis für das Lernen sei, und in diesem Fall hatte er recht.

Zenon sollte schließlich in die sogenannte Stoa Poikile, wörtlich »bemalte Säulenhalle«, umziehen. Im fünften Jahrhundert vor Christus errichtet (die Ruinen sind noch heute sichtbar, etwa zweitausendfünfhundert Jahre später), war die bemalte Säulenhalle der Ort, an dem sich Zenon und seine Schüler zu Gesprächen trafen. Während seine Anhänger kurz Zenonianer genannt wurden, ist es Zenons Bescheidenheit und der Universalität seiner Lehren anzurechnen, dass die von ihm gegründete philosophische Schule letztendlich nicht seinen Namen trug. Stattdessen kennen wir sie heute als *Stoizismus*, eine Hommage an ihre einzigartigen Ursprünge.

Ist es nicht auch passend, dass die alten Stoiker eine *Säulenhalle* als ihren Namensgeber und ihr Zuhause wählten? Es war weder ein Glockenturm noch eine Bühne noch ein fensterloser Hörsaal. Es war ein einladendes, zugängliches Bauwerk, ein Ort der Kontemplation, der Besinnung und vor allem der Freundschaft und der Diskussion.

Es hieß, Zenon habe wenig Geduld für Müßiggänger oder große Egos in seiner Säulenhalle. Er wollte, dass seine Schüler aufmerksam und wissbegierig waren. Und diejenigen, die mit einem aufgeblasenen Selbstwertgefühl zu ihm kamen, verloren es entweder schnell oder wurden weggeschickt. Aber für diejenigen, die bereit und willens waren, war die Säulenhalle ein Ort, an dem sie lernen und unterrichtet werden konnten.

Leider ist uns keines seiner Werke erhalten geblieben, nicht einmal sein wichtigstes Werk, *Der Staat,* das die Ausführungen in Platons gleichnamigem Buch meisterhaft widerlegt hat. Was wir darüber wissen, stammt aus Zusammenfassungen von Menschen, die es gelesen haben. Von ihnen erfahren wir, dass die frühen Stoiker bemerkenswert utopisch waren. Vieles davon würde von späteren, pragmatischeren Stoikern verworfen werden, dennoch gaben Zenons frühe Ansichten einen Ton an, der auch heute noch zutreffend klingt, nämlich dass wir »alle Menschen als Teil einer Gemeinschaft und eines Gemeinwesens betrachten sollten, und dass wir ein gemeinsames Leben und gemeinsame Regeln haben sollten, selbst als eine Herde, die gemeinsam weidet und sich ein gemeinsames Weideland teilt.«

Zenon schrieb auch bekannte Essays über Erziehung, über die menschliche Natur, über Pflicht, Gefühle, das Rechtswesen, über den *Logos* und sogar einen Essay mit dem verlockenden Titel *Homerische Probleme*. Wovon könnte *Von der ganzen Welt* handeln? Wie wunderbar wäre es, Zenons *Erinnerungen an Krates* zu lesen? Leider haben wir von diesen Schriften nur das ein oder andere Fragment oder Zitat.

Selbst diese Fetzen reichen aus, um uns viel zu lehren. »Das Ziel des Lebens ist es, in Harmonie mit der Natur zu leben«, heißt es in *Über die menschliche Natur,* »was bedeutet, tugendhaft zu leben, denn die Natur führt uns zur Tugend.« Zenon wird auch die Urheberschaft des Ausdrucks zugeschrieben, dass der Mensch aus einem bestimmten Grund zwei Ohren und nur einen Mund bekommen habe. Er soll gesagt haben, dass es für einen Menschen kein unwürdigeres Verhalten gebe, als sich aufzuspielen, und dass dies für die Jugend in noch stärkerem Maße gelte. »Besser mit den Füßen zu stolpern«, sagte er einmal, »als mit der Zunge.«

Er war auch der erste, der die vier Tugenden des Stoizismus zum Ausdruck brachte: Tapferkeit, Besonnenheit, Gerechtigkeit und Weisheit. Er vertrat die Ansicht, dass diese Eigenschaften »untrennbar, aber doch eigenständig und verschieden voneinander sind«. Wir wissen nicht, wo oder wann Zenon diese vier Kardinaltugenden zum ersten Mal schriftlich festgehalten hat, aber wir können ihre Wirkung spüren – sie tauchen in den Werken und Entscheidungen fast aller Stoiker auf, die nach ihm kamen.

Im Gegensatz zu vielen anderen Propheten wurde Zenon zu seiner Zeit respektiert und bewundert. Er wurde nicht verfolgt. Die Behörden hegten keine Ressentiments gegen ihn. Er erhielt die Schlüssel zur Stadtmauer von Athen und wurde noch zu Lebzeiten mit einer goldenen Krone und einer Bronzestatue bedacht.

Doch bei all der Verehrung, die Athen ihm entgegenbrachte und die er erwiderte, wusste Zenon, dass *Heimat* wichtig war. Nachdem er Geld für die Restaurierung einiger wichtiger Bäder in Athen gespendet hatte, bat er ausdrücklich darum, dass »von Kition« neben seinem Namen auf dem Gebäude eingemeißelt werden sollte. Er mag ein Weltbürger gewesen sein, ein Auswanderer, der sein Wahlzuhause Athen liebte, wo er ein halbes Jahrhundert lang lebte, aber er wollte nicht, dass vergessen wurde, woher er stammte.

Bei all seinen geistreichen Aussagen war das Einzige, was Zenon wirklich interessierte und was er zu lehren versuchte, die Wahrheit. »Die Wahrnehmung«, sagte er und streckte die Finger aus, »ist so wie dies« – was heißen sollte, sie sei groß und umfassend. Während er die Finger ein wenig krümmte und damit die Hand ein Stückchen schloss, sagte er: »Zustimmung«, was bedeutet, dass man beginnt, sich eine Vorstellung von etwas zu machen, »ist so wie dies«. Als er nun seine Hand zur Faust schloss, nannte er das »Verstehen«. Und als er schließlich eine Hand um die andere legte, nannte er diese Verbindung »Wissen«. Diese vollständige Verbindung, so sagte er, besitze nur der Weise.

In seinen Studien mit lebenden Lehrern wie Krates und in seinen Gesprächen mit den Toten – diese zufällige Begegnung mit Sokrates' Lehren, die das Orakel vorhergesagt hatte – tanzte Zenon mit der Weisheit. Er erforschte sie in der *Agora* mit seinen Schülern. Er hatte auf langen Spaziergängen tief über sie nachgedacht und sie in Debatten erprobt. Sein eigener Weg zur Weisheit war ein langer Weg, etwa fünfzig Jahre vom Schiffbruch bis zu seinem Tod. Sie war nicht durch eine einzige Offenbarung oder Entdeckung gekennzeichnet, sondern durch harte Arbeit. Er schob sich langsam näher an sie heran, durch Jahre des Studiums und der Ausbildung, so, wie es uns allen ergeht. »Wohlbefinden wird durch kleine Schritte erreicht«, sollte er rückblickend sagen, »aber es ist wirklich keine kleine Sache.«

Wie bei vielen Philosophen strapazieren die Berichte über Zenons Tod zwar unsere Gutgläubigkeit, dennoch erteilen sie uns eine Lektion. Als er im Alter von zweiundsiebzig Jahren eines Tages die Säulenhalle verließ, stolperte er und brach sich schmerzhaft den Finger. Auf dem Boden liegend, scheint er beschlossen zu haben, dass der Vorfall ein Zeichen und seine Zeit gekommen sei. Er hieb auf den Boden und rezitierte eine Zeile von Timotheus, einem Musiker und Dichter aus dem vorangegangenen Jahrhundert:

Ich komme aus eigenem Antrieb; warum rufst du mich dann?

Anschließend hielt Zenon den Atem an, bis er aus diesem Leben schied.

KLEANTHES DER APOSTEL

* 330 v. Chr.
† 230 v. Chr.

aus Assos

Kleanthes mag unter Umständen nach Athen gekommen sein, die ebenso verzweifelt waren wie die von Zenon, dem Begründer der Philosophie, der Kleanthes sich schließlich widmen sollte, aber ihr beider Leben davor hätte nicht unterschiedlicher sein können. Während Zenon in Wohlstand hineingeboren wurde, auf das Leben eines Händlers vorbereitet war und zudem von klein auf Konflikte kannte, stammte Kleanthes aus einer kleinen Stadt an der ägäischen Küste – dem heutigen Nordwesten der Türkei –, die mit nichts aufwarten konnte als einer aufkeimenden wissenschaftlichen Lehre. Diese hatte sie Aristoteles' Entscheidung zu verdanken, dort weniger als zwanzig Jahre vor Kleanthes' Geburt seine erste Schule zu gründen.

Kleanthes erlebte keine plötzliche Katastrophe, keine Umkehrung des Schicksals wie jene, die Zenon zur Philosophie brachte. Stattdessen kam er völlig pleite in Athen an, nur sein Ruf als Boxer war ihm vorausgeeilt. Was ihn dorthin brachte, können wir nicht mit Sicherheit sagen, aber man vermutet, dass es das war, was schon immer arme, aber aufgeweckte Jungen in die große Stadt gelockt hat: Chancen.

Mit nur wenigen Tageslöhnen in der Tasche begann Kleanthes, in Athen zu studieren und zu arbeiten. Aber am Anfang, so scheint es, arbeitete er hauptsächlich. Um seinen Lebensunterhalt zu bestreiten, schuftete er in einer Reihe von Gelegenheitsjobs, unter anderem als Wasserträger für die vielen Gärten der Stadt, die von Hand bewässert werden mussten. Man sah ihn nachts so häufig mit großen Wasserkrügen, dass er den Spitznamen »Wasserträger« oder »Phreantles« bekam. Im Griechischen bedeutet das »einer, der aus dem Brunnen schöpft« und ist zufällig auch ein Wortspiel mit dem Namen Kleanthes.

Wir wissen nicht, wie oder wann er Zenon traf, aber es erscheint wahrscheinlich, dass es durch Krates geschah, bei dem auch Kleanthes studierte. Interessant ist, dass Kleanthes, lange nachdem er sich einen Namen als aufstrebender Philosoph gemacht hatte, bei seiner physischen Arbeit blieb. Tagsüber studierte er hart und nachts arbeitete er noch härter.

Als misstrauische Bürger Athens meinten, Kleanthes – nun im mittleren Alter – sei in zu guter Verfassung für jemanden, der angeblich Tag und Nacht arbeitete, zerrten sie ihn vor Gericht, wo er Rechenschaft darüber ablegen sollte, wie er seinen Lebensunterhalt verdiene. Nur zu gern brachte er einen Gärtner, für den er Wasser holte, und eine Frau, deren Korn er mahlte, als Zeugen zu seiner Verteidigung vor Gericht. Der findige Kleanthes wurde nicht nur freigesprochen, er erhielt zudem hundert Drachmen – ein Vielfaches dessen, was er in seiner Tasche gehabt hatte, als er nach Athen gekommen war.

Die große Abfindung war eine Botschaft der Stadtältesten: Wir könnten mehr Leute wie diese gebrauchen. Jahrhunderte später haben wir immer noch nicht genug Leute wie ihn.

Die Arbeitsethik von Kleanthes war von einer unverkennbaren Ernsthaftigkeit geprägt. Und warum auch nicht? Ebenso wie das Leben erfordert Philosophie Arbeit – und das Büßen für ehrgeizige Ziele.

Dieses Ereignis sagt auch etwas über die übergroße Rolle aus, die die Philosophie in Athen zu spielen begonnen hatte. Heutzutage machen sich nur wenige Gedanken darüber, wie Harvard-Professoren sich das Auto, das sie fahren, leisten können oder wie ihr Privatleben aussieht. Aber in Athen im dritten Jahrhundert vor Christus waren diese radikalen Denker mehr als nur öffentliche Intellektuelle. Sie waren Stars. Alles, was sie taten, wurde mit gespannter Aufmerksamkeit beobachtet. Ihre geistreichen Äußerungen wurden von Mensch zu Mensch weitergegeben, so wie heutzutage viele von uns Meme weiterreichen.

Trotz dieser Berühmtheit setzte Kleanthes nicht nur seine Arbeit fort, sondern lehnte sogar große finanzielle Zuwendungen von Gönnern ab, darunter vom mazedonischen König Antigonos II. Gonatas, der ihm helfen wollte, sich ganz seinen Studien widmen zu können.

Für Kleanthes rivalisierten Arbeit und Philosophie nicht miteinander. Sie waren zwei Seiten derselben Medaille, Bestrebungen, die sich gegenseitig förderten und befähigten. In John Steinbecks *East of Eden* (auf Deutsch erschienen unter dem Titel *Jenseits von Eden*) wird Lee, ein brillanter, in stoischer Philosophie bewanderter Geist gefragt, warum er sich mit dem niederen Beruf des Dieners selbst herabsetze. Er erwidert, dass der Beruf des Dieners eigentlich der perfekte Beruf für einen Philosophen sei: Er sei ruhig. Er sei einfach. Er lasse ihn Menschen studieren. Er gebe ihm Zeit zum Nachdenken. Er biete die Gelegenheit, wie jeder andere Beruf auch, Exzellenz und herausragendes Können zu erlangen.

In den vergangenen Jahrhunderten hat dieser Gedanke an Popularität eingebüßt, aber er bleibt eine gute Idee. Alles, was man gut macht, ist edel, egal, wie bescheiden es ist. Und vielleicht ist es sogar noch bewundernswerter, wenn man bei der Verfolgung dessen, was man wirklich liebt, bewusst auf seinen Status verzichtet.

So war es bei Kleanthes. Ein König fragte ihn einmal, weshalb er noch immer Wasser schöpfe. Seine Antwort ging in die gleiche Richtung:

> Ist Wasser schöpfen alles, was ich tue? Grabe ich denn nicht? Gieße ich denn den Garten nicht? Oder unternehme aus Liebe zur Philosophie jede erdenkliche andere Arbeit?

Kleanthes liebte Arbeit und Philosophie gleichermaßen. Tatsächlich beschrieben die Menschen in der Antike seinen Fleiß genau mit diesem Wort: *philoponia* – die Liebe zur Arbeit. Wörtlich: eine bis ins Mark reichende Hingabe an ehrliche Arbeit. Natürlich nicht nur wegen des Geldes, sondern auch, um ein besserer Mensch zu werden.

Areios Didymos, der zur Zeit von Augustus, dem ersten römischen Kaiser, schrieb, erklärte, was nach Ansicht von Kleanthes bei unseren Bemühungen um Selbstvervollkommnung auf dem Spiel stand: »Alle Menschen haben von Natur aus zunächst Impulse für tugendhaftes Verhalten, sie sind laut Kleanthes wie ein halb fertiger jambischer Vers – wertlos, solange er nur halb vollendet ist, aber wertvoll, sobald er vollendet ist.«

Was hat diesen hart arbeitenden Mann überhaupt erst zur Philosophie gebracht? Wir sind uns nicht sicher. Hat er sie von Kindesbeinen an gekannt, da er unweit von Aristoteles aufwuchs? Hat ihm einer seiner wohlhabenden Kunden ein Buch darüber geschenkt? Begann er, als er älter wurde, etwas mehr vom Leben zu wollen? Lag dem eine zufällige Begegnung auf der Straße oder in derselben Buchhandlung wie bei Zenon zugrunde?

Der Ruf, einen tieferen Sinn im Leben zu suchen, *herauszufinden, wie man am besten leben sollte*, kann jeden jederzeit ereilen. Der Heilige Paulus hatte sein Erweckungserlebnis auf der Straße nach Damaskus; was es bei Kleanthes war, können wir nicht sagen. Es kommt vor allem darauf an, ob wir überhaupt auf den Ruf antworten – ob wir dieser Frage nachgehen, bis wir die Antwort finden oder zumindest bis wir *unsere* Antwort finden.

Doch was auch immer die Initialzündung gewesen sein mag, wir wissen, dass Kleanthes, nachdem er Zenon getroffen hatte, dessen Schüler wurde und es für neunzehn Jahre blieb. Wenn er bis zum Tod Zenons im Jahre 262 vor Christus dessen Schüler war, würde das bedeuten, dass Kleanthes seine philosophischen Studien erst mit fast fünfzig Jahren begann. Das ist ein langes, hartes Leben als Wasserträger, eine lange Zeit, in der er sich im Dunkel abmühen musste, bevor er den Weg zu spiritueller und geistiger Größe einschlug.

Vielleicht begann Kleanthes mit seinen Studien jedoch schon, als er noch jünger war, »graduierte« nach neunzehn Jahren und wechselte dann zu einer anderen Rolle innerhalb der boomenden Schule, die Zenon aufbaute. Jedenfalls begann er vermutlich in einem späteren Alter als Zenon (der nur vier Jahre älter war) mit der Philosophie.

Später definierte Kierkegaard die Unterscheidung zwischen einem Genie und einem Apostel. Das Genie bringt neues Licht und neue Werke in die Welt. Das Genie ist der Prophet, der Schöpfer. Als Nächstes kommt der Apostel – ein einfacher Mann (oder eine einfache Frau), der diese Botschaft vermittelt und verbreitet. Angesichts der Hingabe von Kleanthes an Zenon scheint es wahrscheinlich, dass die beiden nie auf Augenhöhe, niemals Ebenbürtige waren, sondern immer Lehrmeister und Schüler. Zenon, der Prophet. Kleanthes, der Apostel des Stoizismus.

Sicherlich war Kleanthes die Art von Schüler, die das Herz eines Lehrers erfreut. Die Art von Schüler, die sich hinsetzt und zuhört. Die sich nicht davor scheut, »dumme« Fragen zu stellen. Die Zeit und Mühe investiert. Die sich nie entmutigen lässt, auch wenn sie manches langsamer begreift als andere Schüler.

Im Laufe von fast zwanzig Jahren muss Kleanthes Tausende von Stunden in der Stoa Poikile gesessen haben, nicht nur, um sich Debatten und Diskussionen anzuhören, sondern auch mit einem Platz in der ersten Reihe, als die frühen Prinzipien des Stoizismus festgelegt wurden. Er war dabei, als Zenon den Lehrplan des Stoizismus in drei Teile teilte: Physik, Ethik und Logik. Er dürfte Zenon über die von Herakles getroffene Wahl zwischen einem Leben, das dem Vergnügen gewidmet war, und einem tugendhaften Leben lästern gehört haben – die Passage in Xenophons *Memorabilien*, die Zenon zum ersten Mal in der Buchhandlung gehört hatte und die ihn so verändert hatte. Kleanthes war wie ein Schwamm, der all das in sich aufsog. Ganz eindeutig glaubte er die ganze Zeit über, dass er noch viel zu lernen habe, denn niemand mit einem großen Ego könnte zwei Jahrzehnte lang Schüler bleiben.

Aufgrund seines Alters und seiner methodischen, einem Arbeiter entsprechenden Herangehensweise wurde Kleanthes manchmal als langsamer Lerner verspottet und von anderen Schülern als »der Esel« bezeichnet. Wenn er so beleidigt wurde, antwortete er gern, dass es ihm nichts ausmache, mit einem Esel verglichen zu werden, weil er, wie das Lasttier, stark genug sei, die intellektuelle Last zu tragen, die Zenon seinen Schülern aufbürde. Zenon hingegen wählte eine großzügigere Analogie: Kleanthes sei wie eine harte Wachstafel, die zwar schwierig zu beschreiben sei, aber das, was darauf aufgezeichnet sei, gut bewahre.

Langsam begann Kleanthes, sich einen eigenen Namen zu machen – obwohl es unmöglich ist, zu wissen, wann er anfing, selbst zu schreiben und zu publizieren. Einige der ersten Reaktionen, die er erhielt, waren nicht positiv. Der satirische Dichter Timon von Phleius parodierte ihn als einen Einfaltspinsel, der über geschriebenen Textzeilen brüte wie ein General, der seine Soldaten begutachte:

> Wer ist das, der wie ein Schafsbock über die Reihen der Krieger reicht? Ein Mastikator des Wortes, der Stein von Assos, eine träge Platte.

Tatsächlich war Assos berühmt für seine Steinbrüche und seinen harten weißen Stein, aus dem antike Särge hergestellt wurden. Wenn ein Satiriker jemanden ins Visier nimmt und nur die Liebe zur Sprache zu kritisieren findet, dürfte das eher etwas Positives über den Charakter desjenigen aussagen.

Das traf auf Kleanthes zu. Er war ruhig. Besonnen. Fleißig. Eins mit seiner Philosophie. Und seinem Geld.

Geld, das mit harter Arbeit verdient wird, sollte man nicht leichtfertig ausgeben, und Kleanthes trennte sich nicht ohne Weiteres von seinem Lohn oder der damit verbundenen Sicherheit. Plutarch bewunderte die Sparsamkeit von Kleanthes und seinen Wunsch, seine finanzielle Unabhängigkeit zu bewahren. *Ich trage weiterhin Wasser*, lässt er Kleanthes sagen, *um nicht die Lehre Zenons und auch nicht die Philosophie zu enttäuschen.* Es hieß, dass Kleanthes seinen Lehrer unterstützte und dass Zenon einen Teil von dessen Lohn an sich nahm, wie es das Athener Gesetz für Herren und ihre Sklaven vorschrieb. Und obwohl Kleanthes diese Abgaben leistete, scherzte Zenon, er sei so diszipliniert, dass ihm genug übrigbliebe, »um einen zweiten Kleanthes durchzubringen, wenn er wollte«.

Es ist klar, dass Kleanthes Schulden und Luxus verabscheute und die Freiheit eines bescheidenen Lebens der Sklaverei der Extravaganz vorzog. In Athen hieß es, niemand sei genügsamer als Zenon, aber Kleanthes trug mehr dazu bei, das stoische Bild des Gleichmuts gegenüber Schmerz oder mangelndem Komfort sowie der Abneigung gegen Luxus zu etablieren. Einmal wehte der kalte Wind seinen Umhang so weit auf, dass man sehen konnte, dass er nicht einmal ein Hemd darunter trug, eine Meisterleistung der Askese, der die Passanten spontan applaudierten. Kleanthes galt als so genügsam, dass er Zenons Lehren angeblich auf Austernschalen und den Schulterblattknochen von Ochsen aufzeichnete, um die Kosten für Papyrus einzusparen. Diese Behauptung ist zweifellos eine Übertreibung, denn Diogenes hat festgehalten, dass Kleanthes fünfzig Bücher geschrieben hat, viele davon in mehreren Bänden, und sieben weitere sind uns von anderen Autoren bekannt. Man könnte allerdings spekulieren, dass er beim Kauf von Papyrus gespart hat, bis er es für den bestmöglichen Zweck verwenden konnte – um Weisheit für ganze Generationen festzuhalten.

Ein junger Spartaner, der mit Entbehrungen und in einer Kultur des Soldatentums aufgewachsen war, fragte Kleanthes einmal, ob Schmerz etwas sei, das man vermeiden könne, oder ob er mit der richtigen Ausbildung und unter den richtigen Umständen als *gut* angesehen werden könne. Das war Musik in Kleanthes' Ohren. Er zitierte die *Odyssee und* antwortete:

> Du bist von gutem Blut, liebes Kind, so freundlich wie du redest.

Für Kleanthes war das Leiden – wenn es jemanden traf, der nach Tugendhaftigkeit strebte – etwas Gutes und kein Übel. Und er lebte danach. Er drückte sich weder vor Mühsal noch vor Unannehmlichkeiten. Tatsächlich scheint er sie fast gesucht zu haben, zur Bewunderung, aber auch zur Verblüffung seiner Mitbürger. Es kam natürlich darauf an, wohin diese Willensstärke gelenkt wurde. Aus Kleanthes' Sicht sollten wir danach streben, diese vier Tugenden, von denen Zenon gesprochen hatte, zu meistern.

> Diese Kraft und Stärke ist die Weisheit, wenn sie in offensichtlichen Dingen liegt, an denen man festhalten sollte; wenn sie in zu erleidenden Dingen liegt, ist sie Tapferkeit; wenn es um

> Würdigkeit geht, ist es Gerechtigkeit; und wenn es um Wählen oder Ablehnen geht, ist es Besonnenheit.
> Kurz gesagt: Tapferkeit. Gerechtigkeit. Besonnenheit. Weisheit.

Kleanthes, der »Wasserjunge« mittleren Alters, »der Esel«, die Felsplatte von Assos, de facto ein Sklave seines Meisters Zenon, erlangte bei seinen Mitbürgern langsam den Ruf, ein neuer Herakles zu sein. Doch wie der Dichter Timon nur als Erster veranschaulichte wird das Schicksal jeder vorbildlichen Persönlichkeit von Parasiten verspottet, so, wie der große Stier von Fliegen heimgesucht wird.

Mit diesem neu gewonnenen Respekt kam auch mehr Kritik, zumal die Philosophie populärer wurde. Zenon und Kleanthes und ihre Schüler lebten anders, dachten anders und hielten sich nicht nur im Vergleich zur Bevölkerung von Athen, sondern auch im Vergleich zu ihren Mitmenschen, die nach Weisheit suchten, an ganz andere Maßstäbe. Während andere Schulen hinter geschlossenen Mauern oder Türen debattierten, hatten die Stoiker die Philosophie auf die Straße gebracht. Das gab ihnen eine größere Wirkung und machte sie zur Zielscheibe.

Kleanthes ging mit seinen Kritikern um, wie er mit allen Widrigkeiten umging – er sah sie als Gelegenheit, das zu praktizieren, was er predigte. Einmal, als er in einem Theater saß, griff ihn der Dramatiker Sositheus von der Bühne aus an, indem er sich über diejenigen ereiferte, die »von Kleanthes' Torheit getrieben wie dumme Herden« seien. Kleanthes saß mit versteinerter Miene da, und das Publikum war so erstaunt über seine Ruhe, dass es seine Selbstdisziplin mit Applaus bedachte und den Dramatiker damit von der Bühne vertrieb. Als Sositheus nach der Vorstellung um Verzeihung bat, akzeptierte Kleanthes die Entschuldigung bereitwillig und sagte, dass größere Persönlichkeiten als er schon schlimmere Beschimpfungen durch Dichter erlitten hätten und dass es verrückt wäre, wenn er sich aufgrund einer so geringfügigen Kränkung beleidigt fühlen würde.

Dies überraschte diejenigen, die Kleanthes kannten, überhaupt nicht, da er sich selbst die höchsten Standards auferlegte. Was einige als Feigheit oder Übervorsicht bezeichneten, definierte er besser, nämlich als *Gewissenhaftigkeit,* und er glaubte, sie sei der Grund dafür, dass er so wenige Fehler machte. Es war nicht ungewöhnlich, dass er die geringsten Fehler seiner selbst unter die Lupe nahm oder lautstark mit sich schimpfte, wenn er durch die Straßen von Athen ging. Als ein anderer von Zenons Schülern, Ariston von Chios (siehe »Ariston der Herausforderer«), ihn dabei hörte, fragte er, mit wem er spreche, und Kleanthes lachte und sagte: »Mit einem alten Mann mit grauem Haar und ohne Verstand.«

Diese Art des Selbstgesprächs war eine Kernpraxis der Stoiker und nicht immer negativer Natur. Einmal hörte Kleanthes einen einsamen Mann, der mit sich selbst sprach, und sagte freundlich zu ihm: »Du sprichst nicht mit einem schlechten Mann.« Das heißt, das Selbstgespräch muss streng, darf aber niemals verletzend sein. Es scheint, dass seine Genügsamkeit und seine Arbeitsethik in eine ähnliche Richtung gingen. Er war knallhart. Er war streng. Aber er fand keinen Gefallen an Selbstbestrafung.

Der Humor der Stoiker wird unterschätzt. Für Kleanthes war er zweifellos ein unabdingbares Werkzeug, sowohl bei der Reaktion auf Kritik als auch bei der Entwaffnung derer, die er kritisieren musste. Im Gespräch mit einem jungen Mann, der seinen Standpunkt nicht zu begreifen schien, fragte er: »Verstehst du es?« Ja, natürlich, antwortete dieser. »Warum«, so fragte Kleanthes, »verstehst du dann nicht, dass du es verstehst?« Als Kleanthes hörte, wie sich seine Stoiker-Kollegen über einen prominenten Kritiker des Stoizismus, Arkesilaos, beschwerten, der mit ihren Lehren über die Rolle der Pflicht (*kathekon*) nicht einverstanden war, sprang Kleanthes ihm zur Verteidigung bei und sagte, dass Arkesilaos allem Anschein nach ein pflichtbewusstes Leben führe. Als Arkesilaos hörte, dass Kleanthes ihn verteidigte, sagte er: »Ich bin nicht leicht durch Schmeicheleien zu gewinnen.« Woraufhin Kleanthes scherzte: »Stimmt, aber meine Schmeicheleien bestehen darin, zu behaupten, dass deine Theorie mit deiner Praxis unvereinbar ist.«

In ihrer gesamten Geschichte nutzten Stoiker diese Art von Humor, um Klagen oder Schuldzuweisungen zu vermeiden und um ein Beispiel dafür zu geben, wie unser alltägliches Handeln mit unseren Worten in Einklang gebracht werden sollte. Plutarch erzählt uns in seinem Aufsatz *Wie man den Schmeichler vom Freund unterschiedet*, dass Arkesilaos den Respekt, den Kleanthes ihm entgegenbrachte, dadurch erwiderte, dass er einen Schüler namens Baton aus seinem Klassenzimmer verbannte, weil er einen herabsetzenden Reim über Kleanthes verfasst hatte, und Baton erst wieder in seine Schule ließ, nachdem der sich bei seinem Opfer entschuldigt hatte. Wir können uns vorstellen, dass Kleanthes das Verzeihen leichtfiel und dass er das Gedicht vermutlich mit einem gewissen Vergnügen las.

Wie sein Lehrmeister Zenon war auch Kleanthes ein Mann, der es vorzog, zuzuhören statt zu reden, und der von seinen Schülern das Gleiche erwartete. Während Zenon sagte, dass wir aus einem bestimmten Grund zwei Ohren und einen Mund bekommen hätten, zog Kleanthes es vor, aus *Elektra* zu zitieren:

> Schweig, schweig und tanze.

Tatsächlich lautete seine Kritik an den Peripatetikern (den Anhängern des Aristoteles), dass sie sich nicht von einem Musikinstrument wie der Leier unterschieden, da sie zwar schöne Klänge erzeugten, aber niemals in der Lage waren, mit eigenen Ohren zu hören.

Auch wenn Kleanthes ein guter Zuhörer und in seinem Denken oft langsam und vorsichtig war, bedeutet das nicht, dass er nicht auch ein *Kommunikator* war. Zenon verließ sich mehr und mehr auf seinen fleißigen Apostel, zumal die Stoiker unter Angriffen von rivalisierenden Schulen litten. Wie schwierig es für diesen Pfennigfuchser auch gewesen sein mag, Geld für Schreibmaterial zu verprassen, so wissen wir doch, dass in mehreren der über fünfzig Bücher von Kleanthes die stoische Herangehensweise an alle möglichen Themen besprochen und erklärt wurde. Diogenes listet viele seiner Bücher auf, aber einige wenige stechen heraus:

Von der Zeit
Von der Naturphilosophie Zenons (zwei Bände)
Auslegungen der Philosophie des Heraklit (vier Bände)
Vom Gefühl
Über die Lebensgemeinschaft mit der Frau
Von der Dankbarkeit
Von der Freundschaft
Von der These, dass die Tugend beim Mann und beim Weibe dieselbe sei
Vom Vergnügen
Vom Eigenen

Es ist eine Tragödie der Geschichte, dass all diese Bücher verloren gegangen sind. Allein schon an den Titeln lässt sich erkennen, dass dieser Mann kein störrischer Esel war, dass seine Interessen vielfältig waren und dass er einen Verstand hatte, der Herausforderungen liebte. Wenn er ein Thema fand, das ihm gefiel, nahm er es mit Tatkraft in Angriff. So schrieb er mehrere Bände über Physik, Heraklit, Impulskontrolle, Pflicht und Logik. Nichts interessierte Kleanthes mehr als Ethik – diesen Mann, der Geschenke von Königen ablehnte –, daher sollte es uns nicht überraschen, dass sich etwa die Hälfte seiner bekannten Werke speziell damit befasst, wie wir uns verhalten sollten.

Merkwürdigerweise befinden sich unter Kleanthes' Schriften, die unmittelbar von ihm erhalten geblieben sind, hauptsächlich seine poetischen Fragmente.* Sie sind voller schöner Zeilen, die uns Einblicke in seine einzigartige Kombination aus Entschlossenheit und Akzeptanz geben. »Das Schicksal leitet denjenigen, der willens ist«, schreibt er in einem kurzen Fragment, »und schleift den Unwilligen hinter sich her.«

In einem anderen Gedicht, das mehr als drei Jahrhunderte später von Epiktet (und davor von Seneca) wiedergegeben wurde, heißt es:

> Führet mich weiterhin, Gott und Schicksal,
> zu diesem Ziel, das schon so lange für mich feststeht.
> Ich werde folgen und nicht wanken; auch wenn mein Wille
> schwach ist, werde ich unermüdlich weiterkämpfen.

Kleanthes liebte die Herausforderung der Poesie und glaubte, dass die »einengenden Regeln« des Mediums es ihm erlaubten, die Menschen auf eine tiefgreifende und bewegende Weise zu erreichen. Er zog dazu die Analogie zu der Art und Weise, wie eine Trompete unseren Atem zu einem brillanten Klang bündelt. Auch dies wäre eine metaphorische Einsicht, die für den Stoi-

* Ein neununddreißigzeiliges Gedicht von Kleanthes ist in seiner Gesamtheit erhalten geblieben. Sie finden es auf Englisch hier: https://dailystoic.com/cleanthespoem.

zismus zentral bleibt: dass Hindernisse und Einschränkungen – wenn man richtig auf sie reagiert – Möglichkeiten für Schönheit und Vortrefflichkeit schaffen.

In einem kurzen Gedicht gibt er uns eine aussagekräftige Definition dessen, was »gut« ist und wie es aussehen sollte:

> Wenn du fragst, was die Natur des Guten ist, so höre zu:
> Sie ist gesetzmäßig, gerecht, heilig, gottesfürchtig,
> Eigenverantwortlich, nützlich, anständig, passend,
> Bedeutungsvoll, unabhängig, immer dienlich,
> Sie spürt weder Angst noch Trauer, ist gewinnbringend, schmerzlos,
> Hilfreich, wohltuend, sicher, freundlich,
> Hochgeachtet, in Übereinstimmung mit sich selbst: ehrenhaft,
> Bescheiden, vorsichtig, sanftmütig, pflichteifrig,
> beständig, tadellos, immerwährend.

So schön die Sprache auch ist, noch wichtiger ist, dass diese Worte ein perfektes Selbstporträt des Mannes waren. Es waren Worte, nach denen er lebte – und nach denen auch wir uns richten sollten.

Seneca sagte einmal, dass zwar jeder von uns die Macht habe, zu leben, dass aber niemand die Macht habe, lange zu leben. Kleanthes, der zweithöchste Kopf der stoischen Schule, muss dementsprechend vom Glück gesegnet gewesen sein. Denn er lebte nicht nur gut, sondern wurde genau einhundert Jahre alt und damit wahrscheinlich der Älteste aller Stoiker.

Bis zum Schluss behielt er seinen Humor bei. Wenn man ihn als alten Mann verspottete, scherzte er, dass er jederzeit bereit sei, abzutreten, aber angesichts seiner guten Gesundheit und der Tatsache, dass er noch schreiben und lesen könne, könne er genauso gut abwarten. Als er sich seinem hundertsten Geburtstag näherte, begann sein Körper jedoch, ihn im Stich zu lassen. Auf Anraten von Ärzten, die versuchten, sein stark entzündetes Zahnfleisch zu behandeln, fastete Kleanthes zwei Tage lang.

Die Behandlung wirkte, aber dieser letzte Akt der Entbehrung hatte ihm eindeutig etwas gezeigt – vor allem, dass es Zeit war, zu gehen. Als die Ärzte ihm sagten, er könne seine normale Ernährung wieder aufnehmen, antwortete er, dass er zu weit gegangen sei, um noch umkehren zu können. Und so starb er ein paar Tage später, indem er sich in die jenseitige Welt fastete.

Diogenes schrieb schließlich die beste Trauerrede für diesen Mann:

Ich preise Kleanthes, aber noch mehr preise ich Hades,
Der es nicht ertragen konnte, ihn so alt werden zu sehen.
So schenkte er ihm Ruhe unter den Toten,
Dem, der so viel Wasser schöpfte, als er noch lebte.

ARISTON DER HERAUSFORDERER

* 306 v. Chr.
† 240 v. Chr.

aus Chios

Rückblickend kann man »die Stoiker« leicht als eine einheitliche Gruppe ansehen und die Frühzeit der Philosophie mit Zenon und Kleanthes und ihren ersten Schülern als Zeit jugendlicher Unerfahrenheit betrachten, in der Teamarbeit und Freundschaft die Hauptrolle spielten. Es war immerhin eine Schule mit einer eindeutigen Botschaft: dass Tugend der Weg zum Glück sei und aus der Tugend ein besserer Lauf des Lebens entstehe.

Die Stoiker haben von Anfang an gelehrt, dass wir in Harmonie mit der Natur leben müssen, also worin sollten mögliche Konflikte bestehen?

Natürlich lautet die Antwort: *in allem*. Beispielsweise stellt sich die Frage, was genau »Natur« und »Tugend« bedeuten. Wessen Definition stimmt? Wessen Rezepte sind die besten? Und wer ist der wahre Erbe von Zenons Vermächtnis, sowohl in seiner Eigenschaft als Begründer der stoischen Schule als auch als jemand, der die Tugend über alles stellte?

Die Geschichte gibt eine klare Antwort: zuerst Kleanthes und dann Chrysipp (den Sie im nächsten Kapitel kennenlernen werden) – obwohl es nie so klar war, wie in diesem Satz dargestellt. Die Geschichtsaufzeichnungen lassen die Kandidaten und Querdenker, die nicht den Sieg davontrugen, im Dunkeln. Es existiert schließlich keine Bewegung, in der es keine Meinungsverschiedenheiten gibt, und nichts, woran Menschen beteiligt sind, beinhaltet nicht auch unterschiedliche Meinungen. Der Stoizismus bildet da keine Ausnahme.

Es ist wenig überraschend, dass unter den alten Philosophen Messer gewetzt wurden, wie es schon immer in der akademischen Welt der Fall war und für immer der Fall sein wird. Eine Schule, die Vernunft und Charakterstärke, Tapferkeit und ein feines Gespür für richtig und falsch höher achtet als alles andere, zieht natürlich willensstarke Schüler an, die ungern Zugeständnisse machen oder

Kompromisse eingehen. Die steigende Popularität der Schule hat die Gefahr dieses Konflikts nur noch verstärkt.

Niemand verkörperte das mehr als Ariston, der streitsüchtige rivalisierende Sohn, der um ein Haar den gesamten Verlauf der stoischen Philosophie hätte ändern können.

Während Kleanthes 262 vor Christus Zenons bevorzugter Schüler und sein von ihm auserwählter Nachfolger war, war Ariston ein ebenso vielversprechender Philosoph, der weit weniger passiv und zurückhaltend war als der fleißige Wasserträger. Er sollte Zenons Zepter übernehmen. Ariston der Kahlköpfige von Chios, Sohn von Miltiades, wurde wegen der Überzeugungskraft seiner Redekunst, die das Publikum umworben und angeblich vom rechten Weg abgebracht haben soll, »die Sirene« genannt.

Ein besserer Name wäre Ariston der Herausforderer gewesen, denn er hinterfragte und untergrub ständig einen Großteil der frühen stoischen Doktrin, einschließlich ihrer praktischen Regeln für das tägliche Leben.

Etwa drei Jahrhunderte nach der letzten heißen Debatte zwischen Ariston und Kleathes hat Seneca die Meinungsverschiedenheiten in einem Brief an seinen Freund Lucilius sehr detailliert wiederholt, fast so, wie ein Historiker die Unterschiede zwischen den amerikanischen Gründervätern in Bezug auf die Gewaltenteilung darlegen könnte.

Der Streit? Es ging um die Rolle von Geboten oder praktischen Regeln, die uns bei der alltäglichen Entscheidungsfindung leiten sollen. Regeln darüber, wie man sich in einer Ehe verhält, wie man Kinder erzieht oder wie Herren ihre Sklaven behandeln sollten. Regeln darüber, was zu tun ist, wenn der Bruder einen wütend macht, oder wie man auf die Beleidigungen eines Freundes reagieren sollte, und was zu tun ist, wenn ein Feind Lügen über einen verbreitet.

Diese Hinweise mögen recht harmlos (und tatsächlich hilfreich) erscheinen, aber für Ariston waren sie Krücken, die die Menschen dazu brachten, ein Drehbuch für die Herausforderungen des Lebens auswendig zu lernen. »Ratschläge von alten Frauen«, nannte er sie. Ariston argumentierte, dass die Sachkenntnis eines Speerwerfers bei den Olympischen Spielen aus Training und Übung komme, nicht aus dem Studium der Zielscheibe oder dem Auswendiglernen von Regeln. Man wird besser, wenn man mit dem Speer übt. »Wer für das Leben als Ganzes trainiert hat«, sagte er, »braucht sich nicht zu Einzelheiten beraten zu lassen. Er wurde umfassend unterrichtet, nicht darin, wie man mit seiner Frau oder seinem Sohn lebt, sondern wie man gut lebt, und dazu gehört auch, wie man mit den Mitgliedern seiner Familie zusammenlebt.«

Ein Athlet *denke* nicht auf dem Platz oder dem Feld; seine Bewegungen entstammen dem Muskelgedächtnis, das er sich mit seinem Training angeeignet habe, geleitet von seiner Intuition. Aus diesem Flow-Zustand, und nicht aus bewusster Erwägung, entstehe Vortrefflichkeit – moralische oder physische.

Ariston wollte also, dass die Menschen sich auf große, klare Prinzipien konzentrieren, auf Dinge, die Menschen aufgrund ihrer Ausbildung verinnerlichen könnten und die sie so zu Weisen machen würden. Er wollte die Zehn Gebote, nicht Bücher darüber, in welcher Reihenfolge die Sakramente stehen. Er wollte den Schülern einen Nordstern geben, an dem sie sich orientieren könnten – Tugendhaftigkeit. Er glaubte, dass jede Mahnung und jede Erklärung darüber hinaus zu Verwirrung führen würde.

Tugendhaftigkeit sei das einzig Gute, sagte Ariston. Alles andere sei es nicht wert, sich darum zu kümmern. Damit stand er im Widerspruch zu Zenon, der geglaubt hatte, dass es zwischen Tugend und Laster eine große Grauzone gebe. Zenon hatte die

Ansicht vertreten, dass bestimmte Dinge im Leben, wie Reichtum und Gesundheit, die an sich keinen moralischen Wert haben, dazu neigten, sich der Natur wirklich guter Dinge anzunähern. Viel Geld zu haben, ist nicht tugendhaft, aber es gibt sicherlich tugendhafte reiche Menschen – und wie alle anderen Geschicke auch bietet finanzieller Erfolg seine eigenen Möglichkeiten, sich tugendhaft zu verhalten, wie auch die Versuchung, sich dem Laster zuzuwenden. Zenons nannte diese Dinge – gesund zu sein, gut auszusehen, einen illustren Nachnamen zu besitzen – raffinierterweise »bevorzugtes Gleichgültiges«. Es ist moralisch nicht besser, reich statt arm zu sein, groß statt klein, aber wahrscheinlich ist es angenehmer, Ersteres zu sein statt Letzteres.

Zenon sah keinen Widerspruch darin, dass jemand zur Tugend neigen und trotzdem Reichtum, Ruhm oder eine Vormachtstellung anstreben konnte, denn er sah sie als Werkzeuge, die man beim Aufbau eines noch tugendhafteren Lebens einsetzen konnte. Auf diese Weise argumentierten die frühen Stoiker, dass wir das bevorzugte Gleichgültige als Teil des guten, tugendhaften Lebens verfolgen können und sollen. Das ist ein klassischer Mittelweg, ein praktischer Realismus, wie man ihn von jemandem wie Zenon erwarten kann, der Kaufmann war, bevor er Philosoph wurde. Doch genau solche Ansichten konnte sein Schüler Ariston nicht ertragen.

Ariston argumentierte mit Nachdruck, dass das Ziel des Lebens darin bestehe, in einem Zustand der Gleichgültigkeit gegenüber *allem* zu leben, was zwischen Tugend und Laster liege, wobei er keinerlei Unterschied bei den heiklen Dingen machte, die zwar durchaus Mehrwert ins Leben bringen können, wenn man sie besitzt, die im Übermaß jedoch gefährlich sind. Er wollte keine komplizierte Liste von Kategorien. Er wollte keine Rangfolge der Dinge danach aufstellen, wie gut oder schlecht sie waren.

Er wollte keine Grauzonen berücksichtigen oder ein Regelwerk konsultieren. Er wollte Schwarz und Weiß. Er wollte sich auf sein Training und seine Intuition verlassen, um sofort *zu wissen*, was in einer bestimmten Situation zu tun sei.

Es ist wie die Geschichte von einem General, der bei der Übernahme eines wichtigen Kommandos ein dickes Buch mit den Praktiken der Generäle, die ihm vorausgegangen waren, erhielt. »Verbrennen Sie es«, sagte der General. »Wann immer ein Problem auftaucht, werde ich in dem Moment eine Entscheidung treffen – sofort.«

Es klingt auf jeden Fall beeindruckend: *Bei mir gibt es keine Zweideutigkeit. Es gibt nur Gut und Böse. Es kann kein Dazwischen geben. Ein kluger Mann* weiß *einfach Bescheid!*

Es ist aber auch ein ziemlich lächerlicher Glaube für jemanden, der so klug ist wie Ariston, wie Cicero hervorgehoben hätte. Ohne Rangfolgen und Vorlieben würde »das ganze Leben ins Chaos gestürzt«. Sicherlich sind einige Dinge besser als andere, sicherlich gibt es allgemeine Regeln, die uns in unserem Leben leiten können. Wir brauchen Präzedenzfälle, denn viele Situationen sind kompliziert und schnelllebig. Denn manchmal waren die Menschen, die vor uns da waren, tatsächlich weiser und haben so manches durch schmerzhafte Erfahrung herausgefunden.

Dennoch wusste Ariston brillant zu argumentieren. Er widersprach Zenons Auffassung, dass die Gesundheit eines dieser bevorzugten gleichgültigen Dinge sei, und sagte, dass »wenn ein gesunder Mann einem Tyrannen dienen müsste und aus diesem Grund ausgelöscht würde, während die Kranken aus dem Dienst entlassen werden müssten und damit der Auslöschung entgehen würden, würde der Weise lieber die Krankheit wählen«. Das ist ein Argument, das auf viele der bevorzugten gleichgültigen Dinge angewendet werden könnte. Ist es wirklich besser, reich zu sein, wenn der eigene Reichtum einen zur Zielscheibe eben dieser Tyrannen macht? Gibt es nicht auch Situationen, in denen eine große Körpergröße Nachteile hat?

Wir können uns leicht vorstellen, dass junge Studenten zu diesen Gegenargumenten nickten und dass Zenon seine Position trotz seiner relativ vernünftigen Haltung nur schwer erklären konnte. (Steht es wirklich zur Debatte, dass es generell vorzuziehen ist, *nicht* krank zu sein?) Solche Fragen zu diskutieren, ist reizvoll und macht Spaß – denn während er Zenons Grauzone anfocht, führte Ariston selbst unendlich viele Grauzonen ein. Er sagte, dass die Umstände *immer* und *auf einzigartige Weise* den Wert der Dinge verändern.

Indem er auf all den Schwächen der Philosophie herumritt, wollte Ariston zeigen, dass ein erfahrener Lotse, wie der General, der auf die Aufzeichnungen seiner Vorgänger verzichtete, nicht zum Schiffshandbuch greift, wenn er von einer Welle getroffen wird – nein, er nutzt die tief in ihm verwurzelten Prinzipien der Seemannskunst sowie seine Ausbildung und Erfahrung, um die richtige Entscheidung zu treffen. Ein Teil dieses Arguments appelliert an das Ego: Wir möchten uns selbst gern als weise ansehen, mit makelloser Intuition. Wir möchten gern glauben, dass ein Sportler seine Leistung nur seinem Flow zu verdanken hat. Aber die besten Athleten halten sich auch an einen strengen Spielplan, sie *unterwerfen* sich einem Trainer. Womit sind die Wände der meisten Umkleidekabinen tapeziert? Mit inspirierenden Sprüchen, Ermahnungen und Verhaltensregeln. Es gibt Regeln, die jeder Athlet befolgt, die er kennen muss, damit seine Leistung zählt. Es ist weniger sexy, diese anderen Faktoren mitzuberücksichtigen, aber dass auch sie wichtig sind, entspricht nun mal der Wahrheit. Und diese Rolle – die des Trainers – versuchten Zenon und Kleanthes für den Philosophielehrmeister abzustecken.

Aus Quellen wissen wir, dass Ariston seinem nonkonformistischen Ansatz einen recht eindringlichen Stil hinzufügte und dass er viel mehr redete als zuhörte, wobei er ganz bewusst Zenons Ausspruch über das natürliche Verhältnis zwischen Ohren und Mund missachtete. Diogenes berichtet, dass Ariston sehr lange, gnadenlose Vorträge hielt, mit denen er schwächere Geister überrumpelte. Manchmal hatte Zenon keine andere Wahl, als ihn zu unterbrechen und seine Ausführungen abzuwürgen. *Du bist ein Schwätzer,* schrie er ihn einmal an, *und ich vermute, dass dein Vater betrunken war, als er dich gezeugt hat.*

Das war keine stoische Reaktion, aber eine, bei der jeder frustrierte und erschöpfte Lehrer mitfühlen kann. Dennoch: Hat Schreien jemals einen Querdenker abgeschreckt? Nein. Und es brachte auch Ariston nicht dazu, mit den Fragen und der Widerrede aufzuhören. Seine Antipathie gegen die stoische Lehrmeinung weitete sich sogar auf seine Schriften aus, in denen er seine stoischen Kollegen aggressiv angriff und sogar ein argumentatives Buch über Zenons Lehren und ein Buch mit dem Titel *Gegen Kleanthes* veröffentlichte.

Diese schriftlichen Angriffe wurden, so erzählt Cicero, von Chrysipp beantwortet, der das Feuer mit einem Buch gegen Ariston erwiderte und diesen auch persönlich mit den Gefahren seines Engagements für die völlige Gleichgültigkeit konfrontierte. »Wir könnten uns fragen«, sagte Chrysipp, »wie wir denn ein Leben führen könnten, wenn es uns egal wäre, ob es uns gut geht oder ob wir krank sind, ob wir uns wohlfühlen oder von Schmerzen geplagt sind, ob wir Kälte oder Hunger fernhalten können oder nicht«.

In der Tat, wie könnten wir das? Das Leben wäre ein Chaos.

Ariston ließ sich davon nicht beirren und antwortete voller Zuversicht und mit einem Lächeln: »Du wirst leben, prächtig und wunderbar. Du wirst so handeln, wie es dir richtig erscheint, du wirst niemals trauern, niemals begehren, niemals Angst verspüren.«

Das war ein ebenso verlockender – und nichtssagender – Ruf wie der einer jeden anderen Sirene. Und für die meisten war das kaum zu erreichen, wie reizvoll es auch geklungen haben mag. Ja, der wahre Weise, der die richtigen Prinzipien gut verinnerlicht hat, wird intuitiv wissen, was in jeder Situation zu tun ist, und wird kein Regelwerk brauchen. Aber was ist mit uns anderen?

Ist das überhaupt möglich – eine Welt, in der jeder, wie Ariston forderte, einfach tun sollte, »was auch immer einem in den Kopf kommt«? Ist das eine Welt, in der man leben wollen würde?

Wir können uns vorstellen, wie diese großen Stoiker sich frustriert die Haare rauften. Ihre Verzweiflung zeigt sich in ihren Versuchen, es trickreich zu umgehen und der Tatsache, dass sie ihre Beherrschung verloren nach dem Motto: *Durch diesen Typ erlangt der Stoizismus einen schlechten Ruf. Ich dachte, wir würden hier im selben Team spielen*. Ariston stellt uns vor die schwierigen Fragen, so, wie es Johannes der Täufer bei den Christen getan hat und wie es Querdenker schon immer in aufkeimenden Bewegungen getan haben. Ist eine solche Person ein Rivale oder ein Anhänger? Ein Heiliger oder ein Ketzer? Ein Freund oder ein Feind? Ariston war all das, damals wie heute.

Ariston – von den Stoikern gemieden, während er sich vielleicht noch in ihrem Lager wähnte – teilte viele Ansichten mit den Kynikern. Er war von der skeptischen Akademie beeinflusst und kreuzte die Klingen mit den Peripatetikern, den Anhängern der Lehre des Aristoteles. Durch seine Unabhängigkeit verdiente Ariston sich einen Platz außerhalb der Mauern von Athen, weg von der Stoa Poikile, in einem kynischen Gymnasium, das passenderweise *Kynosarges* genannt wird. Wie bei den Sirenen, nach denen er seinen Spitznamen erhalten hatte, strömten die Männer zu ihm. Ariston lehrte dort zusammen mit anderen Radikalen wie Antisthenes, einem der Begründer der Kyniker. Ariston erlangte Berühmtheit und wurde bald als Begründer seiner eigenen Schule angesehen, wie uns Diogenes erzählt: die der Aristonier, die für Überzeugungskraft und Anstand bekannt waren.

Aber als Herausforderer hatte er auch Feinde. Er würde sagen: »Wenn Menschen nach und nach ihr Ansehen ausbauen, greifen andere Menschen von allen Seiten an«. Das stimmt, obwohl man mit Fug und Recht vermuten darf, dass die Anfeindungen, denen er ausgesetzt war, vor allem an seiner mangelnden Anpassung und seinem schwierigen Auftreten lagen. Hätte ein versöhnlicherer und respektvollerer Ariston mehr erreichen können? Mit ziemlicher Sicherheit, und es wäre den späteren Stoikern überlassen geblieben, zu beweisen, dass die Arbeit innerhalb des Systems ein effektiverer Weg sei, Meinungen zu ändern, als jeden und alles herauszufordern.

Ariston lehrte, dass der weise Mann – abgesehen davon, dass er nach Tugend und Vortrefflichkeit strebt – einfach das tut, was ihm in den Sinn kommt, wenn er es mit gleichgültigen Dingen zu tun hat. Er war der erste Stoiker, von dem bekannt ist, dass er das Argument vertrat, der Weise sei wie ein Schauspieler, der bereitwillig die vom Schicksal zugewiesenen Rollen übernimmt. Dasselbe Argument war Jahrhunderte später von Epiktet zu hören, der seine Schüler dafür tadelte, dass sie um Regelwerke baten, als könnten sie ihr ganzes Leben nach einem Drehbuch führen. Ariston und Epiktet waren beide der Meinung, dass, wenn es darum ging, unsere Rolle im Leben zu spielen, das Drehbuch bereits geschrieben sei und wir nicht versuchen sollten, uns ein eigenes auszudenken. Wir sollten hart daran arbeiten, unseren vorgegebenen Rollen gerecht zu werden. Aber im Gegensatz zu Ariston hielt das Epiktet nicht davon ab, viele gute Ratschläge zu geben.

Laut Diogenes war Ariston von der Idee angetan, dass er, da er ein weiser Mann sei und über wahres Wissen verfüge, sich nicht durch bloße Meinungen irreführen lassen würde. Dies versetzte die Stoiker so sehr in Aufregung, dass sie Zenons Schreiber losschickten, um ihm das Gegenteil zu beweisen. Der Streich war einfach: Er ließ einen Zwillingsbruder eine Summe bei Ariston zur Aufbewahrung hinterlegen, dann kam der andere Bruder, der vorgab, derjenige zu sein, der das Geld hinterlegt hatte, und forderte es zurück. Ariston, der so arrogant behauptet hatte, er könne unter allen Umständen eine weise Entscheidung treffen, gab das Geld dummerweise dem falschen Bruder.

In diesem Fall wäre eine regelbasierte Überprüfung – wie die Überprüfung der Identität – weitaus besser gewesen, als sich auf seinen Bauch zu verlassen. Als Ariston bemerkte, dass er das Geld dem falschen Bruder gegeben hatte, war er verblüfft und beschämt, dass seine Weisheit widerlegt worden war.

Noch einmal: War es stoisch, ihm einen solchen Streich zu spielen? In der Absicht, einen anderen Stoiker wegen einer so geringfügigen Meinungsverschiedenheit zu demütigen? Der Kluft war aber noch größer.

Aristons Schule spaltete sich bewusst von den Lehren Zenons und Kleanthes' ab und ließ die Themen Physik und Logik außer Acht. Die Physik gehe über unseren Verstand hinaus, und die Logik sei es nicht würdig, sich mit ihr zu beschäftigen, lautete Aristons Position. Nur die Ethik zähle, nur die Tugend.

Dieser Meister der klugen Argumente vertrat tatsächlich die Ansicht, dass die Argumente eines Logikers wie ein Spinnennetz seien – eindeutig ein Produkt des Fachwissens, aber völlig nutzlos (wenn auch äußerst nützlich für Spinnen!).

Aristons Fragen ermutigten andere heterodoxe und abtrünnige Denker, was im Athen des dritten Jahrhunderts vor Christus den Eindruck erweckt haben muss, dass der Stoizismus eine sich selbst zerlegende Schule sei.

Es sollte uns mit ein wenig Demut und Scham erfüllen, im Nachhinein zu sehen, wie unbedeutend diese intensiv und heftig geführten Debatten waren. Für die frühen Stoiker, die sie ausfochten, waren die Unterscheidungen der »bevorzugten Gleichgültigen« jedoch von höchster Wichtigkeit. Macht und Einfluss und das Ego spielten dabei eine Rolle. Nur Kleanthes ging weiterhin seinem Brotberuf nach, was bedeutete, dass diese philosophischen Debatten *alles* für einen Zenon oder einen Chrysipp oder einen Ariston waren. Sie waren wie klösterliche Mönche, die darüber stritten, wie viele Engel auf einen Stecknadelkopf passen würden.

Es war der Narzissmus, recht haben zu wollen – derjenige zu sein, der den Streit beilegt. Wer würde es sich im Kampf um die Nachfolge von Zenon und Kleanthes schon leisten können, nachzugeben? Von nachfolgenden Generationen nicht vergessen zu werden, bringt einem nach dem Tod nur wenig – aber es ist schwer, seinem Vermächtnis gegenüber gleichgültig zu sein.

All das ist verständlich, aber kaum philosophisch, geschweige denn stoisch. Es wäre weitaus beeindruckender gewesen, wenn diese Männer hätten verhindern können, dass Feindseligkeiten ihre Beziehungen zu Menschen dominierten, mit deren Ansichten sie größtenteils übereinstimmten. Sie hätten sich auf *ihre* Arbeit, *ihre* Selbstvervollkommnung konzentrieren sollen. Und das sollten wir auch.

Jedenfalls hat der Verlauf der Geschichte alles geklärt. Aristons Werk und seine Fragen, auch wenn sie von den Stoikern, die nach ihm kamen, schnell ausgemerzt wurden, sollten beim jungen Marcus Aurelius einen großen Eindruck hinterlassen. Eine oder zwei Generationen nach Seneca las Marcus Aurelius im Alter von fünfundzwanzig Jahren Schriften von Ariston und war von der Herausforderung seitens der Fragen Aristons so aufgewühlt, dass er nicht schlafen konnte und sie beiseitelegen musste. Statt in ihm einen Ketzer zu sehen, nahm er ihn als jemanden wahr, der ihn drängte, nicht auswendig zu lernen, sondern zu üben und zu trainieren, bis Tugend zu seiner zweiten Natur würde. Wie er an seinen Rhetoriklehrer Fronto schrieb:

> Im Moment erfreuen und quälen mich Aristons Schriften gleichzeitig. Wenn sie Tugend lehren, erfreuen sie mich natürlich; aber wenn sie mir aufzeigen, wie weit mein eigener Charakter hinter diesen Vorbildern der Tugend zurücksteht, schämt sich Ihr Schüler oft und ist traurig und wütend auf sich selbst, weil er mit fünfundzwanzig Jahren noch keine guten Anschauungen und nichts von reiner Vernunft in sein Herz aufgenommen hat. Und so zahle ich die Strafe, ich bin wütend und traurig, ich beneide andere Männer, ich faste. Als Gefangener dieser Sorgen schiebe ich jeden Tag die Aufgabe des Schreibens auf den nächsten Tag.

Kurz gesagt, vergessen Sie die Vorschriften. Grübeln Sie nicht über Regeln nach. *Tun Sie es einfach*.

Marcus Aurelius kannte die Geschichte seiner Schule recht gut. Und er wusste, dass all die dogmatischen Auseinandersetzungen am Ende zu nichts führen. Sie verschwinden letztlich. Sie werden zu Staub oder zur Legende, oder nicht einmal das.

Sie sind Zitate von Zitaten aus Büchern, die mit der Zeit verloren gegangen sind.

Alles, was bleibt, hätte Ariston gesagt, ist, wie wir unser Leben gelebt haben, wie nahe wir in den entscheidenden Momenten der Tugend gekommen sind.

CHRYSIPP DER KÄMPFER

* 279 v. Chr.
† 206 v. Chr.

aus Soli

Schon früh in seinem Leben lernte Chrysipp, der spätere dritte Führer der stoischen Schule, das Laufen kennen, einen Sport, der sein Leben verändern sollte. Das Laufen war in der Antike, wie auch heute noch, nicht wie andere Sportarten. Ringen ist ein Kraft- und Strategietest zwischen zwei ebenbürtigen Kämpfern, deren Körper ineinander verhakt sind. Das Werfen eines Balls oder Speers ist eine technische und koordinatorische Meisterleistung und wird an der überwundenen Distanz gemessen. Aber das Laufen, insbesondere der Ausdauerlauf, mit seiner vorgegebenen Länge und den durch Bahnen getrennten Wettkämpfern, ist ebenso ein Kampf des eigenen Geistes und Körpers *gegen sich selbst* wie ein Wettkampf gegen irgendjemanden oder irgend*etwas* anderes.

Welcher Zusammenhang besteht zwischen der Philosophie und dem Laufen? Es gibt keinen. Aber zwischen dem Stoizismus, einer Philosophie der Belastbarkeit und der inneren Stärke – die eigenen Grenzen zu überschreiten und sich an einem hohen inneren Standard zu messen – und Langstreckenlauf?

Hier gibt es große Überschneidungen, insbesondere für einen jungen Mann wie Chrysipp, der in der Hafenstadt Soloi in Kilikien geboren wurde und zum ersten Mal an einem olympischen Langstreckenwettkampf wie dem *Dolichos* teilnimmt, einem Rennen über rund vier Kilometer, für das es keine moderne Entsprechung gibt. Das *Dolichos* war keine Schleife über die gesamte Länge wie beim modernen Geländelauf oder gar ein Leichtathletikwettkampf wie der 5000-Meter-Lauf, sondern bestand stattdessen aus etwa vierundzwanzig Stadionlängen, die fast wie auf einem Basketballplatz in Sprints, die hin und her absolviert wurden, ausgetragen wurde.

Man kann sich leicht vorstellen, wie sich dieser stoische Geist formte, während Chrysipp, so schnell er nur konnte, *hin und her* rannte, *hin und her*, nicht nur in dem Versuch, die anderen Läufer zu schlagen, sondern auch im Kampf mit sich selbst, da er sich selbst davon zu überzeugen versuchte, weiterzumachen, während er nach Luft schnappte und sein Gehirn ihm sagte, er solle aufhören. Als er in einer Gruppe von Läufern um die Führungsposition kämpfte, entwickelte er unbewusst den ethischen Rahmen, der sein Leben und die Zukunft der stoischen Schule bestimmen sollte.

»Die Läufer in einem Rennen sollten sich gegeneinander messen und sich mit aller Kraft bemühen, zu gewinnen«, sagte Chrysipp später, »aber auf keinen Fall sollten sie ihre Konkurrenten zum Stolpern bringen oder ihnen einen Schubs geben. Das gilt auch für das Leben; es ist nicht falsch, im Leben nach Dingen zu streben, die einem nutzen; aber es zu tun, indem man jemand anderem etwas nimmt, ist nicht gerecht.«

Vor allem aber dürfte sich Chrysipp auf den langen Trainingsläufen durch die küstennahen Ebenen seiner Heimat Kilikien, im Süden der heutigen Türkei, auf die Herausforderungen, die das Leben für ihn bereithielt, und auf die intellektuellen und körperlichen Ausdauerleistungen, die die Philosophie von ihm verlangen würde, vorbereitet haben.

In der Tat erlebte Chrysipp wie die anderen Stoiker, die in der chaotischen Welt nach dem Tode Alexander des Großen lebten, in seinen frühen Jahren kaum Frieden. Kilikien war häufig das Ziel tödlicher Raubzüge. Seine Familie war daraufhin aus dem nahegelegenen Tarsus nach Soloi umgezogen, nur um einen Raub anderer Art zu erfahren. Die beachtliche Habe der Familie wurde beschlagnahmt, um die Schatzkammern eines der ehemaligen Generäle Alexanders aufzufüllen. Wie bei Zenon wurde der Verlust eines Vermögens zu einem Glücksfall, denn er trieb Chrysipp zur Philosophie.

Er trieb ihn auch nach Athen. Chrysipp, dem sich zu Hause kaum Möglichkeiten boten und der wahrscheinlich Angst davor hatte, was ein tyrannisches Regime sich als Nächstes unter den Nagel reißen könnte, verließ, wie schon Kleanthes vor ihm, sein Zuhause auf der Suche nach etwas Besserem. Über mehrere Generationen hinweg zog Athen nicht nur die Besten und Klügsten der hellenistischen Welt an, die sich der Philosophie widmen wollten, sondern auch die Entrechteten, die Mittellosen und die Verlorenen. Chrysipp war, wie Zenon und Kleanthes vor ihm, eine Mischung aus all diesen Gruppen.

Wir wissen nicht genau, wann er in der herausragenden Stadt des Lernens und des Handels ankam, aber klar ist, dass zu dem Zeitpunkt das Vermächtnis von Zenon und Kleanthes bereits fest etabliert war. Ihre Philosophie und ihr Ruhm hatten sich in der gesamten griechischen Welt verbreitet, und ob Zenon selbst nun noch am Leben war oder nicht, als der siebzehn- oder achtzehnjährige Chrysipp in Athen ankam, so hätten die Studenten seine Gegenwart so oder so in jedem Gespräch, jedem Buch und jedem Konzept, das sie studierten, gespürt.

Es ist klar, dass Chrysipp – dessen Name wörtlich »Goldenes Pferd« bedeutet – die Energie und die Einstellung einer neuen Generation mitbrachte. Wir wissen auch, dass er von schmächtiger Statur war, basierend auf einer von seinem Neffen Aristokreon errichteten Statue von ihm, die einst nordwestlich der athenischen Agora in der Nähe der Stoa Poikile stand. Diogenes berichtete, dass die Statue klein genug war, um vollständig von einer danebenstehenden Pferdestatue verdeckt zu werden, was einen späteren Philosophen zu dem Wortspiel veranlasste, Chrysipp sei »vom Pferde versteckt«.

Die Statue, die lange genug stand, dass Plutarch im Jahr 100 nach Christus darüber schreiben konnte, erzählt uns von mehr als nur seiner Körpergröße. Die Inschrift lautete: »Aristokreon widmet dies seinem Onkel Chrysipp, dem Beil für die Fallstricke der Akademie.«

Welche Fallstricke? Die Kritik, die Kleanthes von Dichtern und Satirikern erhalten hatte, beruhte nicht darauf, dass er nicht sehr beliebt war. Der Stoizismus mit seiner wachsenden Popularität war zur Zielscheibe von Kritikern und Skeptikern geworden. Wir können uns vorstellen, dass die philosophischen Schulen von Athen zu jener Zeit – die von Epikur, Platon und Aristoteles gegründeten – um die Vorherrschaft kämpften wie rivalisierende Religionen, wobei jede den Anspruch erhob, Zugang zum wahren Gott zu haben.

Kleanthes hatte sich damit begnügt, mit Witzeleien oder eisernem Schweigen zu antworten. Wenn der Stoizismus lediglich die Gedanken von Zenon oder die Lehren von Kleanthes umfasste, mochte dies vielleicht ausreichen. Aber irgendwann würde die Schule verteidigt werden müssen. Ihre Theorien müssten untermauert, ihre Lehren definiert und in einem Kodex festgelegt werden. Widersprüche – selbst in den Schriften dieser beiden ersten Denker – müssten geklärt werden.

Und dann waren da noch die Herausforderungen Aristons – und die Herausforderer, die er ermutigte –, die sich drohend über der Zukunft des Stoizismus zusammenbrauten. Hinzu kam Dionysios der Abtrünnige, der als Stoiker begann und sich dann einer rivalisierenden Schule anschloss, die besagte, das Leben solle sich ums Vergnügen drehen. Da war Herillos, der bei Zenon studiert hatte, aber im Gegensatz zu Zenon glaubte, dass Wissen wichtiger sei als Tugend. All diese Stimmen bekämpften, hinterfragten und widersprachen einander.

Wie sollte der Stoizismus künftig aussehen? Welche Art Instruktionen und Ratschläge würde er bieten? Wer würde an seiner Spitze stehen?

So fiel Chrysipp die undankbare, aber wesentliche Rolle zu, für den Schutz dieser aufsteigenden, aber noch jungen Schule zu kämpfen. Als Ariston sein Buch *Gegen Kleanthes* veröffentlichte, war es Chrysipp, der sich genötigt sah, eine Antwort zu schreiben. Als ein Philosoph versuchte, Kleanthes in ein Streitgespräch über irgendeinen unwichtigen logischen Punkt zu verwickeln, war es Chrysipp, der dazwischenging und den Mann anschrie, er solle aufhören, seinen Lehrer abzulenken, und wenn er sich weiterhin über Haarspaltereien streiten wolle, sei Chrysipp gern dazu bereit. Offenbar nicht nur bereit zum Streit, sondern auch bereit zum Sieg.

Es ist ein Irrglauben, dass Ideen, die die Welt verändern, dies von sich aus tun. Sie müssen, wie ein weiser Wissenschaftler später sagen sollte, den Menschen eingetrichtert werden. Oder zumindest erkämpft und verteidigt werden.

Jahre später fällte Cicero ein Urteil über einen solchen Konflikt, in den der weniger bekannte, aber umstrittene Stoiker Herillos verwickelt war. Er sei »schon lange entlassen worden«, schrieb Cicero. »Seit Chrysipp hat sich niemand mehr direkt mit ihm auseinandergesetzt.« Der Kämpfer hatte die Angelegenheit geregelt und einen weiteren frühen Herausforderer in den Mülleimer der Geschichte geschickt.

Später sprach Seneca von der Wichtigkeit, andere Philosophien zu lesen und zu studieren wie ein Spion im feindlichen Lager. In der Tat muss man festhalten, dass Chrysipp die frühen Jahre seiner Karriere nicht an der Seite der lebenden stoischen Meister verbrachte, sondern an der Seite von Arkesilaos und Lakydes, die beide Platons Akademie leiteten. Das heißt nicht, dass er widersprüchliche Loyalitäten hatte, sondern dass er wusste, dass der Stoizismus, wenn er überleben sollte, von seinen etablierteren Rivalen lernen musste.

Chrysipp war ein Wettkämpfer, ein Läufer, der unbedingt gewinnen wollte. Er studierte die Argumente der rivalisierenden Schulen und nahm sogar Unterricht an der platonischen Schule, um Schwachstellen in ihren Argumenten aufzudecken. Er untersuchte die Schwächen seiner eigenen Argumente, um herauszufinden, wo der Stoizismus sich verbessern musste.

Es gibt manchmal keine bessere Möglichkeit, die eigene Verteidigung zu stärken, als die Angriffsstrategien des Gegners zu erlernen, und genau das tut ein guter Philosoph. Es geht darum, die eigene Argumentation zu verbessern. Man braucht nicht gleich das Schlimmste über die Ideen annehmen, gegen die man argumentiert. Stattdessen kann man sich ernsthaft und aufrichtig mit ihnen auseinandersetzen und durch gute Leistung gewinnen, nicht durch falsche Zuschreibungen. Und als Kämpfer genoss Chrysipp diese Herausforderung.

Chrysipp soll so sehr von seiner Fähigkeit, konkurrierende Argumente aufzuschlüsseln, überzeugt gewesen sein, dass er einmal zu Kleanthes sagte, er müsse nur die Glaubenssätze einer Person kennen und könne daraufhin die Beweise für oder gegen deren Richtigkeit selbst entdecken.

Entgegen Kleanthes, der langsam und methodisch vorging und Rivalen immer milde beurteilte, war Chrysipp stolz und liebte den intellektuellen Schlagabtausch. Wie sich herausstellte, hatte sich sein in den *stadia* geschärftes Konkurrenzdenken direkt auf die Welt der Philosophie übertragen. Er würde sich nie zu billigen Tricks herablassen – eine Linie, die leider nicht alle späteren Stoiker einschlagen würden –, aber er wollte durchaus gewinnen.* Denn für Chrysipp war die Philosophie – wie auch das Leben – ein Kampf.

* Daher dürfte er auch Zenons Hinterlist gegenüber Ariston nicht gutgeheißen haben.

Betrachtet man die Persönlichkeiten und die jeweiligen sportlichen Bestrebungen von Lehrer und Schüler, Meister und Schützling, so kommt man zu merkwürdigen Ergebnissen. Kleanthes, der Boxer, war arbeitsam und erduldete vieles, während Chrysipp, der sich in einer eher einzelgängerischen Sportart ausgezeichnet hatte, explosiv und aggressiv war.

Zu diesem Temperament kam echtes Können. Es gab ein zu seiner Zeit populäres Sprichwort, das besagte, wenn die Götter die Wissenschaft des Streitgesprächs aufgreifen würden, würden sie Chrysipp als Vorbild nehmen. Der Stoizismus hatte Glück, einen so brillanten Denker in seinem Lager zu haben. Wo Ariston seinen Verstand benutzte, um die Orthodoxie in einer Weise infrage zu stellen, die nur wenig übrig ließ, systematisierte Chrysipp die gesamte stoische Lehre, indem er die Philosophie als »die Kultivierung der rechten Vernunft« definierte.

Es ist eine zeitlose, aber auch sang- und klanglose Rolle in der Geschichte unzähliger Philosophien, Unternehmen und sogar Länder: Die Gründergenerationen haben den Mut und die Brillanz, etwas Neues zu schaffen. Es bleibt den nachfolgenden Generationen überlassen – die in der Regel jünger, besser vorbereitet und weitaus pragmatischer sind –, den Schlamassel zu bereinigen und die Widersprüche aufzulösen, die die Gründer im Laufe des Prozesses erschaffen haben.

Diese Arbeit ist nicht so glamourös wie das Werk des Gründers, auch nicht so anerkannt. Sie ist nicht einmal so bereichernd wie die Arbeit eines Apostels, der das Evangelium verbreiten darf. Aber in vielerlei Hinsicht ist sie am wichtigsten. Die Geschichte des Stoizismus erkennt dies stillschweigend an und verewigt diese Wahrheit sogar in der berühmtesten Zeile, die wir aus der Antike über Chrysipp haben: »Ohne Chrysipp hätte es keine Stoa gegeben.«

Oder besser gesagt: Wir würden heute wahrscheinlich nicht auf dieselbe Weise darüber sprechen.

Als Kleanthes 230 vor Christus starb, wurde der neunundvierzigjährige Chrysipp der dritte Leiter der stoischen Schule. Seine erste Aufgabe bestand darin, die Lehren seiner Vorgänger nicht nur zu klären, sondern sie bekannt zu machen. Während Zenon und Kleanthes nur in der Stoa Poikile lehrten, nutzte Chrysipp auch die größere Bühne des Odeons (eines Konzertsaals). Offenbar war er auch der Erste, der im Hain des Lyzeums, der Schule der Anhänger von Aristoteles, der Peripatetiker, Vorträge unter freiem Himmel hielt. Es ist gut vorstellbar, dass er als Kämpfer seine Botschaft gern direkt in das Lager des Feindes brachte.

Wo Kleanthes die Kraft der Poesie vorgezogen und oft Analogie, Metapher und Metrum verwendet hatte, um seine Ansichten zu vermitteln, bestand Chrysipp sowohl in seiner Lehre als auch in seiner Prosa auf der Präzision des logischen Arguments und auf formalen Beweisen. Obwohl Chrysipp für seine Leidenschaft und seinen Scharfsinn in der Argumentationsführung bekannt war – beispielsweise ließ er nur selten einen Punkt einfach für sich selbst sprechen, weil er es liebte, immer wieder über dieselben Themen zu debattieren –, war er doch gleichermaßen für seine Innovationen auf dem Gebiet der Logik und für sein gewaltiges literarisches Schaffen bekannt. Er verfasste mehr als 705 Werke, von denen etwa 300 das Thema der Logik behandeln. Den Titeln, die Diogenes von ihm aufführte, können wir entnehmen, dass fast zwei Dutzend Bücher allein das berüchtigte Lügenargument behandeln. (Wir glauben nicht, dass irgendetwas, was ein Lügner sagt, wahr ist, aber können wir einem Menschen, der nur Lügen erzählt, glauben, wenn er sagt, dass das, was er sagt, falsch ist? Wenn er immer lügt, ist es nicht falsch, sondern wahr. Aber dann würde er nicht immer lügen.) Eines seiner Werke, *Logische*

Fragen, wurde sogar unter den begrabenen Papyri in Herculaneum entdeckt (in einer Bibliothek der rivalisierenden epikureischen Schule, die Philodemos gehörte). Ein antiker Schriftsteller sagte einmal, was Homer für die Poesie gewesen sei, das sei Chrysipp für die Logik.

Chrysipp hatte außerdem eine große Leidenschaft für Literatur und Poesie, die seinem Ruf die Logik betreffend widerspricht. In einem Aufsatz soll Chrysipp angeblich so viele Zeilen aus Euripides' tragischem Stück *Medea* zitiert haben, dass die Leute scherzten, er habe jedes Wort davon in seinen Text aufgenommen. Es sei die »*Medea* von Chrysipp«, hieß es. Tatsächlich zitierte er so gern andere Schriftsteller, dass deren Stimmen in einigen seiner Schriften seine eigene überschatteten. Kritiker seiner Bücher bezeichneten diese Zitate als »belanglos«. Eine bessere Lesart ist, dass Chrysipp es wirklich liebte, die Worte der großen Denker und Dramatiker der Geschichte mit seinen eigenen Lesern zu teilen, und dass er berüchtigt für sein fleißiges Zitieren dieser und anderer Quellen wurde, wann immer sie seine eigenen Standpunkte unterstützten.

Aber unterschied er sich wirklich so sehr von Kleanthes oder den anderen Stoikern? Auch Chrysipp war bescheiden, er arbeitete hart und ließ sich von Prunk nicht beeindrucken. Es scheint, dass er in einem einfachen Haus mit nur einer einzigen Dienerin lebte. Ihr zufolge bedeutete sein intellektueller Marathon, dass er in einem stetigen Tempo schrieb, mindestens fünfhundert Zeilen pro Tag. Er lehnte Einladungen ab, sogar von Königen, weil ihn das von seiner Arbeit abgehalten hätte. Er verließ nur selten das Haus, es sei denn, um einen Vortrag zu halten.

Es wurde berichtet, dass er vor gesellschaftlichen Zusammenkünften zurückschreckte und bei denjenigen, an denen er teilnahm, oft still blieb. Seine Dienerin berichtete, dass bei Trinkgelagen nur seine Beine beschwipst wurden, was vermutlich bedeutete, dass sie das einzige Zeichen dafür waren, dass er sich amüsierte. Er wurde einmal dafür kritisiert, dass er sich nicht zu einer Menschenmenge gesellte, die Aristons Vorlesungen besuchte, worauf er einfach antwortete, dass »wenn mich der Pöbel interessieren würde, hätte ich nicht Philosophie studiert«.

Es ist nicht so, dass Chrysipp in Gänze auf Vergnügungen und Geld verzichtet hätte. Vielmehr fand er es bedenklich, etwas zu *wollen*, zu *begehren*. Ein kluger Mann könne alles, was ihm in den Weg komme, nutzen, sagte er, aber er würde nichts wollen. »Im Gegensatz dazu«, so führte er weiter aus, »braucht der Narr nichts, denn er versteht nicht, wie er etwas nutzen kann, doch er will alles haben.«

Es gibt keine bessere Definition eines Stoikers: Er hat, aber er begehrt nicht, er genießt, ohne etwas zu bedürfen.

Aus dieser Überzeugung ergaben sich für Chrysipp Freiheit und Unabhängigkeit. Aus dem Wunsch heraus, dass die Philosophie nicht an Wert verlieren solle, hat er nie seine Arbeit verkauft oder für seinen Rat Geld verlangt. Er hat sich weder Geld geliehen noch es an andere verliehen. Diogenes stellte fest, dass kein einziges Buch von Chrysipp einem König gewidmet war. Einige Zeitgenossen hielten dies für arrogant, aber in Wirklichkeit war es ein Beweis für seine Selbstständigkeit. Anders als Zenon und Kleanthes, die Geld von Königen angenommen hatten, war Chrysipp nicht am Mäzenatentum interessiert. Wenn man Geld von einem König annehme, sagte er, dann müsse man ihn bei Laune halten. Er nahm das Geld nicht an, was bedeutete, dass ihm niemand sagen konnte, was er zu tun habe.

Chrysipps Unabhängigkeit des Denkens, seine Liebe zu anspruchsvollen Prinzipien und sein intellektueller Eifer waren eindeutig Tugenden, aber wie alles andere kann man auch sie bis zum Exzess betreiben. Je klüger wir sind, desto eher verlieben wir uns in unsere eigene Stimme und unsere eigenen Gedanken. Der Preis dafür ist nicht nur Stolz, sondern auch, dass die Qualität unserer Botschaft leidet. Epiktet, dessen Schüler rund drei Jahrhunderte später Mühe hatten, den Schriften von Chrysipp einen Sinn zu geben, sagte: »Wenn sich jemand mit seiner Fähigkeit brüstet, die Werke von Chrysipp zu verstehen und zu interpretieren, dann sagt euch, dass sie nichts hätten, womit sie prahlen könnten, wenn Chrysipp nicht so rätselhaft geschrieben hätte.«

Da die meisten von Chrysipps zahlreichen Werken verloren gegangen sind, mit Ausnahme von etwa fünfhundert kleinen Auszügen, die von anderen Schriftstellern zusammengetragen wurden, ist es schwer, zu sagen, wie gut oder schlecht er als Schriftsteller wirklich war. Es sagt jedoch etwas aus, dass trotz dieser angeblichen Fehler seine Einsichten überdauert haben – und auch nach seinem Tod weit verbreitet blieben.

Chrysipp war nicht nur sehr engagiert, was seine Arbeit betraf, er war auch ein liebevoller Familienvater. Er schickte nach den Söhnen seiner Schwester, Aristokreon und Philokrates, nahm sie in sein Haus auf und beaufsichtigte ihre Ausbildung. Er stand vor allem Aristokreon nahe, dem er mindestens drei Dutzend seiner Bücher widmete. Aristokreon revanchierte sich nicht nur mit der Statue und der Inschrift an seiner Grabstätte, sondern auch mit einem Buch, das an ihn erinnerte.

Doch selbst als Vaterfigur war Chrysipps Konkurrenzdenken offensichtlich. Eine Mutter fragte ihn einmal, wem sie die Erziehung ihres Sohnes anvertrauen solle. Er antwortete, dass es offensichtlich keinen besseren Lehrer als ihn gebe, denn wenn es einen gäbe, würde er selbst bei ihm lernen.

Bei all seinen Streitigkeiten mit Ariston (der glaubte, dass nur die Ethik zähle) waren ihrer beider Ansichten ähnlicher, als sie glaubten. Plutarch sagte, dass alles, was Chrysipp geschrieben habe, »keinem anderen Zweck diente als der Unterscheidung von guten und schlechten Dingen«. Ein tugendhaftes Leben war das A und O.

Wie bereits erwähnt, hatte Chrysipp als Läufer eine Philosophie des guten Sportsgeistes entwickelt. Er wusste, dass selbst dann, wenn Athleten miteinander konkurrieren und unbedingt über die anderen triumphieren wollen, zwischen allen Teilnehmern – von den besten bis zu den schlechtesten – eine grundlegende Brüderlichkeit besteht. Tad Brennan, der Altphilologe, nennt es treffend Chrysipps »Kein-Geschubse«-Verhaltensmodell, ein Modell, das in unserer Ähnlichkeit untereinander wurzelt. Es war nicht Chrysipps einziger Beitrag in dieser Hinsicht. Ein weiterer ethischer Durchbruch von ihm war die Entwicklung der stoischen Idee der *Sympatheia*, die auf Zenons Überzeugung aufbaut, dass wir allesamt zu einer Gemeinschaft gehören, die uns dazu einlädt, über die Verbundenheit aller Menschen und unser gemeinsames Dasein im Kosmos nachzudenken.

Hätten nur die frühen Stoiker, die im Zuge ihrer Rivalitäten rempelten und drängelten, diese Idee etwas besser berücksichtigt. Stellen Sie sich vor, wie viel Ärger sie sich erspart hätten, wenn sie nur erkannt hätten, dass es weder Sieg noch Niederlage gab, weil sie alle in der gleichen Mannschaft spielten, da sie sich in den großen Dingen bereits einig waren. Sie hätten für uns ein deutlich besseres Beispiel abgeben können.

Ironischerweise erhielt Chrysipp eines seiner besten Komplimente von dem skeptischen Platoniker Karneades, der, wie Sie sehen werden, lange nach seinem Tod zum größten Dorn im Auge der Stoiker werden sollte. Karneades glaubte nicht nur, dass es ohne Chrysipp keine Stoa gäbe, er behauptete auch, »wenn es Chrysipp nicht gegeben hätte, hätte es *mich* nicht gegeben«. Die wahrsten Worte werden oft im Scherz gesprochen.

Während Chrysipps Werk für immer und ewig Bestand haben könnte – und sein Gesicht wurde sogar Jahrzehnte nach seinem Tod in seinem Heimatland auf Münzen geprägt –, wusste der Mann, dass das auf ihn selbst nicht zutreffen würde. Eines Abends, nach einer Vorlesung im Odeon, lud eine Gruppe seiner Studenten Chrysipp auf ein Getränk ein. Nachdem er etwas unverdünnten süßen Wein getrunken hatte, erfasste ihn ein Schwindelanfall und er starb fünf Tage später im Alter von dreiundsiebzig Jahren.

Wenn Chrysipp wirklich so gestorben sein sollte, würde dies das Bild von ihm als einem Mann bestätigen, der sich selbst und seine Arbeit ernst nahm und schließlich starb, nachdem er sich ausnahmsweise einen Abend vom Schreiben und Denken freigenommen hatte. Das mag stimmen, und falls es tatsächlich der Fall sein sollte, wäre es eher uninteressant.

Die anderen Berichte über Chrysipps Tod sind verlockender, denn sie fügen dem Mann und dem Bild des vermeintlich freudlosen stoischen Stereotyps eine weitere Dimension hinzu In einer Erzählung heißt es, dass Chrysipp auf seiner Veranda saß, als ein einzelner Esel vorbeikam und aus seinem Garten zu fressen begann. Chrysipp fand diesen Anblick unerklärlich komisch und lachte und lachte. »Gib dem Esel etwas Wein, damit er die Feigen herunterspülen kann«, rief er dem Besitzer zu und lachte dann noch mehr, bis er buchstäblich starb.

Und so wäre er, wenn das stimmt, der zweite Gründer des Stoizismus, der nicht in einer hitzigen Debatte oder in einem Schreibrausch verstarb – womit er so viel Zeit seines Lebens verbracht hatte –, sondern an guter Laune und der Freude über ein einfaches Vergnügen. Das ist keine schlechte Art, abzutreten.

ZENON DER ERHALTER

* unbekannt
† 190-180 v. Chr.? aus Tarsus

An der Wende des zweiten Jahrhunderts vor Christus war der Stoizismus hundert Jahre alt. Zenons Lehren waren zunächst durch Kleanthes und dann durch Chrysipp übernommen und weitergetragen worden. Sie hatten die Provokationen, die Zweifler und die Angriffe anderer Schulen überlebt.

Aber was nun? Wer sollte der Nächste sein?

Eine der zentralen Überzeugungen des Stoizismus ist, dass Geschichte zyklisch verläuft. Dass dasselbe wieder und wieder und wieder geschieht. Wir sind nicht so besonders, würden die Stoiker sagen. Wir sind austauschbare Teile, Rollenspieler in einem Stück, das seit Anbeginn der Zeit gespielt wird.

Das unterstreicht in besonderem Maße die Tatsache, dass der nächste Leiter des Stoizismus, zum Start eines neuen Jahrhunderts, uns gewissermaßen an den Anfang zurückversetzt. Denn auch er hieß Zenon.

Nachdem Chrysipp die Schule erfolgreich konsolidiert hatte, musste er die Wahl treffen, wer nach ihm das Zepter übernehmen sollte Da Chrysipps Familie ursprünglich aus Tarsus stammte und er solch große Anerkennung erlangt hatte, muss er das Interesse vieler anderer Tarser geweckt haben. Einer dieser Tarser Schüler, Dioskurides, über den wenig bekannt ist, außer dass Chrysipp ihm mindestens sechs Werke gewidmet hatte, die sich über einundzwanzig Bände erstreckten, war der mutmaßliche Erbe. Aber Dioskurides war wahrscheinlich zu alt oder gebrechlich, oder er mag gestorben sein.

Er hatte jedoch einen Sohn, und dieser Sohn war Zenon von Tarsus. Von dem christlichen Schriftsteller Eusebius erfahren wir, dass dieser zweite Zenon der Idee der Reinkarnation nicht allzu viel Bedeutung beimaß.

> Die stoischen Philosophen vertreten die Auffassung, dass sich die universelle Substanz in Feuer verwandelt, wie in einen Sa-

> men, und daraus wiederkehrt. Damit ist ihre Organisation vervollständigt, so wie sie vorher war. Und diese Doktrin wurde von den ersten und ältesten Führern der Sekte, Zenon, Kleanthes und Chrysipp, akzeptiert. Doch der Zenon, der Schüler und Nachfolger des Chrysipp in der Schule war, soll an der Feuersbrunst des Universums gezweifelt haben.

Vielleicht ging ihm das zu weit. Aber wir sollten aus diesem Zweifel oder dieser Differenz nicht den Schluss ziehen, dass er ein weiterer Ariston gewesen wäre. Er war höchstwahrscheinlich weder ein Revolutionär noch ein Störenfried. Er war nicht einmal ein glühender Verteidiger. Aber vielleicht war er genau das, was die Philosophie zu jener Zeit brauchte – ein *Bewahrer*, ein Verwalter, der gerade weit genug mit den Überzeugungen übereinstimmte, um die Dinge zu beruhigen und sie dann zu etablieren. Manchmal verlangt die Geschichte – genau wie das Leben – nach einem Kämpfer, dann wieder verlangt sie nach jemandem mit einer standhaften Haltung, einer ruhigen Hand und einer beruhigenden Ausstrahlung. Manchmal verlangt ein Augenblick nach einem Star, manchmal nach jemand Bescheidenerem.

Tapferkeit heißt nicht, sich immer gleich überstürzt ins Spiel zu werfen. Manchmal zeigt sie sich in der Geduld. Manchmal im Blick nach innen. Wir haben jede dieser Fähigkeiten in uns, glaubten die Stoiker, und es gehe darum, je nach Situation die richtige Tugend einzusetzen. Wir müssen unsere Pflicht erfüllen, worin auch immer sie bestehen mag.

So lief es mit dem zweiten Zenon. Wenn er mit einer Doktrin haderte, ging es nur um Geringfügigkeiten. Bei einigen Ansichten stellte er sich auf die Seite von Kleanthes, bei anderen auf die von Chrysipp. Aber er scheint kein ausgeprägtes Ego gehabt zu haben. Er blühte in Konflikten nicht auf, obwohl wir annehmen können, dass er Ärger auch nicht aus dem Weg ging (er veröffentlichte ein Buch mit dem Titel *Gegen Hieronymus von Rhodos*). Er brauchte kein Rampenlicht, er brauchte nicht Hunderte von Büchern zu schreiben oder große Vorträge zu halten. Zenon von Tarsus war ein Mann, der langweilig genug war – und gerade wenig genug schrieb –, um die Konflikte seiner Zeit zu besänftigen und die Philosophie an die nächste Generation weiterzugeben.

Der erste Zenon hat Neuland betreten. Chrysipp teilte Schläge aus und blockte auch einige ab. Der zweite Zenon brauchte nichts davon zu tun. Der Stoizismus war gut etabliert, und zwar schon seit Jahrzehnten. Es war ein Boot, das bewiesen hatte, dass es schwimmen konnte, eine Philosophie, die von Tausenden praktiziert wurde, die über ganz Griechenland verteilt waren. Der zweite Zenon musste sich nur um die Stabilisierung kümmern und weitermachen.

Das Timing hätte nicht kritischer sein können. Griechenland war im Niedergang begriffen. Rom war auf dem Vormarsch. Und der Stoizismus würde die Wiege der Demokratie verlassen und sich den Bedürfnissen einer wachsenden Macht stellen müssen. Wir wissen nicht, wann Zenon von Tarsus starb, aber klar ist, dass Diogenes von Babylon sein Nachfolger wurde, ein weiterer Schüler von Chrysipp, dessen Wirken in eine Übergangszeit fiel, die durch den Aufstieg der römischen Macht gekennzeichnet sein würde.

Sie würde auch das goldene Zeitalter des Stoizismus einläuten, in dem sich zunächst Republik und Philosophie trafen und verschmolzen, und anschließend die Republik zum *Imperium* werden sollte.

Zenon von Tarsus sollte weitgehend in Vergessenheit geraten – und wie viele wichtige Persönlichkeiten bestenfalls als eine Übergangsfigur in Erinnerung bleiben. Aber so etwas darf einem Stoiker nicht wichtig sein. Was zählt, ist, dass er die Aufgaben, die erledigt werden mussten, erfüllt hat.

DIOGENES DER DIPLOMAT

* 230 v. Chr.
† 142 v. Chr.

aus Babylon

155 vor Christus wurde Diogenes von Babylon, der fünfte Leiter der Stoa, in einer diplomatischen Mission von Athen nach Rom entsandt. Dort hielten er und die Leiter der anderen großen philosophischen Schulen Griechenlands eine Reihe von Vorträgen über ihre Lehren. Dies mag wie ein unbedeutendes Ereignis erscheinen, aber es sollte nicht nur Rom, sondern die Welt verändern.

Die Idee erscheint verrückt, eine Gruppe alter Philosophen rivalisierender Schulen als eine Form der Diplomatie in eine Stadt zu schicken, die der Philosophie gegenüber notorisch feindlich eingestellt war. Nur wenige Jahre zuvor hatte der römische Senat einen völligen Bann gegen Philosophen verhängt, und dann kam Athen daher und schickte genau diese Unerwünschten dorthin, um in seinem Namen aufzutreten und zu argumentieren. Es schickte keine Soldaten. Oder Berufsdiplomaten. Oder Anwälte. Nicht einmal Geschenke und Bestechungsgelder. Es schickte Philosophen. Warum?

Verzweifelte Zeiten erforderten verzweifelte Maßnahmen.

In den Jahren seit dem Tod Alexanders des Großen hatten Griechenland und Italien eine endlose Reihe von Raubzügen und Gegenraubzügen erlebt. Diese Zeit war durch den Aufstieg und Fall unzähliger Könige und Fürstentümer gekennzeichnet. Athen war während eines Großteils der vorangegangenen anderthalb Jahrhunderte unter Garnison gewesen, während die makedonischen Könige ihre Widersacher bekämpften, um an der Macht zu bleiben. In dieser Situation gewannen die Römer langsam an Macht und entwickelten sich von einer kleinen Stadt am Tiber zu einem internationalen Hegemon mit kolonialen Ambitionen. Die römisch kontrollierten Magistrate, die in einem Streit zwischen Athen und einem Nachbarn zu entscheiden hatten, fällten ihr Urteil gegen Athen und verhängten eine massive Strafe von fünfhundert Talenten. Das war ein Betrag, den sich die Stadt kaum leisten konnte, sodass Athen mit einer der wenigen Waffen zurückschlug, die es besaß: seine Philosophen.

Die Herrscher beider Städte wussten es zu dem Zeitpunkt nicht, aber die Entscheidung Athens, seine überragenden Intellektuellen nach Rom zu entsenden, um gegen das Urteil Berufung einzulegen, war die erste Salve in einem jahrhundertelangen Kampf um die kulturelle Vorherrschaft. Es war auch der erste große Schritt des Stoizismus aus dem Klassenzimmer heraus und hinein in die Hallen der Macht.

So kam es, dass Diogenes von Babylon, geboren im Jahr des Todes von Kleanthes, der Erste war, an den sich die Athener in der Stunde der Not wandten. Aus der Stadt Seleukia stammend, der heutigen Metropole Bagdad, hatte Diogenes in Athen bei Chrysipp studiert. Er war noch jung, als Zenon von Tarsus die Leitung der stoischen Schule übernahm, und im Gegensatz zu seinem berühmteren Vorgänger und Namensvetter Diogenes dem Zyniker war dieser Diogenes kein asozialer Rebell. Dazu war er viel zu pragmatisch.

Anders als der berühmte Diogenes der Zyniker einige Jahrhunderte zuvor schlief dieser Diogenes nicht in einem Fass. Er masturbierte nicht in der Öffentlichkeit. Soweit wir wissen, trug er angemessene Kleidung und war zu zivilen Debatten und Diskussionen fähig. Er war kein Herausforderer wie Ariston und kein Kämpfer wie Chrysipp. Er war nicht besonders witzig oder klug, aber er war ein brillanter Denker, der seine Ideen glaubwürdig als ein *normal funktionierender Bürger Athens*, als ein respektabler Führer und nicht nur als irgendein kluger Geist vermitteln konnte. Diogenes war ein aufgehender Stern in der Philosophie, der in der Frühzeit des stoischen Denkens wichtige Beiträge leistete, darunter in so unterschiedlichen Bereichen wie Linguistik, Musik, Psychologie, Rhetorik, Ethik und politische Philosophie.

Was brachte Diogenes zur stoischen Philosophie? Plutarch berichtet, ihn habe inspiriert, was er über den Charakter des Gründers Zenon gelesen hatte. Daran sollten auch heute, all die Jahre später, alle denken, die über ihr eigenes Vermächtnis nachdenken. Nicht das, was man sagt, lebt nach dem Tode weiter, auch nicht das, was man schreibt oder erbaut, sondern das Beispiel, das man abgibt. Wichtig ist, nach welchen Prinzipien man lebt.

Wir wissen nicht, wann Zenon von Tarsus starb und Diogenes seine Nachfolge antrat, aber wir wissen, dass Diogenes ein fähiger Lehrer war, der viele Schüler anzog. Einer von ihnen, ein aggressiver Widersacher namens Karneades, leitete später die skeptische Akademie. Er war durch das Studium der Werke von Chrysipp auf Diogenes aufmerksam geworden und zu ihm gekommen und diente schließlich als einer seiner Gegenparts in der diplomatischen Mission Athens in Rom.

Wiederum sagt es etwas über die Macht der Philosophie aus – oder zumindest darüber, wie weit sie seither geschwunden ist –, dass diese Denker mit einer so wichtigen Aufgabe betraut wurden. Aber in der Antike nahmen die Philosophen einen anderen Platz ein als unsere Professoren heutzutage.

Die diplomatische Mission begann mit einer Reihe von öffentlichen Vorträgen, gefolgt von Ansprachen vor dem Senat selbst, die allesamt die außergewöhnliche Kultur und Bildung dieser Oberhäupter der großen Athener Schulen zur Schau stellen und damit die Stimmungslage im Zusammenhang mit der Anklage und dem Urteil Roms günstig beeinflussen sollten.

Die Mission hatte keinen guten Start. Karneades sprach zuerst und argumentierte vor einem großen, gebannten Publikum wortgewandt über das Thema Gerechtigkeit. Doch am nächsten Tag kehrte er zurück und argumentierte vor einer nun noch größeren Menge ebenso vehement *gegen* die Gerechtigkeit, wie er sich Stunden zuvor dafür ausgesprochen hatte. Ein Zeuge des Ganzen, Cato der Ältere, einer der sachlichsten und politisch einflussreichsten Bürger Roms, war entsetzt. Was war das für ein Unsinn? Wo Männer für einen Punkt argumentierten und ihn dann widerlegten? Er forderte, dass der dreiste Karneades nach Hause geschickt werden solle, bevor er noch mehr Jugendliche Roms verderben könne.

Wir wissen nicht genau, was Diogenes vor dem Senat sagte, aber es war eindeutig eine beruhigende Botschaft, eine, die vermittelte, dass Athen ein besserer Verbündeter als Feind sei. Jeder der Redner war wahrscheinlich beauftragt worden, über die Macht der Gerechtigkeit zu sprechen, um den Römern zu zeigen, dass die Griechen sie verdienten. Karneades mit seinem ausgeprägten Ego hatte diese Botschaft beinahe untergraben, aber zum Glück waren Diogenes und Kritolaos, der dritte Redner, geschliffen und überzeugend genug. Möglich ist, dass Diogenes, ein begabter Denker und Stratege, argumentierte, dass harte Strafen für Rom weniger vorteilhaft seien als Gnade. Es heißt, dass die Römer von Diogenes' »Zurückhaltung und Sachlichkeit« sehr beeindruckt waren, was wahrscheinlich durch den Kontrast zu seinem angeberischen Landsmann noch verstärkt wurde.

Auch darin zeigte sich Diogenes' Brillanz und es trug dazu bei, dass er ein so großer *realitätsnaher* Philosoph wurde. Karneades hatte Rom in einer seiner Reden als »Stadt der Dummköpfe« bezeichnet – nicht gerade eine kluge Bemerkung vonseiten eines Mannes, der geschickt worden war, um um Nachsicht zu bitten. Schlimmer noch, als seine Gastgeber sich dadurch beleidigt fühlten, gab er Diogenes die Schuld, da die Stoiker seit Zenon glaubten, dass nur ein Weiser Führungsrollen übernehmen könne. Anstatt aggressiv darauf zu reagieren, blieb Diogenes in jeder Hinsicht diplomatisch. Er ließ sich nicht provozieren oder in Konflikte hineinziehen.

Wir können davon ausgehen, dass er auf die selbstzerstörerischen Eskapaden von Karneades und den Hohn oder die Kritik seiner römischen Zuhörer mit derselben Souveränität reagierte wie in der Situation, als er einst von einem Teenager in Rom angespuckt und gehänselt wurde. »Ich bin nicht wütend«, hatte er mit einem Augenzwinkern geantwortet, »aber ich bin mir nicht sicher, ob ich es sein sollte.« Genauso tat er alles, was von dieser Athener Mission ablenkte, mit einem Schulterzucken ab. Es stand zu viel auf dem Spiel.

Trotz des ganzen Rummels um diese Gastbotschafter, ihre Gelehrtheit und Redegewandtheit und trotz der heftigen Auseinandersetzungen über die widersprüchlichen Vorträge von Karneades war diese historische politische Mission ein durchschlagender Erfolg. Die Geldstrafe wurde von fünfhundert auf hundert Talente herabgesetzt, und der Ruf dieser drei Botschafter, insbesondere der von Diogenes, setzte sich im römischen Bewusstsein fest. Cato der Ältere, der so entsetzt über das gewesen war, was er miterlebt hatte, würde später unwissentlich zum Beweis für die Weisheit der Mission werden. Sein Urenkel, Cato der Jüngere (siehe das Kapitel über Roms eisernen Mann), würde der »Verderbtheit« der Philosophie nicht entkommen und zu einem der besten Schüler des Stoizismus werden und durch ihn ewigen Ruhm erlangen.

Aber eigentlich waren es Griechenland und die Stoiker selbst, die am meisten von diesem Austausch profitierten – oder vielmehr von dem *Prozess*, durch den der Austausch stattfand. In den vorangegangenen Jahrhunderten war die Philosophie in erster Linie in den Klassenzimmern ausgeübt worden. Es ging um das Streben nach dem guten Leben – um Wahrheit und Sinn –, aber vor allem für den Schüler. Fast alle philosophischen Schulen – die kynische, die platonische, die aristotelische, die epikureische und sogar der Stoizismus – hatten die reale Welt des sozialen und politischen Lebens ausgeblendet.

Stattdessen stritten sie untereinander über die Definition von »Tugend«. Was sonst hätten sie auch schon gewollt haben können? Athen mag die Wiege der Demokratie gewesen sein, aber man lebte dort wie in einer Kleinstadt. Isoliert. Behütet. Mit sich selbst beschäftigt. Zenon hatte zwar daran festgehalten, dass Stoiker am öffentlichen Leben teilnehmen müssten, es sei denn, sie seien dazu nicht in der Lage – und einige seiner Schüler hatten das auch getan –, aber die meisten taten es bis zu diesem Zeitpunkt nicht.

Der Aufstieg Roms, die Berufung zum öffentlichen Dienst in einer Krise, wie Diogenes sie angenommen hatte, änderte dies. Cicero, »dessen Kenntnisse der vorherigen politischen Philosophie umfassend waren«, wie Dirk Obbink in seinem Werk *Diogenes of Babylon: The Stoic Sage in the City of Fools* schreibt, »kennt keine stoischen Schriften, die sich vor Diogenes mit praktischen politischen Fragen befassen«. Sicher, es hatte einige weniger bekannte Stoiker gegeben, die als Generäle gedient hatten und sogar in der Schlacht gefallen waren, und andere, die Könige beraten hatten, aber die Lehrer der Philosophie hatten sich weitgehend aus den Auseinandersetzungen herausgehalten, indem sie sich nur abstrakt mit Politik befassten.

Das frühe stoische politische Denken hatte sich weitgehend in Opposition zu Platons *Der Staat* und *Gesetze* strukturiert, beginnend mit Zenons eigenem, recht radikalen Werk *Republik*, was sich in Chrysipps Werk *Gegen Platon über Gerechtigkeit* und in seinen *Ermahnungen* fortsetzte. Diese Debatten waren kaum mehr als Auseinandersetzungen über verschiedene Arten von Utopien. Vor Diogenes von Babylon wurde die stoische Auffassung von Politik am besten von Chrysipp ausgedrückt, der sie vermutlich von Zenon übernommen hatte, nämlich *dass nur der Weise wirklich für eine politische Führungsrolle geeignet ist.**

Diese Vorstellung hat etwas für sich, aber sie ist wohl kaum praktikabel. Wie sollte es möglich sein, genügend Weise zu finden, um den Senat zu füllen, geschweige denn ein Imperium zu regieren? Wenn man nur Karneades als Beispiel nimmt, dann scheint Athen schon Schwierigkeiten gehabt zu haben, genügend Weise zu finden, um seine diplomatische Mission in Rom zu erfüllen! Dass Diogenes plötzlich einer praktischeren politischen Philosophie den Vorrang geben sollte, ergibt Sinn, wenn man die Machtverschiebung versteht, die zu seinen Lebzeiten stattfand, als die winzige Welt Griechenlands unter den enormen Schatten des aufstrebenden Monolithen Rom geriet.

Obwohl die Mission in Rom letztendlich erfolgreich war, wissen wir, dass Athen beschloss, nicht einmal die ermäßigte Strafe zu zahlen, die die römischen Magistrate angesetzt hatten. Würde Rom deswegen in den Krieg ziehen? Wegen einer Geldstrafe für den Überfall Athens auf eine benachbarte Stadt? Nachdem Athen die Römer mit seiner Philosophie und seinem Gerede über Gerechtigkeit so meisterhaft abgelenkt und geblendet hatte? Das war unwahrscheinlich. Und es scheint, dass Athen mit diesem Bluff davongekommen ist.

Für Diogenes muss es ein anschaulicher politischer Moment gewesen sein. Während sich Marcus Aurelius einige Jahrhunderte später daran erinnerte, dass das Leben nicht »Platons Staat« sei, erkannte Diogenes, dass es auch nicht Zenons Republik war. Stattdessen bemerkte er, dass die Welt voller verwirrter Menschen war, die Fehler hatten. Diogenes hatte die Wahrheit hinter dieser

* Diese Aussage nutzte Karneades, um die Römer zu beleidigen.

Erkenntnis aus erster Hand erkannt – vielleicht als Erster von allen Stoikern –, als er nach Rom kam und die diplomatische Arena betrat. Daraus entstand ein entscheidender Sinn für Pragmatismus, den die Philosophie dringend brauchte.

Ariston schien zu glauben, dass Philosophie ausschließlich für den Weisen, für die Selbstverwirklichung des Individuums bestimmt sei. Sein Stoizismus funktionierte gut im Klassenzimmer und löste interessante Debatten aus, aber in der *Welt* würde er nicht funktionieren. Diogenes betrachtete den Stoizismus anders. Er sah ihn als eine Art zu denken an – wie auch als eine Reihe von Regeln –, die dazu da war, dem Gemeinwohl zu dienen, dem eigenen Land zu dienen.

Es genügte dem Philosophen nicht mehr, davon zu fantasieren, eine Kleinstadt ausschließlich mit Weisen zu bevölkern, um die bestmögliche Gesellschaftsordnung zu bilden. Auch die Sticheleien und Provokationen von Diogenes dem Zyniker, der Alexander den Großen verspottet hatte, reichten nicht mehr aus. Die Fähigkeiten eines Philosophen – Vernunft, Tugend, Logik, Ethik – wurden dringend auch außerhalb der Stoa benötigt, sogar außerhalb der *Agora*. Um Probleme zu lösen. Um einen Rahmen zu schaffen und Gesetze zu verfassen. Zur Anleitung von Richtern und Staatsanwälten. Um Kompromisse zu schmieden. Um zu überzeugen und die Gemüter des Pöbels im Zaum zu halten. Um Streitigkeiten zwischen Städten beizulegen.

Diogenes von Babylon war zweifellos gewitzt und besaß einen Verstand, der gut für die Politik geeignet war. Cicero berichtet von einer Debatte, die er mit seinem Schüler Antipatros über die Ethik des Verkaufs eines Grundstücks oder einer Getreidelieferung führte. Sein Schüler war der Ansicht, dass der Verkäufer verpflichtet sei, alle Informationen vollständig offenzulegen – dass mehrere andere Getreidelieferungen eintreffen würden, wodurch wahrscheinlich der Preis sinken würde, oder dass der Angebotspreis für das Land wahrscheinlich höher als sein Marktwert sei. Das sei nur fair und gerecht, sagte er. Aber Diogenes argumentierte, dass sich nichts verkaufen würde, wenn alle Fakten auf dem Tisch liegen würden. Wie könnte ein Markt ohne das beiderseitige Eigeninteresse funktionieren? Außerdem hätten die Verkäufer zahlreiche Verpflichtungen, die mit den Interessen der Käufer konkurrierten, zum Beispiel die beste Rendite für ihre Investoren zu erzielen und für ihre Familien zu sorgen. Cicero hält fest, mit welchen Worten er seine Ansicht verteidigte: »Der Verkäufer sollte alle Mängel an seinen Waren angeben, soweit ein solches Vorgehen durch die allgemeinen Gesetze des Landes vorgeschrieben ist; aber im Übrigen kann er, da er Waren zu verkaufen hat, versuchen, sie mit größtmöglichem Gewinn zu verkaufen, vorausgesetzt, er macht sich keiner falschen Angaben schuldig.«

Was alles andere betraf, so argumentierte er mit *caveat emptor*. Möge der Käufer sich in Acht nehmen.

»Selbst, wenn ich dir nicht alles sage«, erklärte Diogenes, »verberge ich nicht die Natur der Götter oder das höchste Gut vor dir; doch diese Dinge zu wissen, würde dir mehr nützen, als zu wissen, dass der billige Weizenpreis gesunken ist.« Gibt es eine bessere Umschreibung der pragmatischen Philosophie dieses Diplomaten, der nach Rom gereist war, um für eine Ermäßigung einer Geldstrafe zu plädieren, die seine Stadt wahrscheinlich nie zu zahlen beabsichtigte? Der einerseits die Römer mit Reden blendete, während er ihnen gleichzeitig in die Tasche griff und sich dabei vielleicht einredete, er hindere nur Rom daran, dasselbe mit Athen zu tun? Es hatten konkurrierende Interessen auf dem Spiel gestanden: Athen gegen Rom, Handelsmacht gegen Kolonialmacht, Schuldentilgung gegen den Kampf, ein ungerechtes Urteil anzufechten.

Irgendwie hat er es geschafft, dass es funktionierte. Er schaffte einen Ausgleich zwischen Interessen und miteinander konkurrierenden Loyalitäten – was genau der Rolle eines Diplomaten und eines politischen Beraters entspricht.

Diogenes spielte eine ähnliche Rolle, als er einige der komplizierteren Debatten im Stoizismus in der Praxis beilegte. Ariston hatte zu sagen versucht, dass wir allen Dingen gegenüber gleichgültig sein sollten. Diogenes wusste, dass auch das unrealistisch war. Reichtum, sagte er, sei »nicht nur förderlich, um Vergnügen und gute Gesundheit zu erreichen, sondern unerlässlich«. Er sei nicht wichtiger als Tugend, aber er sei ebenfalls wichtig – wenn man ihn denn erreichen könne. Und Tugend, laut den Worten von Cicero, der Diogenes' Ansichten umschrieb, »verlangt lebenslange Zuverlässigkeit, Zielstrebigkeit und Beständigkeit«.

Geld mache das Leben leichter. Tugend hingegen sei unser Lebenswerk.

Leider ist uns von Diogenes' Schriften nur wenig bis gar nichts erhalten geblieben, was umso trauriger ist, wenn man bedenkt, dass er, zumindest den Texten nach zu urteilen, die in der durch den Ausbruch des Vesuvs zerstörten Stadt begraben entdeckt wurden, einer der meistzitierten Autoren der Antike war, noch häufiger als Platon und Aristoteles.

So, wie die Werke von Diogenes für uns verloren sind, so war auch er für die Welt verloren. Wir wissen nicht, wie er gestorben ist, nicht einmal wann. Laut Cicero war Diogenes spätestens 150 vor Christus tot – nur wenige Jahre nach seiner Mission in Rom. Lukian führte an, er sei achtzig Jahre alt geworden. Anderen Quellen zufolge lebte er jedoch noch ein Jahrzehnt länger oder bis sein Schüler Antipatros die Führungsrolle übernahm.

Auf jeden Fall lebte dieser Prinz der Philosophie nicht ewig, aber sein Vermächtnis – der Stoizismus als politische Kraft und das von ihm verkörperte Charaktervorbild – stand erst am Anfang. Tatsächlich sollte es schon bald die Welt erobern.

ANTIPATROS DER ETHIKER

* unbekannt
† 129 v. Chr.

aus Tarsus

Wenn Diogenes der pragmatische Politiker war, dann war sein Schüler Antipatros, der nächste Leiter der Stoa, der pragmatische Ethiker. Er war auf die Praxis ausgerichtet, aber mit der Absicht, klare Prinzipien aufzustellen, von denen sich jede Handlung ableiten müsse.

Es ist nicht bekannt, wann Antipatros von Tarsos geboren wurde, und wir kennen auch keine Einzelheiten über sein frühes Leben in Tarsos, nur, dass er nach Diogenes' Tod irgendwann um 142 vor Christus Diogenes von Babylon als Oberhaupt der Stoa ablöste. Es ist offensichtlich, dass Antipatros' Weltbild sehr stark durch den Einfluss von Diogenes geprägt war und dass es im Gegensatz zu dem eines ehemaligen Schülers seines Meisters, des verführerischen, aber chaotischen Karneades, stand.

Während Karneades gern mal an aufeinanderfolgenden Tagen widersprüchliche Positionen vertrat, wie er es in Rom getan hatte, und die Gelegenheit genoss, die ihm sein neu gewonnener Ruhm bot, um sein Publikum in Athen immer wieder in die Irre zu führen, wurde Antipatros zu einem Verfechter von Wahrheit und Ehrlichkeit. Wo Diogenes die Politik in den Bereich der Philosophie – oder die Philosophie in den Bereich der real existierenden Politik – gebracht hatte, versuchte Antipatros, die Alltagsethik in alle Facetten des Lebens zu bringen. Und so ehrgeizig seine Ziele auch waren, brachte er dem Stoizismus auch Bescheidenheit zurück.

Man wird Antipatros niemals um Rampenlicht kämpfen gesehen haben. Er war, wie es sich für einen guten Philosophen gehört, zu beschäftigt mit *seiner Arbeit.*

Sogar das Medium, durch das er seine Argumente vortrug, war vertraut und gewöhnlich. Frühere Stoiker hatten an der Stoa und in Theatern gelehrt, aber Antipatros wählte einen anderen Weg. Er lud Freunde zum Abendessen ein, um lange Diskussionen über philosophische Themen zu führen. Athenaios erzählt in seinem Buch

Gastmahl der Gelehrten, das kurz nach der Zeit von Marcus Aurelius geschrieben wurde, dass Antipatros bei diesen Zusammenkünften ein wunderbarer Geschichtenerzähler gewesen sei, der seinen Standpunkt mit starken Anekdoten zu illustrieren vermochte. Während Unterstützer ihn drängten, auf Karneades' Redekunst mit eigenem Bombast zu antworten, und Karneades versuchte, ihn zu öffentlichen Debatten anzustacheln, kanalisierte Antipatros seine Energie in diese Esstischdiplomatie sowie in schriftliche Werke, die nicht auf den Triumph über gegenwärtige Rivalen abzielten, sondern bei den zeitlosen Herausforderungen des Alltags helfen sollten.

Antipatros' ruhige Diskussionsrunden passten zu einem Mann mit feinem Gespür für Ethik, denn normalerweise konnte er seine Ansichten besser schriftlich artikulieren. In diesen kleinen Zusammenkünften konnte er eine echte Verbindung zu einem Individuum herstellen, er konnte konkret werden und er konnte freundlich sein. Dieses Format erlaubte ihm auch, die Bedürfnisse, Wünsche und Kämpfe echter Menschen aus nächster Nähe zu sehen – und nicht nur namenlose Gesichter unterhalb des Podiums. Wäre er ein paar tausend Jahre später geboren worden, hätte er auch gut ein großartiger Ratgeberkolumnist sein können. Während Diogenes ein Diplomat und Staatsmann gewesen wäre, hätte Antipatros sich vermutlich der politischen Grundlagenarbeit gewidmet: Beziehungen aufbauen, persönlich überzeugen, sich auf das Individuum konzentrieren und dessen Leben verbessern.

Zum Beispiel war Antipatros der erste Stoiker, der sich für die Ehe und das Familienleben stark machte, was von früheren Philosophen seltsamerweise vernachlässigt worden war. Zenon hatte keine natürlichen Erben hinterlassen. Kleanthes hatte in seinem genügsamen Dasein keinen Platz für eine Ehefrau. Chrysipp hatte versucht, seine Neffen allein großzuziehen, als das nötig wurde, doch letztendlich lebte er für seine Arbeit. Antipatros hingegen betrat für die Stoiker Neuland, indem er leidenschaftlich über die Bedeutung der Wahl des richtigen Ehepartners und der Erziehung von Kindern zu guten Menschen sprach. »Versucht, aus den Fehlern von Sokrates zu lernen«, warnte er die jungen Männer, die er unterrichtete, und erzählte ihnen eine etwas andere Geschichte über Sokrates' Frau, die als unsympathisch galt und oft schlecht gelaunt war. Wenn man nicht weise wähle, wen man heirate, werde die eigene Weisheit – und das Glück – sicherlich auf die Probe gestellt.

Für Antipatros konnten eine erfolgreiche Stadt und eine erfolgreiche Welt nur um den Grundstein der Familie herum aufgebaut werden. Die Ehe, so sagte er zu seinen Schülern, gehöre »zu den wichtigsten und notwendigsten der angemessenen Maßnahmen«. Hat Antipatros selbst geheiratet? War er ein besserer Ehemann und Vater als Sokrates? Die Aufzeichnungen dazu sind spärlich, aber dieser Satz aus seinem Buch über die Ehe klingt ganz danach: »Außerdem ist es so, dass derjenige, der keine Ehefrau und Kinder gehabt hat, niemals die wahrhaftigste und aufrichtigste Zuneigung gekostet hat.«

Stoiker können lieben und geliebt werden? Auf jeden Fall. Sie können es nicht nur, sondern sie *sollen* es auch, wie Antipatros es auch eindeutig getan hat.

Michel Foucault, der französische Philosoph und Sozialtheoretiker des zwanzigsten Jahrhunderts, würde Antipatros das Verdienst zuschreiben, ein neues Konzept der Ehe entwickelt zu haben, bei dem zwei Individuen ihre Seelen miteinander verschmelzen und durch diese Verbindung zu besseren Menschen werden, im Gegensatz zu irgendeiner rechtlichen oder wirtschaftlichen Transaktion. Wie Foucault schrieb, werde das stoische *Oikos*, das Zuhause, in der Ehe perfektioniert und schaffe eine »eheliche Einheit«, die Schicksalsschlägen widerstehen und zu einem guten Leben führen könne.

Das war ein wichtiger und humanisierender Wandel für eine Philosophie, die sich zuvor darauf konzentriert hatte, die Grenzen der *Gleichgültigkeit* im Alltag aufrechtzuerhalten. Wie Diogenes Laertios schrieb, waren die Stoiker damit einverstanden, »auch Eltern und Brüder an zweiter Stelle nach den Göttern zu ehren. Sie halten ferner daran fest, dass elterliche Zuneigung zu Kindern für die Guten natürlich ist, aber nicht für die Bösen«. Diese Gedanken sollten nicht nur die stoische Philosophie und das damalige römische Leben verändern, sondern auch in das Christentum und die heutige Welt einfließen. Ist das nicht die Aufgabe eines Ethikers? Und viel wichtiger, als Debatten zu gewinnen?

Viele frühe Stoiker hatten die Ansicht vertreten, dass alle Sünden und jedes Unrecht gleich schwer wogen. Von zu Hause weg zu sein, so das Argument, bedeute, abwesend zu sein – egal, ob man einen Kilometer oder hundert Kilometer entfernt sei. Aber das ist natürlich lächerlich. Draußen vor dem Haus zu sein, ist nicht dasselbe, wie verschwunden zu sein, so wie Mord nicht dasselbe ist wie eine Lüge, auch wenn beides weit davon entfernt ist, ethisch zu sein. Ebenso ist das Auslassen von Fakten, für das Antipatros' Lehrmeister Diogenes in seinem *caveat emptor* plädierte, oder die Irreführung seitens eines Diplomaten, der versucht, friedliche Beziehungen zu festigen, nicht dasselbe wie ein Tyrann, der auf Kosten vieler Menschenleben einen Vorwand für einen Krieg erfindet.

Antipatros war die Hauptkraft, die die Stoiker in diese vernünftige Richtung lenkte. Er lockerte den Absolutismus, nach dem alles entweder tugendhaft oder unmoralisch sei. Er hörte auf, die »gleichgültigen« Dinge des täglichen Lebens kleinzureden – wen wir heiraten, wie wir uns kleiden, was wir essen – und brachte die Ethik in den Mittelpunkt des Interesses eines Philosophen, damit Philosophie eine nutzbringende Lebenspraxis sein konnte. Ein Leitfaden zum Leben. Ein Betriebssystem.

Und wieder können wir uns vorstellen, wie er auf seinen Dinnerpartys und in seinem Alltag als Vorbild für genau diese Dinge fungiert hat, so wie Zenon schon lange zuvor für Kleanthes als Vorbild für den Weg des Weisen fungiert hatte.

Nicht, dass Antipatros der erste Stoiker gewesen wäre, der sich um praktische Ethik kümmerte. Chrysipp hatte seine Erfahrungen im Sport genutzt, um ein »Kein-Geschubse«-Prinzip zu empfehlen – das Konzept, dass wir niemals betrügen oder auf ein Foulspiel zurückgreifen sollten, um zu gewinnen. Antipatros ging nicht nur weiter, sondern schlug auch vor, dass ethisches Verhalten – oder sogar wahrer Sportsgeist – selbst eine Art Kunstfertigkeit sei, die echte Arbeit und Anstrengung erfordere. Für ihn ist ein Mensch in Aktion am besten wie ein Bogenschütze zu verstehen. Wir trainieren und üben. Wir ziehen den Pfeil zurück und zielen, so gut wir können. Aber wir wissen sehr wohl, dass trotz unseres Trainings und unseres Zielens viele Faktoren außerhalb unserer Kontrolle Einfluss darauf haben, wo genau der Pfeil das Ziel trifft – oder ob er es überhaupt nicht trifft.

Das ist es, was das Streben nach Tugendhaftigkeit im wirklichen Leben ausmacht. Wir studieren. Wir trainieren, bis es uns zur zweiten Natur wird. Dann kommt der entscheidende Moment. Wir verpflichten uns. Wir wählen das, was richtig ist, als unser Ziel. Wir treten in Aktion. Aber danach passiert noch vieles andere – wovon vieles nicht im Entferntesten von uns abhängt. Deshalb wissen wir, dass unser wahrer Wert nicht darin liegt, ob wir ins Schwarze treffen oder nicht.

In der realen Welt treffen wir oft daneben. Manchmal ganz schön weit daneben. Aber wir müssen es weiter versuchen. Je mehr wir üben, desto besser werden wir. Je mehr Schüsse wir abgeben, desto öfter werden wir das Ziel treffen und desto mehr Gutes tun wir.

Man kann gar nicht genug betonen, was für ein großer Durchbruch dieses ethische Modell ist. So, wie Diogenes erkannte, dass die Philosophie ins öffentliche Leben Einzug halten müsse, sorgte Antipatros dafür, dass sie auch ins Privatleben Einzug hielt. Er versuchte, Lösungen für die realen Situationen zu finden, mit denen Menschen konfrontiert sind: Wen sollen wir heiraten? Ist Arbeit oder Familie wichtiger? Welche Regeln sollen für einen Geschäftsabschluss zwischen zwei Menschen gelten, wenn das Gesetz keine klaren Vorgaben macht? Sollen wir ehrlich sein, auch, wenn es uns Geld kostet? Wie behandeln wir diejenigen, die weniger Glück haben als wir? Ist die Gesellschaft den Armen oder den Glücklosen etwas schuldig?

Später würden Mönche darüber streiten, wie viele Engel auf den Kopf einer Stecknadel passen. Heute diskutieren Philosophen darüber, ob wir in einer Computersimulation leben oder wie wir beim sogenannten »Weichensteller-Problem« reagieren sollten. Aber die Wahrheit ist, dass man niemals einen Hebel betätigen muss, um zu verhindern, dass eine Straßenbahn eine Person oder fünf Personen überfährt. Man kann niemals wissen, ob dieses Leben real oder eine Illusion ist. Wir haben jedoch, genau wie die Bürger von Athen, tagtäglich mit echten Sorgen zu kämpfen und echte Entscheidungen zu treffen. Und wie diese Entscheidungen in der *Polis* getroffen werden, wirkt sich auch auf die größere *Kosmopolis* aus.

Diese stoische Idee der *Oikeiosis* – dass wir alle etwas gemeinsam haben und unsere Interessen auf natürliche Weise mit denen unserer Mitmenschen verbunden sind – war in der Antike ebenso dringlich wie heute. Sollten wir einen Teil unseres Einkommens für wohltätige Zwecke spenden? Ist es gerecht, dass einige Menschen mehr Geld und Mittel haben als andere? Hat nicht jeder das Recht, glücklich zu sein und in Würde zu leben?

Kehren wir noch einmal zu der Debatte zwischen Diogenes und Antipatros über den Verkauf von Getreide oder von einem Grundstück zurück. Diogenes hat Recht, dass die kommerztypischen Anforderungen eine volle Transparenz unrealistisch machen. Aber das Anliegen von Antipatros ist differenziert und wichtig – die Balance zu finden zwischen gerechter Verhaltensweise und lähmendem, selbstzerstörerischem Moralismus. Es besteht offensichtlich eine Spannung zwischen den Eigeninteressen und den Interessen anderer, aber sind wir nicht, zumindest in gewisser Weise, alle im selben Team? Als Mitbürger? Als Menschen, die geeint sind in ihrem Glauben an Gerechtigkeit? Ein Mann, der es versäumt, fehlerhafte sanitäre Einrichtungen in einem Haus, das er verkauft, offenzulegen, mehrt vielleicht das Vermögen seiner Familie, aber das könnte unmittelbar auf Kosten der Gesundheit und des Wohlergehens einer anderen Familie gehen. Wie kann das gerecht sein? Und geht das Leiden dieser anderen Familie nicht auf Kosten des Erfolgs der Stadt und des Staates, dem auch Sie angehören?

Was schlecht für den Bienenstock ist, ist schlecht für die Biene und umgekehrt, sagte Marcus Aurelius später. Diese Einsicht bezog er direkt aus Antipatros' Leben und Werk.

Antipatros glaubte, dass unser Einsatz für das Gemeinwohl unsere vorrangige Pflicht sei. Cicero hielt sein Argument fest: »Es ist deine Pflicht, die Interessen deiner Mitmenschen zu berücksichtigen und der Gesellschaft zu dienen; du wurdest unter diesen Bedingungen auf die Welt gebracht und besitzt diese angeborenen Prinzipien, denen zu gehorchen und die zu befolgen du verpflichtet bist, dass dein Interesse das Interesse der Gemeinschaft sein solle und umgekehrt das Interesse der Gemeinschaft dein Interesse sein solle.« Diogenes – der kein Problem damit hatte, die Römer zu übervorteilen – glaubte, dass das Wohl des Einzelnen an erster Stelle stehe, und argumentierte, wie wir gesehen haben, dass es mehr bedeute, alles über den eigenen moralischen Zustand zu wissen, als das zu schützen, was andere von sich aus herausfinden sollten. Diogenes sagte, man müsse zwar innerhalb der Grenzen dessen bleiben, was das Gesetz verlange, aber man müsse nicht zum Vorteil anderer darüber hinausgehen, wenn es sich um Geschäfte handele. Professor Malcolm Schofield erläuterte die Ansichten von Antipatros in gleicher Weise – dass wir genau so, wie wir einander keine Gewalt antun sollten, auch kein Unrecht an anderen begehen sollten, und dass wir die Interessen anderer nicht als wesensfremd zu unseren eigenen Interessen behandeln sollten.

Wie weit war Antipatros bereit, mit diesen Argumenten zu gehen? Wie radikal wirkten sie sich auf seine Politik aus? Es ist interessant, dass einer von Antipatros' Schülern, der prominente römische Lehrmeister Gaius Blossius, in die Gracchus-Affäre verwickelt wurde, ein umstrittener Plan, der darauf abzielte, einige von Roms Ländereien an dessen ärmste Bürger umzuverteilen. Tiberius Gracchus wurde wegen dieser revolutionären Idee ermordet, und Blossius, der als Lehrer und Mentor von Gracchus vom Senat verhört wurde, kam nur knapp mit dem Leben davon. Antipatros war zu diesem Zeitpunkt ein sehr alter Mann, aber man darf vermuten, dass er gelächelt hat bei dem Gedanken daran, dass sein Schüler sich um die Interessen der Besitzlosen kümmerte. Sicherlich hätte er zugestimmt, dass die enorme Einkommensungleichheit ein Thema sei, mit dem sich ein Stoiker, der in politischen Diensten steht, befassen müsse. Vielleicht hat er sogar auf einer seiner ruhigen Dinnerpartys einen Toast auf Blossius ausgesprochen, nachdem er gehört hat, dass sein ehemaliger Schüler die Befragung der Konsuln überlebt hat. Selbst Diogenes hätte, wäre er noch am Leben gewesen, zumindest die politische Brillanz von Gracchus' Populismus bewundert.

Interessant ist, dass Antipatros die meisten dieser ethischen Fragen für ziemlich unkompliziert hielt. Seine Formel für Tugendhaftigkeit bestand darin, »sich ständig und unbeirrbar für das zu entscheiden, was der Natur entspricht, und das abzulehnen, was der Natur zuwiderläuft«. Es ging darum, sicherzustellen, dass unser Eigeninteresse nicht den inneren Kompass überlagert, mit dem jeder von uns geboren wird.

Man muss das Richtige tun. Wer immer man ist, was immer man tut. Ob man Panaitios, den wir als Nächstes treffen werden, auf der großen Weltbühne oder ein gewöhnlicher Bürger in der Privatsphäre des eigenen Heims ist.

Antipatros starb 129 vor Christus. Man hätte befürchten können, dass ein hochethischer Mensch, der in einer unethischen Welt lebt, beziehungsweise ein leidenschaftlicher Dogmatiker, als der Antipatros einst von Cicero beschrieben wurde, im Alter verbittern könnte. Es ist schwer, eine solche Wesensart zu schützen und zu bewahren, und wenn das Leben nur lange genug dauert, kann sie Schaden nehmen und diese Wunde infiziert sich recht leicht

Nicht so bei Antipatros. Plutarch hielt fest, dass seine letzten Worte der Dankbarkeit gegolten hätten. »Es heißt«, so schrieb er, »dass Antipatros von Tarsos, als er sich in ähnlicher Weise seinem Ende näherte, dankbar war für das, was er hatte, und nicht vergaß, seine erfolgreiche Reise von seiner Heimat [in Kilikien] nach Athen zu erwähnen, als ob er dachte, dass jedes Geschenk eines wohlwollenden Schicksals große Dankbarkeit erfordere, und er bewahrte es bis zuletzt in seinem Gedächtnis auf, das für einen Mann der sicherste Lagerort für solche Geschenke ist.«

Und so marschierten die Generationen voran, ein wenig besser ausgerüstet für das Streben nach Tugend, als sie es waren, bevor Antipatros für eine kurze Zeitspanne auf der Erde wandelte.

PANAITIOS
DER VERBINDUNGSMANN

* 185 v. Chr.
† 109 v. Chr.

aus Rhodos

Der Stoizismus wurde in Athen geboren, aber in Rom wurde er erwachsen und kam an die Macht – eine Geschichte, die das Leben von Panaitios von Rhodos widerspiegelt, der einer der großen Botschafter des Stoizismus werden sollte. Wir wissen, dass Diogenes und seine diplomatische Mission 155 vor Christus das wachsende römische Reich, das die Philosophie später in seine DNA aufnehmen sollte, erfolgreich mit dem Stoizismus bekannt gemacht hatten. Tatsächlich mag der Stoizismus aber bereits dreizehn Jahre zuvor kurz in Erscheinung getreten sein, als Krates von Mallos, ein stoischer Philosoph aus Pergamon, in eigener Mission nach Rom geschickt wurde, um die Interessen seines Landes in den Makedonischen Kriegen zu schützen.

Krates brach sich bei einem Sturz ein Bein und verbrachte Monate damit, sich zu erholen und währenddessen vor kleinem Publikum über Philosophie zu sprechen. Zufälligerweise war Panaitios' Vater zur gleichen Zeit, während Krates sich erholte, in eigener diplomatischer Mission in Rom. Hat er seine Vorlesungen besucht? Hat er Kopien der Diskurse, die sich in Rom in Form von Gedichten und Kommentaren verbreitet hatten, mit nach Hause gebracht? Oder hat er seinen Sohn auf eine Reise mitgenommen und ihn zu Krates geschickt?

Schon bald war der junge Panaitios ein Schüler von Krates in Pergamon, nachdem der künftige Diplomat und Verbindungsmann durch eine zufällige diplomatische Verbindung mit der Philosophie vertraut gemacht worden war.

Wir wissen nicht viel über Panaitios' Studium bei diesem frühen Stoiker, aber es war eindeutig darauf ausgerichtet, ihn darauf vorzubereiten, in die Fußstapfen seines Vaters zu treten und den Weg weiterzuverfolgen, den Diogenes und Antipatros für künftige Stoiker eingeschlagen hatten: dem öffentlichen Wohl zu dienen. 155 vor Christus wurde Panaitios zum Priester des Poseidon Hippios in Lindos ernannt. Es war die erste der vielen öffentlichen Aufgaben, die er in seinem aktiven Leben übernahm.

Was auch immer er in diesem Beruf gelernt hat, es wurde Panaitios klar, dass er mehr formale Bildung brauchte. Schließlich machte er sich auf den Weg nach Athen, um bei Diogenes zu studieren, der nach seiner eigenen diplomatischen Mission in Rom weltberühmt geworden war, und bei Diogenes' Schützling, Antipatros. Es ist, als ob Panaitios zurückkehrte, um in Philosophie zu promovieren. Diese zweite Phase der Ausbildung in Athen sollte etwa fünf Jahre dauern. Anschließend kehrte er gleich wieder in die reale Welt zurück, wo er das Gelernte auf den höchsten Ebenen der Macht und des Einflusses in Rom anwenden konnte.

Lernen. Das Gelernte anwenden. Lernen. Das Gelernte anwenden. Lernen. Das Gelernte anwenden. Dies ist der stoische Weg.

Während seiner Zeit in Athen bei Diogenes lernte Panaitios einen Studienkollegen von Diogenes namens Gaius Laelius kennen, mit dem er gemeinsam weiterstudierte. Durch Laelius und später in einem Marinekontingent traf Panaitios Scipio Aemilianus, einen der großen römischen Generäle und Adoptivsohn von einer der mächtigsten Familien Roms sowie Liebhaber des griechischen Denkens und der griechischen Literatur, und diente mit ihm zusammen.

Zurück in Rom bildeten diese drei Männer dann eine Art philosophischen Klub – unter Historikern heutzutage als Scipionischer Kreis bekannt –, der sich in Scipios riesigen Häusern traf, um die stoische Philosophie, der sie allesamt anhingen, zu diskutieren und zu erörtern. Scipio übernahm die Kosten, Panaitios sorgte für die intellektuelle Nahrung. Viele andere beteiligten sich an diesen Diskussionen und wurden von ihnen geprägt. Ähnlich wie die Expat-Szene in Frankreich nach dem Ersten Weltkrieg die Karrieren von Hemingway, Stein und Fitzgerald förderte oder wie ein

Unternehmen wie PayPal der Welt Peter Thiel und Reid Hoffman und Elon Musk schenkte, wurde der Scipionische Kreis zu einer Art Brutstätte für einflussreiche Stoiker und eine Generation von Führungspersönlichkeiten. Publius Rutilius Rufus, der sich der römischen Kultur der Korruption widersetzte und den Sie im nächsten Kapitel kennenlernen werden, war oft anwesend. Der Historiker Polybios war ebenfalls dabei.

Eine solche Form von Einfluss und Zugang hätten weder Panaitios' Vater noch seine Lehrer Krates und Diogenes für möglich gehalten. Scipio wurde im Laufe der Zeit, während Rom weiter wuchs, zum mächtigsten Mann in der griechischen Welt. Die Könige Griechenlands waren ihm und Rom gegenüber nun Vasallen, während Panaitios als eine Art Übersetzer, Berater und Vertrauensperson diente.

Einige Historiker debattieren heute darüber, wie oft der Scipionische Zirkel zusammenkam und wie unmittelbar sein Einfluss war. Aber es gibt wenig Zweifel an seiner Bedeutung in der Antike. Velleius Paterculus hielt in seinem Werk *Römische Geschichte* fest, dass Scipio »zu Hause und auf dem Feld ständig zwei Männer von herausragendem Genie bei sich hatte, Polybios und Panaitios«. Er beschreibt Scipio als zutiefst der Kunst des Krieges und des Friedens zugetan und sagt, dass er sich ständig »entweder mit der Jagd nach Waffen oder mit seinen Studien beschäftigte, er trainierte seinen Körper, indem er ihn Gefahren aussetzte, oder seinen Geist, indem er lernte«.

Cicero, der von den Geschichten des Panaitios fasziniert war, streute in seine Dialoge Szenen und Anekdoten aus diesen Begegnungen ein. Spätere Schriftsteller wie Plutarch hatten nicht nur keine Zweifel an dem Kreis, sondern erzählen uns auch von der Art des stillen politischen Einflusses, den Panaitios auszuüben vermochte. In *Regeln der Staatskunst* schreibt Plutarch, »es ist außerdem gut, wenn wir aus der Freundschaft großer Männer einen Vorteil ziehen und diesen zum Wohle unserer Gemeinschaft nutzen, so wie Polybios und Panaitios durch Scipios Wohlwollen ihnen gegenüber ihren Heimatstaaten großen Nutzen brachten«.

Genau dafür hatte Panaitios trainiert – die Politik zu lenken und mächtige Entscheidungen zu treffen, die Millionen von Menschen betrafen.

Während Zenon ein Gründergenie und Chrysipp das Beil für die Fallstricke der Akademie war, während Ariston den Absolutismus der pragmatischen Richtung vorzog und Antipatros die entgegengesetzte Richtung einschlug, indem er versuchte, Regeln für das Alltagsleben aufzustellen, war Panaitios eine Art Weber, der stoische und römische ethische Ansichten miteinander verknüpfte, indem er der Elite Roms philosophische Überlegungen nahebrachte und sie gleichzeitig subtil dazu brachte, den Interessen seiner fernen Heimat zu dienen und diese zu schützen. Damit hatte die Stoa einen überaus gut platzierten und praktischen Botschafter in Rom.

Der Zeitpunkt hätte nicht besser sein können.

Es ist nicht schwer, bei den frühen Stoikern einen Provinzialismus zu erkennen. Zenon bestand darauf, dass der Name seiner Heimatstadt neben seinem eigenen auf einem Gebäude eingemeißelt wurde, für dessen Restaurierung er bezahlt hatte. Kleanthes' sparsamer Lebensstil ließ wenig Raum für Reisen, geschweige denn für die Sorge um internationale Angelegenheiten. Selbst Diogenes war nach seiner Reise nach Rom schnell nach Athen zurückgekehrt. Solche Haltungen passten nicht besonders gut zu einem globalen Imperium.

Panaitios war, anders als seine Vorgänger, ein geborener Globalist. Sein Leben begann auf Rhodos, doch sein Horizont erweiterte sich schon bald, als er im Ausland studierte, sowohl in Pergamon als auch in Rom. Er bereiste den größten Teil des Mittelmeeres. Er übernahm die Faszination der Römer für den Osten. Panaitios war in der Lage, all diese vielfältigen und konfliktträchtigen Beziehungen auf überraschend moderne Weise zu pflegen und miteinander in Einklang zu bringen. Marcus Aurelius bezeichnete sich in seinen *Selbstbetrachtungen* als »Weltbürger« und folgte damit den neuen Weichenstellungen der Philosophie, die Panaitios als Erster festgelegt hatte.

Doch selbst mit dieser internationalen Denkweise verlor Panaitios nie die Verbindung zu seinem Herkunftsland. Als Athen ihm die Staatsbürgerschaft anbot, lehnte er höflich ab und sagte: »Eine Stadt reicht für einen vernünftigen Mann aus«.

Allen war bewusst, dass Panaitios eine mäßigende Wirkung auf den frenetischen, aber praktischen Scipio hatte, indem er dessen Ehrgeiz mit Milde und Prinzipien ausglich. Aber er war eindeutig kein Spielverderber, sonst wäre er nicht in der Lage gewesen, einen so lebhaften und vielfältigen sozialen Kreis zu pflegen. Scipio fand genug Gefallen an Panaitios' Gesellschaft, dass er ihn im Frühjahr 140 vor Christus bat, ihn auf einer ehrgeizigen diplomatischen Mission in den Osten zu begleiten. Diese Mission findet in zahlreichen Quellen Erwähnung. Sie machte Station in Ägypten, Zypern, Syrien, auf Rhodos und an verschiedenen Orten in Griechenland und Kleinasien. Plutarch schreibt, Scipio habe Panaitios direkt einbestellt, und eine andere Quelle erklärt, dass der Senat die beiden entsandt habe, »um die Gewalt und Gesetzlosigkeit der Menschen zu prüfen«. Heute könnte man dies eine »Erkundungsmission« nennen.

Wir möchten gern glauben, dass sich die Welt seit Panaitios' Zeit stark verändert hat, aber in Wahrheit entsenden die Parlamente noch immer Männer in dieselben Regionen, um dieselben

Beobachtungen zu machen, für die dieser Soldat und Philosoph vor mehr als 2100 Jahren entsandt wurde – so wie wir immer noch darum kämpfen, wie Panaitios, das richtige Gleichgewicht zwischen Nationalismus und Globalisierung, den Sorgen vieler und unseren eigenen Sorgen zu finden.

So wie Zenon dem Beruf seines Vaters folgte, so führte auch Panaitios, der Sohn eines Diplomaten und Schüler zweier philosophischer Diplomaten, das Familienunternehmen weiter und setzte den Übergang des Stoizismus von der Stoa zu den Hebeln der Macht, vom Provinzialismus der athenischen *Agora* zur Weltbühne fort. In einer Zeit, in der viele noch glaubten, die Götter würden eine aktive Rolle in den menschlichen Angelegenheiten spielen und dass Opfergaben und Rituale sie besänftigten, war Panaitios ein Freidenker. Er lehnte die dummen Theorien von Wahrsagern und Astrologen ab, und es geschah wahrscheinlich auf seinen Rat hin, dass Scipio sie etwa zu dieser Zeit aus seinen Regimentern verbannte.

Plutarch erzählt in seinen *Moralia* lebendig von dieser fast einjährigen Aufklärungsmission: Als Scipio, der gemeinsam mit Panaitios und einem Gefolge von fünf Dienern reiste, in Alexandria ankam, gerieten die Menschen derart in Ekstase, dass sie schrien, Scipio solle seine Toga vom Kopf ziehen, damit sie ihn besser sehen könnten, und als er das tat, brachen die Massen in Applaus aus. Plutarch schreibt, dass der ägyptische König Ptolemäus VIII. »der Dicke« »wegen seines untätigen Lebens und seines verweichlichten Körpers beim Gehen kaum mit ihnen mithalten konnte, und Scipio flüsterte Panaitios leise zu: ›Schon haben die Alexandriner von unserem Besuch profitiert. Denn es ist uns zu verdanken, dass sie ihren König haben gehen sehen‹«.

Fette und faule Staatschefs sind ein weiterer wiederkehrender Typus in der Geschichte.

138 vor Christus kehrten Panaitios und Scipio nach Rom zurück. Panaitios war nun siebenundvierzig Jahre alt und hatte eine große Lebenserfahrung gesammelt. Seine Schulausbildung in Pergamon und Athen war längst abgeschlossen, eine zwischenzeitliche Laufbahn im öffentlichen Dienst auf Rhodos lag hinter ihm, einschließlich einer Zeit in der Marine, und nun fand er sich im inneren Schaltgetriebe Roms wieder. Und wieder verhielt er sich ebenso zeitlos wie modern, als er, wie so viele Männer in diesem Alter, ab jetzt einen Teil seiner Zeit dem Schreiben widmete.

Sein wichtigstes Buch, *Über angemessenes Handeln*, das eine umfassende Meditation über ethisches Verhalten im öffentlichen Leben ist, war nicht nur theoretischer Natur. Während er es zu Ende schrieb, begann Scipio, der immer noch auf den Rat und die Führung von Panaitios angewiesen war, in einer Reihe von großen Korruptionsfällen römische Politiker strafrechtlich zu verfolgen. Ein solcher Fall gegen Lucius Cotta war ein Erpressungsfall. Ein weiterer Fall betraf die Gracchus-Affäre und Scipios Schwager Tiberius Gracchus. Dieser war Teil einer populistischen Revolte, die teilweise von den ethischen Lehren von Antipatros angestachelt war (dessen Schüler Blossius war ein Rädelsführer) und die darauf abzielte, Land an die Armen zu verteilen. Panaitios stand jedoch auf der anderen Seite. Die Aufgabe der herrschenden Klasse war es, das Land zu verteidigen und die Ordnung aufrechtzuerhalten – und Scipios aggressive Verfolgung der Gracchus-Affäre ist insofern interessant, als sie im Wesentlichen zwei stoische Führer gegeneinander aufwiegelte. Auf der einen Seite steht der stoische Revolutionär Blossius, auf der anderen der stoische Konservative Panaitios, die beide die Aufgaben erfüllten, die sie als ihre Pflicht gegenüber dem Staat ansahen. Das ist nicht so sehr ein seltsamer Zufall der Geschichte, sondern vielmehr eine natürliche Folge der zunehmenden Integration des Stoizismus in die politische Welt. Natürlich befand sich Panaitios damit inmitten eines heftigen Konflikts, in dem er alle beteiligten Parteien kannte – das passiert, wenn man viele Verbindungen hat.

Cicero schrieb später, dass *Über angemessenes Handeln* »uns die zweifellos gründlichste Auseinandersetzung mit moralischen Pflichten gegeben hat, die wir haben«. Das ist keine geringe Aussage, wenn man bedenkt, dass Cicero hundert Jahre später beim Sturz der Republik durch Caesar eine politische Revolution steuern würde. Die früheren Stoiker hatten sich manchmal bewusst über gesellschaftliche Konventionen hinweggesetzt, aber Panaitios meinte, ein jeder Mensch habe ein einzigartiges *Prosopon*, griechisch für »Persönlichkeit« oder »Rolle«, das – egal wie bescheiden oder beeindruckend es auch sein möge – mit Ehre, Mut und Engagement erfüllt werden müsse.

Panaitios argumentiert, dass wir, wenn wir ein ethisches Leben führen und angemessen handeln wollen, einen Weg finden müssen, Folgendes ins Gleichgewicht zu bringen:

- die Rollen und Pflichten, die uns allen als menschliche Wesen gemeinsam sind;
- die Rollen und Aufgaben, die unserem individuellen *Daimon* beziehungsweise unserem persönlichen Genie/unserer persönlichen Berufung eigen sind;
- die Rollen und Aufgaben, die uns durch unseren sozialen Status (Familie und Beruf) zugewiesen werden;
- die Rollen und Pflichten, die sich aus den von uns getroffenen Entscheidungen und eingegangenen Verpflichtungen ergeben.

Jede dieser Ebenen ist ein wesentlicher Bestandteil eines tugendhaften Lebens in der realen Welt. Ein Soldat muss seine Verpflichtungen als Mensch, als Krieger, als Mitglied einer Familie (oder als Immigrant oder als reicher Erbe) und als Mensch, der Versprechen und Verpflichtungen eingegangen ist (gegenüber Freunden, Familien, Geschäftspartnern), erfüllen. Die Teile der Gleichung unterscheiden sich bei einem Staatsoberhaupt und einem Bettler, aber das komplizierte Gleichgewicht – und der Bedarf an Anleitung – ist derselbe.

Wenn wir sagen, dass Panaitios ein Verbindungsmann war, dann meinen wir damit nicht nur, dass er wie eine Art Meisternetzwerker die Menschen miteinander verbunden, sie miteinander in Kontakt gebracht hat – auch wenn er durchaus ein solcher Meisternetzwerker war. Er verband darüber hinaus auch zeitlose Prinzipien und reale Menschen miteinander, sodass diese Menschen sie in ihrem realen Leben verwenden konnten, statt dass er nur nach obskuren Ideen in Büchern gesucht hätte.

Nicht erst der moderne Mann und die moderne Frau fragen sich: Wer bin ich? Was soll ich mit meinem Leben anfangen? Wie kann ich mein Leben sinnvoll gestalten? Auch die Menschen in der Antike beschäftigten diese Fragen, und die Formel von Panaitios hat ihnen ebenso geholfen, wie sie uns helfen kann.

Panaitios glaubte, dass jeder Mensch den angeborenen Wunsch hat, eine Führungsrolle einzunehmen, und dass wir verpflichtet sind, dieses Potenzial auf unsere eigene, einzigartige Weise zu erfüllen. Wir können vielleicht nicht alle Scipio auf dem Schlachtfeld sein oder gar Panaitios mit einer Eliteausbildung und diplomatischen Verbindungen, aber wir können mit gleichem Mut dem öffentlichen Wohl auf viele andere Arten dienen. Genau darum ging es beim Scipionischen Kreis – er setzte sich aus unterschiedlichen Männern mit ganz unterschiedlichen Talenten, Lebensläufen und Interessen zusammen, die alle versuchten, einen Weg zu finden, wie man seinen Beitrag leisten und zu Erfolg kommen könnte.

Jeder kann ein mit Sinn erfülltes und zielgerichtetes Leben führen. Jeder kann das, was er tut, *wie ein guter Stoiker* tun.

Panaitios dürfte jemand gewesen sein, an den sich oft Freunde wandten, um von ihm Ratschläge zu erhalten, wie sie dies am besten erreichen könnten. Dann wies er sie auf die *Aphormai* (unsere angeborenen Ressourcen) hin. In der Tat beschäftigte dieses Thema die Stoiker bis hin zu Marcus Aurelius' Schriften. Der Menschheit sind diese Instinkte zur Tugend von Natur aus gegeben, und wir können gedeihen und edelmütig leben, wenn wir lernen, im Einklang mit unserer eigenen Natur und unseren Pflichten zu leben und gleichzeitig das Beste aus den uns gegebenen Ressourcen zu machen. Panaitios war zwar von Geburt an privilegiert, er entschied sich aber dafür, es sich nicht in diesem Leben der Leichtigkeit bequem zu machen. Stattdessen hieß er mit offenen Armen die Pflicht und die Verantwortung einer viel größeren Bühne willkommen. Er nahm die Ressourcen, die ihm gegeben worden waren, und setzte diese wirksam ein, wurde zur besten Version seiner selbst und trug zu den großen Projekten seiner Zeit bei, so viel er konnte.

Jeder von uns, so glaubte er, sei verpflichtet, das Gleiche zu tun.

Im Gegensatz zum Alles-oder-nichts-Rennen eines Läufers wie Chrysipp, der versuchte, sich nicht durch Geschubse zum Sieg zu schummeln, nahm sich Panaitios bei seinen Überlegungen, wie wir unsere sozialen Pflichten am besten erfüllen können, das Vorbild einer anderen Art von Athleten vor. Er hielt den *Pankratiasten* (das ist jemand, der *Pankration* ausübt, eine römische Form des Boxens) für ein hervorragendes Modell, um die Spannungen und das Wesen eines tugendhaften Lebens zu erfassen. Sein *Pankratiast* ist eine der mächtigsten und anschaulichsten Sportmetaphern, nicht nur im Stoizismus, sondern in der gesamten Philosophie. Wie Aulus Gellius berichtet:

Von einer Meinung des Philosophen Panaitios, die er in seinem zweiten Buch *Über die Pflichten* zum Ausdruck brachte, indem er die Menschen dazu auffordert, wachsam und bereit zu sein, sich bei jeder Gelegenheit vor Verletzungen zu schützen. »Das Leben der Menschen«, so sagt er, »die ihre Zeit mit geschäftlichen Angelegenheiten verbringen und die sich selbst und anderen helfen wollen, ist ständigen und fast täglichen Schwierigkeiten und plötzlichen Gefahren ausgesetzt. Um sich davor zu schützen und diese zu vermeiden, braucht man einen Verstand, der immer bereit und wachsam ist, wie ihn die Sportler haben, die ›Pankratiasten‹ genannt werden. Denn genau wie sie, die sie, wenn sie zum Wettkampf gerufen werden, mit erhobenen und ausgestreckten Armen dastehen, und die Kopf und Gesicht schützen, indem sie ihre Hände wie einen Schutzwall davor erheben; und deren Glieder allesamt, noch bevor der Kampf begonnen hat, bereit sind, Schläge zu vermeiden oder auszuteilen – so sollten Geist und Verstand des weisen Mannes, der überall und jederzeit vor Gewalt und mutwilligen Verletzungen auf der Hut ist, wachsam, bereit, gut geschützt und vorbereitet sein, wenn es Ärger gibt, niemals in ihrer Aufmerksamkeit und Wachsamkeit nachlassen, sich dem Urteil und der Voraussicht wie Arme und Hände den Schlägen des Schicksals und den Fallstricken der Bösen widersetzen, damit nicht in irgendeiner Weise feindselige und plötzliche Angriffe gegen uns ausgeführt werden, wenn wir unvorbereitet und ungeschützt sind.«

Diese Metapher stammt von Panaitios. Später erschien sie ohne Quellenangabe in den Werken von Marcus Aurelius und Epiktet – zwei Philosophen, die sich ihren Weg durchs Leben erkämpften. Im Gegensatz zum Bogenschützen von Antipatros, der die Realität der vielen Dinge festhielt, die sich unserer Kontrolle entziehen, während wir versuchen, uns zwischen den Herausforderungen des Lebens für das Richtige zu entscheiden, oder auch im Gegensatz zu Aristos Speerwerfer sah Panaitios das Leben als weniger theoretisch und stattdessen als viel gewalttätiger an. Es war nicht nur ein Wettstreit mit sich selbst, sondern ein tatsächlicher Kampf – gegen wahre Gegner und das Schicksal. Er glaubte, wir müssten auf die Schläge vorbereitet sein, die uns unweigerlich treffen würden.

Letztendlich beendete Panaitios das Buch aus unbekannten Gründen nicht. Aber was er schriftlich festgehalten hatte, war eine unglaubliche Leistung und wurde zu seiner Zeit als solche anerkannt. Einer seiner politisch aktivsten Schüler, Publius Rutilius Rufus, der 134 vor Christus Scipio im Numantinischen Krieg diente und an Reformen der militärischen Ausbildung, der Besteuerung und des Insolvenzverfahrens beteiligt war, erklärte, dass selbst dieses Teilwerk die philosophische und politische Welt überrage: »So, wie sich kein Maler gefunden hat, um den Teil der Venus von Kos zu vollenden, den Apelles unvollendet gelassen hat (denn die Schönheit ihres Gesichtes machte jeden Versuch, den Rest der Figur angemessen darzustellen, hoffnungslos),« so sagte er, »so würde niemand aufgrund der überragenden Vortrefflichkeit dessen, was Panaitios vollendete, es wagen, das beizusteuern, was er unvollendet gelassen hat.«

Auch wenn er einiges ungesagt ließ, so war doch genug gesagt worden und hatte sich so gut etabliert, dass der Stoizismus im römischen politischen Leben für die nächsten dreihundert Jahre gedeihen konnte. Cicero behauptete zum Beispiel, dass Panaitios argumentierte, dass es für einen guten Anwalt möglich sei, einen schuldigen Mandanten zu verteidigen – vorausgesetzt, er sei nicht ungemein verdorben oder böse. Diese Position ergibt nicht nur angesichts des tiefen Glaubens von Panaitios an die Pflicht und

Rolle jedes Einzelnen im Leben Sinn, sondern sie ist auch eine praktische Neuerung, die in den vergangenen zweitausend Jahren als eine Säule des Rechtssystems diente: Wenn sich niemand für die Verteidigung unliebsamer Klienten einsetzt, wie können wir dann sicher sein, dass der Gerechtigkeit Genüge getan wird?

Panaitios nutzte sowohl als Schriftsteller als auch als Redner einen einfachen und direkten Stil, der dazu beitrug, die Philosophie von der undurchsichtigen Terminologie und von ihrem unattraktiven Stil zu befreien – zweifellos das Ergebnis des frühen Einflusses seiner stoischen Lehrer auf ihn. Noch wichtiger ist, dass er die Philosophie selbst praxisnäher und für die Menschen zugänglicher machte. Wie Cicero erklärte: »Panaitios bemühte sich, [die] rüde und abweisende Entwicklung des Stoizismus aufzuhalten, indem er sowohl die Strenge der stoischen Lehren als auch die Unverständlichkeit der stoischen Logik verurteilte. In der Lehre war er milder und im Stil deutlicher.«

Er war einer der ersten Stoiker, der weniger ein *Philosoph* und mehr ein großartiger Mann gewesen zu sein scheint. Stoiker wie Zenon hatten gesagt, dass Tugend allein ausreiche, um glücklich zu sein, was einfach und wahr genug ist, aber wenig lehrreich. Nach Diogenes Laertios war Panaitios der erste Stoiker, der glaubte, dass Tugend nicht allein ausreiche, und der »behauptete, dass auch Stärke, gute Gesundheit und materielle Ressourcen erforderlich sind«.

Panaitios wusste, dass nichts von diesem Philosophieren in einem Silo existiert; es ist mit anderen wichtigen Dingen verbunden. Im Gleichgewicht, in der Integration konkurrierender Verpflichtungen und Interessen und Talente kann man das gute Leben finden und leben.

Im Jahre 129 vor Christus starb Scipio, ein schwerer Verlust sowohl für die Republik als auch für seine Freunde. Panaitios dürfte diesen Verlust betrauert haben, aber er hat sich sicherlich auch auf eine Übung verlassen, die er seinen Schülern beigebracht hatte. Angenommen, dein Sohn stirbt, sagte er. Dann musst du dich daran erinnern, dass du wusstest, dass er sterblich ist, als du ihn zur Welt brachtest. Dasselbe gilt für Freunde, so hätte er sich selbst beschwichtigen können. Dasselbe gilt für die Karriere.

Alles endet einmal. Die Philosophie ist dazu da, uns an diese Tatsache zu erinnern und uns auf die Schläge, die das Leben für uns bereithält, vorzubereiten.

Nach dem Tod von Scipio verstand Panaitios, dass ein Kapitel seines Lebens zu Ende war – ihm blieb nur noch, das nächste (und möglicherweise das letzte) zu schreiben. Im selben Jahr kehrte er nach einem weiteren großen Verlust – diesmal durch den Tod von Antipatros – nach Athen zurück, um die Leitung der Schule zu übernehmen. Dort diente er weitere zwanzig Jahre in der Stoa, wo er weiterhin lehrte und schrieb. Vielleicht kehrte er, wie es heutzutage politische Persönlichkeiten im Ruhestand tun, gelegentlich nach Rom zurück, um Vorträge zu halten, sich mit Magistraten zu beraten oder für seine Bücher zu werben.

Und dann verließ auch er, im Jahre 109 vor Christus, die Erde.

PUBLIUS RUTILIUS RUFUS, DER LETZTE EHRLICHE MANN

* 158 v. Chr.
† 78 v. Chr.

aus Rom

Politik ist ein schmutziges Geschäft, sie ist es heute und sie war es auch damals. Macht zieht Menschen mit großem Ego an, in Rom ebenso wie in der modernen Welt. Sie korrumpiert. Sie belohnt Eitelkeit. Verantwortungsgefühl gilt ihr nichts Die Bühne der Politik wird immer befüllt sein von Lügnern, Betrügern, Demagogen und Feiglingen.

Deshalb hatte Mark Twain völlig recht, als er sagte, dass »ein ehrlicher Mann in der Politik mehr herausragt, als er es anderswo tun würde«. Es ist eine Frage des Kontrastes. Von allen politischen Stoikern stach keiner mehr hervor und niemandes Stern strahlte heller als der von Publius Rutilius Rufus, der die Korruption in Rom mit einer grimmigen, aber stillen Ehrlichkeit verachtete, die unter seinesgleichen damals so selten zu finden war wie heute.

Seine Karriere begann so glänzend, wie man es sich nur vorstellen kann. Er studierte Philosophie bei Panaitios, der 138 vor Christus, als Rutilius etwa zwanzig Jahre alt war, nach Rom zurückgekehrt war. Als umtriebiges und beliebtes Mitglied des Scipionischen Kreises diente Rutilius im Stab von Scipio Aemilianus als Militärtribun während des brutalen Numantinischen Krieges in Nord-Zentral-Spanien. Er war ein vielversprechender junger Mann in einem schnell wachsenden Imperium, das verheißungsvollen Männern seiner Art nahezu unbegrenzte Aufstiegsmöglichkeiten bot.

Wo andere vielleicht schillerndere Persönlichkeiten aufwiesen, aus besseren Familien stammten oder größere Ambitionen zeigten als der düstere und ernste Rutilius, waren seine Präsenz und seine Überzeugung für jeden, der ihm begegnete, offensichtlich. Er war belesen, gebildet und, laut einem Zeugen, als Redner »scharfsinnig und planvoll«, auch wenn Cicero seine Wortgewandtheit verunglimpfte. Sein Stoizismus hingegen war unbestreitbar, und Cicero stellte über Rutilius fest, dass die Eigenständigkeit seiner

Philosophie »in ihm in ihrer beständigsten und unerschütterlichsten Form zum Ausdruck kam«.

Der erste Hinweis darauf, dass Rutilius nach einem anderen Kodex agierte, stammt aus dem Jahr 115 vor Christus, als er bei der Wahl zum Konsul von Marcus Aemilius Scaurus, der das Amt wie viele andere vor ihm durch Bestechung erlangt hatte, geschlagen wurde. Es wäre ein Leichtes, vielleicht sogar zu erwarten gewesen, hätte Rutilius das Gleiche getan, aber er lehnte es mit aller Deutlichkeit ab, obwohl dies seine Niederlage bedeutete. Stattdessen klagte er Scaurus wegen *ambitus* an – politischer Korruption. Scaurus – der Korrupte – hingegen erhob die gleiche Anklage gegen Rutilius.

Keine der beiden Klagen war erfolgreich, aber sie kündigten den bevorstehenden Kampf an.

Während des Jugurthinischen Krieges im Jahre 109 vor Christus fand sich Rutilius im Kreuzfeuer noch ehrgeizigerer und skrupelloserer politischer Personen wieder, die im Kampf um die Kontrolle der riesigen römischen Republik aufgetaucht waren. Einer davon war Sulla, ein konservativer Machthaber, der später durch rohe Gewalt und Grausamkeit an die Macht kommen sollte. Ein anderer war Gaius Marius, der seinen Militärdienst unter Scipio Aemilianus zur gleichen Zeit wie Rutilius Rufus antrat. Marius, ein *novus homo* (neuer Mann) von ritterlichem Rang, konnte eine brillante militärische Laufbahn vorweisen, die ihm rekordverdächtige sieben Konsulate einbrachte. Marius behauptete, ihm sei weisgesagt worden, ihm würde ein Adlernest mit sieben jungen Adlern in den Schoß fallen. Dies sei ein Zeichen dafür, so hätten die Seher gesagt, dass er zu Großem bestimmt sei und sieben hohe Ämter bekleiden würde.

Eine Zeit lang waren Rutilius und Marius Verbündete. Während dieser Zeit der Erweiterung und Instandsetzung der Armee übernahm Rufus die Leitung der römischen Ausbildungs- und Einsatzstrategie dieser neuartigen Truppen. Es hieß, dass Marius es vorziehe, nur mit Truppen zu kämpfen, die von Rutilius ausgebildet worden seien, da sie am besten ausgebildet, am diszipliniertesten und am tapfersten seien.

Will man, dass eine Aufgabe auf die richtige Art und Weise erledigt wird, so gibt es niemanden, der sich dafür besser eignen würde, als ein Stoiker. Benötigt man jemanden, der bei Verbrechen und Korruption helfen soll, so gibt es niemand Schlimmeres.

Marius, der gemeinsam mit seinen Truppen lebte und aß und der die Eigentumsvoraussetzungen beseitigte, die zuvor viele vom Dienst in der Armee ausgeschlossen hatten, war bei den Massen enorm beliebt. Er galt aber auch als brutal und unbarmherzig. Im Jahre 101 vor Christus errang Marius nach seinem vierten Konsulat einen dramatischen Sieg über die germanischen Kimbern, bei dem 120.000 Mann ihrer erbittert kämpfenden Truppen abgeschlachtet wurden. Marius wurde anschließend als »dritter Gründer Roms« ausgerufen, aber wie jeder, dessen Karriere von den Launen der Menge abhängt, wurde er von der römischen Elite zutiefst gefürchtet, die sich fragte, welche Absichten er hege.

Rutilius' erster Konflikt mit Marius war einfacher Natur: Er glaubte, Marius habe sich den Weg zu einem seiner Wahlsiege erschlichen, indem er Schulden bezahlte und Stimmen kaufte. Da ihm selbst diese Art von Betrug völlig fremd war, konnte Rutilius dies nicht auf die leichte Schulter nehmen, auch wenn Marius einen bewundernswerten Beitrag zur Wahrung des Friedens geleistet hatte. Und welchen Sinn hätte es außerdem gehabt, Wahlen abzuhalten, wenn die Ergebnisse durch Betrug zustande kamen? Also machte Rutilius auf Missstände aufmerksam, wenn er sie bemerkte – und schaffte sich so einen Feind, der diesen Verrat nicht vergessen würde.

Eine Zeit lang war Rutilius in Sicherheit, schon allein deshalb, weil Marius' Befehlsgewalt über den Mob zu schwanken schien. Eine Gruppe wütender Aristokraten erwies sich selbst für Marius als zu schwierig zu kontrollieren. Sie griffen einen seiner ehemaligen Verbündeten an, ermordeten ihn und rissen buchstäblich das Dach seiner Gefängniszelle ab, obwohl Marius versuchte, ihn zu beschützen. Auf allen Seiten eskalierten nun die Spannungen, und da der Senat Marius nie ganz über den Weg getraut hatte, war es an der Zeit für ihn, die Stadt für eine Weile zu verlassen.

Während seines Exils, so berichtet Plutarch, stachelte Marius Mithridates, den König von Pontos und Kleinarmenien, dazu an, einen Krieg gegen Rom zu beginnen, von dem er sicher war, dass er die Ängste des Senats vor ihm zerstreuen und diesen dazu zwingen würde, den »dritten Gründer« Roms wieder in Dienst zu stellen. Es war eine Zeit der Intrigen, der politischen Gewalt und der unverblümten Korruption, in der sich reaktionäre politische Persönlichkeiten zu zutiefst konservativen wandelten – wie immer in Zeiten von Revolution und Unruhen.

Selbst, wenn er sich nicht mit Marius angelegt hätte, wäre es wahrscheinlich unvermeidlich gewesen, dass Rutilius – bis ins Mark ehrlich und von seinem stoischen Pflichtbewusstsein beherrscht – schließlich zur Zielscheibe wurde. Er hatte nicht nur Anerkennung für seine gut disziplinierten Truppen erlangt, sondern angesichts der steigenden Verschuldung auch Reformen des Konkursrechts in Angriff genommen und stand an der Spitze einer Initiative zum Schutz der Griechen in Kleinasien vor der Steuerhinterziehung durch die *Publicani*, Mitglieder der römischen *Equites*.

Es ist eine Ironie des Populismus – ein Diktator kommt an die Macht, indem er den Entrechteten unmögliche und zerstörerische Versprechungen macht. Hat er wirklich die Absicht, diesen Menschen zu helfen? Natürlich nicht. Tatsächlich wird er alles daransetzen, Reformen, die das System tatsächlich gerechter machen würden, aktiv zu verhindern. Für ihn zählt allein die eiserne Faust, mit der er seine ungebildete Anhängerschaft steuern kann, und die Macht, die er hierdurch gewinnt.

Stattdessen tat Rutilius einfach seine Arbeit, seinem Gespür dafür folgend, dass wir in unserem Eigeninteresse die Interessen anderer nie aus den Augen verlieren dürfen. Seine Anwendung der stoischen *Oikeiose* im Dienste des Gemeinwohls führte ihn ohne Umwege in einen Konflikt, der viel größer war als er selbst. War Rutilius sich dessen bewusst, wem er damit in die Quere kam, als er sich entschied, für Reformen einzutreten, die auf Kosten der Reichen gingen? War es von Belang, dass er aufrichtig versuchte, eine schreiende Ungerechtigkeit zu beenden? Nein. Was dann geschah, war ein sehr alter Trick, derselbe, den Scaurus anwandte: Man beschuldigt einen ehrlichen Mann genau des Gegenteils von dem, was er tut – nämlich der Sünde, die man selbst begeht. Man setzt seinen guten Ruf gegen ihn selbst ein. Verschmutzt das Wasser. Besudelt ihn mit Lügen. Jagt ihn aus der Stadt, indem man ihn an einem Standard misst, der bei gleicher Anwendung bedeuten würde, dass die korrupten, aber fest verwurzelten Interessen niemals überleben würden.

So kam es, dass Rutilius, der selbst die Ermittlungen in zahlreichen Fällen von Korruptionsvorwürfen eingeleitet und ihnen vorgesessen hatte, unter falschen Anschuldigungen vor Gericht gebracht wurde. Er wurde beschuldigt, die Menschen, die er schützte, zu erpressen – von denselben Menschen, die die Erpressung tatsächlich ausübten. Es half auch nicht, dass er sich in einigen seiner Schriften kritisch gegenüber den Leuten geäußert hatte, die er angeblich bestohlen hatte. Dennoch schien er fast fassungslos zu sein über die Feindseligkeit seiner Feinde und die

Anstrengungen, die sie zu unternehmen bereit waren. Die Geschworenen hatten sich versammelt. Marius agierte hinter den Kulissen und trieb die Strafverfolgung an. Wie hätte er nicht daran beteiligt gewesen sein können? Der Historiker Dio Cassius berichtet, dass ein Mann von Rutilius' »hervorragender Leistung und gutem Ruf ein Ärgernis« für Marius gewesen sei. Ein Ärgernis? Er war ein Spiegel. Eine wandelnde Verurteilung all dessen, wofür die Korrupten und Egoisten standen.

Da Rutilius von ganzem Herzen von seiner Unschuld überzeugt war, lehnte er es ab, sich zu verteidigen, und weigerte sich, seine eigenen politischen Verbündeten zu Hilfe zu rufen oder auch nur ein Wort zu seiner Verteidigung zu sagen. Dachte er, sein guter Ruf würde ihn retten? War er in seiner eigenen Erhabenheit gefangen? In seinem Werk *Über das Oratorium* bemerkt Cicero, dass nicht nur Rutilius' Schweigen zu seiner Verurteilung führte, sondern auch, dass selbst niemand aus seinem Gefolge eine Stimme gegen das Scheingericht erhob. Angesichts eines solch erschütternden Misserfolges scherzte Cicero, dass Rutilius' Gefolgsleute Angst davor gehabt haben müssen, den Stoikern gemeldet zu werden, wenn sie erzürnt gewesen wären und ihn beherzt verteidigt hätten. Das war die Strategie von Sokrates: Ich weigere mich, die Anklage einer Antwort zu würdigen. Es war auch die von Martin Luther: Ich werde nicht bereuen. Hier stehe ich. Ich kann nichts anderes tun.

Es war eine edle Haltung, aber sie erlaubte es Rutilius' Feinden, kurzen Prozess mit ihm zu machen. Die immens hohe Strafsumme war mehr, als Rutilius oder – mit Ausnahme der korruptesten Beamten – irgendjemand anderes je hätte bezahlen können. Sein Besitz wurde beschlagnahmt, und er wurde ins Exil geschickt. Der Plünderung Roms durch Marius würde er somit nicht länger im Wege stehen und seine Anwesenheit konnte die aufstrebende kriminelle Gesellschaft nicht mehr beschämen oder bloßstellen.

Wie er zweifellos von seinem Lehrer Panaitios gelernt hatte, muss man, wie der *Pankratiast*, jederzeit auf die unerwarteten Schläge des Lebens vorbereitet sein – wenn schon nicht, um sie abzuwehren, so doch zumindest, um sie ohne Jammern hinzunehmen und zu ertragen.

Während sie diesen Schlag gegen ihn ausführten, gewährten Rutilius' Feinde diesem edlen Diener des Staates und Kriegshelden zumindest das letzte bisschen verbleibende Würde und bewiesen so seine völlige Unschuld vor der Geschichte. Die falschen Ankläger gewährten ihrem Opfer die Möglichkeit, den Ort seines Exils selbst zu wählen.

Rutilius, mit einem Augenzwinkern vielleicht oder zumindest mit der steinharten Entschlossenheit eines Mannes, der weiß, dass er nichts falsch gemacht hat, wählte Smyrna – eben die Stadt, die er angeblich betrogen hatte. Smyrna, dankbar für die Reformen und die skrupellose Ehrlichkeit des Mannes, der sie einst regiert hatte, nahm Rutilius mit offenen Armen auf. Die Stadt bot ihm sogar die Bürgerschaft an. Suetonius berichtet uns, dass er sich in Smyrna bei Opilius Aurelius niederließ, »einem Freigelassenen eines Epikuräers, [der] zuerst Philosophie, dann Rhetorik und schließlich Grammatik lehrte … wo er bis ins hohe Alter mit ihm lebte«. Cicero besuchte Rutilius dort 78 vor Christus und nannte ihn »ein Muster der Tugend, der Ehre vergangener Zeiten und der Weisheit«.

War Rutilius verbittert? Es scheint nicht so. Es wird berichtet, dass er mit dem Leben zurechtkam und dass sein Vermögen trotz seiner Entfernung aus den Kreisen der Macht wuchs. Er empfing zahlreiche Geschenke von Bewunderern. Es heißt, dass ein tröstender Freund sich bemühte, Rutilius zu versichern, dass angesichts des wahrscheinlichen Bürgerkriegs in Rom alle Exilanten zu gegebener Zeit zurückkehren dürften. »Welche Sünde habe ich begangen, dass du mir eine unglücklichere Rückkehr wünschen solltest, als meine Abreise es war?«, antwortete Rutilius. »Es ist mir viel lieber, mein Land angesichts meines Exils vor Scham erröten zu sehen, als dass es über meine Rückkehr weint!«

Besser, vermisst zu werden, als die Gastfreundschaft über Gebühr in Anspruch zu nehmen.

Ist der Staat unwiederbringlich verloren und bis ins Mark korrumpiert, dann werden weise Männer sich fernhalten, davon waren die Stoiker überzeugt. Konfuzius, selbst ein Philosoph und Berater von Fürsten, hatte einige Jahrhunderte zuvor etwas ganz Ähnliches gesagt. Was wir wissen, ist, dass Rutilius in Smyrna blieb und seine *Geschichte Roms* auf Griechisch schrieb. Nahezu unberührt von der Schmach darüber, was ihm angetan worden war, arbeitete er einfach weiter.

Als Rutilius schließlich von Sulla, der über Marius triumphierte und Diktator wurde, nach Rom eingeladen wurde, wurde die »Ehre« höflich abgelehnt.

Rutilius' Stoiker-Kollegen waren erbost darüber, wie dieser ehrenwerte Mann behandelt worden war, in gewisser Weise aber war es eine wichtige Lektion für sie. *Das Richtige zu tun, kann einen Menschen alles kosten.* Dies war nicht Platons Republik – Philosophenkönige waren nicht nur nicht erwünscht, sie waren auch Erzfeinde derjenigen, die versuchten, sich am Imperium zu bereichern. Jemanden zu verunglimpfen, war alltäglich geworden. Alle bedeutenden Persönlichkeiten dieser Epoche wurden entweder der Wahl- oder der Finanzkorruption beschuldigt. Im Gegensatz zu Rutilius waren fast alle von ihnen schuldig.

Warum schien es so, als würden die Guten bestraft, während die Bösen ungeschoren davonkamen? Dies ist leider der Lauf der

Welt, damals wie heute. »Wenn die Guten ein böses Ende finden«, schrieb Seneca später, »wenn Sokrates im Gefängnis sterben muss, Rutilius gezwungen ist, im Exil zu leben, Pompeius und Cicero ihren Kopf den eigenen Auftraggebern opfern müssen und der große Cato, das lebendige Abbild aller Tugenden, sich in sein eigenes Schwert stürzt, um zu zeigen, dass das Ende für ihn selbst und für den Staat zu gleicher Zeit gekommen ist, dann müssen wir, die wir von Makel behaftet sind, wahrlich darüber verzweifeln, wie Fortuna uns belohnen wird.«

Trotzdem, wer wären Sie lieber? Denn Betrug, Diebstahl und das Falsche zu tun, haben ihren Preis – auch wenn die Gesellschaft diese Dinge belohnt. Würden Sie lieber wie Rutilius mit hoch erhobenem Kopf dem Ende entgegengehen oder weiterleben, indem Sie Ihre unbestreitbare Schande verleugnen?

So übel die Situation auch war, die Stoiker zu Rutilius' Zeit hatten kaum eine Vorstellung davon, was die Zukunft für sie bereithielt. Sie konnten nicht wissen, dass das, was sie sahen, so schlimm es auch war, lediglich das darstellte, was der Schriftsteller und Podcaster Mike Duncan zweitausend Jahre später als »Sturm *vor* dem Sturm« beschreiben würde. Die Institutionen der römischen Republik waren stark geschwächt worden, und alles, was blieb, war der tapfere Widerstand großartiger und ehrenhafter Männer. Wie lange noch würden sie die Flut zurückhalten können? Wie lange noch würden sie die Grundsätze und politischen Institutionen bewahren können, die Rom von Griechenland übernommen hatte?

Der Beginn der Regierungszeit von Julius Caesar gab die Antwort auf diese Frage: leider nicht mehr allzu lange.

Doch eine Zeit lang hatte Rutilius Rufus sein Licht erstrahlen lassen. Er war eine Kraft des Guten in der Welt und musste dafür viel Leid erdulden. Aber nie, so scheint es, stellte er infrage, ob es den Aufwand wert gewesen war. Er empfand auch keine Bitterkeit über sein Schicksal. Er hatte sich selbst und die Korruption um ihn herum beobachtet und für sich selbst beschlossen, dass, unabhängig davon, was andere Menschen sagten oder taten, seine eigene Aufgabe darin bestand, Gutes zu tun. Er wusste, dass alles, über das er Kontrolle ausüben konnte, lediglich sein eigener Charakter war und seine Fähigkeit, jedermann ungefiltert sein wahres Wesen zu zeigen – so, wie Marcus Aurelius es sich später immer wieder in Erinnerung rufen würde. Ihr könnt mir Gewalt antun, so hatte Zenon einst gesagt, aber mein Geist wird der Philosophie verpflichtet bleiben.

Aber Zenon musste dies nie unter Beweis stellen. Marcus Aurelius wurde nie zu Unrecht verurteilt. Er verlor nie seine Heimat. Rutilius glaubte an diese Grundsätze, sprach sie aus und lebte sie.

Er war es, der es über sich ergehen lassen musste, dass andere ihn unter erfundenen Anklagen vorführten, seinen guten Ruf beschmutzten, seinen Besitz stahlen und ihn aus dem Land verbannten, das er liebte. Und doch brach er unter all diesem Druck nie zusammen. Er machte keine Kompromisse. Er beugte nie sein Knie. Er lehnte das kategorisch ab, was sie ihm sprichwörtlich als Zuckerbrot anboten, und wählte stattdessen die Peitsche: Lass die lächerlichen Vorwürfe fallen, und wir machen dich reich und berühmt.

Publius Rutilius Rufus war, ohne Einschränkungen, der letzte ehrliche Mann in Rom. Er ist ein Vorbild, das bis heute an uns appelliert, so wie an die tapferen Stoiker seiner Zeit und alle, die danach kamen.

POSEIDONIOS DAS GENIE

* 135 v. Chr.
† 51 v. Chr.

aus Apamea, Syrien

Auch der Stoiker Poseidonios von Apamea wurde in einer Zeit, in der die Menschen nach Überfluss strebten, in eine prominente Familie hineingeboren. Das Jahr seiner Geburt, 135 vor Christus, markierte in der Gegend, die heute Syrien genannt wird, den Beginn politischer Unruhen, die in gewisser Weise bis heute andauern. Aber für Poseidonios' Entwicklung war es dieselbe Art prägender Ungewissheit, die zuvor auch die Charaktere von Zenon und Kleanthes geformt hatte.

Vielleicht sind dies die idealen Bedingungen, unter denen der Stoizismus zutage tritt: ein Heimatland, dem es an starker Führung mangelt und das von mächtigen Kräften von außerhalb erschüttert wird; ein Platz unmittelbar an der Arena der Gefahren von Ausschweifungen und Gier. All das lehrte die Menschen schon früh, dass man in einer unberechenbaren Welt einzig sich selbst wirklich beeinflussen kann – und dass der Raum zwischen den Ohren das einzige Gebiet ist, das man auf gewisse und dauerhafte Weise erobern kann.

Jedenfalls erinnerte sich Poseidonios später mit Missfallen daran, dass der in dieser Zeit in Syrien herrschende Überfluss sein Volk »von der Last befreite, sich mit lebensnotwendigen Dingen befassen zu müssen, sodass es sich fortwährend zu Festen traf und seine Sportstätten in Bäder verwandelte«. Er schrieb über den »berauschten Ehrgeiz« der örtlichen Despoten. Die Dinge liefen gut, aber gute Zeiten bringen selten großartige Menschen oder große Regierungen hervor.

Letztendlich stimmte er mit seinen Füßen ab, wie so viele der anderen frühen Stoiker, verließ seinen Geburtsort im Alter von achtzehn oder zwanzig Jahren und machte sich auf nach Athen.

Als Poseidonios irgendwann zwischen 117 und 115 vor Christus in Athen eintraf, fand er die Stoa Poikile fest in den Händen von Panaitios vor, der zu diesem Zeitpunkt ein alter Mann und eine alles überragende Figur war – nicht nur für die stoische Schule, sondern auch für das gesamte Reich. Väter aus der gesamten römischen Führungsschicht – von Senatoren über Generäle bis hin zu Königen aus fernen Provinzen – hatten begonnen, ihre Kinder von Philosophen erziehen zu lassen. Während Panaitios eine Generation früher in Rom Rutilius unterrichtet hatte, schickten nun viele der reichsten und mächtigsten Römer ihre vielversprechendsten Kinder zu ihm nach Athen, um sie auf den Eintritt in das römische Leben vorbereiten zu lassen.

Und doch muss selbst unter all diesen Ausnahmeschülern aus der ewigen Stadt der junge Poseidonios durch seine Brillanz aufgefallen sein. Die Quellen zeichnen ihn als einen Universalgelehrten mit vielfältigen Interessen in Naturgeschichte, Astronomie, Meteorologie, Ozeanographie, Geographie, Geologie, Seismologie, Ethnographie, Mathematik, Geometrie, Logik, Geschichte und Ethik. Möglicherweise war es Panaitios, der auf seiner Suche nach Wissen die Welt bereist hatte, der seinen jungen Studenten ermutigte, sein Studium auf Reisen fortzusetzen. So weiß man, dass Poseidonios nach seiner Zeit in Athen seinen nächsten großen Lebensabschnitt damit verbrachte, an so weit verstreuten Orten wie Italien, Sizilien, Griechenland und Dalmatien bis hin zu Nordafrika und dem Nahen Osten zu studieren.

Man kann nicht behaupten, die Stoiker seien, wie einige andere Philosophen, nur an ihren Beweisen oder Debatten interessiert gewesen. Poseidonios ist ein perfektes Beispiel für die Neugierde und Faszination für die wundervolle, vielschichtige Welt, die uns umgibt, die den Stoizismus der Antike bis in die Neuzeit prägten. Man kann und sollte sich für alles interessieren, so lehrten die Stoiker, denn man kann und sollte durch alles Weisheit erlangen. Je mehr man erlebt, desto mehr lernt man, und desto demütiger ist man paradoxerweise angesichts der unerschöpflichen Menge an Wissen, welches man noch nicht erlangt hat.

Während seiner Reisen wuchs der Ruf von Poseidonios als der größte Universalgelehrte seit Aristoteles. Er maß die Gezeiten in Spanien und führte ethnographische Forschungen über die Kelten in Gallien durch. Er war ein scharfsinniger Beobachter, liebte Daten – unabhängig von der jeweiligen Fachrichtung – und zeichnete sorgfältig alles auf. Er maß den Umfang der Erde, die Größe und Entfernung von Sonne und Mond, schuf Modelle sowohl der Erde als auch des bekannten Sonnensystems. Das einzige Hindernis für seine geistige Brillanz waren die groben Messgeräte seiner Zeit, die seine Berechnungen oft verzerrten. Doch seine unermüdlichen Reisen und seine unübertroffene Neugierde steigerten zu seiner Zeit die Erkenntnisse über das damals bekannte Universum immens.

Ihn selbst brachte es an die frische Luft, hinunter in den Dreck und raus aufs Wasser. Sein Klassenzimmer waren das Firmament, die Sterne und belebte Marktplätze, so, wie es auch bei Zenon gewesen war, und so, wie ein Kind selbst von einfachsten Dingen wie einem Grashalm fasziniert sein kann. Poseidonios lebte, wie Seneca später schrieb, als ob die ganze Welt ein Tempel der Götter wäre.

Manche Genies begnügen sich damit, ausschließlich in ihrem eigenen Kopf zu leben. Viele Philosophien – bevölkert von Philosophen, die sich selbst zweifellos als Genies betrachten – fördern diese Tendenz auf subtile Art und Weise. Der Epikureismus beispielsweise, der zu Poseidonios' Zeiten wieder auflebte, ermutigte seine Anhänger, sich von der Welt abzuwenden, die Politik und den Lärm um sich herum zu ignorieren. Dank des Einflusses von Stoikern wie Diogenes und Panaitios widersetzte sich Poseidonios der Anziehungskraft dieser Entwicklung und wandte seinen Intellekt wie ein guter Stoiker auch der Politik und der Staatsführung zu.

Seine ausgedehnten Reisen brachten ihn in der Tat in ständigen Kontakt mit römischen Legionen, Legionen, die von seinem stoischen Kollegen und Schüler von Panaitios, Rutilius Rufus, für Marius ausgebildet worden waren. Seinen Schriftfragmenten können wir Hinweise darauf entnehmen, dass Poseidonios Truppenbewegungen, die Geschichte der Kriegsführung und die Bräuche der Einheimischen studierte und sogar geheimdienstliche Informationen über die Machtgefüge im Ausland sammelte, die er nicht nur Generälen zur Verfügung stellte, sondern später auch in seinen vielen Büchern verwendete. Er schrieb sogar ein Handbuch über Militärtaktiken, eine Art *Kunst des Krieges*, das so detailliert war, dass es für jeden außer einem General als zu fortgeschritten galt. Er wurde nicht nur zu einem Archivar für Militärtaktiken, sondern verfügte auch über detaillierte ethnographische Einblicke, die er im Ausland zusammengetragen hatte, und Generäle wie Pompeius verließen sich viele Jahre lang auf seinen Rat.

Er war ein Mann von Welt. Ein Entdecker. Ein Stratege. Ein Wissenschaftler. Ein Politiker. Er war also ein *echter* Philosoph.

Doch irgendwann sucht sich jeder Reisende ein festes Heim, für Poseidonios lag es auf Rhodos. Sein Studium der Politik in die Praxis umsetzend, stieg er dort in der Führungsriege bis in die höchste zivile Position auf und saß dem Regierungsrat auf Rhodos vor, während er seine philosophische Schule aufbaute.

Seine politischen Pflichten führten ihn 86 vor Christus in diplomatischer Mission nach Rom, aber es waren wahrscheinlich seine unstillbare Neugier und sein Wunsch, Menschen zu studieren, die ihn an das Sterbebett eines der schlimmsten römischen Diktatoren, Marius, brachten. Marius wurde Ende 87 vor Christus in sein siebtes Konsulat gewählt und er schien zu glauben, dass seine politische Macht ihn unsterblich mache. Er hätte sich nicht vorstellen können, dass Poseidonios' Gesicht eines der letzten sein würde, das er jemals sehen würde.

Wahnhaft, gequält von düsteren Träumen, ermüdet von einem Leben voller endlosem Ehrgeiz und von der schleichenden Angst, dass alles umsonst gewesen sein könnte, empfing Marius Poseidonios, einen scharfsinnigen Beobachter, den das, was er dort sah, abstieß. Wenige Tage nach dieser Zusammenkunft starb Marius, bis zu seinem Ende davon überzeugt, dass er erneut Truppen in die Schlacht führen und seine Eroberungen ausweiten würde. Als Stoiker muss Poseidonios – so wie auch Plutarch es getan hätte – bemerkt haben, wie weit entfernt dies vom friedlichen Tod eines Philosophen wie Antipatros war, der seine letzten Augenblicke damit verbracht hatte, das Glück, das er während seines Lebens erfahren hatte, zu erinnern.

Es ist eine zeitlose Frage: Wenn Sie tatsächlich wüssten, wie »Erfolg« und »Macht« beschaffen sind – was sie bei den Menschen, die sie erreichen, bewirken – würden Sie sie dann immer noch wollen?

Poseidonios' spätere Schriften sind voll von Beobachtungen aus erster Hand über den Preis, den man für Ehrgeiz und unersättlichen Appetit zahlt. In einer seiner Geschichten schreibt er über einen Philosophen namens Athenion, der beabsichtigte, ein Tyrann in Athen zu werden. Es muss Poseidonios getroffen haben, mit welcher Leichtigkeit Menschen sich korrumpieren lassen und den Pfad der Tugend verlassen, denn dies war ein Mann mit einer ähnlichen Ausbildung, wie er selbst sie hatte, der seinen Genius beiseitegeschoben hatte, um eine Prostituierte zu heiraten, und dessen politische Karriere vom Willen des Pöbels abhing.

In einem anderen Bericht über eine Revolte in Sizilien schreibt er von einem Damophilos, »einem Sklaven des Luxus und der

Verfehlungen, der in vierrädrigen Streitwagen von Pferden durch das Land gefahren wird, an der Spitze von Pferden, attraktiven Bediensteten und einem Gefolge voll von Speichelleckern und Soldatensklaven«. Fast schon mit einem Gefühl der Genugtuung erzählt uns Poseidonios, wie Damophilos durch die Hand seiner Sklaven einen gewaltsamen und schmerzhaften Tod fand. Es ist leicht vorstellbar, dass Poseidonios eine ähnliche, wohlverdiente Strafe für Apicius erwartete, das gefräßige und gierige Ungeheuer, das dafür verantwortlich war, dass sein Freund Rutilius Rufus aufgrund falscher Beschuldigungen vor Gericht gestellt wurde.

Was all diese historischen Fälle Poseidonios' Meinung nach miteinander verband, war ein Charaktermangel. »Räuber, Sittenlose, Mörder und Tyrannen«, so schrieb Marcus Aurelius später, »reihen ihre sogenannten Vergnügungen auf zur Überprüfung durch Euch!« Poseidonios hatte dies tatsächlich getan, hatte sich mit Marius in einem Raum aufgehalten, hatte Möchtegern-Tyrannen und Mörder aus nächster Nähe inspiziert, so wie er auch die Gezeiten und die Bewegungen der Planeten beobachtet hatte.

Die daraus gewonnenen Erkenntnisse konnte er weitergeben, und diese waren ebenso wertvoll wie seine wissenschaftlichen: Vorsicht vor Ehrgeiz. Meide den Mob. Luxus, wie auch Macht, verdirbt. Von Seneca wurde uns Poseidonios' endgültiges Urteil über Marius überliefert: »Marius befehligte gewaltige Armeen, aber der Ehrgeiz befehligte Marius.« Seneca umschrieb es so: »Wenn solche Männer die Welt aus dem Gleichgewicht brachten, so waren sie selbst nicht im Gleichgewicht.«

Nach Panaitios' Tod 109 vor Christus verließ Poseidonios zum letzten Mal Athen in der Überzeugung, dass das Volk einfach »ein Mob ohne Verstand« (*ochloi anoetoi*) geworden sei. Über die Römer dachte Poseidonios vermutlich nicht viel besser, bemessen an dem, was er selbst beobachtet hatte.

Rhodos, sowohl abgelegen als auch ein zentraler Punkt für den Waren- und Ideenfluss über das Mittelmeer, war ein perfekter Platz für diesen unabhängigen Denker. Poseidonios arbeitete während dieser Zeit an seinen Geschichten und seiner Theorie der menschlichen Persönlichkeit, und beide spiegeln eine realistischere und desillusioniertere Einschätzung seiner Mitmenschen wider – eine Einschätzung, die oft von großen Geistern geteilt wird. Doch gerade als sich diese Ansicht durchsetzte, wurde Poseidonios von einem hellen Geist besucht. Im Jahre 79 vor Christus machte sich ein junger Cicero, damals siebenundzwanzig Jahre alt und ein Talent, wie es üblicherweise nur einmal in einer Generation vorkommt (so wie auch Poseidonios), auf den Weg nach Rhodos, um bei dem großen Mann zu studieren. Panaitios hatte seinen Poseidonios, nun verfügte Poseidonios über seinen eigenen brillanten Schüler, der seinen Lehrer in den von ihm verfassten Schriften liebevoll als »unser Poseidonios« bezeichnete.

Seine restlichen verbleibenden Jahre verbrachte er mit Schreiben, Philosophieren und natürlich mit dem Unterrichten. Es liegt auf der Hand, dass seine Reisen und seine persönlichen praktischen Erfahrungen mit auf höchster Ebene ausgeübter Politik in all diese drei Bereiche einflossen. Poseidonios vertrat, wie auch schon sein Lehrer Panaitios vor ihm, aristokratische Ansichten – heute würden wir ihn als »intellektuelle Elite« bezeichnen. Mit dem Unterschied, dass Poseidonios – ganz im Gegensatz zu den heutigen Eliten, die oft wirklichkeitsfremd sind und in ihrer eigenen Geisteswelt leben – sein Misstrauen gegenüber dem Pöbel und dem Populismus aus seiner eigenen, persönlichen Erfahrung gewonnen hatte.

Er hatte die Welt gesehen, er hatte den Krieg erlebt und eine eigene Philosophie daraus entwickelt – begründet auf Naturwissenschaften, Geschichte und Humanpsychologie –, die bei den wichtigsten Menschen seiner Zeit gefragt war. Ohne Zweifel zog genau das Pompeius, den großen General, der gerade erst an die Macht gekommen war, nach Rhodos, um den Vorlesungen von Poseidonios zu lauschen.

Im Jahre 66 vor Christus, vor seinem Feldzug gegen die kilikischen Piraten, besuchte Pompeius Poseidonios und fragte ihn im Verlaufe einer Privataudienz, ob er einen guten Rat für ihn habe. Poseidonios zitierte Homer und sagte ihm, er solle »der Beste sein und den anderen jederzeit überlegen«. Pompeius verfehlte die Bedeutung dieses hintergründigen, moralischen Ratschlags gründlich, was Poseidonios später mit »seine kranke Liebe zu falschen Ruhm« aufgreifen sollte.

»Der Beste zu sein« bedeutete für die Stoiker nicht etwa, Schlachten zu gewinnen. Überlegenheit bedeutete nicht, so viele Ehrungen wie möglich anzuhäufen. Es bedeutete – und so ist es bis heute – *Tugendhaftigkeit*. Es bedeutete Vortrefflichkeit, nicht im Erreichen äußerlicher Eigenschaften – auch wenn es natürlich erfreulich war, wenn das Schicksal dies erlaubte –, sondern in den Bereichen, über die man Gewalt hatte: die eigenen Gedanken, die eigenen Handlungen, die persönlichen Entscheidungen.

Dennoch blieb der sich nach Ruhm verzehrende General ein achtungsvoller Schüler. Auf dem Höhepunkt seiner Macht, nach seinen großen Siegen im Osten während des Dritten Mithridatischen Krieges, stattete Pompeius im Jahre 62 vor Christus Poseidonios einen weiteren Besuch ab und verbeugte sich mit gesenkter Armeestandarte vor der Tür des Philosophen. Vielleicht verstand Pompeius also doch auf seine Weise, was Poseidonios mit »das Beste« meinte, auch wenn er nicht danach leben konnte.

Obwohl Poseidonios bei diesem Besuch von einem schweren Fall von Arthritis und Gicht heimgesucht wurde, hielt er für Pompeius vom Bett aus eine Privatvorlesung darüber, warum nur das

Ehrenwerte gut sei, wobei er, immer wieder von Schmerzensschreien unterbrochen, betonte, dass er auch jetzt noch nicht anerkennen könne, dass Schmerz ein Übel sei.

Dieser Triumph über den Schmerz – über sich selbst – ist »das Beste«, von dem Poseidonios sprach. Noch beeindruckender hieran ist, dass er nach dieser Überzeugung lebte.

In seinen Schriften vertrat Poseidonios die Ansicht, dass der Geist Weisheit und das wahrhaft Gute suche, während die niederen Teile der Seele nach Macht und Siegesruhm (wie Pompeius) sowie nach körperlichem Vergnügen strebten. Gute Gewohnheiten und Lebensweisen – hervorgebracht durch den Verstand –, seien Prüfsteine, mit denen dieser die niederen Teile der Seele bekämpfe. Diese Vorstellung, dass ein Teil von uns rational ist und ein anderer Teil nicht, war für die Stoiker, die lange Zeit die Auffassung vertraten, dass das ganze Selbst rational sei, ein bemerkenswert radikaler Ansatz.

Aber diesen inneren Kampf – den Martin Luther King Jr. später als den Bürgerkrieg zwischen dem »Norden« und dem »Süden« unserer Seele bezeichnen würde – kann jeder Mensch nachvollziehen, der auch nur ein kleines Stück Selbsterkenntnis besitzt. Wir bestehen aus sich gegenseitig bekämpfenden Teilen, und was im Leben zählt, ist, welcher Seite wir uns hingeben. Man müsse sein Leben selbst in die Hand nehmen, sagte Poseidonios, »um die Wahrheit und die Ordnung des Universums zu reflektieren und diese, wann immer es möglich ist, zu fördern, und darf sich hierbei in keiner Weise vom irrationalen Teil der Seele leiten lassen«. Dies war ein Kraftakt, den scheinbar weder Marius noch Sulla noch Athenion und leider auch nicht Pompeius zu stemmen in der Lage gewesen wären – trotz all ihrer Gerissenheit und militärischen Macht.

Dies liegt darin begründet, dass die Umsetzung wirklich sehr, sehr schwer ist – unabhängig davon, ob man nun ein Genie oder ein Eroberer ist. Schaffe man es aber, so glaubten die Stoiker, dann werde man etwas weitaus Beeindruckenderes hervorbringen als brillante Schriften oder glanzvolle Siege.

Frühere Stoiker hatten versucht, die Philosophie in drei Teile zu gliedern, indem sie einen Bauernhof oder eine Obstplantage als Analogie heranzogen, mit einem Feld (Physik), Obst (Ethik) und einem Zaun (Logik). Sextus Empiricus berichtete, dass Poseidonios in diesem Punkt widersprach: »Da die Teile der Philosophie untrennbar miteinander verbunden, die Pflanzen jedoch von den Früchten und die Mauern von den Pflanzen getrennt sind, forderte er, dass als Gleichnis für die Philosophie eher ein lebendes Wesen als Beispiel dienen solle, in dem die Physik das Blut und Fleisch darstelle, die Logik die Knochen und Sehnen und die Ethik die Seele.« Dies ist auch eine perfekte Metapher für die Stoiker, denn Philosophie ist dazu bestimmt, von Menschen *gelebt* zu werden.

Auf den Ideen von Chrysipp und Zenon aufbauend, führte Poseidonios diese Idee noch weiter aus. Er sah den gesamten Kosmos als ein fühlendes, lebendiges Wesen, in dem alle Dinge miteinander verbunden sind (*Sympatheia*). Das Studium der Wissenschaften mündet für manche Menschen im Atheismus, aber im Falle von Poseidonios hatten seine Experimente mit den Gezeiten und seine Beobachtungen der Sterne in ihm die Idee eines Schöpfers aufkeimen lassen – die feste Überzeugung, dass das Universum durch eine glückliche Vorsehung gesteuert werde. Er entwickelte Chrysipps »Kein-Geschubse«-Regel weiter und glaubte fest daran, dass alle Menschen buchstäblich im gleichen Boot säßen. Wir sind alle in einem kosmischen Einklang miteinander verbunden, so glaubte Poseidonios, und keiner von uns sei völlig autark oder autonom. Jedem von uns sei eine Rolle in diesem großen Körper vorgegeben worden – einer von uns ist ein Finger, ein anderer eine Hautzelle, ein anderer eine Leber – und wir existierten im gegenseitigen Zusammenspiel und seien miteinander verbunden. Es sei Gott, so dachte er, der durch die Adern dieses Organismus als *pneuma* ströme – als eine Art Seele des Universums.

In seinen späteren Jahren widmete sich Poseidonios fast ausschließlich der Vollendung seiner großen Chroniken. Seine zweiundfünfzig Bände umfassenden Chroniken, die ein Drittel seines gesamten literarischen Schaffens ausmachen, begannen im Karthago des Jahres 146 vor Christus mit Scipio Aemilianus und umfassten den Zeitraum bis zur Plünderung Athens durch Sulla im Jahre 86 vor Christus. Strabo berichtete, dass er sogar ein gesondertes Werk geschrieben habe, das allein dem Pompeius gewidmet sei. Seine bekannten Schriften reichen von Werken über Schicksal und Ethik bis hin zu anderen, die sich mit Emotionen und dem allgegenwärtigen Feind der Stoiker, dem Zorn, befassen. Er schrieb auch über Trauer und Pflicht, und darüber hinaus basieren viele wissenschaftliche Bücher auf seinen frühen Erkundungen der Ozeane, des Wetters und der Erdumrundung.

Obwohl von diesen großen Werken nur Fragmente erhalten sind und Poseidonios heute weitgehend unbekannt ist, war er in seiner eigenen Zeit und noch lange danach eine herausragende Figur. Jahrhunderte später nahm sich der heilige Augustinus in seinem berühmten Werk *Vom Gottesstaat* die Zeit, ihn namentlich zu erwähnen und dem wissenschaftlichsten aller Stoiker zu antworten, und sei es nur, um seinen Gebrauch der Astrologie zu kritisieren. Der Name Poseidonios ist heute vielleicht nicht mehr in aller Munde, aber welcher Autor wäre nicht erfreut darüber gewesen, fünfhundert Jahre nach seinem Tod immer noch zitiert zu werden? Und von niemand Geringerem als einem Heiligen!

Poseidonios arbeitete und wirkte während seines langen Lebens an vielerlei Orten – in Syrien, Athen, Rom und auf Rhodos – und er bereiste fast die gesamte damals bekannte Welt. Er schrieb viele Bücher. Er beriet viele mächtige Männer. Er war einer der klügsten Männer der Antike – seiner eigenen Auffassung nach nur ein geringer Teil des kosmischen Universums, gleichwohl aber einer, der einen beeindruckenden Beitrag leistete.

Und doch werden selbst Genies irgendwann vergessen, und letztendlich sind sie allesamt sterblich. Kein Stoiker würde dies bestreiten oder anfechten, Poseidonios am allerwenigsten.

Im Jahre 51 vor Christus starb er friedlich im Alter von vierundachtzig Jahren, und obwohl wir keine Aufzeichnungen darüber haben, so können wir uns doch gut vorstellen, dass er diese Welt weitaus glücklicher und dankbarer verließ, als er es bei Marius' quälendem und unwürdigem Ende beobachtet hatte.

DIOTIMOS DER BÖSE

* unbekannt
† unbekannt (100 v. Chr.?)

Herkunft unbekannt

Shakespeare, der große Beobachter der Stoiker, sagte in seinem stoischsten Stück überhaupt, dass das Gute, das wir im Leben tun, leicht vergessen werde, aber das Böse, das wir tun, weiter und weiter lebe.

Vielleicht ist kein stoischer Philosoph ein anschaulicheres Beispiel für dieses Prinzip als Diotimos, von dem nur wenig bekannt ist. Man weiß nicht, wann er geboren wurde. Man weiß nicht, wann und wie er gestorben ist. Bekannt sind lediglich einige seiner Überzeugungen, zum Beispiel, dass das wichtigste Ziel im Leben darin bestehe, Wohlergehen zu erlangen, und dass das Streben nach Tugend der Weg sei, wie man es erreichen könne.

Bei wem hat er studiert? Auch das weiß man nicht sicher. Einige Quellen deuten darauf hin, dass er Poseidonios kannte, aber das war's auch schon. Wie kam er in Kontakt mit der Philosophie? Wer waren seine Eltern? Wer waren seine Schüler? Wie hat er ihnen geholfen? Wie hat er gelebt? Welchen Akt der Freundlichkeit hat er vollbracht? Welche Ehrungen hat er abgelehnt?

Nochmals, nichts von alledem ist bekannt. Vieles zu seiner Person liegt im Dunkel.

Alles, was wir tatsächlich über ihn wissen, stammt von einer einzigen unbestreitbar boshaften Tat, die Historiker und Studenten des Stoizismus seit mehr als zweitausend Jahren vor ein Rätsel stellt. Diese Tat ist so sinnlos, so belanglos und steht auf so komische Weise im Widerspruch zu den Lehren der Philosophie, an denen Diotimos angeblich festhielt, dass sie beinahe erfunden klingt.

Irgendwann um die Wende des ersten Jahrhunderts vor Christus, als die Philosophien des Epikur in Athen inmitten des aufsteigenden Glanzes und der Macht Roms wiederauflebten, setzte Diotimos sich hin und fälschte mehr als fünfzig »anstößige Briefe«, die den Ruf des Gründers dieser rivalisierenden Schule verleumden sollten. Tatsächlich ging er noch viel weiter. Diotimos stellte Epikur als eine Art verdorbenen Wahnsinnigen dar – ein Ruf, den Epikur bis heute noch nicht vollständig hat ablegen können –, um seine Argumente gegen die Philosophie zu untermauern.

Teil der Motivation zu dieser Tat war zweifellos die Selbstverteidigung. Die epikureische Schule gewann zu dieser Zeit an Zulauf und stand unter der Führung des äußerst produktiven Apollodor, der nicht nur etwa vierhundert Bücher schrieb, sondern auch den Spitznamen »der Gartentyrann« trug. Diogenes Laertios berichtete, dass Apollodor Chrysipp zu verleumden begann, indem er behauptete, der Stoiker habe seine Bücher mit Zitaten gefüllt, die er von anderen gestohlen habe. Gegen eine solche Verleumdung des großen Kämpfers der Stoa musste etwas unternommen werden.

Diotimos entschied sich, auf Verleumdung mit Verleumdung zu antworten. Er beschloss, ein Verbrechen zu begehen, das schlimmer war als jenes, das Apollodor mit seinen falschen Behauptungen an Chrysipp beging.

Für eine Schule, die Logik und Wahrheit ebenso sehr schätzte wie tugendhaftes Verhalten, muss Diotimos' Handeln unentschuldbar gewesen sein. Selbst wenn der Epikureismus nun eine Art existenzielle Bedrohung für den Stoizismus darstellte, rechtfertigte das kaum einen literarischen Betrug. »Wenn es nicht richtig ist, tue es nicht«, schrieb Marcus Aurelius später in seinen Ausführungen, in denen er den Kern der stoischen Lehre darlegte, »wenn es nicht wahr ist, sage es nicht.« Der Stoiker soll jenseits von Groll, jenseits von Rache, jenseits von kleinlichem Konkurrenzgehabe oder dem Bedürfnis, Argumentationen zu gewinnen, stehen. Und ganz bestimmt nichts aus Bosheit tun – schon gar nicht lügen und in die Irre führen. Irgendwo und irgendwie ist Diotimos von diesem Weg abgekommen.

Und zu welchem Zweck? Um eine Schule zu diskreditieren, die sich ebenfalls ernsthaft darum bemühte, ihre Schüler zu einem guten Leben zu führen?

Damit wäre also Diotimos' einziger Beitrag zur Geschichte des Stoizismus, dass er durch seine eigenen Taten zu einem abschreckenden Beispiel wurde. Er bewies, dass die Stoiker kaum perfekt waren, und dass, egal, wie viel wir trainiert und gelesen haben, eine einzige überstürzte Entscheidung alles zunichtemachen kann.

Was hätte wohl Rutilius Rufus gedacht, wenn er gewusst hätte, dass etwa zur gleichen Zeit, als er von seinen politischen Feinden unter falschen Anschuldigungen vor Gericht gezerrt wurde, ein anderer Stoiker hart daran arbeitete, Epikur posthum zu verleumden? Aber so sind das Leben und der Verlauf der Geschichte – kompliziert, widersprüchlich und oft enttäuschend.

Athenaios sagt, indem er Demetrios von Magnesia zitiert, dass Zenon von Sidon, der als Nachfolger von Apollodor die epikureische Schule leitete, Diotimos ausfindig machte und Klage gegen ihn erhob. Das Gericht stellte sich auf die Seite von Zenon von Sidon und verurteilte Diotimos zum Tode, was eine ziemlich extreme Form der Gerechtigkeit gewesen wäre – und sicherlich keine, der Rom zugestimmt hätte.

Obwohl es unwahrscheinlich ist, dass die Todesstrafe für etwas so Alltägliches wie Verleumdung verhängt worden wäre, kann es keinen Zweifel daran geben, dass zumindest eine hohe Geldstrafe und die Verbannung aus Athen verhängt wurden. Und – noch schwerwiegender – die persönliche Schande.

Diesen Fehler begehen wir nur zu gern: Wir bekämpfen Feuer mit Feuer und verbrennen uns am Ende selbst. Letztlich erinnert sich niemand mehr daran, wer es gelegt hat, dafür bleiben unsere Narben für immer, wenn wir es überhaupt schaffen, die Feuersbrunst zu überleben. Wenn wir wütend sind, ist es fast immer besser, abzuwarten und nichts zu tun. Und was unsere Feinde betrifft, so sollten wir sie, wenn möglich, sich selbst zerstören lassen.

Diotimos' niederträchtige Handlung befleckte seine Stoiker-Kollegen so sehr, dass sie beispielsweise Poseidonios dazu veranlasste, ein Buch zu schreiben, das dem Ankläger von Diotimos, Zenon von Sidon, gegenüber sicherlich mehr Maß hielt, als er sonst vielleicht beabsichtigt hätte. Ein so ehrenwerter Mann hätte sicherlich nicht die Fälschungen des Diotimos verteidigt. Stattdessen ist es wahrscheinlich, dass er den Schwerpunkt weg vom Schüler und hin zur Schule verlagern und klären musste, welche tatsächlichen Einwände der Stoizismus gegen die Lehren von Epikur hatte. Hat sich Poseidonios für Diotimos entschuldigt? Hat er sich von der verabscheuungswürdigen Taktik des Mannes distanziert? Korrigierte er Apollodors Verleumdungen gegen Chrysipp? Man hofft es, aber man weiß es nicht.

Interessanterweise haben wir keine Aufzeichnungen darüber, dass sich die Stoiker damals oder in den Generationen danach von Diotimos' Verbrechen distanziert hätten. Seneca, der ausführlich über alle Arten von Philosophen und ihre Verhaltensweisen und über die Epikureer mehr als achtzig Mal in seinen überlieferten Werken schreibt, erwähnt diesen Vorfall und das traurige Scheitern seiner eigenen Schule kein einziges Mal.

Vielleicht traf die Verzweiflung des innerakademischen Streits zu sehr ins Mark.

Es ist nicht leicht, die Bitterkeit zu verstehen, mit der Streitigkeiten zwischen klassischen Gelehrten geführt wurden, hat Samuel Johnson einmal beobachtet. »Kleinigkeiten machen gewöhnliche Menschen stolz«, sagte er, »und Eitelkeit ergreift kleine Gelegenheiten; oder dass jede Meinungsverschiedenheit, selbst mit jenen, die ihren Standpunkt nicht länger verteidigen können, stolze Männer wütend macht; in Kommentaren findet sich oft eine spontane Flut von Beschimpfungen und Verachtung, die eifriger und giftiger ist als das, was der wütendste Polemiker in der Politik gegen diejenigen vorbringt, die zu diffamieren er beauftragt ist.«

Er hätte die Torheit von Diotimos nicht besser einfangen können. Auch Shakespeares Trauerrede für Caesar hätte nicht treffender sein können. Denn in diesem Theaterstück erdrückt und überschattet die einzige Tat des ehemaligen Stoikers Brutus – die Ermordung Julius Caesars – alles andere, was der Mann in seinem Leben tun würde. Und so erging es auch Diotimos, ein Philosoph, der über das Streben nach moralischer Vollkommenheit und Wohlergehen vielleicht viele interessante und tiefgründige Dinge zu sagen hatte, der uns aber nur für seine boshafte und rachsüchtige Entscheidung bekannt ist, zu versuchen, den Ruf des Gründers der Schule seiner Rivalen zu zerstören.

CICERO DER MITLÄUFER

* 106 v. Chr.
† 43 v. Chr.

aus Arpinum

Man kann von Cicero nicht behaupten, dass er ein Stoiker war. Das hätte er auch nie getan. Es ist jedoch unbestreitbar, dass er einer der engagiertesten Schüler der Stoiker war. Er verbrachte Zeit mit Poseidonios. Der blinde Stoiker Diodotos lebte jahrelang unter seinem Dach, starb sogar in Ciceros Haus und hinterließ sein Erbe dem mächtigen jungen Mann, den er so lange Zeit unterrichtet hatte. Es waren die Stoiker, die, wie Cicero in seinem Buch *Gespräche in Tusculum* feststellte, »die einzig wahren Philosophen« waren. Tatsächlich ist vieles von dem, was wir über den Stoizismus in der Antike wissen, Ciceros Werk zu verdanken.

Doch trotz alledem konnte sich Cicero nie dazu überwinden, tatsächlich nach den Prinzipien *zu leben,* für deren Formulierung und Bewahrung er sich so sehr einsetzen würde. Er war ein Gesinnungsgenosse, ein Mitläufer, ein Mann ohne Partei, der trotz all seines Erfolges und Ehrgeizes den Mut und den Charakter vermissen lassen würde, den seine Sternstunde in der Geschichte ihm eigentlich abverlangte – und den zu zeigen ihm auch der Stoizismus abverlangt hätte.

Er war jedoch das große Talent seiner Zeit.

Das erste Jahrhundert vor Christus war eine Zeit, in der die althergebrachten Gebräuche sich zu ändern begannen. Es gab politische Konflikte und populistische Aufstände. Demagogen hatten unglaubliche Macht angehäuft. Das Justizsystem verkam zu einer Karikatur seiner selbst. Das Imperium zerfaserte und wandte sich gegen sich selbst.

Dieses Chaos konnte einen aufstrebenden Menschen wie Cicero nicht ausbremsen, aber es würde sein Leben bestimmen.

Cicero wurde am 3. Januar 106 vor Christus in Arpinum (heute: Arpino), einer Provinzstadt etwa hundertzehn Kilometer südöstlich von Rom, als Sohn einer wohlhabenden Ritterfamilie geboren, die erst vor Kurzem die römischen Staatsbürgerrechte erlangt hatte. Sein Familienname leitete sich vom lateinischen Wort für Kichererbse (*cicer*) ab, was darauf hindeutet, dass sie wie Zenons Familie auch einst im Handel tätig gewesen war.* Im Gegensatz zu den früheren Stoikern, die sich aus Pflichtbewusstsein zur Politik oder zum öffentlichen Leben hingezogen fühlten, suchte Cicero nach etwas anderem – nach Möglichkeiten des sozialen Aufstiegs.

Wie hat dieser Emporkömmling vom Lande den Weg in ein Buch über das Leben der Stoiker gefunden? Seine Inspiration war nicht die zurückhaltende Politik des Diogenes, Antipatros' Hang zur Ethik, der Einfluss von Panaitios hinter den Kulissen oder gar sein eigener stoischer Lehrer Poseidonios. Seine erste Inspiration war vielmehr der kometenhafte Aufstieg von Marius, dessen letzte Atemzüge von Poseidonios beobachtet worden waren und der durch reinen Ehrgeiz immense Macht und Ruhm erlangt hatte, auch wenn er nicht einer glorreichen Blutlinie entstammte. Auch Marius war ein Emporkömmling aus Arpinum. Als Freunde vorschlugen, Cicero solle seinen Namen ändern, um seine neureichen Ursprünge zu verbergen, schwor er sich stattdessen, so großen Ruhm zu erlangen, dass niemand sich jemals wieder trauen würde, so etwas zu sagen. Tatsächlich sollten er und Marius beide *novi homines*, »neue Männer«, werden – die ersten aus ihren Häusern, die von außerhalb der patrizischen Reihen Roms kommend zur Senatorenmacht aufsteigen würden.

Ciceros Leben in Rom begann im Jahr 90 vor Christus, als er im Alter von sechzehn Jahren von seinem Vater dorthin geschickt wurde, um Rhetorik und Recht zu studieren. Als er die Hauptstadt

* So wie Zenons Vorfall mit den Linsen mit Klassenimplikationen belastet ist, so war es auch bei Ciceros Verbindung mit der »niedrigen« Kichererbse.

betrat, genoss er Vorteile durch die Geschäftsbeziehungen seines Vaters und war unmittelbar fasziniert von dem, was wir heute als das Leben der »Oberschicht« bezeichnen könnten. Wie der Biograf Anthony Everitt bemerkt: »Während dieser Jahre wuchs der Wunsch in Cicero heran, ein berühmter Anwalt zu werden. [...] Er wurde mitgerissen von der fast unerträglichen Spannung der Prozesse im Forum und dem Glamour des Anwaltsberufs, der dem eines Schauspielstars sehr ähnlich ist.«

Während andere junge Männer in seiner Position Feste feierten und ihren Reichtum (und den Mangel an elterlicher Aufsicht) genossen, studierte Cicero wie ein Mann, der sich zu beweisen sucht. Man sagte ihm nach, dass er – zweifellos als bewusste Hommage an einen philosophischen Helden – bis zu fünfhundert Zeilen pro Nacht verfasste, so wie es Chrysipp zu tun gepflegt hatte. Cicero schrieb, las und beobachtete. Liebte er Philosophie und Literatur? Ja, natürlich. Aber er sah sie auch als Sprungbrett für sein Fortkommen. Sie waren das Vehikel, um sein Leistungsvermögen unter Beweis stellen zu können, so, wie ein natürlicher Athlet vom Sport angezogen wird und aus dem Spiel jeden nur erdenklichen Vorteil herausholt. Cicero knüpfte auch ausgewählte Kontakte zu anderen, jungen Männern, die zu Großem berufen waren, darunter auch ein sechs Jahre jüngerer Junge mit dem Namen Gaius Julius Caesar.

Ciceros frühe Jahre waren eine Art Übungsfeld für die herausragenden und entscheidenden Ereignisse, die er in der Blüte seines Lebens noch erleben sollte. Und vielleicht kommen wir zu diesem Schluss, weil Cicero – der selbst die Quelle der meisten Dinge ist, die wir über ihn wissen – ein meisterhafter Chronist seines eigenen Aufstiegs war.

Dies ist seine Geschichte: Mit achtzehn Jahren tat er sich mit Philo von Larissa zusammen, dem Leiter der Platonischen Akademie, der von Athen nach Rom geflohen war. Während der stürmischen Reformen von Sulla übernahm er erste Fälle vor Gericht und errang mehrere beeindruckende Siege gegen die Mächtigen. Mit nur zwanzig Jahren beendete er sein erstes Buch über Rhetorik und wurde ein angesehener Autor. Anschließend brach er nach Athen auf, um dort sein Studium bei Lehrern sämtlicher Schulen fortzuführen. Dann machte er sich erneut auf den Weg, um bei Poseidonios auf Rhodos Stoizismus zu studieren, wo Genie und Genie schnell zueinanderfanden.

Als Cicero im Alter von neunundzwanzig Jahren nach Rom zurückkehrte, war er ein Mann, der durch die Herausforderungen vieler Jahre harter Arbeit und unerbittlichen Tatendrangs verwandelt worden war. »Und so kam ich nach zwei Jahren nach Hause«, schrieb er, »nicht nur erfahrener, sondern nahezu ein anderer Mensch; ich musste meine Stimme nicht mehr überstrapazieren, mein Stil war ruhig und beherrscht und meine Lungen kräftig geworden und ich war nicht mehr so dünn wie einst.«

Beachten Sie, dass er nur Attribute auflistet, aber keine Überzeugungen.

Dies ist die entscheidende Frage bei fast allem, was Cicero tat, wie auch bei vielen anderen talentierten, ehrgeizigen Menschen: Waren seine Beweggründe aufrichtig? Oder war das alles Teil eines Plans? War es Training oder waren es Lebensstationen, wie sie einen Menschen ausmachen?

Es hieß, ein Orakel habe Cicero schon früh dazu geraten, sein Leben nicht von der Meinung anderer Leute, sondern von seinem Gewissen leiten zu lassen. Aber für jemanden mit einem solchen Ehrgeiz wie Cicero war es unmöglich, eine solche Warnung zu beherzigen. Seneca schrieb später, wie wichtig es sei, sich »einen Cato« zu wählen – jemanden, an dem man sich messen und von dem man sich leiten lassen könne. Cicero hingegen, der an der

Seite eines echten Stoikers wie Cato lebte, entschied sich meist dafür, an anderen Orten nach Inspiration zu suchen. Anstelle von Cato hatte sich Cicero in jungen Jahren Marius als Inspirationsquelle auserkoren, was in etwa so ist, als würde man Richard Nixon oder Wladimir Putin als Leitstern wählen.

Es war eine seltsame, aufschlussreiche Wahl. Wie die Stoiker zu sagen pflegten, erwies sich dieser Charakterzug als schicksalsträchtig.

Nachdem er Ende seiner Zwanzigerjahre sämtliche Errungenschaften für sich hatte verbuchen können, war es für Cicero an der Zeit, seinen politischen Aufstieg zu beginnen – den er von langer Hand geplant hatte. Mit dreißig Jahren durfte ein Römer für das Amt des Quästors kandidieren – was übersetzt so viel bedeutet wie »derjenige, der Fragen stellt«, aber es waren einfach diejenigen, die Gesetze verfassten und Bittstellern antworteten – und damit Mitglied des Senats werden. Ciceros Familie nutzte ihren Reichtum und ihre Kontakte, um sicherzustellen, dass er seine erste Wahl ohne Mühen gewann. Nicht nur schien er wie geschaffen für diese Laufbahn, er war auch ein *Arbeitstier*. Durch Handwerker inspiriert, die die Namen all ihrer Werkzeuge und Instrumente kannten, so berichtet Plutarch, machte Cicero es sich zur Gewohnheit, nicht nur all seine bedeutenden Unterstützer beim Namen zu kennen, sondern auch die Größe ihrer Besitztümer, ihre geschäftlichen Unternehmen und ihre Bedürfnisse.

Nicht *Bedürfnisse* im stoischen Sinne – dem, was gut für die *Polis*, was gut für den Staat war –, sondern *Bedürfnisse* im fundamentalen, politischen Sinne. Was wollten sie? Was konnte er für sie tun? Wo stimmten ihre Interessen mit seinen überein? *Quid pro quo*. Es steht außer Frage, dass Cicero ein fähiger Politiker war, tatsächlich war er wohl der beste seiner Generation. Aber er steuerte nach einem ganz anderen Kompass, als dies Diogenes, Antipatros oder Poseidonios taten.

Um 75 vor Christus wurde Cicero in sein Amt eingeführt und als Steuereintreiber und Verwalter in Sizilien eingesetzt. Die Verwaltungsaufgaben gingen ihm leicht und gekonnt von der Hand, aber im Gegensatz zu den Populisten seiner Zeit blieb er ein Liebhaber der Hochkultur und der Philosophie. Während seines Aufenthalts in Sizilien verfasste er eine schillernde Geschichte über das Aufspüren des Grabes des Archimedes in Syrakus, welches zu dieser Zeit fast anderthalb Jahrhunderte alt und verlassen und überwuchert war. In dem für ihn typischen, eher ichbezogenen Stil lobte sich Cicero für seinen Beitrag bei der Entdeckung des Grabes: »Wie Ihr seht, hätte eine der berühmtesten Städte Griechenlands, in der es einst auch eine bedeutende Schule gegeben hat, keine Kenntnis über das Grab ihres erfindungsreichsten Bürgers erlangt, wenn nicht ein Mann aus Arpinum darauf hingewiesen hätte.«

Wenn Ihnen das aufgeblasen vorkommt, so stellen Sie sich vor, wie es für die Menschen der damaligen Zeit geklungen haben muss.

Sizilien war für Cicero nur eine Zwischenstation und das, was spätere Biographen als seine *Philodoxia* und *Philotimia* – das Streben nach Ruhm und Ehre – bezeichnen sollten, eben das, wovor ihn die Orakel einst gewarnt hatte. Er nahm das Amt an, um Senator werden zu können, was an und für sich schon eine schwindelerregend hohe Ehre für einen Mann war, dessen Familie wenige Generationen zuvor noch nicht einmal die Bürgerrechte besessen hatte. Durch diese Errungenschaft aber keineswegs zufriedengestellt, begann Cicero ohne Umschweife, darüber nachzudenken, wie er weitere Stufen der Karriereleiter erklimmen könnte. Im Jahre 71 vor Christus übernahm er als Ankläger den Fall gegen Verres, den sizilianische Bürger der Erpressung bezichtigten, in der Hoffnung, dass ihm dies den nächsten Schritt seines *cursus honorum* – das, was die Römer als »Amtsleiter«, die die Ehrgeizigen erklimmen, bezeichneten – ermöglichen würde und wurde im Jahre 70 vor Christus in das Amt eines Ädils berufen, der die öffentliche Ordnung regelte und durchsetzte. Cicero führte eine sehr aufwändige, fünfzigtägige Untersuchung durch und kehrte mit einem riesigen Fundus an dokumentarischen Beweisen für die von Verres verübten Verbrechen nach Rom zurück.

Es war ein dramatischer Fall. Verres hatte während seiner drei Jahre in Sizilien die Summe von vierzig Millionen Sesterzen gestohlen, und Cicero hatte den Beweis dafür in der Hand. In seiner Eröffnungsrede sagte er an das Gericht gewandt: »Es ist der Fall dieses Mannes, der darüber entscheiden wird, ob es bei einem Gericht, das sich ausschließlich aus Senatoren zusammensetzt, die über einen sehr reichen und sehr schuldigen Mann zu richten haben, überhaupt zu einer Verurteilung kommen kann. Darüber hinaus ist der Charakter des Gefangenen so beschaffen, dass er sich durch nichts auszeichnet außer seinen ungeheuerlichen Vergehen und seinem immensen Reichtum. Sollte er also freigesprochen werden, so käme hierfür keine andere Erklärung als die schändlichste aller infrage; weder wären ihm gegenüber empfundene Sympathien von Belang noch familiäre Bindungen zu ihm, auch nicht Berichte über Verdienste, die man ihm zubilligen könnte, nein, nicht einmal eine Besserung seines Lebenswandels könnte die große Zahl und die Ungeheuerlichkeit seiner bösartigen Taten mindern.« Cicero wusste, dass die Geschworenen bestochen worden waren, und doch erreichte er irgendwie eine Verurteilung. Und nun, da er das Amt des Ädilen innehatte, hatte er einen Doppelsieg errungen.

Es war ein großer Tag für jene stoische Tugend der Gerechtigkeit – des Anstands und der Wahrheit –, aber war das sein Beweggrund? Ist das überhaupt wichtig?

Das beständigste Thema in Ciceros Leben ist Bewegung – Bewegung nach vorn, Bewegung *nach oben*. Nahezu alles, was er tat, das Gewinnen wichtiger Korruptionsprozesse wie den gegen Verres, hatte mehr als einen Beweggrund. Er tat oft das Richtige, achtete aber immer darauf, was für ihn dabei heraussprang. Es war nicht gerade stoisch, aber es funktionierte.

Seit den Zeiten von Kleanthes und Zenon waren die Stoiker Reichtum und Status gegenüber in der Regel gleichgültig gewesen. So sehr Cicero sie auch respektierte, so wenig war er in der Lage, sich an diese Maxime zu halten. Auf Luxus wollte er nicht verzichten. Er würde ihm nachjagen. Als versierter Anwalt und Politiker beherzigte er lieber erst einmal den Rat des Antipatros, heiratete eine wunderbare und reiche Frau namens Terentia und gründete eine Familie. Dann nutzte er seinen Reichtum – sowohl den ererbten als auch den ehelichen –, um Grundbesitz zu erwerben. Letzten Endes sollte er neun Villen besitzen, neben anderen Immobilieninvestitionen – darunter ein Resort am Meer in Formiae und die wertvollste seiner Villen, in Tusculum, die Sulla selbst gehört hatte. Zusätzlich zum Geld seiner Familie und der Mitgift seiner Frau häufte Cicero ein großes Vermögen mit Mitteln an, die unethisch erscheinen. Kleanthes hatte auf Zenons Anweisung hin die ihm angebotenen Zuwendungen abgelehnt. Marcus Aurelius sollte dasselbe bei allen tun, die ihn in ihren Testamenten bedachten. Cicero hingegen schien von Beruf Sohn zu sein – ein Emporkömmling, der sich in die Anwesen von Menschen schlich, damit sie ihm eines Tages Geld hinterlassen würden.

Gegen Ende seines Lebens zog Cicero eine erstaunliche Bilanz dieser Einkommensquellen: »Tatsächlich geht aus meinen Rechnungsbüchern hervor, dass ich mehr als zwanzig Millionen Sesterze in Form von Vermächtnissen erhalten habe [...] Niemand hat mich jemals zu seinem Erben gemacht, es sei denn, er war ein Freund, sodass jeder Gewinn immer auch mit etwas Kummer verbunden war.« Sein stoischer Lehrer Diodotos war von dieser Praxis offensichtlich nicht allzu sehr abgestoßen, denn auch er hinterließ sein gesamtes Hab und Gut Cicero, als er 60 vor Christus in seinem Haus starb. Dennoch mutet das Ganze sehr seltsam an.

»Wenn du einen Garten und eine Bibliothek besitzt«, schrieb Cicero in einem Brief an einen Freund, während sie über Chrysipp und Diodotos diskutierten, »dann hast du alles, was du je benötigst.« Es lag auf der Hand, dass ein Teil von ihm hiervon nicht vollständig überzeugt war, sich nicht mit einem einfachen, besinnlichen Leben zufriedengeben konnte. Wie viele andere Menschen auch schien er davon überzeugt, dass er ebenfalls Reichtum und Ruhm benötige. Wie viele von uns, die sich nach ähnlichen Dingen sehnen, war ihm nicht ganz klar, was ihn das kosten würde, bis er sie erlangte – aber da war es bereits zu spät.

Und dennoch – trotz all seiner Ambitionen und seiner teuren Vorlieben zog Cicero eine klare Linie gegen die Korruption und bekämpfte sie. Anders als viel zu viele römische Politiker sollte er keine Bestechungsgelder annehmen. Als vortrefflicher und grundehrlicher Beamter weigerte er sich, für seine Dienste Anwaltskosten zu erheben. Natürlich lässt sich dieser Standpunkt leichter vertreten, wenn man Millionen geerbt hat.

Nachdem er als Quästor und dann als Ädil gedient hatte, war das nächsthöhere Amt, das Cicero anstrebte, das des Prätors. Er kandidierte und erlangte das Amt im Jahre 67 vor Christus im Alter von neununddreißig Jahren und – im laut Gesetz niedrigstmöglichen Alter von vierzig Jahren im Jahre 66 vor Christus – bekleidete er es dann auch, was nicht zuletzt auf seine Unterstützung für

Pompeius zurückzuführen war. Auch dies war ein Sprungbrett für die letzte und lukrativste Position, insbesondere als »neuer Mann«: die des Konsuls. Verbunden mit dem Vorsitz des Senats und dem Oberbefehl über die römische Armee, war die Rolle des Konsuls fast ausschließlich den elitärsten Familien Roms vorbehalten. Wie der Historiker Gerard Lavery hervorhebt, wurden während der letzten 150 Jahre der römischen Republik insgesamt nur zehn *novi homines* in das Amt des Konsuls gewählt. Zwischen 93 und 43 vor Christus sollte Cicero der einzige sein.

Ciceros Weg an die Spitze war nicht unumstritten. Er sah sich zwei Rivalen um die Position gegenüber, Catilina und Antonius. Cicero spielte seine Stärken aus und startete eine glühende rhetorische Kampagne gegen »den mörderischen und korrupten« Catilina, indem er den Senat und das Volk vor einem Komplott warnte, das zum Ziel habe, die Republik an sich zu reißen. Dies reichte aus, um das Konsulat zu gewinnen. Aber der Preis sollte hoch sein – ob Catilina zuvor überhaupt Teil eines Komplotts gewesen war, steht zur Debatte, aber nachdem er Opfer von Ciceros Verleumdungen geworden war, war er dazu bereit, das ganze System niederzubrennen, um sich zu rächen.

Cicero trat sein Amt 63 vor Christus inmitten einer Wirtschaftskrise an. Der Zugang zu den östlichen Handelswegen war durch die Feinde Roms abgeschnitten worden. Die Arbeitslosigkeit war hoch. Die Rezession traf alle Gesellschaftsschichten in Rom. Unruhen brauten sich zusammen, wie immer in solchen Zeiten. Cicero versprach *concordia ordinum*, den Zusammenhalt der Klassen. Was er wirklich damit zum Ausdruck bringen wollte, war, dass er den Kessel vor dem Überkochen bewahren könne. Wirkliche Gerechtigkeit konnte für ihn nicht an erster Stelle gestanden haben, auch wenn er ihren Nutzen, ihre *Tugend*, von Poseidonios oder Diodotos gelernt hatte.

Cicero verabschiedete ein Gesetz, durch das die Strafe für Wahlbestechung auf zehn Jahre Exil erhöht wurde – ein gutes Gesetz, so viel ist sicher. Aber tat er dies nur zum Wohle des Volkes? Oder war dies eher ein Schlag gegen seine politischen Feinde? Catilina jedenfalls war überzeugt davon, dass das Gesetz gegen ihn gerichtet war, und schmiedete einen Plan zur Ermordung Ciceros und seiner Verbündeten im Senat. Als ein prominenter Römer dem Senat Briefe übergab, die angeblich Catilinas Plan belegten, berief Cicero den Senat ein und hielt die Rede seines Lebens.

»Wann, oh Catilina«, begann er, »wirst du damit aufhören, unsere Geduld zu missbrauchen? Wie lange noch soll dieser Wahnsinn uns in die Irre führen? Wann hat die schamlose Dreistigkeit, mit der du herumstolzierst, ein Ende? Schande über diese Generation und ihre Prinzipien!«, rief Cicero, als er die Hinrichtung seines Feindes forderte. Catilina, der bei dieser Ansprache im Publikum saß, setzte kleinlaut zu einer Antwort an. Er war einem so brillanten Redner nicht gewachsen. Alles, was er tun konnte, war, sich auf die Standpunkte des römischen Elitismus zurückzuziehen. Er betonte, dass Cicero aus keiner großen Familie stamme. Er stellte die Glaubwürdigkeit des Emporkömmlings infrage.

Es funktionierte nicht. Also floh er zu seiner Armee, die sich in Lauerstellung befand, und bewies damit zweifelsfrei, dass Cicero recht hatte. Catilina war ein Verräter und Aufrührer. Doch wie ernst die Bedrohung tatsächlich war, bleibt ungewiss. Sowohl Zeitgenossen als auch Historiker vermuten, dass Cicero, immer auf der Suche nach mehr Macht und nach dem Rampenlicht, diese angebliche Gefahr für die Nation möglicherweise zu seinem persönlichen Vorteil erheblich übertrieben haben könnte.

Der Senat, auf das Urteil von Cicero vertrauend, verlieh ihm fast diktatorische Vollmachten, um die Bedrohung niederzuschlagen. Cicero selbst und auch die Republik veränderten sich unter dem Druck – wie es vielen Imperien ergeht, die glauben, einer existenziellen Bedrohung ihrer Institutionen ausgesetzt zu sein. Cato, der Stoiker, drängte Cicero, die Verbrecher mit der vollen Härte des Gesetzes zu bestrafen. Dies sei nur gerecht, so sagte er.

Cicero hatte die absolute Macht in seinen Händen. Er zögerte, aber nicht aus moralischen Gründen. Er dachte, wie immer, an seinen Ruf. Seine Frau Terentia erwies sich als unerwartete, aber ausschlaggebende Stimme, indem sie ein Opfer, das einige andere erschreckt hatte, als sicheres Zeichen dafür deutete, dass ihr Ehegatte die ihm verliehene Macht ausüben müsse.

Die Verschwörer wurden auf seinen Befehl hin ohne Gerichtsverfahren hingerichtet, und Tausende weitere Menschen starben in den Reihen der Armeen, die sie unterstützten. Zum Dank sollte ihm der Senat den Titel »Vater seines Landes« verleihen, aber die drastischen Mittel, die er ergriffen hatte, und die Leben der Angehörigen, die von dieser Tat berührt wurden, würden sein restliches Leben – und tatsächlich die gesamte Geschichte – überschatten.

Was von dieser Prüfung unberührt blieb, war Ciceros Wahrnehmung seines eigenen Schicksals und der eigenen Größe. Plutarch berichtet, dass Cicero nur wenige Tage später eine Kampagne lostrat, mit der er seine Leistungen öffentlich aufpolieren wollte. »Man konnte weder an einer Senatssitzung teilnehmen«, schrieb Plutarch, »noch an einer öffentlichen Sitzung, noch an Gerichtssitzungen, ohne den endlosen Wiederholungen zuhören zu müssen [...] Diese unangenehme Angewohnheit haftete ihm an wie ein böses Verhängnis.« Keine Anerkennung, kein Lob war je genug.

Cicero hielt das, was er für seine eigene Herrlichkeit hielt, auch schriftlich fest. Er versuchte, Poseidonios dazu zu bewegen, über sein Konsulat in seinem großen zweiundfünfzigbändigen Geschichtswerk zu berichten. Als Poseidonios ablehnte, schrieb Cicero im Jahre 62 vor Christus einen Brief »vom Umfang eines Buches« an Pompeius, das seine eigenen Leistungen zum Thema hatte. Pompeius nahm dies mit nicht mehr als einem Achselzucken zur Kenntnis. Cicero ließ sich nicht beirren – er war fest überzeugt davon, das Land gerettet zu haben. Die Geschichte, so dachte er, stehe in seiner Schuld.

Der Historiker H. J. Haskell fängt die Widersprüche in Ciceros Charakter gut ein. Er war begabt, er war brillant, er war durchdrungen von den weisesten Philosophien aller Schulen, und doch »war er zu dünnhäutig, zu eitel, zu sehr von persönlichen Gefühlen beherrscht, zu offen für äußerliche Eindrücke, um ein großer Staatsmann zu werden. Zuweilen neigte er dazu, verschiedene Standpunkte bei öffentlichen Fragen zu sehr zu verinnerlichen, um sich entscheiden, alle Zweifel ausräumen und die Sache vorwärtstreiben zu können. Bei anderen Gelegenheiten, wenn sich sein Hass verfestigt hatte – und er war ein erbitterter Hasser –, entschied er ohne Rücksicht auf Verluste«.

Cicero wusste um die Warnungen der Stoiker vor den *Leidenschaften*, arbeitete aber wenig daran, seine eigenen zu zügeln. Und so kamen diese immer wieder zu ihm zurück, um eben jenes Leid zu verursachen, vor dem die Stoiker *seit den Tagen Zenons* gewarnt hatten.

Wie die Figuren in den Schriften von Poseidonios sollte Cicero fast all das bekommen, was er begehrte – und es bereuen.

Ciceros Konsulat sowie ein flüchtiger Moment des Krisenmanagements sollten die Höhepunkte seines Lebens bleiben. Von da an sollte es nur noch aus einer endlosen Aneinanderreihung von Rückschritten bestehen. Das Land entwickelte sich weiter, und wie das Orakel vorausgesagt hatte, war die Dankbarkeit der

Menge nicht von Dauer. Caesar, Pompeius und Crassus sollten im Jahre 60 vor Christus ihr Triumvirat bilden, wodurch sich Cicero plötzlich einer Reihe von Feinden gegenübersah. Der nächste Konsul wandte sich 58 vor Christus offen gegen Cicero und erwirkte eine Ächtung gegen ihn, weil er Bürger ohne Prozess zum Tode verurteilt hatte. Cicero musste aus Rom ins Exil fliehen, und sein Besitz wurde zerstört.

Seneca stellte fest, wie schnell Zeit und Schicksal Cicero »all das antaten, was Catilina ihm angetan hätte, wäre er siegreich gewesen«. Tatsächlich wurde seine Verbannung nur ein Jahr später aufgehoben, aber dennoch war die Veränderung – oder der Verfall – zu spüren.

Cicero hielt sich größtenteils von der Stadt fern. Er wandte sich, so oft er konnte, wieder dem Schreiben und der Philosophie zu. Er grübelte über den Büchern in der Bibliothek von Faustus Sulla in der Nähe seiner Villa in Cumae, die einst das Haus des stoischen Lehrers Blossius gewesen war. Er arbeitete an einem Buch namens *Über den Redner* (56 vor Christus), in dem er Catos Gebrauch der Rhetorik mit dem von Rutilius Rufus verglich und aufzeigte, wie Rufus' Entscheidung, seine stoische Wortkargheit gegenüber seinen Anklägern beizubehalten, genau in dem Moment zu seinem Scheitern führte, als eine gute Rhetorik ihn hätte retten können. Besorgt um die Zukunft Roms verfasste er zwei Werke, *Der Staat* und *Über die Gesetze*, die sich auf die Stoiker Diogenes von Babylon und Panaitios stützten.

Für viele Historiker und sogar heutige Leser ließ er allerdings das vermissen, was eigentlich auf der Hand lag: eine Schilderung des *Lebens,* das diese Figuren gelebt hatten. Den Büchern fehlte der rote Faden, der sich durch das Leben dieser vier Stoiker zog. Charaktere. Hingabe. Bestimmung.

Im Jahre 51 vor Christus wurde Cicero die Gouverneurswürde von Kilikien verliehen – eine Position fernab von den Auseinandersetzungen der römischen Politik –, die ihm dabei half, seinen guten Ruf wieder herzustellen. Tatsächlich aber war es nur eine kurze Atempause vor dem Chaos, das das Schicksal für ihn und für Rom bereithielt.

Cicero schrieb einmal, dass aller Dinge Anfang klein sei. Er sollte in diesen wenigen Jahren auch feststellen, dass deren Ende überraschend und schnell sein kann. Im Frühling des Jahres 49 vor Christus sollte Caesar – Ciceros ehemaliger Freund und Standesgenosse – den Rubikon überqueren. Caesars Ehrgeiz brannte weniger heiß als der von Cicero, weniger selbstherrlich, dafür aber weitaus aggressiver und unbeugsamer. Außerdem wurde er durch den Reichtum unterstützt, den seine unübertroffene und bei ihren Gegnern zutiefst gefürchtete Armee in Gallien eroberte. Es folgte ein Bürgerkrieg. Im September 48 vor Christus sollte Pompeius – den Cicero in seiner ersten großen politischen Rede gelobt hatte und den sein Lehrer Poseidonios über die Tugenden zu belehren versucht hatte – sterben.

Wer konnte Caesar jetzt noch aufhalten? Man sollte meinen, dass dies der entscheidende Moment für einen solchen Philosophiestudenten und Meisterredner wie Cicero sein würde – wenn für einen Mann die Zeit gekommen ist, seinem Schicksal zu begegnen. Aber Cicero war nicht darauf vorbereitet. Wir können, mit der vorteilhaften Perspektive des Rückblicks ausgestattet, im Nachhinein erkennen, dass er seine Energie auf die falsche Krise verschwendet hat. Im festen Glauben, mit der Verschwörung des Catilina sei sein Zeitpunkt gekommen, seine Rolle in der Geschichte zu spielen, hatte er sich zu früh festgelegt und festgefahren. Er erlangte dadurch Ruhm, aber es war ein Pyrrhussieg.

Nun hing das Schicksal der Republik am seidenen Faden. Nie zuvor waren Ciceros Talente – seine Fähigkeit zu überzeugen, die Menge zu bewegen, eine Geschichte zu erzählen, die die Menschen auf die Barrikaden treiben konnte – nötiger, aber er war außerstande, ein Publikum zu versammeln, das ihm zugehört hätte. Er war ohnmächtig, besaß keine Macht. Ausgebrannt, wie er war, konnte er nichts tun.

Oder war er ein Feigling? Als man ihm ein Truppenkommando für die republikanische Sache anbot, lehnte er es unerklärlicherweise ab.

Allein Cato – der Stoiker, der weniger über seine Überzeugungen schrieb, sie aber *lebte* – war bereit, zu kämpfen. Aber es reichte nicht aus. Um 46 vor Christus, während Caesars Stern aufzusteigen begann, beging Cato in Utica Selbstmord und wurde für immer ein Märtyrer für die Sache der Republikaner. Cicero hielt eine Nachrede auf ihn und versuchte, die Macht dieses Stoikers, den er sowohl bewunderte als auch verurteilte, dessen Engagement für Prinzipien ihm aber fehlte, in Worte zu fassen. Zusammen mit dem Rest Roms war er bereit, sich dem Kaiser zu fügen und »das Zaumzeug zu akzeptieren«, wie Plutarch es ausdrückte.

Ciceros Trauerrede auf Cato ist ein Beleg hierfür – obwohl nur fünfzig Worte des Tributs überliefert sind, wissen wir, dass er sich aus Angst, Caesar und Caesars Anhänger zu verärgern, selbst zensiert hat. Sowohl für Cato als auch für Cicero war wichtig, was richtig war – aber Cicero kümmerte sich ein wenig mehr um sich selbst. Cato glaubte an die Tapferkeit. Cicero hingegen glaubte an das Überleben.

Die Entscheidung verschaffte Cicero einige zusätzliche Lebensjahre, aber die Stoiker sollten fragen – so wie wir Kompromisse, die dem Selbsterhalt dienen, hinterfragen sollten: »Zu welchem Preis?«

Das einzig Positive an Ciceros Kapitulation und seinem Schönwetter-Engagement in Sachen Philosophie ist, dass er dadurch, dass er weiterlebte, weiter schreiben und so als eine Art Brücke zwischen dem griechischen und lateinischen philosophischen Denken, insbesondere im Bereich der Ethik, fungieren konnte. Und ging es um Ethik, so waren für ihn in der gesamten griechischen und lateinischen Literatur die Stoiker die beste Quelle. Am Ende waren es nicht die Errungenschaften öffentlicher Ämter, die Cicero zu Ruhm verhalfen, oder die Art und Weise, wie er sein Leben lebte, sondern das, was er in Schriftform festhielt – die Weisheit der Stoiker, die so bis in unsere Zeit hinein Bestand haben sollte.

Im Jahre 46 vor Christus veröffentlichte Cicero *Paradoxa Stoicorum* (*Stoische Paradoxa*), die er Marcus Brutus widmete, der den Stoikern selbst stark zugeneigt war. In dem, was eher eine rhetorische Übung als eine ernsthafte philosophische Abhandlung war, untersuchte er sechs der wichtigsten stoischen Paradoxien:

- dass Tugend das einzige Gut ist;
- dass sie zum Glücklichsein ausreicht;
- dass alle Tugenden und Laster gleich sind;
- dass alle Narren verrückt sind;
- dass nur der Weise wirklich frei ist;
- dass allein der Weise reich ist.

Dies waren keine Paradoxa im logischen Sinne, nur insofern, als sie dem gesunden Menschenverstand zuwiderliefen. Es war eigentlich die Kontraintuitivität dieser Ideen, auf die sich die Stoiker stützten, um die Aufmerksamkeit der Menschen zu erregen: Wie kann die Tugend das einzige Gut sein, wenn wir doch Gesundheit und Geld zum Leben benötigen? Ist eine Lüge wirklich genauso schlimm, wie jemanden zu töten? Viele Philosophen sind sichtlich arm; wie können sie dann reich sein? Die Möglichkeiten für Diskussionen, für Gegenbeispiele, für Aha-Momente waren endlos – und Cicero liebte es, mit den Vorgaben von Zenon, Kleanthes, Ariston und allen anderen zu spielen.

Ironischerweise kam das, was Cicero in der Politik schadete – sein riesiger Ehrgeiz, sein Wankelmut, sein Wunsch, anderen zu gefallen –, ihm bei der selbsternannten Aufgabe, immer als Erster beredt und ausführlich über die griechische Philosophie in lateinischer Sprache berichten zu können, in höchstem Maße entgegen. Während er einerseits von der Strenge und Präzision der Stoiker und ihrem weit entwickelten ethischen Denken angezogen wurde, liebäugelte er andererseits mit der akademischen/platonischen Schule, mit ihrer skeptischen Methode und ihrem Beharren darauf, jede Seite jeder Frage erörtern zu wollen.

In seiner Rolle als Akademiker ermöglichte es ihm sein Opportunismus, große Literatur zu produzieren, ebenso wie seine Vortragskunst und die Fähigkeit, Ideen weiterzuentwickeln, an die er eigentlich nicht glaubte. Er war ein bisschen wie Karneades, der stellvertretend für alle Teilnehmer einer Diskussion argumentierte. Diese Angewohnheit, die die Menschen um ihn herum zur Weißglut brachte, bewahrte uns zweifellos viele unterschiedliche Quellen, sodass wir uns auch heute noch an ihnen erfreuen können. Es war großartige Literatur, voll von Ideen, die die Welt prägen sollten. Der heilige Hieronymus sollte sich später darüber sorgen, dass er die Werke Ciceros mehr liebte als die Bibel. Der heilige Augustinus wurde zur Philosophie bekehrt, als er Ciceros heute verlorenes Werk, den philosophischen Dialog *Hortensius,* las. Seneca und andere Stoiker lasen seine Werke mit großem

Interesse. Aber als Mensch, als Führungspersönlichkeit, war seine Mentalität, sich alle Möglichkeiten offenzuhalten, ein schändlicher Fehler.

Schließlich wurde die Rechnung aus Letzterem fällig. Die letzten Lebensjahre Ciceros waren ein Wettlauf mit der Zeit. Er schrieb und versuchte, den Schicksalsschlägen zu entgehen. Mit Ausnahme von *De Inventione*, einem Buch über Rhetorik, das er im Alter von etwa zwanzig Jahren verfasst hatte, wurden all seine wichtigsten Bücher in einem Zeitraum von nur zwölf Jahren zwischen 56 vor Christus und 44 vor Christus geschrieben, der Großteil hiervon zwischen 46 und 44 vor Christus

Hätte sich Cicero ausschließlich seinen Büchern gewidmet, so würden wir ihn heute vielleicht bewundern. Plutarch berichtet, dass er es sich zur Aufgabe gemacht hatte, Rom zu besuchen und Caesar seine Ehrerbietung zu erweisen, und ihn sogar mit Auszeichnungen würdigte. Als Caesar eine zerstörte Statue seines eigenen Rivalen Pompeius wiederaufbaute, war Cicero da, um ihm zu schmeicheln, geradewegs so, wie er selbst sich immer geschmeichelt fühlen wollte. *Durch den Wiederaufbau dieser Statuen des Pompeius,* sabberte Cicero, *hast du die deinen auf feste Sockel gestellt.*

Cato, der Märtyrer, dessen Körper noch frisch im Grab lag – gleich dem des Pompeius –, wäre unmittelbar übel geworden, wäre er vor Ort gewesen.

Im Jahre 45 vor Christus starb Ciceros geliebte Tochter Tullia. Hierbei hätte ihm der Stoizismus möglicherweise eine große Hilfe sein können, wie er einige Jahre später seinem Freund Brutus bei dessen eigenem tragischen Verlust raten würde. Stattdessen, ohne etwas, worauf er hätte zurückgreifen können, was ihn hätte beruhigen können, außer den Ideen in seinen Büchern und seine halbherzigen Ambitionen, blieb er leer und gebrochen zurück. Seine Karriere schien beendet. Sein Leben zerfiel.

So fuhr Cicero damit fort, über die Philosophie zu schreiben, sie aber nicht zu leben. Er schrieb weiterhin über den Stoizismus, lehnte es aber ab, sich irgendetwas davon zu Herzen zu nehmen. In gewisser Weise sollte dies einer seiner wichtigsten Beiträge zur Philosophie sein. Indem er die Lehren, die er von Zenon, Chrysipp und sogar von stoischen Zeitgenossen, über die er schrieb, wie Rutilius Rufus und Cato, überlieferte, selbst verfehlte, bewies er ihre große Bedeutung. Er war wie Diotimos, er zeigte uns, was wir *nicht* tun sollten.

Cicero widmete seinem Freund Brutus sein Buch *Gespräche in Tusculum*, und im Jahre 45 vor Christus sollte Brutus seinerseits sein vom Stoizismus inspiriertes Buch *Über die Tugend* schreiben, das er Cicero widmete.

Im Gegensatz zu Cicero war Brutus nicht nur ein Dilettant. Wie Cato, wie ein echter Philosoph, war er bereit, alles zu riskieren, um das Land, das er liebte, zu retten: Er wollte Julius Caesar ermorden, den jetzigen Diktator der einstigen Republik, die Cicero und Brutus geliebt hatten. Als Brutus, Cassius und die anderen Verschwörer ihr Komplott zur Ermordung Caesars jedoch ausheckten, weihten sie Cicero nicht ein. Sie glaubten, er sei zu nervös und zu unzuverlässig; sie hielten es für zu wahrscheinlich, dass er die Verschwörung hinterfragen oder versuchen würde, sie zu untergraben, absichtlich oder unabsichtlich. Kurz gesagt: Wenn es darauf ankam, konnte man sich auf Cicero nicht verlassen. Er war nicht stoisch genug. Shakespeare stellt es so dar:

> CASSIUS
> Doch wie mit Cicero? Forscht man ihn aus?
> Ich denk', er wird sehr eifrig für uns sein.

BRUTUS
O nennt ihn nicht! Laßt uns ihm nichts eröffnen:
Denn niemals tritt er einer Sache bei,
Wenn andre sie erdacht.*

Sie befürchteten, dass es ihrem Freund an Mut mangeln und dass sein Ego sie zurückhalten würde. Die Geschichte sollte ihnen recht geben. Fast unmittelbar nach Caesars Tod begann Cicero, die Lorbeeren für die Tat der anderen Männer zu ernten, indem er behauptete, Brutus habe seinen Namen gerufen, als er den Dolch niedersausen ließ.

Wie Cicero in einer Rede erklären sollte: »Nun, warum gerade ich? Weil ich Bescheid wusste? Möglicherweise war der Grund, warum [Brutus] meinen Namen rief, eben jener: nach einer Tat, die meiner eigenen ebenbürtig war, rief er meinen Namen und keinen anderen, um zu bezeugen, dass er nun mein Rivale im Ruhme geworden war.«

Ein Ende ist immer auch ein Anfang, würde Cicero sagen, und so verhielt es sich auch mit seinem eigenen Leben. Sein Bedürfnis nach Ruhm, seine Neigung, seine Fahne mit dem Wind zu drehen, sollte ihn bis ans Ende verfolgen. In Caesars Kielwasser erhoben sich der junge Octavian und Marcus Antonius. Cicero wählte erneut die falsche Seite und lehnte es schroff ab, in dem von ihm mitverursachten Bürgerkrieg zu dienen.

Ciceros letztes Werk sollte überraschenderweise Pflicht zum Thema haben. Er war nie ein Mann gewesen, bei dessen Karrie-

---

* William Shakespeare: *Sämtliche Werke in vier Bänden.* Band 4, Herausgegeben von Anselm Schlösser. Berlin: Aufbau, 1975; Die vorliegende Übersetzung stammt von August Wilhelm Schlegel. Erstdruck in: *Shakspeare's dramatische Werke.* Übersetzt von August Wilhelm Schlegel, Bd. 2, Berlin (Johann Friedrich Unger) 1797.

re es um Pflicht ging. Ruhm, Ehre, Zweifler widerlegen – das waren seine Antriebe gewesen. Als aber sein einundzwanzigjähriger Sohn Marcus eben das erste Jahr seiner philosophischen Ausbildung in Athen abgeschlossen hatte, wollte Cicero seinem Jungen vielleicht einen stärkeren Sinn für tugendhafte Ziele einflößen, als er ihn selbst hatte. Das Werk schickt voraus, dass Marcus, wie Herkules am Scheideweg, vom Laster umworben wird und Gefahr läuft, den Weg der Tugend zu verlassen. Als Entgegnung knüpft Cicero an die stoischen Verdienste von Diogenes, Antipatros, Panaitios (vor allem) und Poseidonios an, um nicht nur die stoische Theorie der Ethik darzulegen, sondern darüber hinaus seinem eigensinnigen Sohn die praktischen Verhaltensmaßregeln mit auf den Weg zu geben, die er benötigen würde, um auf dem Pfad der Tugend zu bleiben.

In der Widmung des Werkes schrieb er an Marcus:

> Obwohl die Philosophie viele Probleme für uns bereithält, sowohl wichtige als auch nützliche, die von Philosophen ausführlich und sorgfältig diskutiert wurden, scheinen jene Lehren, die zum Thema moralische Pflichten überliefert wurden, die breiteste praktische Anwendung zu finden. Denn keine Lebensphase, ob öffentlich oder privat, ob geschäftlich oder zu Hause, ob man an etwas arbeitet, was nur einen selbst betrifft, oder ob es mit anderen zu tun hat, ist ohne ihre moralischen Pflichten; von der Erfüllung solcher Pflichten hängt all das ab, was moralisch richtig ist, und von ihrer Vernachlässigung hingegen all das, was moralisch falsch ist im Leben.

Dies sind gut formulierte Worte, wie fast alles, was Cicero schrieb. Was sie aber völlig vermissen lassen, ist ein persönlicher Bezug.

Am Ende sollte es Ciceros Liebe zur Rhetorik sein, die sein persönliches Schicksal besiegelte. Er hatte Rutilius Rufus für seine Wortkargheit im Angesicht seiner Ankläger getadelt und vermutet, dass ihn die Rhetorik vielleicht gerettet hätte. Doch während der Jahre 44 bis 43 vor Christus, brachte sich Cicero selbst um Kopf und Kragen, indem er vierzehn Reden gegen Marcus Antonius, einen der Erben der Macht Caesars, hielt.

Es wäre eine Sache gewesen, hätte Cicero genau wie Cato Exzesse und Brutalität, wo immer sie ihm begegneten, einfach verurteilt. Stattdessen aber waren seine *Philippischen Reden*, wie sie jetzt genannt werden, nur ein politischer Schachzug, um Marcus Antonius und Octavian, den Neffen Cäsars, beide ausgestattet mit sehr ähnlichen Autoritäten, gegeneinander auszuspielen. Und wenn man seinen vollmundigen Vergleich seiner eigenen Reden mit denen von Demosthenes mehr als zweihundert Jahre zuvor betrachtet, wird klar, dass er wieder einmal vielmehr durch das Rampenlicht als durch die Wahrheit motiviert war.

Diese Ausführungen waren sein Verderben. Obwohl Caesar ein Tyrann war, hatte er immer Nachsicht und Sinn für Humor bewiesen – und Liebe zur Kunst der Rhetorik. Marcus Antonius aber besaß keine solche Sanftmut. Das Zweite Triumvirat debattierte mehrere Tage lang über Ciceros Schicksal, enthielt ihm eine ordentliche Gerichtsverhandlung vor, so, wie er es viele Jahre zuvor bei seinen Feinden gemacht hatte – und sprach dann das Urteil: Tod.

Erst versuchte Cicero zu fliehen. Dann zauderte er und kehrte zurück. Er erwog einen dramatischen Selbstmord wie Cato, schauderte aber bei dem Gedanken an so etwas Endgültiges und quälte sich anschließend weiter.

Cicero hatte lange Zeit große Reden geschwungen. Er hatte über Pflichten geschrieben; er hatte die großen Männer der

Geschichte bewundert. Er hatte in seinem Leben viel erreicht. Er hatte Herrenhäuser und Ehrungen angesammelt. Er hatte alle wichtigen Schulen besucht. Er hatte die richtigen Positionen innegehabt. Er hatte dafür gesorgt, dass sein Name so berühmt wurde, dass sich niemand je wieder um seine niedere Herkunft scheren würde. Er war nicht einfach nur ein *neuer* Mann, er war – eine Zeit lang – *der* Mann schlechthin.

Aber er war dafür viele Kompromisse eingegangen. Er hatte die strengeren Regeln des Stoizismus ignoriert – diejenigen über Selbstdisziplin und Mäßigung (wie sein pummeliges Gesicht bewies), die Pflichten und die Verpflichtungen. Er hatte – dem Orakel zum Trotz – sein Gewissen außer Acht gelassen und den Jubel der Menge gesucht. Hätte er die Lehren von Poseidonios und Zenon mehr beherzigt, so wäre sein Leben vielleicht nicht anders verlaufen, aber er wäre standhafter gewesen. Er wäre stärker gewesen.

Nun, als es darauf ankam, fand er weder in sich noch in seiner persönlichen Schönwetterphilosophie etwas, das ihm in diesem Moment dabei hätte helfen können, dem grausamen Schicksal, auf das er zusteuerte, die Stirn zu bieten. Er konnte sich nicht auf sein inneres Bollwerk verlassen, wie unzählige Stoiker es im Antlitz des Todes getan hatten, weil er keines errichtet hatte, solange er die Gelegenheit dazu gehabt hatte.

Alles, was Cicero tun konnte, war, auf Gnade zu hoffen. Sie wurde ihm nicht gewährt. Erschöpft, wie ein gejagtes Tier, gab er den Kampf auf und wartete auf den tödlichen Schlag. Die Attentäter holten ihn auf einer Straße zwischen Neapel und Rom ein.

Er wurde enthauptet und sein Kopf, seine Hände und seine Zunge alsbald aufgespießt und im Forum und im Haus von Marcus Antonius ausgestellt.

»Cicero ist tot.«

So stellte Shakespeare den plötzlichen Sturz dieses großen Mannes dar. Er war abrupt, grausam und endgültig.

Einer von Caesars Soldaten, Gaius Asinius Pollio, sollte eines der aufschlussreichsten Epitaphe für Cicero schreiben:

> Hätte er doch Wohlstand mit mehr Selbstbeherrschung und Widrigkeiten mit mehr Standhaftigkeit ertragen können […] Er machte sich mehr Feinde, als er bekämpfen konnte.

In der Tat.

CATO DER JÜNGERE, ROMS EISERNER MANN

* 95 v. Chr.
† 46 v. Chr.

aus Rom

Alle paar Generationen – oder vielleicht sogar nur alle paar Jahrhunderte – wird ein Mensch mit einer eisernen Beschaffenheit geboren, die aus härterem Stoff besteht als selbst die härtesten seiner Zeitgenossen. Solche Menschen lernen wir dann in Mythen und Legenden kennen.

Mein Gott, so denken wir, wie haben sie das gemacht? Woher kam diese Kraft? Werden wir jemals so einen Menschen kennenlernen?

Marcus Porcius Cato war ein solcher Mann. Sogar zu seiner Zeit lautete ein geläufiger Ausdruck: »Wir können nicht alle Catos sein.«

Diese Überlegenheit lag ihm fast im Blut. Er wurde 95 vor Christus in eine Familie hineingeboren, die trotz ihrer frühen plebejischen Ursprünge durch seine Geburt fest in der römischen Aristokratie verankert war. Sein Urgroßvater, Cato der Ältere, hatte seine Karriere als Militärtribun begonnen und war 195 vor Christus zunächst zum Quästor, dann zum Ädil und Prätor bis hin zum Konsul aufgestiegen, während er gleichzeitig ein Vermögen in der Landwirtschaft verdiente und sich einen Namen machte, indem er für die Bräuche seiner Vorfahren (*mos maiorum*) gegen die modernisierenden Einflüsse eines aufsteigenden Reiches kämpfte. Ironischerweise war der für Cato wichtigste Einfluss, gegen den sein Urgroßvater mit seinem konservativen Eifer am schärfsten angekämpft hatte, die Philosophie. Schließlich war es Cato der Ältere gewesen, der 155 vor Christus die athenischen Philosophen, die sich wegen Diogenes' diplomatischer Mission in Rom aufhielten, aus der Stadt werfen wollte.

Wie perfekt war es doch, dass sein Urenkel, als Cato der Jüngere bekannt, ein berühmter Philosoph werden würde, obwohl wir beachten sollten, dass Cato der Jüngere kein Karneades oder Chrysipp war. Sein Mittel war nicht die kluge Dialektik. Er war aus einem anderen Holz geschnitzt als selbst ein Genie wie Poseidonios. Fast jeder Stoiker davor und danach war zumindest zum Teil berühmt für das, was er sagte und schrieb. Einzig und allein Cato erlangte seinen überragenden Ruhm nicht aufgrund seiner Worte, sondern aufgrund dessen, was er tat und was er war. Nur auf den Seiten seines Lebens legte er seine Überzeugungen als Denkmal für alle Zeiten nieder und verdiente sich damit mehr Ruhm als jeder seiner Vorfahren oder seine philosophischen Einflüsse.

Nicht, dass man das anfangs erwartet hätte. Wie bei Kleanthes vor ihm und Winston Churchill fast zweitausend Jahre nach ihm war Catos frühe Schulzeit nicht sonderlich beeindruckend. Sein Tutor Sarpedon empfand ihn als gehorsam und fleißig, dachte aber, er sei »schwer von Begriff und langsam«. Hier und da blitzte jedoch auch Brillanz auf – das, was Cato verstand, blieb in seinem Kopf hängen, als wäre es in Stein gemeißelt worden. Er wirkte verstörend – nicht durch sein Verhalten (man kann sich nur schwer vorstellen, dass dieser disziplinierte Junge sich jemals danebenbenehmen würde), sondern durch sein herrisches und anstrengendes Auftreten. Er verlangte für jede Aufgabe, die ihm übertragen wurde, eine Erklärung, und glücklicherweise entschied sich sein Tutor dafür, diese Hingabe zur Logik zu fördern, anstatt sie aus seinem jungen Schützling herauszuprügeln.

Physische Gewalt hätte bei Cato ohnehin nie funktioniert. Es gibt eine Geschichte über einen mächtigen Soldaten, der zu Catos Haus kam, als dieser noch ein Kind war, um sich über ein Problem mit seiner Bürgerschaft zu beschweren. Als der entschlossene Soldat Cato bat, seine Angelegenheit mit dessen Onkel besprechen zu können, der sowohl als sein Beschützer als auch als Tribun des Pöbels diente, ignorierte Cato ihn. Der Soldat, dem Catos mangelnde Ehrerbietung missfiel, versuchte, ihm Angst einzujagen. Cato, erst vier Jahre alt, starrte ungerührt zurück. Als Nächstes hielt ihn der Soldat an den Füßen über ein Balkongeländer. Cato hatte nicht nur keine Angst, er sagte auch kein Wort und zuckte mit keiner Wimper. Als der Soldat merkte, dass er geschlagen worden war, setzte er den Jungen ab und sagte, wenn Rom von solchen Männern erfüllt wäre, so könnte er niemanden überzeugen. Für Cato war es die erste Schlacht des politischen Willens von den vielen, die er im Laufe seines Lebens ausfechten würde, und auch eine Vorschau darauf, wie weit seine frustrierten Gegner gehen müssten, wenn sie ihn jemals besiegen wollten.

Es liegt auf der Hand, dass hinter dieser Entschlossenheit auch ein intensives, beinahe radikales Engagement für Gerechtigkeit und Freiheit stand. Cato duldete kein Mobbing, nicht einmal beim Spielen in seiner Kindheit, und schützte jüngere Jungen vor älteren. Nachdem er einmal das Haus von Sulla besucht hatte, fragte Cato seinen Lehrer, warum so viele Menschen dort gewesen seien, um ihn zu ehren und ihm Gefälligkeiten anzubieten – sei Sulla wirklich so beliebt? Sarpedon erklärte, dass Sulla diese Ehrungen nicht erhielt, weil er geliebt wurde, sondern weil man ihn *fürchtete*. »Warum haben Sie mir dann nicht ein Schwert gegeben«, sagte Cato, »damit ich mein Land von der Sklaverei hätte befreien können?«

Es war wahrscheinlich diese Heftigkeit – und ein Wesen, das Plutarch als »unerbittlich« bezeichnete –, die Sarpedon dazu veranlasste, Cato in den Stoizismus einzuführen, in der Hoffnung, dies würde dem Jungen helfen, seine Wut und seinen Gerechtigkeitssinn richtig zu kanalisieren. Jahrhunderte später sprach George Washington, inspiriert von einem Stück über Cato – tatsächlich auch von ihm stehlend –, oft von der Arbeit, die erforderlich sei, um die Intrigen der Politik und die Schwierigkeiten des Lebens »im sanften Licht der milden Philosophie« zu betrachten. Washington, der mit dem gleichen feurigen Temperament geboren worden war, wusste, wie wichtig es ist, seine Leidenschaften einer unerschütterlichen geistigen Verfassung unterzuordnen.

Die meisten willensstarken Führungspersönlichkeiten haben ein reizbares Temperament. Nur den wirklich Großen gelingt es, dieses mit dem gleichen Mut und der gleichen Kontrolle zu bezwingen, mit der sie alle Hürden des Lebens bewältigen.

Cato studierte bei Antipatros von Tyros, der ihm die Grundlagen des Stoizismus beibrachte. Doch im Gegensatz zu vielen Stoikern seiner Zeit studierte der junge Cato nicht nur Philosophie, sondern auch die Redekunst. Rutilius Rufus war zu seiner eigenen Verteidigung still geblieben – das würde bei Cato niemals der Fall sein. Dennoch machte er seinen Urgroßvater mit seiner Umsicht und Direktheit stolz.

»Ich spreche erst dann«, erklärte Cato einmal, »wenn ich sicher bin, dass das, was ich sagen werde, nicht besser ungesagt bleibt.«

Als Cato sich entschied, sein Schweigen zu brechen, war er unwiderstehlich. »Cato praktizierte die Art von öffentlicher Rede, die in der Lage ist, die Massen zu bewegen«, erzählt Plutarch. Die Wut und der Zorn, die Sarpedon beunruhigt hatten, wurden durch seine Ausbildung in stoischer Philosophie und Rhetorik in ein glühendes Eintreten für Gerechtigkeit kanalisiert, das als prägendes Merkmal seines persönlichen und politischen Charakters hervorstechen sollte. Wie Plutarch es ausdrückte: »Vor allem übte er die Form der Güte aus, die in einer unnachgiebigen Gerechtigkeit besteht, die sich weder Gnade noch Gunst beugt«. Ausgestattet mit einem entschlossenen und furchtlosen Charakter, stoischen ethischen Prinzipien und einem herausragenden Geschick in öffentlichen Vorträgen, sollte Cato zu einer beeindruckenden politischen Figur werden – und zwar zu einer seltenen, da alle wussten, dass seine Stimme niemals gekauft werden könne.

Doch bevor er sich als Politiker einen Namen machte, war Cato Soldat. Im Jahre 72 vor Christus meldete er sich freiwillig zum Dienst im Dritten Sklavenkrieg gegen Spartacus. Seiner Ansicht nach wäre es gewissenlos gewesen, jemand anderen an seiner Stelle dienen zu lassen. Für Cato waren es die *Taten*, die Opfer, die man zu bringen bereit war – vor allem mit Waffen in der Hand, um sein Land zu verteidigen –, die jemanden zum Philosophen machten. Und so war er in diesem Krieg, wie auch in den anderen Schlachten, die er schlug, furchtlos und engagiert, wozu seiner Ansicht nach jeder Bürger verpflichtet sei.

Frisch zurück aus diesem Schmelztiegel, war er 68 vor Christus, im Alter von siebenundzwanzig Jahren, bereit, sich für das Militärtribunal zu bewerben – für dieselbe Position, in der sein Vater vor ihm gedient hatte. Tatsächlich wurde die Basilica Porcia, das öffentliche Forum, in dem die Tribunen ihre Geschäfte abwickelten, nach ihrem Erbauer, seinem Urgroßvater Marcus Porcius Cato, benannt. Von der Achtung vor diesem Erbe erfüllt und immer zutiefst dem verpflichtet, was er für *anständig* hielt, war Cato der einzige Kandidat, der sich tatsächlich an die Werbeeinschränkungen und Wahlkampfgesetze hielt.

Korruption mag in Rom weit verbreitet gewesen sein, aber Cato machte sich nie das Argument zu eigen, dass »alle anderen es schließlich auch tun«. Diese Strategie brachte ihm Respekt ein – zumindest hob sie ihn aus der Masse hervor. Plutarch berichtete: »Die Unnachgiebigkeit in seiner Gesinnung und dass er seinen Charakter an dieser ausrichtete, verlieh seiner Strenge eine lächelnde Liebenswürdigkeit, die die Herzen der Menschen gewann.«

Das traf auch auf die Truppen zu, die er in den folgenden drei Jahren befehligte. In dieser Zeit führte sein Militärdienst ihn quer durch das Römische Reich bis in die Provinzen. Einige glaubten, Besuche an diesen exotischen Orten könnten den Mann etwas weicher werden lassen – oder den eisernen Griff um sich selbst lockern –, aber sie irrten sich. Und das ist zum Teil der Grund, warum er so beliebt war – weil er sich wie ein gewöhnlicher Soldat benahm.

Obwohl er zunächst als großes Abenteuer begann, sollte der Krieg Cato schon bald das Herz brechen. Im Jahre 67 vor Christus erfuhr er durch einen Brief, dass sein geliebter Bruder Caepio krank war. Cato und Caepio waren schon immer verschieden gewesen, so liebte Caepio Luxusgüter und Parfüms, die Cato sich niemals erlaubt hätte. Aber manchmal schaut man über einiges hinweg, wenn es um den eigenen Bruder geht. Cato ging noch weiter – er *vergötterte* Caepio, und als er hörte, dass er dem Tode nahe war, eilte er zu ihm, wobei er in einem winzigen Boot mit dem einzigen Kapitän, den er überzeugen konnte, ihn mitzunehmen, der wilden und gefährlichen See trotzte, die ihn beinahe tötete.

Das Leben ist nicht immer fair, und es interessiert sich nicht für unsere Gefühle und unsere Pläne. Cato hatte diese Weisheit in unzähliger Form in den philosophischen Büchern, die er liebte, gelesen, doch als er nach dieser gefährlichen Reise in Thrakien landete, musste er feststellen, dass er den Tod seines Bruders um Stunden verpasst hatte. Es war ein vernichtender Schlag, und Cato trauerte beinahe ohne jede Hemmung. »Es gibt Zeiten«, schrieben seine Biografen Jimmy Soni und Rob Goodman über Cato am Sterbebett seines Bruders, »in denen die Maske hinunterrutscht, in denen unsere Entschlossenheit versagt, in denen unsere Last uns überwältigt.« Doch Plutarch, der viel näher an Catos Zeit war, glaubte, dass diejenigen, die in Catos Trauer Ungereimtheiten fanden, übersähen, »wie viel Zärtlichkeit und Zuneigung sich mit der Unbeweglichkeit und Bestimmtheit des Mannes vermischten«. Auch Historiker scheinen übersehen zu haben, wie der Verlust seiner Eltern und dann seines geliebten Bruders – ohne die Gelegenheit, sich zu verabschieden – einen bereits harten Mann noch härter gemacht haben könnte.

Sicherlich haben diese Verluste weder seine Unbestechlichkeit noch sein Engagement für seine Ideale abgeschwächt. Selbst, als Cato trauerte, lehnte er höflich teure Geschenke ab, die Freunde für die Beerdigungsriten schickten, und zahlte aus eigener Tasche zurück, was andere für Weihrauch und Dekorationsschmuck, den sie ihm sandten, gezahlt hatten. Das Erbe ging in vollem Umfang an Caepios Tochter. Cato übernahm die Beerdigungskosten.

Als er sich langsam von seiner Trauer erholt hatte, war Cato im Alter von dreißig Jahren – eisern und ohne Illusionen – bereit, für das Amt des Quästors zu kandidieren. Es war sein erster Einzug in den Senat, und er erhielt damit, was noch wichtiger ist, eine größere Plattform für seinen unnachgiebigen Einsatz, die Korruption zu beseitigen und Rom zur Rückbesinnung auf Grundwerte zu bewegen. Er nutzte seine Amtszeit als Quästor, um die Staatskasse instand zu setzen, korrupte Beamte und Schriftgelehrte ihres Amtes zu entheben und zu versuchen, die durch die Sulla-Verbote erlangten unrechtmäßigen Gewinne wiedergutzumachen und säumige Schuldner ausfindig zu machen. Morgens war er der Erste, der zur Arbeit erschien, und er war auch der Letzte, der ging. Er schien es zu genießen, Nein zu den Lieblingsprojekten der Politiker, zu unnötigen Ablenkungen und zu staatlich finanziertem Luxus zu sagen. Sein Engagement war so legendär, dass es fast zur politischen Tarnung für seine weniger strengen Kollegen wurde, berichtet Plutarch. »Es ist unmöglich«, hätten die Politiker schulterzuckend zu den Wählern gesagt, die versuchten, sie zu finanziellen Zuwendungen zu bewegen. »Cato wird nicht zustimmen.«

Hat ihm diese Härte Feinde eingebracht? Ja. Das war unvermeidlich. Wie Cicero stand er im Konflikt mit Catilina und anderen mächtigen Personen, die in einem zunehmend kleptokratischen Staat um die Kontrolle wetteiferten. Biographen berichten, dass die Mächtigen Cato fast sein ganzes Leben lang feindlich gesinnt waren, weil sein Wesen sie zu beschämen schien.

Selbst, als Cicero sich mit Cato verbündete, gab es einen Unterschied, denn nie hatte man das Gefühl, dass Cato von diesen Reformen profitierte oder dass er sie im Stillen nutzte, um selbst Reichtum anzuhäufen. Tatsächlich sah Cato trotz seiner öffentlichen Ämter und seiner wohlhabenden Familie oft so aus, als hätte er überhaupt kein Geld. Er lehnte die extravaganten, leuchtend purpur gefärbten Roben ab, die im Senat in Mode waren, und trug nur eine schlichte, gewöhnliche dunkle Robe. Er legte nie Parfüm auf. Er lief die Straßen Roms barfuß entlang und trug nichts unter seiner Toga. Während seine Freunde auf Pferden ritten, lehnte er es ab und lief gern neben ihnen her. Er verließ Rom nie, wenn der Senat tagte. Er veranstaltete keine üppigen Feste und mochte es nicht, sich bei Festen zu überessen – und war streng darauf bedacht, die erlesensten Portionen für andere zu reservieren. Er lieh seinen Freunden Geld, ohne Zinsen zu verlangen. Er lehnte bewaffnete Wachen und ein Gefolge ab, und während seiner Zeit in der Armee schlief er mit seinen Truppen in den Schützengräben.

Er sei ein Mann, so sagte Cicero, der so handele, als lebe er in Platons Republik und nicht »in Romulus' Jauchegrube«.

Catos eiserne Verfassung mag ihm zum Teil angeboren gewesen sein, aber es steht außer Frage, dass seine Entscheidungen ihm zusätzliche Panzerung verschafften und ihn auf die Torturen vorbereiteten, die ihm in der Zukunft bevorstehen sollten. Plutarch sagt, dass Cato »sich daran gewöhnte, sich nur für das zu schämen, was wirklich beschämend war, und die niedrige Meinung der Menschen über andere Dinge zu ignorieren«.

Natürlich ist uns wichtig, was die Leute von uns denken; wir wollen nicht *zu* anders erscheinen, sodass wir uns den gleichen

Geschmack aneignen, den alle anderen auch haben. Wir akzeptieren, was die Menge tut, damit die Menge uns akzeptiert. Aber dadurch schwächen wir uns selbst. Wir gehen Kompromisse ein, oft ohne es zu wissen; wir lassen es zu, gekauft zu werden – auch ohne den Vorteil, dafür bezahlt zu werden.

Von allen Stoikern praktizierte Cato Aristons Vorstellungen von der *Gleichgültigkeit* gegenüber allem außer der Tugend am aktivsten. Die öffentliche Meinung? Den Schein wahren? Seine »Marke«? Cato hätte in großem Luxus leben können, aber er *wählte* das spartanische Leben. Und obwohl sein Auftreten vielleicht ein wenig hochmütig war, erfahren wir auch, dass er auf seinen Spaziergängen durch die Straßen Roms jeden, den er traf, höflich grüßte und den Bedürftigen häufig unaufgefordert anbot, ihnen zu helfen. Der Ruf spielte keine Rolle. Das Richtige zu tun, zählte

Das möge schwierig sein, es möge anstrengend sein, sagte er, aber schon bald würden wir die harte Arbeit vergessen. Die Folgen der guten Taten jedoch, »werden nicht verschwinden, solange man lebt«. Umgekehrt gelte, auch wenn eine Abkürzung zu nehmen oder etwas Schlechtes zu tun ein paar Sekunden der Erleichterung bringen möge, »wird die Freude schnell verschwinden, aber das Böse wird euch für immer anhängen«.

Seine Aufgabe, so glaubte Cato, bestand nach einer von Diogenes begonnenen Tradition darin, dem öffentlichen Wohl zu dienen. Nicht sich selbst. Nicht irgendwelchen selbstsüchtigen Motiven. Nicht seiner Familie. Sondern der Nation. Darum ging es bei der Philosophie wirklich, unabhängig davon, ob sein skeptischer Urgroßvater oder sein nach Ruhm jagender Freund Cicero das verstanden oder nicht.

Als Cato auf eine Mission geschickt wurde, um die Annexion Zyperns zu überwachen – genau die Art von Gelegenheit, die römische Politiker gern nutzten, um ihre persönlichen Bankkonten aufzufüllen –, war sein Verhalten untadelig. Den Verkauf zypriotischer Schätze führte er gewissenhaft aus, es gab dabei keinerlei Unregelmäßigkeiten, und der römischen Staatskasse flossen dadurch etwa siebentausend Talente zu. Das Einzige, was er nicht verkaufte, war eine Statue von Zenon, dem Begründer der Philosophie, der er sich so verpflichtet fühlte. Er musste im Zuge dessen auch einen Verlust hinnehmen: Seine Freundschaft mit Munatius Rufus zerbrach, weil der es ihm übelnahm, dass Cato ihn daran hinderte, sich zu bereichern.

Damit setzte Cato ein kraftvolles Zeichen – besser: ein Gegenzeichen – in einem Imperium, das von Status und Machtdemonstrationen besessen war. Catos Status und Macht waren aufrichtig und nicht gespielt. Er *übte*. Seine Studien des Stoizismus hatten ihn gelehrt, wie wichtig Training ist, wie wichtig es ist, der Versuchung aktiv zu widerstehen und sich gegen das Bedürfnis nach Bequemlichkeit und äußeren Annehmlichkeiten zu impfen. Seine Vorfahren waren unerschütterliche Vorbilder gewesen, und er beabsichtigte, ihrem Beispiel zu folgen – vom Anfang bis zum Ende.

Nicht alle Römer konnten Catos sein, aber Cato konnte sie vertreten. Im Jahre 63 vor Christus wurde dieser ernste Mann zum Volkstribun ernannt, eine mächtige Position, die ihm aufgrund der alten plebejischen Herkunft seiner Familie zukam – und die ihm die Möglichkeit gab, die Interessen der Entrechteten mit denen der Eliten auszugleichen. Cicero war Konsul, und obwohl Cato sich schnell mit ihm zusammenschloss, um gemeinsam mit ihm die Todesstrafe für die Verschwörer um Catilina zu fordern, waren sich die beiden nicht immer einig. Der Prozess gegen Murena – Offizier im Dritten Mithridatischen Krieg und später Konsul – zeigte deutlich den Gegensatz zwischen Cato und Cicero, dem unbeugsamen Stoiker auf der einen Seite und dem eher wechselhaften und listigen Akademiker auf der anderen. Cicero für die

Verteidigung, Cato für die Anklage. Deutlicher gesagt, Cicero verteidigte einen offensichtlich Schuldigen, der seine Ämter durch Bestechung erlangt hatte.

Die Verteidigung von Schuldigen war für Cato unvorstellbar, auch wenn frühere Stoiker wie Diogenes sich dafür ausgesprochen hatten. Murena hatte Unrecht getan, er hatte unfair gespielt, und somit musste er aus dem öffentlichen Leben vertrieben werden. In dieser Einstellung zeigte sich das Argument der Stoiker: Was richtig ist, ist richtig. Nichts anderes zählt.

Ciceros Argumentation, die durch seine veröffentlichte Rede *Pro Murena* erhalten geblieben ist, ist komplexer. Wie immer bei Cicero waren sowohl Eigeninteresse als auch Ego im Spiel. Vor allem aber glaubte er, dass Murenas Verteidigung dem Wohl des Staates diente. Konnten sie es sich wirklich leisten, sich gegenseitig auseinanderzunehmen, während Catilina gleichzeitig mit Gewalt gegen den Staat drohte? Und wenn Murena verurteilt und des Amtes enthoben werden würde, würde das Konsulat dann nicht in noch schlechtere Hände geraten? Cicero respektierte Cato außerordentlich, aber wenn man seine Argumentation liest, bekommt man unweigerlich das Gefühl, dass er den unerschütterlichen Idealismus des Mannes als naiv empfand. Stoizismus war aus seiner Sicht gut und schön, aber nicht, wenn er so starr und unbeugsam war, dass er das Überleben der Regierung gefährdete.

Diesem Seitenhieb sind Cato und der Stoizismus in der Tat bis heute ausgesetzt: Wo endet die Hingabe, und wo beginnt die Sturheit? Erfordert die Regierungstätigkeit – und das Leben – nicht Kompromisse? Gibt es nicht auch Zeiten, in denen wir das kleinere Übel wählen müssen?

Cato schien sich da nicht so sicher zu sein. Oder besser gesagt, er war sich *sicher*, und dieses Schwarz-Weiß kündigte die Kämpfe und die Zerstörung an, die bevorstanden.

Als kleiner Junge hatte Cato den Bitten eines Gastsoldaten mit ruhigem, unumstößlichem Trotz widerstanden. Als Politiker setzte er dieselbe Hartnäckigkeit in ähnlicher Weise ein. Er glaubte, er könne den sich immer schneller vollziehenden Zusammenbruch Roms und die Abkehr von den Traditionen (*mos maiorum*, Sitten der Vorfahren), die seine Vorfahren so sehr geliebt hatten, aufhalten, und so führte er einen politischen Trick ein, der in manchen Ländern nach wie vor in Gebrauch ist: den Filibuster. Indem er seine Stimme und seine Willenskraft als Waffen einsetzte, bewahrte Cato wirksam die Positionen seiner Partei – durch Reden, Reden und nochmals Reden. Es gelang ihm, im Alleingang die Aussendung von Steuereinzugsverträgen an korrupte Parteien zu verhindern und Gesetze abzwenden, die gegen den Geist der alten römischen Gepflogenheiten verstießen.

Gleichzeitig bedeutete sein ihm innewohnender Konservatismus aber auch, dass er sich notwendigen Veränderungen widersetzte. Man darf wohl sagen, dass Catos Ein-Mann-Widerstand andere zu ähnlich einseitigen Schritten veranlasste. Als Caesar Konsul wurde, ließ er Cato inhaftieren, um nicht sein Marathongeschwätz hören zu müssen und damit die Staatsgeschäfte wiederaufgenommen werden konnten.

Wenn die Gegensätzlichkeit Catos und Ciceros in ihren Persönlichkeitstypen, in Engagement versus Kompromiss zu finden war, so war der Kontrast zwischen Cato und Caesar eher ideologischer Natur – der Kontrast zwischen Republikanismus und Caesarismus. Es war ein Kampf des Willens und ein Kampf der Philosophien.

Beide waren erstaunliche Männer, jeder mit seinen eigenen Auswüchsen. Der Historiker Sallust, selbst ein Anhänger Caesars, beleuchtete beide:

> Aber nach meiner Erinnerung gab es zwei Männer mit überragenden Verdiensten, wenn auch von gegensätzlichem Charakter, Marcus Cato und Gaius Caesar […] In Herkunft, Alter und Redekunst waren sie sich beinahe gleich; gleichwertig war ihre Geistesgröße, ebenso ihr Ansehen, aber jedes von einer anderen Art. Caesar galt als groß wegen seiner Wohltaten und seiner freigiebigen Großzügigkeit, Cato wegen seiner Redlichkeit Ersterer wurde berühmt für seine Sanftmut und sein Mitgefühl dem Letzteren hatte die Strenge Ansehen verschafft. Caesar erlangte Ansehen, indem er gab, indem er Schwierigkeiten linderte und vergab; Cato, indem er keine freigiebigen Geschenke gewährte. Der eine bot Zuflucht für die Glücklosen, der andere für die Vernichtung der Bösen. Die Lässigkeit des einen wurde gelobt, genauso wie die Standhaftigkeit des anderen. Schließlich hatte Caesar sich entschlossen, hart zu arbeiten, wachsam zu sein; er widmete sich den Angelegenheiten seiner Freunde unter Vernachlässigung seiner eigenen; er lehnte nichts ab, was es wert war, gegeben zu werden; er sehnte sich nach einem bedeutenden Kommando, nach einer Armee, einem neuen Krieg, in dem er sich mit seinen Verdiensten Geltung verschaffen könnte. Cato kultivierte im Gegenteil Selbstbeherrschung, Anstand, aber vor allem Strenge. Er versuchte nicht, die Reichen im Reichtum zu übertreffen, auch nicht die Intriganten mit Intrigen, sondern wetteiferte mit den Tatkräftigen in den errungenen Verdiensten, mit den Selbstbeherrschten in der Mäßigung, mit den Tadellosen in der Integrität. Er zog es vor, tugendhaft zu sein, statt nur so zu erscheinen; daher errang er umso mehr Ruhm, je weniger er danach strebte.

Caesars Motivation lag in Macht, Kontrolle und Wandel. Cato wollte, dass die Dinge wieder so würden, wie sie im goldenen

Zeitalter Roms gewesen waren, vor der Dekadenz, vor den Machtmenschen und der Korruption. Und wenn das nicht möglich sein sollte, dann wollte er zumindest, dass sie so blieben, wie sie nun waren – er jedenfalls würde sein Bestes tun, um zu verhindern, dass sie noch schlimmer würden. Und so traf die unaufhaltsame Kraft auf das unbewegliche Objekt, und der Zusammenprall war, über mehrere Jahre hinweg, explosiv.

Geschichte kann manchmal, vor allem aus der Ferne, wie ein manichäischer Kampf zwischen Gut und Böse erscheinen. In Wahrheit gibt es jedoch immer auch Grautöne – und die Guten, selbst die Catos, sind nicht immer makellos. Catos Starrsinn hat dem öffentlichen Wohl nicht immer gut gedient. Nachdem beispielsweise Pompeius von seinen ausländischen Eroberungen nach Rom zurückgekehrt war, sondierte er mögliche Bündnisse mit Cato, einem Mann, den er respektierte, mit dem er aber oft aneinandergeriet. Es heißt, dass Pompeius eine Heiratsverbindung vorschlug, entweder mit Catos Nichte oder seiner Tochter. Die Frauen, so wurde berichtet, waren begeistert von der Aussicht, ein Band zwischen den beiden Familien zu knüpfen. Cato lehnte es jedoch ab, und zwar auf rüde Art und Weise. »Geh und lass Pompeius wissen«, befahl er dem Vermittler, »dass Cato sich nicht durch das Frauengemach gefangen nehmen lässt.« Bravo.

Aber indem Cato das Bündnis so ablehnte, trieb er den mächtigen Pompeius stattdessen in ein Bündnis mit Caesar, der prompt seine Tochter Julia mit Pompeius verheiratete. Mit vereinten Kräften und unaufhaltsam würden die beiden Männer sich schon bald über die seit Jahrhunderten bestehenden verfassungsrechtlichen Präzedenzfälle hinwegsetzen. »All das wäre vielleicht nicht geschehen«, so Plutarch, »wenn Cato nicht so viel Angst vor den geringfügigen Verfehlungen des Pompeius gehabt hätte, dass er ihn die größte aller Verfehlungen begehen und seine Macht mit der eines anderen verschmelzen ließ«.

Aber Cato war zumindest konsequent in seiner Eigensinnigkeit. Als Caesar im Triumvirat mit Pompeius und Crassus über Rom herrschte, widersetzte sich Cato ihnen auf Schritt und Tritt. Als sie im Jahre 55 vor Christus um das Amt des Co-Konsuls kämpften, war er ihnen ein ewiger Dorn im Auge und setzte sich für die angestammte Tradition des Senats und gegen die gefährlichen neuen Kräfte ein, die Caesar entfesselt hatte. Er beschuldigte Caesar der Kriegsverbrechen in Gallien. Er ging gegen Wahlkorruption vor und konzipierte Korruptionsgerichte. Er beharrte auf seiner Antibestechungspolitik bei Wahlen, was die Betrüger dazu animierte, Stimmen gegen ihn zu sammeln. Wie Seneca es wunderschön beschrieb:

> In einem Zeitalter, in dem die alte Leichtgläubigkeit längst beiseitegeworfen worden war und das Wissen im Laufe der Zeit seine höchste Entfaltung erreicht hatte, geriet [Cato] in Konflikt mit dem Ehrgeiz, einem Ungeheuer in vielen Gestalten, mit der grenzenlosen Gier nach Macht, die die Aufteilung der gesamten Welt unter drei Männern nicht befriedigen konnte. Er stand allein gegen die Verfehlungen eines degenerierten Staates, der durch sein eigenes Gewicht in der Versenkung zu verschwinden drohte, und er hielt den Untergang der Republik so weit auf, wie es die Hand eines einzelnen Mannes zu tun vermag.

Es wäre jedoch ein Fehler, zu glauben, dass Cato nicht zu Kompromissen oder Zusammenarbeit fähig gewesen wäre. Laut Plutarch war er unfähig zur Feindschaft. Ja, er war »hartnäckig und unnachgiebig […] wenn es um den Schutz des Gemeinwohls ging«, aber wenn es sich um persönliche Meinungsverschiedenheiten drehte, sei er immer ruhig und freundlich gewesen. In ihm habe es »eine gleichwertige Mischung [...] aus Strenge und Freundlichkeit, aus Vorsicht und Tapferkeit, aus Fürsorge für andere und Furchtlosigkeit um sich selbst, aus der sorgfältigen Vermeidung von Niedertracht und, in gleichem Maße, aus dem eifrigen Streben nach Gerechtigkeit« gegeben.

Cato war freundlich. Cato war zäh. Er verkörperte in gewisser Weise einen Ausdruck, den später ein Stoiker der Neuzeit, General James Mattis, als Motto der ersten Marinedivision übernehmen sollte: *Kein besserer Freund, kein schlimmerer Feind.* Wo Rutilius das ruhige Paradebeispiel für politische Tugend gewesen war, war Cato aggressiv und gab sich nicht leicht geschlagen. Auch er würde, nur in weit größerem Umfang, das Schicksal eines Märtyrers herausfordern, aber im Gegensatz zu dem von Rutilius würde dieses Schicksal nicht nur ihn, sondern auch die Republik selbst betreffen.

Nachdem Cato im Jahre 52 vor Christus seine Bewerbung als Konsul verloren hatte – zweifellos aufgrund der Machenschaften seiner politischen Feinde –, beschloss er, es darauf ankommen zu lassen. Seiner Meinung nach war es an der Zeit, dass der Senat Caesar aus Gallien zurückrief. Das war sicherlich in dem Sinne richtig, dass Caesar unglaubliche Macht angehäuft hatte und seine reichen Legionen mit ihrer unsterblichen Loyalität gegenüber ihrem Herrn den Staat bedrohten. Aber Cicero, der pragmatischer war, fürchtete sich vor den Folgen. Im Jahre 49 vor Christus kam Caesar tatsächlich – und die 13. Legion folgte ihm über den Rubikon nach Hause und brachte den Bürgerkrieg mit sich.

Wie bei dem gescheiterten potenziellen Bündnis mit Pompeius darf man sich fragen: Musste es so ablaufen? Hätte ein weniger unnachgiebiger Politiker die Krise besser meistern können?

Oder sie zumindest nicht bis zum Überkochen angeheizt? Möglicherweise. Aber es war nicht Catos Art, darüber nachzudenken, ob sein Beharren auf dem *Richtigen* etwas viel Schlimmeres als den gegenwärtigen Status quo herbeiführen könnte. Solche Fragen waren für die Ciceros der Welt, für die Theoretiker und Sophisten, die sein Urgroßvater so verachtet hatte.

Für Cato wäre es eine moralische Kapitulation gewesen, einen Kompromiss einzugehen – politische Spielchen zu spielen, wenn die Grundpfeiler seiner Nation auf dem Spiel standen.

Indem er die Römische Republik beschützen wollte, hat Cato deren Untergang möglicherweise beschleunigt. Vielleicht hat er aber auch eine Linie gezogen, die schon lange vorher von anderen hätte gezogen werden müssen. Auf jeden Fall war er bereit, kämpfend unterzugehen, was wir alle irgendwann in unserem Leben sein müssen – wenn wir wahre Philosophen sind.

Nach einer langen Gegnerschaft und nachdem Cato Jahre zuvor Pompeius' Bitten abgewiesen hatte, standen beide nun plötzlich auf derselben Seite und trugen zum Schutz ihres Landes Waffen. Cato war schon in jungen Jahren ein tapferer Soldat gewesen, und nun war er es wieder.

Er war darüber hinaus ein selbstloser Soldat. Pompeius übertrug ihm das Kommando über die Militärflotte – eine riesige Armada von mehr als fünfhundert Schiffen. Doch schon bald überlegte Pompeius, als er über die politische Situation nach dem Krieg nachdachte und ob er seinem ehemaligen Feind tatsächlich so viel Macht geben sollte, es sich wieder anders. Nur wenige Tage nach Catos Ernennung widerrief Pompeius sie. Doch Cato blieb unverdrossen. Ohne einen Hauch von Bitterkeit, so berichtet Plutarch, übergab er das Kommando. Tatsächlich stellte sich Cato – der erst vor Kurzem degradiert und verraten worden war – am Vorabend der nächsten großen Schlacht vor Roms Truppen, um sie zur Verteidigung ihres Heimatlandes anzuspornen. Als Cato von Freiheit und Tugend und von Tod und Feuer sprach, so erzählt Plutarch, »gab es ein solches Geschrei und einen so großen Tatendrang unter den Soldaten, dass alle Kommandeure voller Hoffnung waren, als sie der Gefahr entgegeneilten.«

Ein Stoiker macht die Arbeit, die getan werden muss. Auszeichnungen sind ihm egal.

Seneca bemerkte, dass jede Epoche Männer wie Clodius, Caesar und Pompeius hervorbringe, »aber nicht alle Epochen Männer wie Cato«. Nur wenige Politiker hätten ihr Leben für etwas so Abstraktes wie Grundsätze riskiert, nur wenige hätten bei einem solchen Gegenwind weitergemacht, nur wenige verfügten über die kombinierte Genialität in den Bereichen bewaffneter Kampf, Führungskompetenz und Strategie, um ihr Volk ganz nah an den Sieg heranzuführen.

Aber Cato hat es getan. Pompeius zögerte, und Caesar gewann im Jahre 48 vor Christus die Schlacht bei Pharsalos in Zentralgriechenland. Cato stahl sich mit der Hoffnung, weiterkämpfen zu können, nach Nordafrika und führte seine Armee in einem zermürbenden Dreißig-Tage-Marsch durch die heiße Wüste nach Utica, wo sie sich auf einen letzten Kampf vorbereitete. Es war eine Verzweiflungstat. Es war brutal.

Am Ende wurde er nicht mit dem Sieg belohnt.

Nun, da die Republik offensichtlich verloren war, stand Cato auf und wandte sich an die Senatoren und Offiziere, die mit ihm so edel Widerstand geleistet hatten. Es sei an der Zeit, dass sie sich auf den Weg zu Caesar machten und um Gnade bäten, sagte er. Er bat sie nur um eine letzte Sache. *Bittet nicht für mich,* sagte er, *fleht nicht um Gnade für mich*. Solche Bitten waren für Unterworfene, und Cato hatte nicht verloren. Da, wo es drauf ankam, so glaubte er, wo es um Ehre und Gerechtigkeit ging, hatte er Caesar geschlagen. Er hatte sein Land verteidigt. Er hatte, trotz all seiner Fehler, seinen wahren Charakter gezeigt.

Und das hatten auch, so glaubte er, die Feinde Roms getan.

Im Nachhinein ist offensichtlich, dass Cato bereits entschieden hatte, auf welche Weise sein Ende kommen sollte. Es fehlten nur noch die Vorbereitungen. Er versuchte, seinen Sohn zu überreden, auf einem Schiff zu fliehen. Er brachte viele seiner Freunde in Sicherheit. Und dann setzte er sich mit allen, die übrig geblieben waren, zum Abendessen zusammen. Den Berichten nach war es ein wunderbares Essen. Es wurde Wein ausgeschenkt. Man würfelte um den Anschnitt. Teller wurden gereicht. Wie immer an Catos Tisch wurde über Philosophie diskutiert. Waren nur gute Männer frei? Waren schlechte Menschen, wie Caesar, Sklaven?

Es war einer dieser Abende, an denen die Zeit schnell verging, an denen alle Anwesenden wirklich anwesend waren. Da das Schreckgespenst des Todes drohend näher rückte, müssen einige von ihnen gehofft haben, dass das Mahl ewig dauern würde. Cato hingegen wusste, dass das nicht möglich war. Als sie fertig gegessen hatten, begann er, die letzten Reisevorbereitungen zu besprechen, und äußerte, ganz untypisch, seine Sorge um seine Freunde, die sich auf Schiffe begaben. Anschließend umarmte er seinen Sohn und seine Freunde und wünschte ihnen eine gute Nacht.

In seinem Zimmer setzte sich Cato mit einem Dialog von Sokrates hin und las ihn in aller Ruhe. Dann rief er nach seinem Schwert, das, wie er bemerkte, aus seinem Zimmer entfernt worden war, wahrscheinlich von einem Freund, der hoffte, zu verhindern, was nicht verhindert werden konnte.

Es war an der Zeit.

Sein Sohn, der wusste, was sein Vater vorhatte, schluchzte und flehte ihn an, weiterzukämpfen, weiterzuleben. Man bat den Stoiker Apollonides, Cato von den philosophischen Gründen gegen

Selbstmord zu überzeugen, doch die Worte verließen ihn, nur Tränen kamen. Wieder mit seinem Schwert vereint, prüfte Cato mit dem Finger die scharfe Kante der Klinge. »Jetzt bin ich mein eigener Herr«, sagte er und setzte sich dann erneut hin, um sein Buch noch einmal von vorn bis hinten zu lesen.

Irgendwann am frühen Morgen erwachte er aus dem Halbschlaf. Allein und bereit, seinen Plan in die Tat umzusetzen, stieß er sich sein Schwert in die Brust. Es war kein unmittelbar tödlicher Hieb, aber römischer Stahl hatte Roms eisernen Mann durchbohrt. Doch Cato konnte nicht still und leise abtreten. Sich vor Schmerz windend, fiel Cato auf den Boden und weckte seine weinenden und trauernden Freunde auf, während er gegen das Erlöschen des Lebenslichts ankämpfte. Ein Arzt stürmte herein und versuchte, die Wunde zuzunähen, während Cato immer wieder das Bewusstsein verlor und wiedererlangte. In seinen letzten Momenten kam Cato zu sich und mit der grimmigen und fast unmenschlichen Entschlossenheit, die er schon als kleiner Junge an den Tag gelegt hatte, starb er im Alter von neunundvierzig Jahren, indem er seine eigene Wunde aufriss, damit das Leben ihm schneller entfliehen konnte.

Zwar hatte er seine letzte Schlacht verloren – gegen Caesar, gegen die neumodischen Trends seiner Zeit, gegen die Sterblichkeit selbst –, aber nicht, bevor er, wie Plutarch später schlussfolgern würde, »dennoch dem Schicksal einen harten Wettkampf lieferte«.

Warum Selbstmord? Montaigne schrieb später bewundernd, dass Cato mit seiner unfehlbaren Beständigkeit und seiner Hingabe an Prinzipien »eher sterben musste, als einem Tyrannen ins Gesicht zu blicken«. Napoleon, der einmal eine Büste von Cato in seiner »Halle der Helden« zur Schau stellte und der am Ende eine Niederlage erlitt und alles verlor, wonach er gestrebt hatte, der daraufhin selbst einen Suizid in Erwägung zog, schrieb über Catos Tod deutlich abschätziger. Er war der Meinung, dass Cato hätte weiterkämpfen oder warten sollen, anstatt sein Schicksal durch eigene Hand zu besiegeln.

»Das Verhalten von Cato fand den Beifall seiner Zeitgenossen«, sagte Napoleon, »und wurde im Laufe der Geschichte bewundert; aber wer profitierte von seinem Tod? Caesar. Wer hat sich darüber gefreut? Caesar. Und für wen war es eine Tragödie? Für Rom und für seine Partei [...] Nein, er hat sich aus Trübsinn und Verzweiflung umgebracht. Sein Tod war die Schwäche einer großen Seele, der Fehler eines Stoikers, ein Schandfleck in seinem Leben.«

Allerdings war Caesar in Napoleons Augen auch der große Held der Antike. Napoleon konnte nicht verstehen – jedenfalls nicht so, wie es die wahren Größen der Zeit der Aufklärung wie Washington und Thomas Paine verstanden –, dass es in dieser Welt mehr gibt als Macht, Errungenschaften und Siege. Wer profitierte von Catos Tod? Viele Generationen, die bis in die heutige Zeit von seinem Verhalten, das bis zum Ende aufrichtig und konsequent war, inspiriert wurden.

Sie werden nicht viele Statuen von Cato in Rom finden, auch nicht viele Bücher über ihn. Aus irgendeinem Grund kommt die Ehre stattdessen den siegreichen Generälen und Tyrannen zu. Sein Urgroßvater hatte einmal gesagt, es sei besser, die Leute fragen zu lassen, warum es *keine* Statue zu jemandes Ehren gibt, als warum es eine gibt. Im Fall von Cato dem Jüngeren ist es sogar noch einfacher: Sein Charakter war das Denkmal, sein Einsatz für Gerechtigkeit, Freiheit, Tapferkeit und Tugend sind die Säulen des Tempels, der bis heute steht.

Zu seiner Zeit war er eine lebende Statue, Roms letzter Bürger und Roms eiserner Mann, und heute wie damals, auf diesen Buchseiten und in der Erinnerung, zeigt sein Finger direkt auf uns.

PORCIA CATONIS, DIE EISERNE FRAU

* 70 v. Chr.
† 43 oder 42 v. Chr. aus Rom

Der auffällige Mangel an Anerkennung, der den Frauen in der Geschichte des Stoizismus zuteilwurde, ließe sich auch als Beweis für ihre philosophische Redlichkeit deuten. Denn wer könnte die Tugenden Ausdauer und Tapferkeit, Selbstlosigkeit und Pflichtbewusstsein besser veranschaulichen als die Generationen anonymer Ehefrauen, Mütter und Töchter Griechenlands und Roms, die gelitten, der Tyrannei widerstanden, Kriege durchlebt und Familien gegründet haben und die geboren wurden und gestorben sind, ohne jemals für ihren stillen Heldenmut gewürdigt zu werden? Vor allem, wenn man bedenkt, was sie ertragen, welche Demütigungen sie toleriert und welche Opfer sie gebracht haben.

Doch genau da liegt das Problem. So weit denken wir gar nicht, sondern sehen zwar Cato und seinen Urgroßvater, aber weder seine Mutter noch seine Frau.

Der Biograf Robert Caro, der mehrere Tausend Jahre nach dem Untergang des Römischen Reiches über den Aufstieg des amerikanischen Imperiums schrieb, hat diese unbewusste Voreingenommenheit ebenfalls bemerkt. »Man hört viel über Schießereien im Westen«, sagte er über die Geschichte der Grenze. »Aber darüber, wie es ist, nach einem Dammriss schwere Wassereimer zu schleppen, schreibt kaum jemand.«

Rutilius Rufus verdient für sein mutiges Eintreten gegen die Korruption zwar unseren Respekt, aber was ist mit der vergessenen Frau, die ihn ohne Narkose zur Welt gebracht hat? Was ist mit seiner Frau oder seinen Töchtern, die ebenfalls alles verloren haben und klaglos mit ihm ins Exil gingen? Sicherlich hätten sie zumindest verdient, von Plutarch oder Diogenes erwähnt zu werden.

Das lässt sich allerdings rasch korrigieren, indem wir uns das Leben von Porcia, Catos Tochter, genauer ansehen, die ihrem Vater in stählerner Entschlossenheit und Patriotismus in nichts nachzustehen scheint. Fast zwei Jahrhunderte, bevor Gaius Musonius

Rufus dafür eintrat, Frauen in der Philosophie zu unterrichten, wurde Porcia als Kind von ihrem Vater in den Stoizismus eingeführt und ging bald darin auf. Die erste Ehe schloss sie mit Marcus Calpurnius Bibulus, einem von Catos Verbündeten. Im römischen Bürgerkrieg kämpfte Bibulus ehrenhaft und tapfer an Catos Seite, sollte ihn jedoch nicht überleben.

Die einzige gute Nachricht nach dem Fall der von ihrer Familie so geschätzten Republik und dem brutalen Selbstmord des geliebten Vaters war, dass Julius Caesar Porcias Bruder Marcus Cato begnadigte. Als die Familie versuchte, die Scherben ihres Lebens wieder zusammenzufügen, verlor Porcia Berichten zufolge nie ihre Entschlossenheit. Irgendwie gelang es ihr, erneut zu lieben, und sie heiratete Brutus, den Senator, dem Cicero einige seiner Schriften widmete. Es scheint, als habe sie ihren philosophischen und prinzipientreuen Ehemann, der sie an ihren Vater erinnert haben musste, sehr geliebt, und sie bekamen einen Sohn, doch abermals meinte es das Schicksal nicht gut mit der jungen Porcia und beschwor eine Tragödie herauf.

Als aufmerksame Ehefrau spürte sie bald, dass Brutus 44 vor Christus etwas plante, war sich jedoch nicht sicher, was genau ihr Mann vorhatte. Anstatt von ihm zu verlangen, sich zu erklären, beschloss Porcia, ihm ihre Vertrauenswürdigkeit und sich selbst ihre Tapferkeit zu beweisen – was angesichts ihres Familienstammbaums eigentlich unnötig war. Plutarch berichtet, dass Porcia sich ein kleines Messer in den Oberschenkel stach und dann abwartete, wie lange sie den Schmerz ertragen konnte.

Sie blutete stark, zitterte und war dem Delirium nahe, und als Brutus endlich nach Hause kam, packte sie ihn und sagte:

> Brutus, ich bin Catos Tochter, und ich bin dir ins Haus gegeben, nicht um bloß Tisch und Bett gemeinschaftlich mit dir zu haben,

> wie ein Kebsweib, sondern um jede Freud und jedes Leid mit dir zu teilen. Von deiner Seite ist alles tadellos in unserer Ehe. Aber von meiner Seite – wie kann ich dir's beweisen oder dafür danken? Ich darf ja keinen geheimen Kummer mit dir tragen – keine Sorge, bei welcher ein Vertrauen nötig ist! Ich weiß wohl: Man hält die weibliche Natur für zu schwach, um ein Geheimnis zu bewahren. Aber, Brutus, gute Erziehung und ein edler Umgang wirken auch mit Macht auf einen Charakter. Ich bin Catos Tochter und zugleich Brutus' Gemahlin! Darauf durfte ich früherhin mich weniger verlassen, aber jetzt kenne ich mich und auch der Schmerz kann mich nicht überwinden.*[1]

Shakespeare gibt die gleiche Szene ebenfalls sehr schön wieder:

> Sagt mir, was Ihr beschloßt: Ich will's bewahren.
> Ich habe meine Stärke hart erprüft,
> Freiwillig eine Wunde mir versetzend
> Am Schenkel hier: ertrüg' ich das geduldig
> Und das Geheimnis meines Gatten nicht?*[2]

So merkwürdig und fast unglaublich diese Geschichte für uns heute auch klingen mag, so ist die römische Geschichte doch voller Beispiele von Verschwörungen, die durch Folter und Verhöre aufgedeckt wurden. Auf diese Weise hätte Porcia vermutlich nicht herausfinden wollen, wie viel Leid sie ertragen konnte. Brutus war von ihrer Hingabe derart bewegt, dass er seine Frau sogleich in das Komplott zur Ermordung Caesars einweihte und hoffte, er würde sich ihres Mutes als würdig erweisen.

Selbstverständlich begnügte sich Plutarch nicht damit, dieses beeindruckende Meisterstück weiblicher Macht zu beschreiben, ohne es später durch »Beweise« für die Zerbrechlichkeit des weiblichen Geistes auszugleichen. Wir erfahren, dass Porcia an den Iden des März fast den Verstand verlor, während sie auf Nachricht von den Ereignissen wartete. Hatte ihr Mann Erfolg gehabt? War er gefasst worden? Durfte sie es als gute Nachricht begreifen, dass sie nichts hörte, oder sollte sie gezwungen sein, zu fliehen?

»Porcia«, schreibt Plutarch, »war nämlich über den Ausgang höchst unruhig gewesen; sie konnte die Größe ihrer Sorge nicht mehr ertragen und hielt es daheim fast nicht mehr aus; bei jedem Geräusch oder Laut fuhr sie auf, wie ein Weib, das gänzlich von den Eindrücken eines Bacchusfestes hingenommen ist: jedermann, der vom Forum heimkam, fragte sie, was Brutus mache, und schickte Leute über Leute um Nachrichten fort.«*[1] Er schreibt, dass sie schließlich in Ohnmacht fiel und Brutus das Gerücht zu Ohren kam, sie sei gestorben, Brutus sich jedoch unter großen Anstrengungen dagegen wehrte, nach Hause zu eilen, und stattdessen die Gewalttat vollzog, der sie sich beide so verpflichtet fühlten.

Shakespeare, der sich auf Plutarch und Jahrhunderte des Sexismus beruft, schien eher der Ansicht zu sein, Porcia wäre geistig stark, aber körperlich schwach gewesen:

> Ich habe Mannessinn, doch Weibeskraft.
> Wie fällt doch ein Geheimnis Weibern schwer!*[2]

Es scheint unwahrscheinlich, dass die gleiche Frau, die eine blutende Beinwunde verbergen konnte und ihr Leben lang stoisch so viel Verlust und Unsicherheit ertragen hatte, ihre Angst nicht für wenige Stunden unter Kontrolle bekam. Schließlich vertraute Brutus eher auf die Fähigkeit seiner Frau, das Geheimnis zu bewahren, statt dass er und seine Verschwörer Vertrauen in Cicero setzten, den sie wegen seiner nervösen Natur im Unklaren ließen.

Aber das wollen uns die Männer, die unsere Geschichte geschrieben haben, nun einmal glauben machen.

In jedem Fall lautet die Lektion: Die Entscheidung für eine riskante Tat erfordert Mut, aber es kommt auch auf die Ausführung an. Auch Porcia und ihr Mann mussten geduldig und weise sein, denn nichts zermürbt die Nerven so sehr wie die Momente, die, wie Shakespeare sagen würde, zwischen der Entscheidung und der Ausführung liegen.

Die Senatoren stürzten sich unter Brutus' Führung mit einer Wildheit auf Caesar, die sowohl ihr Opfer als auch sie selbst überraschte. Brutus traf Caesars Oberschenkel und seine Leiste, ein anderer Senator stach ihm ins Gesicht, ein weiterer in die Brust. Mehrere Senatoren wurden bei dieser Raserei verwundet, und Brutus verletzte sich an der Hand. Wo war diese Gewalt, als Cato sie gebraucht hatte? Als man Caesar gleich am Anfang hätte aufhalten können?

Und dann ließ die Leidenschaft wie ein Anfall nach, und die Tat war vollbracht. Brutus beruhigte seine Verschwörer rasch. Niemand sollte mehr getötet werden, nicht einmal Caesars bekanntester Unterstützer Marcus Antonius. Das erscheint nobel, stellte sich jedoch als fataler Fehler heraus.

Während der Catilinarischen Verschwörung drängte Ciceros Frau ihn, seine Feinde hinzurichten, um das Krebsgeschwür zu vernichten, bevor es sich ausbreiten könnte. Es heißt, Brutus habe Gewalt verabscheut und darum nur widerwillig noch mehr Blut vergießen wollen. Porcia hätte ihn nun daran erinnern können, dass man jede Tat zu Ende bringen müsse – dass man den Unwürdigen zuweilen keine Gnade erweisen dürfe, weil dies allen anderen gegenüber ungerecht sei. Möglicherweise hat sie es aber auch getan und er wollte nicht auf sie hören.

Diese Zurückhaltung würde sich schließlich als Untergang für sie und ihre Sache erweisen.

Nach Caesars Tod kehrte der Bürgerkrieg – unter Marcus Antonius' Führung – nach Rom zurück. Es muss traumatisch für Porcia gewesen sein, so etwas ein weiteres Mal zu erleben, zumal ihr der letzte Bürgerkrieg sowohl den Ehemann als auch den Vater und zahllose Freunde genommen hatte. Die Trennung von Brutus, der fliehen musste, um sich auf den Kampf seines Lebens vorzubereiten, verglich ein Freund mit dem berühmten Abschied von Hektor und seiner Frau während des Trojanischen Krieges. Brutus wiederum zitierte aus der *Odyssee* in einer Weise, die nicht nur seine Liebe zu seiner Frau offenbarte, sondern auch den festen Glauben, dass sie ihm an philosophischer Entschlossenheit und Tapferkeit ebenbürtig war. »Ich habe gewiss nicht die Absicht, in den Worten Hektors von Porcia zu sprechen«, sagte er. »›Web und spinne und weise die Mägde zur Arbeit‹, denn auch wenn ihr Körper nicht stark genug ist, um solch heroische Taten zu vollbringen, wie es Männer tun, so ist sie doch im Geiste tapfer bei der Verteidigung ihres Landes, ebenso wie wir.«*[1]

Keine ihrer heldenhaften Anstrengungen konnte den Lauf der Geschichte aufhalten. Hätte ihr Vater überlebt, wäre seine überlegene Strategie vielleicht von entscheidender Bedeutung gewesen. Hätte Cicero nicht abermals geschwankt oder mit Octavian getanzt, wäre die Republik mit seiner Hilfe möglicherweise für eine weitere Generation von Catos gerettet worden. Aber es hatte nicht sein sollen.

Es gibt widersprüchliche Quellen darüber, ob Porcia vor Brutus oder Brutus vor Porcia gestorben ist. Plutarch berichtet, Porcia habe beschlossen, diese Erde zu verlassen und dem Beispiel ihres Vaters zu folgen, als Brutus' Asche an seine Mutter Servilia heimgeschickt wurde. Man wachte streng über sie und versuchte, zu verhindern, dass ein weiteres Mitglied der Cato-Familie Selbstmord beging. Aber in dieser Familie ließ sich keiner leicht von dem abhalten, was er für nötig hielt. Als ihre Diener ihr den Rücken zukehrten, eilte Porcia zu einem Kamin, hob glühend heiße Kohlen auf, verschlang sie schnell und starb buchstäblich als die feuerschluckende Verfechterin der Freiheit, zu der ihr Vater sie erzogen hatte. Weitere Quellen behaupten, sie sei vor Brutus' Tod in der zweiten Schlacht von Philippi einer Krankheit erlegen, während es anderswo heißt, Krankheit und Einsamkeit hätten sie in den Selbstmord getrieben.

Es scheint, dass Brutus vom Tod seiner Frau wusste, denn in einem Brief aus dem Jahr 43 vor Christus tröstet Cicero ihn deswegen. »Der Verlust des Unschätzbaren auf dieser Erde hat dir eine Wunde geschlagen«, schrieb er, »sie muss schmerzen; denn es wäre ja schrecklicher, ohne Gefühl des Schmerzes zu sein, als ihn zu empfinden; aber wie die Mäßigung allen Menschen nützlich ist, so ist sie dir notwendig.«*[1]

Ciceros Ermahnung, Porcias Tod stoisch zu betrachten, ist rührend, wenn man bedenkt, wie sehr ihn der Tod seiner Tochter Tullia im Jahre 45 vor Christus erschüttert hatte. Sie wirft die ewige Frage auf, wie man auf den Verlust eines Menschen, den man sehr liebt, reagieren soll. Kann ein Philosoph diesen Schmerz wie eine Wunde am Oberschenkel abtun? Ist es tatsächlich möglich, Trauer mit Gleichmut zu begegnen? Ist es nicht durchaus verständlich, dass ein solcher Verlust das harte Äußere des Stoikers endlich aufzubrechen vermag, so wie es Cato beinahe geschehen wäre, als er seinen Bruder verlor, und so wie Marcus Aurelius den Verlust seines geliebten Lehrers beweinen würde?

Shakespeare, der stets scharfsinnige Beobachter menschlicher Erfahrungen, untersuchte diesen Konflikt, indem er Brutus zu einem Stellvertreter für alles machte, was ein stoischer Philosoph seiner Meinung nach darstellen sollte.

> »Ich bin krank an manchem Gram«, sagt Brutus zu seinem umstrittenen Verbündeten Cassius, der ihn daran zu erinnern versucht, dass die Stoiker zu akzeptieren haben, was sie nicht kontrollieren können. »Kein Mensch trägt Leiden besser«, sagt Brutus ihm mit ausdrucksloser Stimme. »Portia starb.«*[2]

Ist das also Stoizismus? Ein Mann, der diese schmerzhaften Worte aussprechen kann, ohne mit der Wimper zu zucken? Der *»Meine Frau ist tot«* sagen und dann die Diskussion über die bevorstehende Schlacht fortsetzen kann? Vielleicht.

Aber Brutus war nicht wie Porcia, der Taten stets lieber als Gerede gewesen waren. Er besaß den Hang zum Theatralischen; er wollte für jene Tugenden belohnt werden, auf die er deutlich hinwies.

Als wenige Minuten später ein Bote namens Messala mit Neuigkeiten auftaucht, sieht Brutus daher die Gelegenheit, sich für die Geschichte einzusetzen. Es heißt, Cicero sei tot und hundert Senatoren seien hingerichtet worden. *»Habt Ihr von Eurer Frau gehört?«*, fragt der Bote. Brutus verneint. *»Wisst Ihr überhaupt etwas?«*, fragt er. Wieder tut Brutus so, als wäre dem nicht so. »Sag mir die Wahrheit«, fordert Brutus. Daraufhin teilt ihm der Bote mit, dass Porcia gestorben sei.

Und dann, ob um seines Rufes willen oder um andere mit seinem stoischen Beispiel zu inspirieren, bekommen wir dies zu lesen:

> BRUTUS
> Leb wohl denn, Portia! Wir müssen sterben,
> Messala; dadurch, daß ich oft bedacht,
> Sie müss' einst sterben, hab' ich die Geduld, es jetzt zu tragen.

MESSALA
So trägt ein großer Mann ein großes Unglück.

CASSIUS
Durch Kunst hab' ich so viel hievon als Ihr,
Doch die Natur ertrüg's in mir nicht so.

BRUTUS
Wohlan, zu unserm lebenden Geschäft!
Was denkt Ihr? Ziehn wir nach Philippi gleich?*2

Obwohl Porcia diese Welt verließ, als die Republik ihren endgültigen Tod starb, würde sie als ein mächtiges Symbol des Widerstands für Männer und Frauen auf ewig weiterleben. Sie hatte so gelebt, wie ihr Vater und die Stoiker es gelehrt hatten: Wir müssen tun, was getan werden muss. Wir dürfen nicht wanken. Wir dürfen uns nicht fürchten.

Mehr noch: Sie hatte bewiesen, dass Tapferkeit – und die Philosophie – kein Geschlecht kennen. Sie kennen nur die Menschen, die bereit sind, das Notwendige zu tun, und die, die es nicht sind.

*1 Middletons Römische Geschichte. Aus dem Englischen von G. C. F, Seidel. Danzig, 1793 bei Ferdinand Troschel

*2 William Shakespeare: Sämtliche Werke in vier Bänden. Band 4, herausgegeben von Anselm Schlösser. Berlin: Aufbau, 1975. Die vorliegende Übersetzung stammt von August Wilhelm Schlegel. Erstdruck in: Shakspeare's dramatische Werke. Übersetzt von August Wilhelm Schlegel, Bd. 2, Berlin (Johann Friedrich Unger) 1797.

ATHENODOROS KANANITES
DER KÖNIGSMACHER

* 74 v. Chr.
† 7 n. Chr.

aus Tarsus

Die Römische Republik verblutete zusammen mit Cato und Cicero. Daraus entstand das Römische Reich, eine neue politische Ordnung, in der sich alles um Macht drehte, die zunehmend in einem einzigen Mann konzentriert war. Nicht in Caesar, sondern *einem* Caesar – in dem Titel, den während der folgenden dreihundert Jahre jeder Nachfolger trug. Der erste war Octavian, der Neffe Caesars. Er läutete nach und nach den Übergang in den Despotismus ein und verweigerte auf dem Weg dorthin jegliche Titel und Macht, um sie sich dann mit der Zeit sehr geschickt anzueignen.

Man könnte meinen, dass der Stoizismus, der in der Wiege des demokratischen Athens geboren, dann jahrhundertelang vor dem Hintergrund der sich bekriegenden Generäle Alexanders gepflegt und schließlich in der großen Republik Rom mündig geworden war, in dieser schönen neuen Welt seine Schwierigkeiten haben würde. Doch weit gefehlt.

Die Stoiker waren vor allem äußerst widerstandsfähig, und so kam es, dass die engsten Berater des neuen Kaisers Stoiker waren. Was auch Sinn ergibt, denn der Kern des Stoizismus ist die Akzeptanz dessen, was wir nicht ändern können. Cato hatte sein Leben gegeben, um die Republik zu verteidigen, und verloren. Brutus war nicht nur bei seinem Versuch gescheitert, die Freiheit Roms wiederherzustellen, er hatte das Land darüber hinaus in einen zweiten Bürgerkrieg gestürzt. Nun war ein neuer Staat entstanden und der Frieden zurückgekehrt, und die Stoiker, die überlebt hatten, sahen es als ihre Pflicht an, diesem Staat zu dienen und dafür zu sorgen, dass er unverändert blieb – und so gaben sie ihr Bestes, um den jungen Octavian zu Augustus Caesar, den *Kaiser*, zu formen.

Der erste Stoiker, der diese Rolle im Leben Octavians innehatte, war Athenodoros Kananites, ein weiterer tarsianischer Stoiker, geboren in Kana, im heutigen Südosten der Türkei, nicht weit entfernt vom Geburtsort von Stoikern wie Chrysipp und Antipatros. Athenodoros studierte unter Poseidonius an dessen Schule auf Rhodos und lebte später in Athen, wo er wie sein Lehrer ozeanographische Studien anstellte. Später war er Korrespondent von Cicero und überließ Cicero einen Großteil der Forschungen über Panaitios, die in sein Meisterwerk *Über die Pflichten* einfließen sollten.

Nach Abschluss seiner philosophischen Ausbildung bei Poseidonius unternahm Athenodoros als Dozent weite Reisen bis nach Petra und Ägypten und besuchte auch andere große Städte im Mittelmeerraum, bevor er nach Apollonia an der Küste des heutigen Albaniens zog, um die Erziehung des jungen Octavians zu übernehmen. Hier wurde dieser berühmte und weithin respektierte Lehrer, der noch keine dreißig Jahre alt war, nicht nur Octavians Tutor, sondern auch sein sehr enger Freund. Als Caesar 44 vor Christus ermordet wurde, kehrte Octavian als dessen neunzehnjähriger Erbe nach Rom zurück. Athenodoros folgte ihm alsbald und wurde mit der Aufgabe betraut, dessen Geist derart zu fördern, dass aus ihm ein überragender Anführer werden konnte.

Octavian war intelligent, aber beileibe kein einfacher Schüler. Sein tiefer Aberglaube stellte einen Charakterzug dar, der für einen rationalen Stoiker abstoßend sein musste – und bei einem König kaum als Tugend gelten konnte. Man bekommt ein Gefühl für Athenodoros' Lehrstil – und sein ruhiges, stoisches Verhalten – in Form einer Geistergeschichte, die er mit ziemlicher Sicherheit an seinen Caesar weitergegeben hatte. Athenodoros mietete ein großes Herrenhaus in Athen, in dem es angeblich spukte, und machte sich unerschrocken von den sich darum rankenden Geschichten daran, das Haus wieder in Schuss zu bringen. Seinem Bericht zufolge wurde er nahezu augenblicklich von einem Geist besucht, der in Eisen gelegt worden war und schwere Ketten hinter sich her schleifte. Weil er noch mit dem Schreiben beschäftigt war, bat Athenodoros das Gespenst, zu warten, und setzte seine Arbeit fort. Sobald er diese abgeschlossen hatte, stand er auf und folgte der Erscheinung in den Hof, wo sie plötzlich verschwand. Athenodoros reagierte prompt und kennzeichnete die Stelle, an der das Gespenst verschwunden war. Danach räumte er seinen Schreibtisch auf und ging zu Bett. Am Morgen schickte er Arbeiter zu der Stelle und befahl ihnen, dort ein Loch zu graben. Unter der Erde fanden sie uralte Knochen, noch mit den Ketten, in denen die Gliedmaßen einst gelegt worden waren. Athenodoros ließ die menschlichen Überreste bei einem ehrenvollen öffentlichen Begräbnis abermals bestatten. Das Gespenst wurde nie wieder gesehen, weder von ihm noch von einem anderen Bewohner des Hauses.

Ob man an Geister oder an das Übernatürliche glaubt, wie Octavian es wahrscheinlich getan hat, ist nebensächlich. Ein Stoiker muss *immer* die Ruhe bewahren. Selbst die schaurigsten Situationen lassen sich mit Vernunft und Tapferkeit bewältigen. Und selbst, wenn man an alberne Dinge wie Gespenster glaubt oder einem Aberglauben nachhängt, darf man sich davon nicht beherrschen lassen. *Sie* müssen das Sagen haben – immer und überall.

Besonnenheit und Weisheit sowie Fleiß waren für Athenodoros unerlässlich, und diese Tugenden spielten in seinen Lektionen für seinen jungen Kaiser eine wesentliche Rolle. »Du wirst wissen, dass du von allen Begierden befreit wurdest, wenn du Gott um nichts anderes bittest als um Dinge, nach denen du auch offen verlangen würdest«, sagte er. »Lebe unter den Menschen, als ob Gott zuschaut, und sprich mit Gott, als ob die Menschen zuhören.« In seinem Buch *On Taking Pains and Education (Über Schmerzen und Erziehung)* spricht er von *Spoudes* – dem eifrigen Streben, das nötig ist, um zu überleben und im Leben voranzukommen.

Seneca, der später selbst Kaiser beraten würde, studierte Athenodoros' Bemühungen, und ihm verdanken wir einen Großteil dessen, was wir heute über ihn wissen. Von ihm erfahren wir, dass Athenodoros seine Lehren über Ernsthaftigkeit und harte Arbeit ausglich, indem er die Bedeutung von Ruhe, speziell für Führungspersönlichkeiten, besonders betonte. Die öffentlichen Angelegenheiten mussten zwar sorgfältig verfolgt werden, aber es war auch notwendig, die zermürbende Arbeit und die anstrengende Politik durch einen Rückzug in das private Umfeld unter Freunden hinter sich zu lassen. Athenodoros dürfte darauf hingewiesen haben, dass Sokrates Pausen machte und mit Kindern Spiele spielte, um sich auszuruhen und sich zu amüsieren. Der Geist müsse mit Muße aufgefüllt werden, glaubte Athenodoros, um nicht unter Druck zu zerbrechen oder für Laster empfänglich zu sein.

Wir wissen, dass Athenodoros Octavians Schwester Octavia einen ähnlichen Rat gab, nachdem sie ihren Sohn verloren hatte, indem er ihr sagte, sie solle sich lieber mit praktischen Dingen beschäftigen, als sich ganz der Trauer und der Verzweiflung hinzugeben.

Die Schwierigkeiten und Verderbnisse einer geschäftigen Welt machten die Muße zu einem integralen Bestandteil der *Euthymie*, dem Wohlbefinden der Seele, die Athenodoros ein wichtiges Anliegen war und die einen guten Rat eines Stoikers an einen König darstellte.

Athenodoros' letzte Lektion für Augustus war eine, die Seneca zu schätzen gewusst hätte. Mit der Bitte, von seinen Pflichten entbunden zu werden, damit er in seine Heimat zurückkehren könne, bot Athenodoros dem Kaiser einen letzten praktischen Rat an

– einen, von dem er wollte, dass er ihn jederzeit befolgen würde. »Wann immer du Zorn in dir aufwallen spürst, Caesar«, unterwies er ihn, »sage oder tue nichts, bis du die vierundzwanzig Buchstaben des Alphabets in deinem Kopf aufgesagt hast.«

Das ist ein guter Ratschlag für gewöhnliche Menschen und ein unverzichtbarer für einen Kaiser. Und leider einer, der von Führern jeglicher Art viel zu oft ignoriert wird – zum Nachteil derer, die von ihnen abhängig sind und mit ihnen zusammenarbeiten.

Augustus wusste, dass es sich um einen weisen Ratschlag handelte, weshalb er seinen Lehrer anflehte, noch ein weiteres Jahr zu bleiben, nachdem er ihn vernommen hatte. »Ich brauche dich hier noch immer«, sagte er. Und Athenodoros, der durch seine Philosophie dazu verpflichtet war, den Staat zu geleiten und sich für seine Mitbürger einzusetzen, stimmte dem gern zu.

Nachdem er Augustus ein letztes Jahr in Rom gewährt hatte, kehrte Athenodoros gegen 15 vor Christus nach Tarsos zurück, wo er seine letzten Jahre damit verbrachte, das politische Chaos zu beseitigen, das weniger aufgeklärte Herrscher hinterlassen hatten. Nun war er nicht mehr der Mann im Schatten, sondern führte selbst; er wandte die Prinzipien an, die er so lange gelehrt und über die er so oft gesprochen hatte.

Ein lebenslanges Training bereitet uns auf den Augenblick unserer letzten Tat vor. Athenodoros war darauf vorbereitet, und er hat seinem Land gut gedient. So gut, dass das Volk von Tarsos ihn innig liebte und ihn nach seinem Tod, der ihn im Alter von zweiundachtzig Jahren ereilte, jedes Jahr mit einem Volksfest ehrte.

AREIOS DIDYMOS DER KÖNIGSMACHER II.

* 70 v. Chr.
† 10 n. Chr.

aus Alexandria

Es gab mehr als einen großen Stoiker in Octavians Leben. Der Name des zweiten lautete Areios Didymos, und obwohl über seine Person relativ wenig bekannt ist, wissen wir doch einiges darüber, woran er glaubte, und dank seiner Schriften auch über die zentralen Lehren der Stoiker.

Wir wissen, dass Areios irgendwann um das Jahr 44 vor Christus in Octavians Leben getreten ist und dass er seine jungen Söhne mitbrachte. Seine Söhne wurden laut Suetonius schnell zu Octavians »Zeltgenossen«, wodurch der Junge »in verschiedenen Formen des Lernens bewandert« blieb. Tatsächlich lernte Octavian durch diese enge Beziehung die griechische Sprache lesen und schätzen.

Wie auch immer Areios in Octavians Kreis kam, als er einmal darin war, wurde er schon bald zu einem festen Bestandteil davon. Seinen Worten zufolge war er alsbald der »ständige Begleiter des Kaisers und wusste nicht nur, was alle Menschen wissen durften, sondern kannte auch seine geheimsten Gedanken«.

Als der dreiunddreißigjährige Octavian 30 vor Christus triumphierend in Alexandria einmarschierte, gingen er und Areios buchstäblich Hand in Hand. Der lange Bürgerkrieg zwischen Octavian und Antonius war gewalttätig und blutig gewesen, und das Volk von Alexandria – das durch Antonius' obsessive Affäre mit Kleopatra mitten hineingezogen worden war – befürchtete das Schlimmste. Octavian entschied sich dafür, seine Zuneigung zu Areios öffentlich zur Schau zu stellen, nicht nur, weil sie aufrichtig war, sondern auch, weil er der Bevölkerung versichern konnte, dass er ihr nicht schaden wollte, indem er sich mit diesem gebürtigen Alexandriner verbündete. Es heißt, Octavian habe eine Rede auf Griechisch gehalten, die mit ziemlicher Sicherheit mit Areios' Hilfe geschrieben worden war und in der er ankündigte, dass er die Stadt aus diversen Gründen verschonen würde. Erstens, so sagte er, weil Alexandria groß und schön sei. Zweitens sei die Stadt von einem sehr großen Mann gegründet und nach ihm benannt worden. »Und drittens«, fuhr Octavian lächelnd fort und trat neben Areios, »als Gefallen für meinen Freund.«

Die Alexandriner erkannten sofort, welch großen Einfluss Areios auf ihren neuen Eroberer hatte. Ein Philosoph namens Philostratus, der sich selbst auf Octavians Feindesliste wähnte, folgte Areios durch die Stadt und flehte ihn an, verschont zu werden. »Ein weiser Mann wird einen weisen Mann retten«, flehte er, »wenn er weise ist.« Plutarch berichtet, dass Octavian den Mann begnadigt hat – vor allem, um seinem Lehrer diese Belästigung zu ersparen.

Als Friedenssymbol verwendet zu werden, ist schon ein wenig ironisch, wenn man Areios' Namen bedenkt (Areios Didymos bedeutet wörtlich übersetzt »kriegerischer Zwilling«) und wirkt noch unheilvoller angesichts des machiavellistischen – wenn auch pragmatischen – Ratschlags, den Areios seinem jungen Schützling geben würde. Während Athenodoros sich hauptsächlich mit Octavians Erziehung und seinem moralischen Charakter beschäftigt zu haben schien, unterwies Areios ihn auch direkt in politischen Fragen. Die dringendste Angelegenheit in Alexandria war nach Areios' Meinung die Beseitigung potenzieller Bedrohungen des Thrones. Plutarch schreibt, Areios habe Octavian geraten, zusammen mit Kleopatra auch den jungen Caesarion, Caesars Sohn, zu töten, und ihm gesagt, dass »es nicht gut ist, zu viele Caesaren zu haben.« Octavian sollte jedoch warten, bis Kleopatra seinen ehemaligen Verbündeten wie auch Rivalen Antonius begraben und sich selbst vergiftet hatte, bevor er Areios' Rat befolgte. Dann machte er den tödlichen Schachzug und eliminierte Caesarion, weil er nicht bereit war, das Risiko einzugehen, einen rivalisierenden Erben am Leben zu lassen, selbst wenn dies bedeutete, den Sohn Caesars, den er angeblich geliebt hatte, zu töten.

Bald darauf sollte der Caesarium-Tempel, den Kleopatra für Julius Caesar in Alexandria hatte errichten lassen, fertiggestellt werden – nur, dass er stattdessen Augustus, dem Mörder seines Sohnes und bald oberstem Herrscher Roms, gewidmet wurde.

All das war niederträchtig, aber der stoische Berater Areios hielt es für notwendig. Mit Blick auf Cato, Cicero und Porcia konnte er keinen weiteren blutigen Bürgerkrieg riskieren. Ebenso wenig wie Rom.

Seit den frühen stoischen Anführern hatte sich der Stoizismus immer weiter auf die Politik und die Machtzentren zubewegt, aber durch ihre Nähe zu Octavian verfügten Areios und Athenodoros plötzlich über größere politische Macht als alle anderen Stoiker im Laufe der Geschichte. Unter Augustus' Herrschaft wurde das Reich um mehr Territorium erweitert als jemals zuvor. Die Bevölkerung wuchs auf etwa fünfundvierzig Millionen Einwohner an. Augustus befehligte nun das gesamte Reich, hatte die Gewaltenteilung fast völlig ausgehebelt, die eher nomineller Natur war, und ließ sich von zwei stoischen Philosophen beraten. Irgendwann wurde Areios das Gouverneursamt in Ägypten angeboten, doch er lehnte es ab – vermutlich, weil er in seiner informellen Rolle bei Augustus weitaus mehr Einfluss hatte, als er selbst durch die Regentschaft über eine der größten Provinzen des Reiches erlangen könnte. Stattdessen zog er es vor, in Sichtweite des Kaisers zu bleiben und Alexandria aus der Ferne zu helfen, was, wie Plutarch anmerkte, der Art und Weise ähnelte, auf die Panaitios Rhodos durch seinen Freund Scipio unterstützte.

Augustus hatte Athenodoros angefleht, noch ein weiteres Jahr zu bleiben, als dieser um seinen Rücktritt ersucht hatte, aber es ist offensichtlich, dass er von beiden Lehrern zutiefst abhängig war. Laut dem Historiker und Staatsmann Themistios hat Augustus behauptet, Areios ebenso zu schätzen wie seinen mächtigen Feldherrn Marcus Agrippa. Angeblich pries er Areios derart, dass er den bedeutenden Philosophen nicht beleidigen oder belästigen wollte, indem er ihn »in den Staub des Stadions« zerrte, um sich die Gladiatorenspiele anzusehen.

Areios stand auch Augustus' Familie nahe und schrieb eine berühmte Konsolation – einen Trostbrief an eine trauernde Person – an die Kaiserin Livia, nachdem sie ihren Sohn Drusus verloren hatte. Dieser sei laut Livia bewegender gewesen als die Gedanken und Gebete von Millionen von Römern. »Ziehe, so beschwöre ich dich«, schrieb er, »keinen falschen Stolz daraus, als die unglücklichste aller Frauen zu erscheinen, und bedenke auch, dass es kein großes Verdienst ist, in guten Zeiten stark zu sein, wenn das Leben dank einer günstigen Strömung leicht dahingleitet; auch die Kunst des Steuermannes zeigt sich nicht bei ruhiger See und gutem Wind; erst bei schwierigen Wetterverhältnissen kann er seine Tapferkeit unter Beweis stellen. Daher weiche nicht, genau wie er, sondern stelle dich festen Standes hin, und ertrage jede Last, die von oben auf dich herabfällt, auch wenn du durch das erste Grollen des Unwetters erschreckt wurdest. Nichts heftet eine größere Schande an das Schicksal wie der Gleichmut.« Areios forderte sie auf, sich gemeinsam mit ihm und anderen Trauernden liebevoll an den jungen Mann zu erinnern, den sie verloren hatten, und an die noch lebenden Kinder und Enkelkinder zu denken.

Die Stoiker hätten niemals argumentiert, dass das Leben fair sei oder dass es nicht schmerze, jemanden zu verlieren. Aber sie glaubten, dass die Verzweiflung und die Qualen nach einem Trauerfall nicht nur ein Affront gegen die Erinnerung an die geliebte Person seien, sondern auch ein Verrat an den Lebenden, die uns noch brauchten.

Es ist nicht leicht, diese Botschaft einer Mutter zu vermitteln, die gerade ihren Sohn beerdigt hat, doch Areios schaffte es mit

Einfühlungsvermögen, Anmut und Mitgefühl, wofür sie ihm ewig dankbar war.

Wir haben zwar nur ein oder zwei Beispiele für Areios' Realpolitik, doch viel mehr Beweise für seine stoischen Lehren. Mehrere Manuskripte seiner Schriften existieren bis heute – Manuskripte, in denen er nicht nur seine Überzeugungen zum Ausdruck bringt, sondern auch Jahrhunderte stoischer Lehre zusammenfasst. Im Mittelpunkt dieser Schriften stehen Diskussionen über die vier Kardinaltugenden: Weisheit (*phronesis*), Selbstbeherrschung (*sophrosune*), Gerechtigkeit (*dikaiosune*) und Tapferkeit (*andreia*). Marcus Aurelius, der mit Areios' Vermächtnis – sowohl politisch als auch philosophisch – sehr vertraut war, hätte diese vier Tugenden in den höchsten Himmel gelobt. Wenn man jemals etwas Besseres finde als »Gerechtigkeit, Wahrheit, Mäßigung, Tapferkeit [...] so wende dich dem mit der ganzen Macht deiner Seele zu und ergötze dich an diesem höchsten Gute«, schrieb er – sie mussten in der Tat etwas ganz Besonderes sein

Für Areios gab es tatsächlich nichts Besseres als diese vier Tugenden. Sie ließen alles Böse vermissen und beinhalteten alles Gute. Alles andere war gleichgültig – oder irrelevant.

In seinen Schriften versuchte Areios, alle gängigen Tugenden in dieses Vierfachschema einzugliedern und ihre Beziehung zu anderen Teilen der stoischen Lehre zu erklären. Damit schuf er eine Art Fahrplan für aufstrebende Stoiker, ganz gleich, ob es sich um einen Kaiser handelte, der versuchte, seine Leidenschaften in den Griff zu bekommen, oder um einen ehrgeizigen jungen Menschen, der eine Karriere in der Wirtschaft anstrebte.

Seine Definitionen waren geradlinig und erklärten die Tugenden im Wesentlichen als verschiedene Wissensarten. Er beschreibt sie schlicht:

- Weisheit ist das Wissen darüber, was getan werden muss, was nicht getan werden darf und was in keine der beiden Kategorien fällt, oder angemessene Handlungen (*kathekonta*). Zu der Weisheit gehören tugendhafte Eigenschaften wie Urteilsvermögen, Umsicht, Klugheit, Sensibilität, Zielsicherheit und Einfallsreichtum.
- Besonnenheit ist das Wissen darüber, welche Dinge es wert sind, gewählt zu werden, welche vermieden werden sollten und was in keine der beiden Kategorien fällt. Zu dieser Tugend gehören Eigenschaften wie Ordnungsliebe, Anstand, Bescheidenheit und Selbstbeherrschung.
- Gerechtigkeit ist das Wissen darüber, jeder Person und Situation die ihr zustehende Aufmerksamkeit zu schenken. Darunter verstanden die Stoiker Frömmigkeit (den Göttern das zu geben, was ihnen zusteht), Freundlichkeit, gute Kameradschaft und eine ehrliche Handlungsweise.
- Tapferkeit ist das Wissen darüber, was schrecklich ist, was nicht und was in keine der beiden Kategorien fällt. Dazu gehören Ausdauer, Unerschrockenheit, Großherzigkeit, Beharrlichkeit und Fleiß (*philoponia*) – eine von Areios' beliebtesten tugendhaften Eigenschaften, die er in seinem Leben stets beherzigte.

Im Gegensatz zu diesen vier Tugenden sind Dummheit, Hemmungslosigkeit, Ungerechtigkeit und Feigheit das Fehlen dieses Wissens. Diese Vorstellung passt gut zu einem anderen Kategorienkatalog, in den Areios die Welt einzuteilen versuchte und der seinen Worten zufolge von Zenon stammte. Es gibt nur zwei Arten von Menschen in dieser Welt, schrieb er, weise Menschen und Dummköpfe, oder wertvolle und wertlose. Wertlosen Dummköpfen fehle das Wissen, das die Weisen bei dem Streben nach Tugendhaftigkeit einsetzten. Diese Einteilung zeigt nur Schwarz und Weiß und hat so gut wie keinen Platz für die Grautöne in der Welt. Man ist zum Beispiel versucht, Areios zu fragen, in welche der vier Tugenden er einen Menschen einordnet – und ob er ein Weiser oder ein Dummkopf ist –, der junge Prinzen ermordet, die eines Tages zu Rivalen werden könnten. Gerechtigkeit? Weisheit? Oder gibt es vielleicht noch eine andere nicht aufgeführte Kategorie mit dem Titel *politische Zweckmäßigkeit*?

Dazu hat Zenon gewiss nie etwas gesagt.

Der springende Punkt für Areios war jedoch, dass wir zwar die natürliche Fähigkeit besitzen, diese Tugenden vorzuweisen, diese jedoch aktiv kultiviert und verfeinert werden müssen, damit ein Mensch weise und gut wird. Im Kern ging es ihm darum, dass man ein tugendhaftes Leben zu führen habe, bei dem es darum geht, eine »Disposition der Seele in Harmonie mit sich selbst in Bezug auf das ganze Leben zu erreichen«.

Ist ihm das gelungen? Wir wissen es nicht. Haben er und Athenodoros Octavian – einen Mann, der die absolute Macht und den ganzen verderblichen Druck, der damit einhergeht, übernommen hat – der Tugend ein Stück näher gebracht? Ja.

Augustus war bei Weitem nicht perfekt, aber er war nicht Nero. Die Quellen lassen einen Mann erkennen, der im Laufe der Zeit besser wurde, was ebenso bei Anführern wie allgemein bei Menschen nicht unbedingt die Regel ist, insbesondere nicht bei jenen mit absoluter Macht. Er schien ernsthaft nach Größe und Selbstbeherrschung zu streben und nach diesen Kardinaltugenden zu leben. Als Augustus gegen Ende seines Lebens bemerkte, er habe ein Rom aus Ziegelsteinen geerbt, der Welt aber ein Reich aus Marmor hinterlassen, hatte er damit nicht Unrecht. Bis heute stehen Gebäude, die seine harte Arbeit bezeugen und damit auch die des Philosophen, der ihn dazu angehalten hat, diesen Weg einzuschlagen.

Hätte er dies ohne die Lektionen seiner Lehrer und deren Philosophie tun können? Wäre jeder dazu imstande? Nein. Wir brauchen Führung, und wir müssen den Prozess der Selbstverbesserung genießen, glaubten die Stoiker, oder wir fallen auf das Niveau aller anderen zurück. Octavian lag Areios sehr am Herzen, er war der Inbegriff der *philoponia* – er schien wahre Freude daran zu haben, sich für das Wohl aller einzusetzen.

Nur von wenigen Männern und Frauen, denen das Leben – oder die Macht und der Erfolg – eines Herrschers aufgebürdet wurde, kann man das behaupten. Weil damals wie heute nur wenige bereit sind, sich derart anzustrengen.

»Keiner der Wertlosen ist fleißig«, schrieb Areios. »Denn Fleiß ist eine Veranlagung, die es einem Menschen ermöglicht, ohne Zögern das zu vollbringen, was ihm aufgrund der Mühen gebührt, und keiner der Wertlosen ist ohne Zögern bereit, Mühen auf sich zu nehmen.« Augustus arbeitete hart – niemand konnte ihm vorwerfen, dass er sich auf dem Thron ausruhte. Es gibt auch keine Beweise dafür, dass seine Lehrer durch ihre Nähe und ihren Zugang zur Macht korrumpiert wurden, wie man es Seneca später vorwarf.

Wären der *mos maiorum* und die *libertas* von Catos Republik diesem neuen augusteischen Zeitalter vorzuziehen gewesen? Mit ziemlicher Sicherheit. Kaiserliche Macht ist für niemanden gut, am wenigsten für die Person, die sie ausübt. Aber 27 vor Christus, als Octavian zu Augustus wurde, hätten Areios oder Athenodoros eine Rückkehr zu den alten Gewohnheiten nicht mehr einleiten können. Ihnen blieb nur noch, das Beste aus dem zu machen, dem sie sich ausgesetzt sahen – und ihren Schützling nach ihrem Vermögen zum bestmöglichen Mann zu formen.

Areios schrieb, so wie Panaitios vor ihm, dass jeder von uns seine eigenen angeborenen Gaben (*aphormai*) besitze, Ressourcen, die uns zur Tugend führen können.

Aufgrund unserer Persönlichkeiten eignen wir uns unterschiedlich gut für die verschiedenen Wege der ethischen Entwicklung. Wir alle fangen an einem anderen Punkt an, können dank dieser angeborenen Werkzeuge und mit harter Arbeit jedoch erreichen, was immer wir wollen.

Wir müssen uns auf die vor uns liegende Aufgabe konzentrieren und dürfen keine Zeit für Dinge vergeuden, die uns nichts angehen. Wir müssen Mut haben. Wir müssen fair sein. Wir müssen unsere Emotionen im Zaum halten. Und wir müssen vor allem weise sein.

Das ist es, was Areios und Athenodoros zu leben und zu lehren versuchten. Dadurch wurden sie zu vertrauenswürdigen Ratgebern auf höchster Ebene und konnten das mitgestalten, was später zur Pax Romana werden sollte. Ihre Anleitung – die Nähe des Stoizismus zum Thron – prägte nicht nur Augustus und sodann Seneca, sondern inspirierte auch Marcus Aurelius, den Philosophenkönig.

Letztendlich konnten sie trotz all ihrer Macht und ihres Einflusses ebenso Marcus Aurelius wie auch uns eine Lektion in Demut und Moral erteilen. Marcus Aurelius fasste die damals schon vergangene Epoche wie folgt zusammen:

> Der Hof des Augustus: seine Frau, seine Tochter, seine Enkel, seine Stiefsöhne, seine Schwester, Agrippa, die Verwandten, Diener, Freunde, Areios, Maecena, die Ärzte, die Opferpriester [...] Der ganze Hof, tot [...] Jemand muss der Letzte sein. Das gilt auch für den Untergang eines ganzen Hauses.

Athenodoros starb. Areios starb. Augustus starb – und das Rad der Zeit drehte sich weiter.

AGRIPPINUS DER ANDERE

* unbekannt
† nach 67 v. Chr.

Herkunft unbekannt

Wir wissen nicht viel über Paconius Agrippinus, abgesehen von der Tatsache, dass sein Vater von Kaiser Tiberius, Augustus' Nachfolger, nach einer erfundenen Anklage wegen Hochverrats hingerichtet wurde. Wir wissen nicht, was Agrippinus schrieb oder wo er geboren wurde – nicht einmal, wann er geboren wurde und wann er starb.

Es ist jedoch bekannt, dass er in der Zeit von Tiberius' Nachfolgern, den beiden korrupten und gewalttätigen Kaisern Claudius und Nero lebte, aber wo er zur Schule ging oder wie er in den Staatsdienst trat, bleibt ein Rätsel.

Doch trotz all der fehlenden Informationen über Agrippinus fällt er in den historischen Aufzeichnungen als eine Art Draufgänger und unverwechselbare Gestalt auf, jemand, der selbst unter den mutigsten und bekanntesten Stoikern seiner Zeit hervorstach. Das war kein Zufall. Denn in einem Römischen Reich, das sich zurzeit von Claudius' und Neros Herrschaft voll und ganz der Habgier und der Korruption hingab, musste jeder, der tatsächlich nach den stoischen Prinzipien lebte – so, wie es Agrippinus tat – auffallen.

Agrippinus zufolge sind wir alle Fäden in einem Kleidungsstück – was bedeutet, dass die meisten Menschen nicht auseinanderzuhalten sind, sondern bloß ein Faden unter unzähligen anderen. Die meisten Menschen seien glücklich damit, sich anzupassen, anonym zu sein, mit ihrer eigenen unbedeutenden Rolle sang- und klanglos im Stoff aufzugehen. Wer kann es ihnen verdenken? Unter einem Tyrannen besteht die beste Strategie gewöhnlich darin, sich unauffällig zu verhalten und sich einzufügen, damit man nicht die Aufmerksamkeit des launischen und grausamen Herrschers erregt, der über Leben und Tod entscheidet.

Aber für Agrippinus, der unter solchen Umständen sogar seinen Vater verloren hatte, war diese Art von Kompromiss undenkbar. »Ich will der Purpurne sein«, sagte er, »dieser kleine und glänzende Streifen, der auch den Rest anmutig und schön erscheinen lässt [...] ›Sei wie die Mehrzahl der Menschen!‹ Und wenn ich das tue, wie werde ich dann noch Purpur sein können?«

Viele Jahre später gab es ein Lied von Alice in Chains, das auf den Punkt brachte, was Agrippinus tief in seinem Herzen glaubte: »Wenn ich nicht so sein kann, wie ich bin, wäre ich tot besser dran.«

Individualität und Autonomie sind Konzepte, für die viele Menschen ein Lippenbekenntnis ablegen – sie scheinen sogar fast schon zu einer neuen Form der Konformität geworden zu sein. Wir sprechen davon, unser einzigartiges Ich auszuleben, unsere Farben leuchten zu lassen, unser wahres Ich zu zeigen, aber tief im Inneren wissen wir, dass dies nur Gerede ist. Unter Druck, wenn es wirklich darauf ankommt, wollen wir die gleichen Dinge wie alle anderen, und wir tun auch dasselbe wie alle anderen.

Aber nicht Agrippinus. Er war bereit, sich hervorzutun – leuchtend purpur zu sein –, *auch wenn das bedeutete, geköpft oder ins Exil geschickt zu werden*. Dieser Wunsch wurde weder von Ego noch vom Streben nach Aufmerksamkeit getrieben, wie es leider sogar bei den wenigen Männern und Frauen, die Konventionen ablehnen, häufig der Fall ist.

»Es ist richtig, Agrippinus zu loben«, schreibt Epiktet, »denn auch wenn er ein Mann von allerhöchstem Wert war, hat er sich nie selbst gelobt, sondern errötete stets, selbst wenn jemand anderes ihn pries.« Es war das Beharren auf Prinzipien, das Agrippinus zu Ruhm verhalf, und doch hätte er sich lieber im stillen Kämmerchen und ohne Aufmerksamkeit zu erregen behauptet.

Seinen Ruhm verdankt er seiner Tüchtigkeit als Gouverneur von Kreta und Kyrene, wo er viele mit seinem Einsatz überraschte, während andere die gleichen Positionen nutzten, um sich die Taschen zu füllen. Tacitus berichtet, Agrippinus habe den »Kaiserhass seines Vaters« geerbt, nachdem dieser seinem »schuldlosen«

Vater Unrecht angetan hatte. Es war in der Tat ein Unrecht: Sein Vater war höchstwahrscheinlich unschuldig und darüber hinaus wurde das Todesurteil erst vollstreckt, nachdem der hochsensible Kaiser von einem Palastzwerg gehänselt worden war, weil er in dieser Sache unentschlossen wirkte. Es ist bemerkenswert, dass diese absurde Verhöhnung der Gerichte nicht dazu beitrug, Agrippinus' Bindung an das Gesetz und seine faire und ernsthafte Ausübung zu schmälern, als ihm später diese Pflicht zufiel.

»Als Agrippinus Gouverneur war«, berichtet Epiktet bewundernd, »versuchte er immer, die Personen, die er verurteilte, davon zu überzeugen, dass ihre Verurteilung angemessen war. ›Denn‹, so sagte er stets, ›nicht als Feind oder als Räuber richte ich über sie, sondern als Kurator und Wächter; so wie auch der Arzt den Mann, den er operiert, ermutigt und ihn dazu überredet, sich der Operation zu unterwerfen.‹«

Dieses Engagement wurde in einem Reich, in dem Habsucht belohnt wurde und Prinzipien nichts als eine Last waren, immer ungewöhnlicher. Agrippinus kam anscheinend nie auch nur auf den Gedanken, etwas anderes als rein, engagiert und scharfsichtig zu sein.

In einem berühmten Austausch, der durch Epiktet überliefert ist, wurde Agrippinus von einem Philosophen angesprochen, der sich mit der Frage auseinandersetzte, ob er an einem von Nero veranstalteten Bankett teilnehmen und dort auftreten sollte, für das Seneca vermutlich auch eine Rede vorbereitet hatte. Agrippinus sagte dem Mann, er solle hingehen. Aber warum?, fragte der Mann. *Weil du auch nur darüber nachgedacht hast.* Für mich, sagte Agrippinus, würde sich eine solche Frage nicht einmal stellen.

Für Agrippinus gab es keine Umschweife und kein Zögern, wenn es um das Richtige ging. Er wog nie seine Optionen ab. »Wer sich einmal auf solche Überlegungen einlässt«, sagte Epiktet über Agrippinus, »und sich an die Berechnung des Wertes äußerer

Dinge wagt, kommt jenen sehr nahe, die ihren eigenen Charakter vergessen.« Der Charakter ist Schicksal, wie Heraklit – von dem sich die Stoiker sehr gern beeinflussen ließen – es ausdrückte. Das galt für Agrippinus ebenso wie sehr viel früher auch für Ariston und Cato. Er glaubte, dass nur der Charakter über schwierige Angelegenheiten entscheide, und zwar klar und deutlich. Weder Berechnung noch Rücksichtnahme waren vonnöten. Das Richtige war schlichtweg offensichtlich.

Als Agrippinus schließlich der Verschwörung gegen Nero beschuldigt wurde, sah er sich genau wie sein Vater angeklagt. »Ich hoffe, dass es gut ausgehen wird«, sagte er zu einem Freund, als sein Prozess begann. Dann bemerkte er, wie viel Uhr es war, und erinnerte ihn daran, dass es Zeit für ihre tägliche Leibesübung sei. Während der Senat also über sein Schicksal entschied und sein Leben in der Schwebe hing, trainierte Agrippinus und entspannte sich dann bei einem kalten Bad. So, wie Cato ein letztes Abendessen vor seinem Ableben genossen hatte, so nahm Agrippinus ein schönes Bad, bevor ihm die Nachricht überbracht wurde: *Du bist verurteilt.*

Ein normaler Mensch wäre vielleicht auf die Knie gefallen oder hätte diese Ungerechtigkeit verflucht. Agrippinus ließ sich jedoch weder Angst noch Furcht vor seinem Schicksal anmerken. Er hatte nur praktische Fragen. Verbannung oder Tod? Exil, sagten seine Freunde. Hatte man sein Eigentum konfisziert? Nein, zum Glück nicht, erwiderten sie. »Nun gut«, sagte er daraufhin, »so lasst uns unser Mittagessen in Aricia einnehmen.«

Aricia war seine erste Station nach dem Verlassen Roms. Was so viel bedeutete wie: Wir können mit dieser Verbannung auch gleich anfangen. Es wäre sinnlos, deswegen zu jammern oder zu weinen. *Hey, hat noch jemand Hunger?*

Sicherlich haben viele Menschen – einschließlich anderer Stoiker – auf bessere Umstände schlechter reagiert. Aber genau so war Agrippinus – er war eben anders. »Ich stehe mir nicht selbst im Weg«, zitiert Epiktet ihn. Er trug nicht noch zu seinen Schwierigkeiten bei, indem er sie beklagte. Er wollte weder seine Würde noch seine Gelassenheit für große oder kleine Angelegenheiten aufs Spiel setzen, ob es sich nun um eine sinnlose Feier oder einen grausamen Justizirrtum handelte. »Sein Charakter war so beschaffen«, schrieb Epiktet, »dass er, wenn ihm irgendeine Not widerfuhr, eine Lobrede darauf verfasste; auf das Fieber, wenn er erkrankte; auf die Schande, wenn er in Verruf geriet; auf die Verbannung, wenn er ins Exil ging.«

Er nahm das Leben einfach hin, ebenso wie die Verbannung oder die Grausamkeit der Kaiser; er akzeptierte die Sachlage und blickte nach vorn.

Und weswegen wurde Agrippinus davongejagt? Welches Verbrechen hatte er begangen und aufgrund welcher Beweise wurde er verurteilt? Tacitus kann uns keinen Aufschluss darüber geben, nur einen Hinweis, wenn er berichtet, dass Nero zur gleichen Zeit auch einen jungen laster- und harmlosen Dichter aus Rom vertrieben hatte, weil er schlichtweg zu talentiert gewesen war. Ähnlich verhielt es sich bei Agrippinus. Er hatte es gewagt, anders zu sein. Er war das strahlende Purpur in einem Reich gewesen, in dem Nero sich als Einziger für würdig hielt, aus der Masse hervorzustechen.

Denn das ist etwas, das Agrippinus entweder übersehen hatte oder von dem er sich nicht einschüchtern lassen wollte: Ja, die Schönheit des Kleidungsstücks entsteht durch die auffälligen Fäden, aber es ist ebenso wahr, dass der Nagel, der herausragt, eingeschlagen wird.

Für einen Mann wie Agrippinus – und seinen Vater vor ihm – war dies ein Preis, den sie zu zahlen bereit waren. Tatsächlich zogen sie die Alternative *nicht einmal in Betracht.*

SENECA DER FLEISSIGE

* 4 v. Chr.
† 65 n. Chr.

aus Corduba, Spanien

Es würde Lucius Annaeus Seneca sehr freuen, wenn er wüsste, dass wir noch heute über ihn sprechen. Im Gegensatz zu vielen seiner Stoiker-Kollegen, die von der Wertlosigkeit des posthumen Ruhmes schrieben, sehnte sich Seneca danach und arbeitete dafür, bis hin zu den letzten Momenten seines Lebens und dem theatralischen Selbstmord, der dem von Cato in nichts nachstehen würde.

Im Gegensatz zu Jesus, der im selben Jahr wie Seneca in einer ebenso entlegenen Provinz des Römischen Reiches geboren worden war, besaß Seneca kaum Sanftmut und Demut. Stattdessen hatte er Ehrgeiz, Talent und einen Willen zur Macht, der mit dem von Cicero nicht nur konkurrierte, sondern ihn sogar übertraf.

Zeitgenossen mögen der Ansicht gewesen sein, dass Cicero der bessere Schriftsteller und Redner sei, aber heutzutage werden die Werke von Seneca deutlich mehr gelesen. Aus gutem Grund: Niemand hat über die Mühen der Menschen – ihren Wunsch nach Ruhe, Sinn, Glück und Weisheit – überzeugender und nachvollziehbarer geschrieben. Die Leserschaft der Essays und Briefe, die Seneca im Laufe seines langen Lebens geschrieben hat, hat nicht nur die von Cicero, sondern auf lange Sicht wahrscheinlich auch die aller anderen Stoiker zusammen in den Schatten gestellt. Genau das war die ganze Zeit über sein Ziel.

Seneca wurde um das Jahr 4 vor Christus in Corduba, Spanien (im heutigen Córdoba) geboren. Als Sohn eines wohlhabenden und gelehrten Schriftstellers, der in der Geschichte als Seneca der Ältere bekannt ist, war Seneca der Jüngere von Geburt an zu großen Dingen bestimmt. Das gilt auch für seine Brüder Novatus der Gouverneur wurde, und Mela, dessen Sohn Lukan die Schriftstellertradition der Familie fortsetzte.

Da Seneca gegen Ende der Herrschaft von Augustus zur Welt kam, war er der erste große Stoiker, der Rom nicht mehr als Republik erlebte. Seneca kannte nur das Kaiserreich; tatsächlich sollte sein Leben die Regierungszeit der ersten fünf Kaiser umspannen. Niemals hat er die Freiheit der römischen *libertas* verspürt, die Cato und seine Vorgänger genossen hatten. Stattdessen verbrachte er sein ganzes Leben mit dem Versuch, sich durch den turbulenten Hofstaat einer zunehmend autokratischen und unberechenbaren Macht zu lavieren.

Doch trotz all dieser Veränderungen verlief seine Kindheit mehr oder weniger identisch mit denen der Philosophen vor ihm. Sein Vater wählte Attalos den Stoiker als Tutor für seinen Sohn aus, vor allem wegen des Rufes, den der Mann als eloquenter Redner hatte. Er wollte seinem Sohn nicht nur eine rechtschaffene Einstellung vermitteln, sondern auch die Fähigkeit, die damit verbundenen Anschauungen im römischen Leben klar und überzeugend zu vermitteln. Sein Sohn ging mit Begeisterung in die Schule – nach Senecas eigenem Bekunden »belagerte« er als Kind fröhlich das Klassenzimmer; er kam als Erster und verließ es als Letzter. Es ist überliefert, dass Attalos keine »Hausbesetzer« duldete, also die Art von Studenten, die herumlungern und zuhören, sich bestenfalls Notizen machen, um das Gehörte aus den Vorlesungen auswendig zu lernen und zu wiederholen. Stattdessen war der Unterricht ein aktiver Prozess mit Debatten und Diskussionen, an denen sowohl der Lehrer als auch die Schüler beteiligt waren. »Sowohl der Lehrmeister als auch der Schüler sollten vom gleichen Zwecke besessen sein«, sagte Attalos über seine Methoden, »in dem einen Fall ein Bestreben, zu fördern, und in dem anderen eines, Fortschritte zu machen«.

Mit den Fortschritten hatte Attalos mehr im Sinn als nur gute Noten und den Anschein von Artikulationsfähigkeit. Sein Unterricht war ebenso moralisch wie akademisch, denn er sprach ausführlich mit seinem vielversprechenden jungen Schüler über

»Sünde, Fehler und die Übel des Lebens«. Er war ein Verfechter der stoischen Kerntugend der Mäßigung und flößte Seneca lebenslange Gewohnheiten der Mäßigung beim Essen und beim Trinken ein, der daraufhin auf Austern und Pilze verzichtete, zwei römische Delikatessen. Attalos machte sich über Prunk und Luxus als flüchtige Freuden lustig, die nicht zu dauerhaftem Glück beitrugen. »Du darfst keine Bedürfnisse haben«, sagte er zu Seneca, »wenn du mit Jupiter wetteifern möchtest; denn Jupiter kennt keine Bedürfnisse [...] Lerne, mit wenig zufrieden zu sein, und rufe mutig und beherzt aus: Wir haben Wasser, wir haben Graupen.«

Aber die wichtigste Lektion, die Seneca von Attalos lernte, war der Wunsch nach praktischen Verbesserungen in der realen Welt. Der Zweck des Philosophiestudiums, so lernte er von seinem geliebten Lehrer, bestand darin, »jeden Tag etwas Gutes aufzunehmen: Er soll als besserer Mensch nach Hause zurückkehren, oder auf dem Weg sein, ein besserer Mensch zu werden«.

Wie unzählige junge Menschen seit damals experimentierte auch Seneca mit verschiedenen Schulen und Konzepten und fand Gefallen am Stoizismus und an den Lehren eines Philosophen namens Sextius. Er las und diskutierte aber auch die Schriften von Epikur, der einer vermutlich rivalisierenden Schule angehörte.* Darüber hinaus erforschte er die Lehren des Pythagoras und wurde – von ihnen dazu inspiriert – sogar eine Zeit lang Vegetarier. Es ist das Verdienst von Senecas Vater – und ein gutes Beispiel für alle Väter seitdem –, dass er während dieser Phase geduldig Nachsicht übte und seinem Sohn eine Reihe von unterschiedlichen Studien ermöglichte. Es kann eine Weile dauern, bis altklu-

* Interessanterweise ist der meistzitierte Schriftsteller in Senecas Werken Epikur. Seneca sagte, wir sollten wie ein Spion im Lager des Feindes lesen, immer darauf bedacht, von unseren intellektuellen und philosophischen Gegnern zu lernen.

ge junge Menschen zu sich selbst finden, und sie zu zwingen, ihre Neugierde zu zügeln, mag manchmal zweckdienlich sein, es ist aber oft auch mit Verlusten verbunden.

Zu dieser Zeit entwickelte Seneca eine Reihe von Interessen und sammelte Erfahrungen, die es ihm später ermöglichen sollten, seine eigenen, einzigartigen Praktiken zu entwickeln. Durch Sextius zum Beispiel entdeckte er die Vorteile, die es hat, abends vor dem Schlafengehen einige Minuten für ein Tagebuch aufzuwenden, und kombinierte es mit der Art der moralischen Reflexion, die Attalos ihm beigebracht hatte. »Ich mache Gebrauch von diesem Recht«, schrieb er später über seine Praxis des Tagebuchführens, »und jeden Tag plädiere ich in eigener Sache vor meinem eigenen Richterstuhl. Wenn das Tageslicht verschwunden ist und meine Frau, die sich meiner Gewohnheit seit Langem bewusst ist, schweigt, lasse ich den gesamten Tag Revue passieren und gehe all meine Taten und Worte noch einmal durch. Ich verberge nichts vor mir, ich lasse nichts aus. Denn warum sollte ich mich vor einem meiner Fehler fürchten, wenn ich sie auf diese Weise mit mir selbst erörtern kann?«

Diesen Teil von Seneca, sein ernsthaftes Engagement für die Selbstvervollkommnung – streng, aber freundlich (»Sieh zu, dass du das nicht wieder tust«, sagte er sich selbst, »aber für jetzt vergebe ich dir.«) –, liebten seine Lehrer und sie ermutigten ihn dazu. Aber sie wussten auch, warum sie eingestellt worden waren und dass sein Vater, der kein Anhänger der Philosophie war, sie dafür bezahlte, seinen Sohn auf eine aktive und ehrgeizige politische Karriere vorzubereiten. Daher wurde diese moralische Ausbildung durch eine strenge Unterweisung in Recht, Rhetorik und kritischem Denken ergänzt. In Rom konnte ein vielversprechender junger Anwalt bereits mit siebzehn Jahren vor Gericht erscheinen, und es gibt kaum Zweifel daran, dass Seneca bereit war, sobald er die rechtlichen Voraussetzungen erfüllte.

Doch nur wenige Jahre nach Beginn dieser vielversprechenden Karriere, als Seneca erst Anfang zwanzig war, hätte sein Gesundheitszustand fast alles beendet. Er hatte schon immer mit einem Lungenleiden gekämpft, höchstwahrscheinlich mit Tuberkulose, aber ein Aufflammen dieser Erkrankung im Jahre 20 nach Christus zwang ihn zu einer ausgedehnten Reise nach Ägypten, um sich zu erholen.

Das Leben hält sich nicht immer an unsere Pläne, manchmal zerschlägt es sie. Wie Seneca später schrieb, sollten wir nie die Angewohnheit des Schicksals unterschätzen, sich ganz nach seinem eigenen Belieben zu verhalten. Nur weil wir hart gearbeitet haben, nur weil wir vielversprechend sind und der Weg zum Erfolg klar ist, müssen wir nicht unbedingt das bekommen, was wir wollen.

Bei Seneca war das jedenfalls nicht der Fall. Seine Genesungszeit, die er in Alexandria verbrachte, dauerte etwa zehn Jahre. Das konnte er nicht ändern, doch er konnte immerhin entscheiden, wie er diese Zeit verbringen würde. Also nutzte er das Jahrzehnt zum Schreiben, Lesen und zum Aufbau seiner Kräfte. Sein Onkel Gaius Galerius diente als Präfekt von Ägypten, daher ist es naheliegend, dass Seneca hier seine erste richtige Anleitung im Umgang mit der Macht erhielt. Darüber hinaus ist es gut vorstellbar, dass er sich nach einer Rückkehr sehnte und diese plante.

Während dieser Zeit erhielt er Nachrichten, die den Verlauf seines Lebens vorzeichnen sollten. Attalos war irgendwie mit Kaiser Tiberius in Konflikt geraten, der seinen Besitz beschlagnahmte und ihn aus Rom verbannte. Senecas geliebter Hauslehrer würde den Rest seiner Jahre versuchen, im Exil über die Runden zu kommen, indem er Gräben aushob. Im imperialen Rom Philosoph zu sein, hieß, ein Leben auf Messers Schneide zu leben, wie Seneca daraus lernte, und es hieß, zu akzeptieren, dass das Schicksal wankelmütig war und durchaus grausam sein konnte.

Senecas Rückkehr nach Rom mit fünfunddreißig Jahren im Jahre 31 nach Christus sollte diese Lektion noch untermauern. Auf der Heimreise starb sein Onkel bei einem Schiffbruch. Zudem traf Seneca rechtzeitig an seinem Ziel ein, um mitzuerleben, wie Sejanus, einst einer der vertrauenswürdigsten militärischen Befehlshaber und Berater von Tiberius, vom Senat verurteilt und vom Mob auf den Straßen in Stücke gerissen wurde. Es war eine Zeit der Paranoia, der Gewalt und der politischen Unruhen. In dieser Zeit übernahm Seneca sein erstes öffentliches Amt und diente aufgrund seiner familiären Verbindungen als Quästor.

Seneca hielt sich während der Herrschaft von Tiberius, die bis 37 nach Christus andauerte, und während der Herrschaft Caligulas, die zwar erheblich kürzer, aber ebenso gewalttätig war, bedeckt. In seinem Buch *Von der Ruhe des Geistes* erzählte Seneca später die Geschichte eines von ihm bewunderten stoischen Philosophen namens Julius Canus, der ermordet werden sollte, nachdem er mit Caligula in Konflikt geraten war. Während Canus auf den Henker wartete, spielte er mit einem Freund eine Partie Schach. Als der Wächter kam, um ihn zu seiner Hinrichtung zu bringen, scherzte er: »Du wirst bezeugen, dass ich um eine Figur im Vorteil war«.

Seneca bemerkte nicht nur die philosophische Brillanz des Witzes, sondern auch die Art von Ruhm, den er Canus in dieser schrecklichen Zeit eingebracht hatte.

Seneca hätte leicht das gleiche Schicksal wie Canus ereilen können, denn auch er lebte unter diesem instabilen König auf Messers Schneide, was Leben und Tod anbelangte. Laut Cassius Dio wurde Seneca nur durch seine Krankheit vor der Hinrichtung gerettet – für welches Vergehen, wissen wir nicht:

> Seneca, der in seiner Weisheit allen Römern seiner Zeit und auch vielen anderen überlegen war, war kurz davor, hingerich-

> tet zu werden, obwohl er weder etwas Falsches getan hatte noch den Anschein erweckte, etwas Falsches tun zu wollen, sondern nur, weil er in Anwesenheit des Kaisers im Senat in einem Rechtsfall ein gutes Plädoyer gehalten hatte. Caligula befahl, ihn zu töten, ließ ihn aber wieder frei, weil er der Aussage einer seiner Mitarbeiterinnen glaubte, dass Seneca unter Schwindsucht in fortgeschrittenem Stadium leide und vor einer großen Weile sterben werde.

Er kam vom Regen in die Traufe. In einem Zeitraum von weniger als zwei Jahren verlor Seneca seinen Vater (39 nach Christus mit zweiundneunzig Jahren), heiratete (40 nach Christus) und verlor dann seinen erstgeborenen Sohn (40–41 nach Christus). Und zwanzig Tage nach der Beerdigung seines Sohnes wurde er von Claudius, dem Nachfolger Caligulas, aus Rom verbannt.

Weshalb? Das ist nicht geklärt. Wurden Philosophen vielleicht pauschal verfolgt? Hatte Seneca in seiner Trauer am Ende eine Affäre mit Julia Livilla, der Schwester von Agrippina? Die Aufzeichnungen sind undurchsichtig und genau wie die Skandale unserer Zeit mit Gerüchten, Absichten und widersprüchlichen Berichten gespickt. Jedenfalls wurde Seneca, trauernder Sohn und Vater, wegen Ehebruchs angeklagt und im Jahre 41 nach Christus, im Alter von 45 Jahren, auf die entfernte Insel Korsika geschickt. Wieder einmal wurde seine vielversprechende Karriere willkürlich abgewürgt.

Nach seinem Jahrzehnt in Ägypten war er nun erneut für lange Zeit weg von Rom – acht Jahre. Diese Phase seines Lebens begann er zwar recht produktiv und schrieb innerhalb kurzer Zeit *Trostschrift an Polybius*, *Trostschrift an Helvia* und *Über die Wut*, doch dann machte ihm die Isolation zunehmend zu schaffen. Bald brauchte der Mann, der noch kurz zuvor anderen Menschen Trostnachrichten geschrieben hatte, eindeutig selbst etwas Trost.

Er war wütend, so, wie es wohl jedem anderen Menschen auch ergangen wäre, aber anstatt dieser Wut nachzugeben, kanalisierte er die Energie in ein Buch zu diesem Thema, *De Ira* (*Über die Wut*), das er seinem Bruder widmete. Es ist ein schönes, berührendes Buch, das sich sowohl an ihn selbst als auch an den Leser richtet. »Umgebt euch nicht mit Ungebildeten«, schreibt er. »Sprecht nur die Wahrheit, aber nur zu denen, die die Wahrheit auch ertragen können.« »Erwartet, vieles zu ertragen.« Diese Art von Selbstgesprächen geht im Stoizismus bis auf Kleanthes zurück, aber Seneca wandte sie in einer der stressigsten Situationen an, die man sich vorstellen kann – mit dem Entzug von Freunden und Familie, einer ungerechten Verurteilung, dem Diebstahl wertvoller Lebensjahre.

Eines der häufigsten Themen in Senecas Briefen und Essays aus dieser Zeit ist der Tod. Als Mann, der seit frühester Kindheit an Tuberkulose litt – die ihn irgendwann sogar dazu trieb, einen Selbstmord in Erwägung zu ziehen –, konnte er nicht anders, als ständig über den letzten Akt des Lebens nachzudenken und zu schreiben. »Lasst uns unseren Geist in eine solche Fassung bringen, als wenn es mit uns bereits zu Ende gehe«, erinnerte er sich. »Lasst uns nichts aufschieben, lasst uns täglich die Rechnung unseres Lebens schließen. Wer täglich sein Leben abschließt, der bedarf keiner weiteren Zeit.«* Während er im Exil saß, tröstete er seinen Schwiegervater, der gerade seine Stelle als Leiter der Getreideversorgung Roms verloren hatte: »Glaube mir, es ist besser, die Bilanz seines eigenen Lebens zu erstellen als die des Getreidemarktes.«

* *Geist aus Lucius Annaeus Senecas sämtlichen Werken oder die wichtigsten Aussprüche des großen Weisen über die höchsten Angelegenheiten des Lebens.* Von Dr. Joh. Friedr. Theodor Wohlfarth. Apolda, 1860 bei C. M. Teubner

Interessanterweise kritisierte er die Vorstellung, Tod sei etwas, das uns in der ungewissen Zukunft bevorstehe. »Das eben ist die große Selbsttäuschung, der wir uns hingeben«, schrieb Seneca, »dass wir den Tod in die Zukunft verlegen: Zum großen Teil liegt er schon hinter uns, alles vergangene Leben liegt im Banne des Todes.«* Das war es, was ihm klar wurde, dass wir *jeden Tag sterben* und dass kein Tag – einmal tot – wiederbelebt werden kann.

Es muss eine besonders schmerzhafte Einsicht für einen Mann gewesen sein, der zum zweiten Mal aufgrund von Ereignissen, die außerhalb seiner Kontrolle lagen, Jahre seines Lebens vergehen sah. Es war vielleicht nicht stoisch, daran zu verzweifeln, aber es war sicherlich sehr menschlich.

In einem Theaterstück, das Seneca gegen Ende seines Lebens schrieb und das eindeutig aus tief empfundener Erfahrung entstand, hielt er fest, wie launisch und willkürlich das Schicksal sein konnte:

> Sieht der anbrechende Tag jemanden aufrecht,
> So sieht ihn der zu Ende gehende im Staube.
> Niemand sollte dem Triumph zu sehr trauen,
> Niemand sollte alle Hoffnung auf Besserung fahren lassen.
> Clotho mischt eins mit dem anderen und hindert
> Das Glück, zu ruhen, während er das Rad des Schicksals weiterdreht.
> Niemand hat so viel göttliche Gunst gehabt,
> Dass er sich selbst ein Morgen garantieren könnte.
> Gott hält unser Leben in Schwung,
> Das sich dreht in einem Wirbelsturm.

* Lucius Annaeus Seneca. *Philosophische Schriften*. Drittes Bändchen. Briefe an Lucilius, Erster Teil: Brief 1–81. Übersetzt von Otto Apelt. Leipzig, 1924 bei Meiner.

Das Schicksal hatte dafür gesorgt, dass er zu Reichtum geboren war, und es hatte ihm großartige Lehrer geschenkt. Es hatte allerdings auch seine Gesundheit geschwächt und ihn zweimal ungerechterweise von seinem Zuhause vertrieben, gerade als seine Karriere in Schwung kam. Es hatte sich sein ganzes Leben lang nach seinem eigenen Belieben verhalten. Für Seneca, wie auch für uns, brachte es Erfolg und Misserfolg, Schmerz und Vergnügen – gewöhnlich in genau der Form, die er nicht erwartet hatte.

Dass sich all das wiederholen würde, wusste Seneca im Jahre 50 nach Christus noch nicht. Sein Leben sollte sich schon bald verbessern – nur um dann in einen Wirbelsturm zu geraten, den die Geschichte bis heute noch nicht vollständig erfasst hat.

Agrippina, die Urenkelin von Augustus, hegte große Ambitionen für ihren zwölfjährigen Sohn Nero. Nachdem sie Claudius, Caligulas Nachfolger, 49 nach Christus geheiratet und ihn davon überzeugt hatte, Nero zu adoptieren, bestand einer ihrer ersten Schritte als Kaiserin daraus, Claudius zu überreden, Seneca von Korsika zurückzurufen, damit er der Tutor ihres Sohnes würde. Nach ihrem Willen sollte Nero eines Tages Kaiser werden, also wollte sie ihm Zugang zu Senecas politischem, rhetorischem und philosophischem Wissen verschaffen.

Seneca, der lange als aufrührerisch gegolten hatte und an den Rand gedrängt worden war, wurde nun plötzlich im Alter von dreiundfünfzig Jahren ins Zentrum des römischen Kaiserhofes katapultiert. Ein Leben voller Bestrebungen und Ehrgeiz hatte schließlich den ultimativen Mäzen hervorgebracht, und die gesamte Familie Seneca stand bereit, um daraus einen Vorteil zu ziehen.

Was hat Seneca den jungen Nero gelehrt? Ironischerweise wollte Agrippina, dass Seneca Nero politische Strategie lehrte und nicht Stoizismus – so wie Senecas Vater Attalos beauftragt hatte, seinen Sohn in praktisch allem *außer* Philosophie zu unterrichten. Demnach dürfte sich Senecas Unterricht um Recht und Redekunst gedreht haben – wie man strategisch handelt und wie man argumentiert. Jedwede stoischen Prinzipien wären in seinen Unterricht eingeschmuggelt worden, wie Gemüse, das man in den Muffin eines Kindes einbackt, oder wie Zucker, der den Geschmack der Medizin überdecken soll.

Wie Areius und Athenodoros es bei Octavian getan hatten, so bereitete Seneca den Jungen auf eine der härtesten Aufgaben der Welt vor: das Tragen des kaiserlichen Purpurs. Zu Zeiten der Republik hatten die Römer der absoluten Macht misstrauisch gegenübergestanden, aber jetzt war es Senecas Aufgabe, jemandem beizubringen, wie man sie bekommt. Nur wenige Generationen zuvor waren die Stoiker glühende Verfechter der republikanischen Ideale gewesen (Cato war einer von Senecas Helden), aber durch den Tod von Augustus waren die meisten dieser Einwände nutzlos geworden. Wie Emily Wilson, eine Übersetzerin und Biografin Senecas, schreibt: »Cicero hoffte wirklich, dass er Caesar und Marcus Antonius stürzen könnte. Seneca hingegen hatte keine Hoffnung, etwas durch direkten Widerstand gegen einen der Kaiser, unter deren Herrschaft er lebte, zu erreichen. Seine größte Hoffnung war es, einige von Neros schlimmsten Tendenzen zu mäßigen und sein eigenes Gefühl der Eigenständigkeit zu maximieren.«

Das ergibt sicherlich Sinn, aber die Frage bleibt offen: Hätte ein hoffnungsvollerer Seneca eine größere Wirkung erzielen können? Oder wird die Annahme, dass eine Person allein nicht die Macht habe und es daher nicht schaffen könne, den Status quo zu ändern, zu einer sich selbst erfüllenden Prophezeiung?

Seneca war der Ansicht, dass ein Stoiker verpflichtet sei, dem Land – in diesem Fall einem Reich, das zu seinen Lebzeiten bereits vier Kaiser erlebt hatte – so gut wie möglich zu dienen. Außerdem war er sicherlich gewillt, so gut wie jede Aufgabe zu akzeptieren, um von der gottverlassenen Insel, auf der er festsaß, wegzukommen.

Wusste er, welch faustischen Handel er damit eingehen würde? Es gab jedenfalls Anzeichen. Nero schien sich nicht für seine Ausbildung zu interessieren – zumindest nicht in dem Maße wie Octavian – und er schien eher Musiker und Schauspieler sein zu wollen als Kaiser. Er hatte große Ansprüche und war grausam, verzogen und leicht abzulenken. Diese Charaktereigenschaften verhießen nichts Gutes. Aber Seneca hatte nur eine Alternative zu Nero – die Rückkehr ins Exil nach Korsika.

Im Jahre 54 nach Christus, etwa fünf Jahre nach Senecas Anstellung am Hofe, ließ Agrippina ihren Ehemann Claudius durch vergiftete Pilze töten. Nero wurde im Alter von sechzehn Jahren zum Kaiser ernannt, und Seneca wurde gebeten, die Reden zu schreiben, die Nero halten sollte, um Rom davon zu überzeugen, dass es nicht völlig verrückt war, diesem dilettantischen Kind fast gottgleiche Macht über Millionen von Menschen zu geben.*

Als ob absolute Macht nicht schon genug korrumpieren würde, hatte Nero eindeutig einige hässliche erste Lektionen von seiner Mutter und seinem Adoptivvater erfahren. Als sein Lehrer und Mentor versuchte Seneca eine Kurskorrektur. Eines der ersten Dinge, die er dem neuen Kaiser gab, war ein von ihm verfasstes Werk mit dem Titel *De Clementia* (*Über die Güte*), das einen Weg »für den guten König« aufzeigte und von dem er hoffte, dass Nero ihm folgen würde. Und während Gnade und Barmherzigkeit uns

* Seneca nahm sich auch die Zeit, einen vulgär-satirischen Abschiedsbrief an Claudius mit dem Titel *Apokolokyntosis* (etwa: Die Kürbisifizierung) zu schreiben, der eine letzte Mittelfinger-Geste für den Mann war, der ihm so viele Jahre seines Lebens genommen hatte, die er auf Korsika hatte verbringen müssen.

heute als naheliegende Konzepte erscheinen mögen, war dies damals ein recht revolutionärer Ratschlag.

Der Altphilologe Robert A. Kaster schreibt, dass es kein griechisches Wort für Gnade gab. Philosophen hatten von Zurückhaltung und Milde gesprochen, aber Seneca sprach von etwas Tiefgründigerem und Neuem: was man mit *Macht* macht. Dabei setzte er einen Schwerpunkt darauf, wie die Mächtigen jemanden ohne Macht behandeln sollten, denn dies offenbart, wer *sie* sind. Wie Seneca erklärte: »Niemand wird sich etwas vorstellen können, das einem Herrscher besser zu Gesicht stünde als Gnade, egal, was für ein Herrscher er ist und welche Rechte über andere er hat.«

Diese Lektion richtete sich an Nero, aber auch an jedes andere Oberhaupt, das den Aufsatz eventuell später lesen würde. Die Welt wäre ein besserer Ort, gäbe es mehr Gnade – schon ein flüchtiger Blick auf die Geschichte bestätigt das. Das Problem ist, die Herrschenden dazu zu bringen, es zu verstehen.

Die Dynamik zwischen Seneca und Nero ist interessant, weil sie sich im Laufe der Zeit eindeutig entwickelt – oder genauer gesagt, verschlechtert – hat. Aber die Essenz davon wurde vielleicht am besten in einer Statue der beiden eingefangen, die der spanische Bildhauer Eduardo Barrón im Jahre 1904 schuf. Auch wenn sie etwa tausendachthundert Jahre später entstand, als die Szene, die sie zeigt, stattfand, so gelingt es ihr, die zeitlosen Elemente der Charaktere der beiden Männer einzufangen. Seneca, viel älter, sitzt mit gekreuzten Beinen da, gehüllt in eine schöne Toga, aber ansonsten ohne Schmuck. Auf seinem Schoß und auf der einfachen Bank liegt ein Dokument, das er geschrieben hat. Vielleicht ist es eine Rede. Vielleicht ist es ein Gesetz, das vom Senat debattiert wird. Vielleicht ist es sogar der Text von *De Clementia*. Seine Finger zeigen auf eine Stelle im Text. Seine Körpersprache ist offen. Er versucht, seinem jungen Schützling die Ernsthaftigkeit der vor ihm liegenden Aufgaben einzuflößen.

Nero, der Seneca gegenübersitzt, ist fast in jeder Hinsicht das Gegenteil seines Beraters. Sein Kopf ist von Stoff bedeckt und er sitzt auf einem thronähnlichen Stuhl. Eine feine Decke liegt hinter ihm. Er trägt Schmuck. Sein Gesichtsausdruck ist mürrisch. Beide Hände sind zu Fäusten geballt, eine ruht an seiner Schläfe, als schaffe er es nicht, sich zu konzentrieren. Er sieht zu Boden. Seine Beine hat er nach hinten angewinkelt, sodass die Füße, an den Knöcheln gekreuzt, sich unter dem Stuhl befinden. Er weiß, dass er zuhören sollte, aber er tut es nicht. Er wäre lieber irgendwo anders, egal wo. *Schon bald*, so denkt er, *werde ich diese Vorträge nicht mehr ertragen müssen. Dann werde ich tun können, was ich will.*

Seneca kann diese Körpersprache deutlich erkennen, und doch fährt er mit seiner Unterweisung fort. Tatsächlich hat er das viele Jahre lang getan. Und warum? Weil er hoffte, dass etwas – *irgendetwas* – davon durchdringen würde. Weil er wusste, dass viel auf dem Spiel stand. Weil er wusste, dass es seine Aufgabe war, zu *versuchen*, Nero beizubringen, ein guter Mensch zu sein (er würde buchstäblich bei dem Versuch sterben). Und weil er niemals die Chance ablehnen würde, so nah an der Macht zu sein, so viel Einfluss zu haben.

Am Ende machte Seneca nur geringe Fortschritte bei Nero, einem Mann, der sich innerhalb kurzer Zeit als geistesgestört und mit zahlreichen Fehlern behaftet erweisen würde. War die Mission von Anfang an hoffnungslos gewesen? Hatte Senecas ruhige Hand einen positiven Einfluss – einen, ohne den Rom noch schlechter dran gewesen wäre? Das können wir nicht wissen. Was wir wissen, ist, dass Seneca es versucht hat. Diese Lektion beinhaltet auch das bekannte Sprichwort: Man kann ein Pferd zum

Wasser führen, aber man kann es nicht zum Trinken zwingen. Man hat nur die Kontrolle über die eigenen Taten und Worte, nicht darüber, ob die Leute zuhören.

Ein Stoiker kann nicht mehr tun, als zur Arbeit zu erscheinen und seine Aufgaben zu erledigen. Seneca glaubte, dass er das tun müsse, und offensichtlich wollte er das auch. Wie er später schreiben würde, bestand der Unterschied zwischen den Stoikern und den Epikureern darin, dass die Stoiker Politik als eine Pflicht empfanden. »Die beiden Sekten, die Epikureer und die Stoiker, sind sich, wie in den meisten Dingen, uneins«, schrieb Seneca. »Epikur sagt: ›Der Weise wird sich nicht in öffentliche Angelegenheiten einmischen, außer in einem Notfall.‹ Zenon sagt: ›Er wird sich in öffentliche Angelegenheiten einmischen, es sei denn, etwas hindert ihn daran.‹«

Nichts hinderte Seneca daran – am wenigsten seine eigenen Ambitionen –, also versuchte er es weiter.

Quellen berichten, dass Seneca in den ersten Jahren tatsächlich die ruhige Hand war. Während er mit Burrus, dem ebenfalls von Agrippina ausgewählten militärischen Befehlshaber der Prätorianergarde, zusammenarbeitete, wurde Rom nach Aussagen von Zeitgenossen zum ersten Mal seit einiger Zeit gut geführt. Im Jahre 55 nach Christus wurde Senecas Bruder Gallio zum Konsul ernannt. Im folgenden Jahr bekleidete Seneca selbst dieses Amt.

Wie jedoch schon das Gedicht, das Seneca über das Schicksal geschrieben hatte, aussagte, war diese ruhige Phase nicht von Dauer. Tatsächlich scheint dies das ständige Thema in Senecas Leben gewesen zu sein – dass Frieden und Stabilität zerbrechlich sind und von Ereignissen, die sich seiner Kontrolle entziehen, auf unberechenbare Weise durchbrochen werden. Nero, getrieben von Paranoia und der grausamen Ader, die er von seiner Mutter geerbt hatte, begann, seine Rivalen auszuschalten, angefangen mit seinem Bruder Britannicus, der ebenso wie Claudius mit Gift umgebracht wurde. Er unterband den politischen Einfluss seiner Mutter und schmiedete Pläne, sie ebenfalls zu töten, wobei er mehrmals dabei versagte, ihr eine tödliche Dosis Gift zu verabreichen. Einem Bericht zufolge versuchte Nero auch, seine Mutter bei einem ausgeklügelten Bootsunfall töten zu lassen. Schließlich, im Jahre 59 nach Christus, war die Tat vollbracht.

Der junge, sich noch zurückhaltende, aber schon lauernde Nero, wie er in der Barrón-Statue festgehalten wurde, war nun freigesetzt. Mit den Worten von Tacitus: Nun schob er lange geplante Verbrechen nicht länger auf. Mit seiner inzwischen ausgereiften Macht konnte er tun, was ihm gefiel, egal, wie verkommen es war. Dieser Wendepunkt fiel sicherlich auch Seneca auf. Während Areius Augustus geraten hatte, seinen Rivalen zu eliminieren (»zu viele Caesaren«), musste Seneca Nero daran erinnern, dass es selbst dem stärksten König letztlich unmöglich sei, *jeden* Nachfolger zu töten. Irgendwann würde jemand nach ihm kommen. Aber Nero hörte nicht auf ihn und ermordete schließlich jeden männlichen Nachkommen in der julisch-claudischen Linie.

Es ist nicht so, als hätte sich Nero, wenn er mal nicht tötete, pflichtbewusst um die Geschäfte des Imperiums gekümmert. Stattdessen fuhr er Wagenrennen auf einer speziellen Rennstrecke außerhalb Roms, die ihm gefiel, mit Sklaven, die ihm gezwungenermaßen zuschauen und applaudieren mussten. Er vernachlässigte die Staatsgeschäfte und trat lieber auf einer Bühne auf. Er sang und tanzte wie ein drittklassiger Schauspieler – eine Tatsache, deren Kenntnis seine Bediensteten von ihm fernhielten, indem sie laut Sueton niemandem erlaubten, »das Theater selbst aus den dringendsten Gründen zu verlassen«.

Seneca war entsetzt, doch warum ist er dann nicht einfach gegangen? Wie konnte er sich an einer solchen Peinlichkeit beteiligen?

Eine Erklärung ist Angst. Sein ganzes Leben lang hatte er mit ansehen müssen, wie Kaiser ungestraft mordeten und Menschen vertrieben. Er selbst hatte mehr als einmal die ganze Härte einer solchen Ungerechtigkeit gespürt. Kaiserliche Rachsucht war etwas, das ihn jederzeit ereilen konnte. Wie Cassius Dio berichtet: »Nach dem Tod von Britannicus widmeten Seneca und Burrus dem öffentlichen Geschäft keine sorgfältige Aufmerksamkeit mehr, sondern waren zufrieden, wenn sie es in gemäßigte Bahnen lenken und trotzdem ihr Leben bewahren konnten.« Vielleicht glaubte Seneca, dass er *durch* Nero Gutes tun könne, wie es auch heutzutage Leute bei Führungspersonen glauben, die große Schwächen haben. Seneca hatte immer nach dem Guten im Menschen gesucht, selbst bei jemandem, der so offensichtlich schlecht war wie Nero. »Lasst uns freundlich zueinander sein«, schrieb er einmal. »Wir sind nun einmal böse Menschen, die unter bösen Menschen leben. Nur eine Sache kann uns Frieden geben, und das ist ein Pakt gegenseitiger Nachsicht.« Vielleicht hat er aus der Nähe etwas Gutes in Nero gesehen, trotz der Mängel, das in den historischen Aufzeichnungen verloren gegangen ist.

Oder vielleicht wurden Senecas sehr reale Angst und diese blinden Flecken durch den verführerischen persönlichen Nutzen seiner Position noch verstärkt. Es heißt, dass es schwierig ist, jemanden dazu zu bringen, etwas zu sehen, wenn sein Gehalt davon abhängt, dass er es *nicht* sieht.

Seneca hatte unter Neros Herrschaft großen Reichtum erlangt, und dieser wuchs stetig weiter. In nur wenigen Jahren hatte er, größtenteils durch Geschenke seines Vorgesetzten, ein Vermögen von etwa dreihundert Millionen Sesterzen angehäuft. Er war sicherlich der reichste Stoiker der Welt, möglicherweise der reichste, der je gelebt hat. Aus einer Quelle geht hervor, dass Seneca nur zum Vergnügen etwa *fünfhundert* identische Tische aus Zitrusholz mit Beinen aus Elfenbein besaß. Es mutet seltsam an, sich einen stoischen Philosophen vorzustellen, der der spartanischen Schule von Kleanthes entstammte und doch gatsbyeske Partys veranstaltete, die durch die Geschenke seines mörderischen Vorgesetzten finanziert wurden.

Zwar stellen die meisten Kunstwerke Seneca als schlank und sehnig dar, doch sein wahres Ebenbild überlebt nur in Form einer Statue aus dem dritten Jahrhundert, bei der es sich eigentlich um eine Doppelbüste von Seneca und Sokrates handelt. Seneca liebte Sokrates und staunte einmal darüber, dass »dreißig Tyrannen Sokrates umgaben, und doch konnten sie seinen Geist nicht brechen«. Beide Männer tragen die klassische Toga der Philosophen. Merkwürdigerweise umhüllt die Toga von Sokrates beide Schultern, während Senecas rechte Schulter entblößt ist – vielleicht ein anerkennender Hinweis auf ein Zitat Senecas, in dem er schreibt, dass ein Mann erkennen müsse, wie wenig es zum Glücklichsein brauche, es seien »die überflüssigen Dinge, die unsere Togen zerschleißen«. Das Porträt zeigt Seneca allerdings auch als älteren Mann, der sichtlich viele üppige Bankette genossen hatte und in Neros Diensten ziemlich dick geworden war.

Einen Großteil unseres Wissens über Senecas Prunk und Reichtum verdanken wir einem Mann namens P. Suillius, ein römischer Senator, der wütend auf Seneca war, da er vermutete, dass dieser hinter der Wiederbelebung der *Lex Cincia* steckte, eines Gesetzes, das vorsah, dass Anwälte für eingereichte Fälle keine Entschädigung mehr verlangen konnten. Obwohl Suillius' Motive ziemlich fragwürdig waren und er später wegen mehrerer schwerer Vergehen verurteilt und aus Rom verbannt werden sollte, enthielten seine schriftlich verfassten Angriffe auf Seneca und seine Verleumdungen zumindest ein Körnchen Wahrheit. Selbst Senecas Antwort darauf – in seinem Essay *Vom glücklichen Leben*

– scheint einen Standard zu setzen, den er offensichtlich selbst nicht erfüllen konnte:

> So höre also auf damit, Philosophen den Besitz von Geld verbieten zu wollen; niemand hat die Weisheit je zur Armut verdammt. Ein Philosoph kann durchaus zu reichem Wohlstand kommen, dieser wird aber niemandem abgetrotzt worden sein, noch wird er durch das Blut eines anderen befleckt sein – Reichtum, der ohne Schaden für irgendeinen anderen Menschen erworben wurde, ohne niederträchtigen Handel, und dessen Ausgabe nicht weniger ehrenvoll ist als sein Erwerb, dies wird niemanden erzürnen außer die, die voll des Neides sind.

Cato war reich. Cicero ebenso. Keiner von beiden wurde jedoch im Dienste eines so abscheulichen Mannes wie Nero reich. Areius und Athenodoros wurden für ihre Dienste von Augustus reichlich belohnt – aber Augustus ermordete nicht seine eigene Mutter. Cato verlieh einen Großteil seines Geldes ohne Zinsen an Freunde und schien nicht daran interessiert zu sein, sein Vermögen um seiner selbst willen zu vermehren. »Was ist die angemessene Obergrenze für Wohlstand?«, fragte Seneca später rhetorisch. »Es ist erstens, das Notwendige zu haben, und zweitens, genug zu haben.«

Es liegt auf der Hand, dass er mit dieser Vorstellung von *genug* zu kämpfen hatte. Über mehrere Jahre hinweg verlieh er etwa vierzig Millionen Sesterze zu hohen Raten an die britische Kolonie in Rom. Dies war eine recht aggressive Geldanlage, und als die Kolonie unter den Schulden zu kämpfen hatte, brach eine brutale und gewalttätige Rebellion aus, die schließlich von römischen Legionen niedergeschlagen werden musste.

Seneca hatte gesagt, dass der Reichtum eines Philosophen nicht mit Blut befleckt werden solle, aber die roten Tropfen auf seinem sind nur schwer zu übersehen.

Warum konnte er sich nicht zurückhalten? Es mag merkwürdig erscheinen, hierfür sein Talent und seine Brillanz verantwortlich zu machen, aber es trifft zu – wie bei so vielen ehrgeizigen Menschen, die letztlich zu zweifelhaftem Ruhm und Reichtum kommen. Von Geburt an war ihm eingetrichtert worden, dass er zu Höherem berufen sei, man erwartete von ihm, dass er eine der herausragenden Personen seiner Zeit werden würde. Er hatte jede Gelegenheit genutzt, die ihm das Leben bot, und versucht, das Beste daraus zu machen, er hatte schwierige Zeiten durchgestanden, die jeden ohne stoische Vorbildung hätten untergehen lassen, und er hatte auch die guten Zeiten genossen. Er hatte sich nicht beklagt, er machte immer weiter, diente weiter, versuchte weiterhin, Einfluss zu nehmen und das zu tun, wozu er ausgebildet worden war. Was er jedoch nie getan hatte, war, innezuhalten und auch nur etwas davon infrage zu stellen, er hatte nie hinterfragt, wohin ihn das Ganze führen würde und ob es das wert sei.

Um das Jahr 62 nach Christus wurde es zunehmend schwieriger, die Kompromisse zu leugnen, die er in Neros Welt täglich eingehen musste. Vielleicht fand irgendein heute nicht bekanntes Ereignis statt, das ihn aus seiner Benommenheit herausriss. Vielleicht gewann schließlich das moralische Bewusstsein, das er von Attalos gelernt hatte, im Kampf gegen seinen Wunsch, etwas zu erreichen.

Letzten Endes versuchte Seneca jedenfalls, sich aus den Diensten Neros zurückzuziehen. Es ist bekannt, dass er Nero nicht direkt konfrontiert hat. Das wäre zu viel gewesen. Es gibt keinen Beleg für einen Rücktritt aus Prinzipiengründen, wie ihn beispielsweise der von den Stoikern inspirierte Verteidigungsminister James Mattis nach einer Meinungsverschiedenheit mit Präsident

Donald Trump über dessen Syrienpolitik eingereicht hat. Stattdessen traf Seneca sich mit dem Kaiser und versuchte vergeblich, Nero davon zu überzeugen, dass dieser ihn nicht mehr benötige, dass er selbst alt und bei schlechter Gesundheit und bereit zum Rücktritt sei. »Ich kann die Last meines Reichtums nicht länger ertragen«, sagte er zu Nero. »Ich sehne mich nach Unterstützung.« Er bat Nero, ihm all seine Besitztümer und sein Vermögen zu enteignen. Er wollte reinen Herzens in den Ruhestand gehen.

So einfach sollte es nicht werden. Beim Griff nach dem Geld hatte er seine Hände mit Blut befleckt, und es wieder loszuwerden, würde ebenfalls Blut kosten.

Wenige Tage nach ihrem Treffen ermordete Nero einen weiteren seiner Feinde.

Im Jahre 64 nach Christus wurde Rom vom großen Brand heimgesucht, der, von starken Winden angefacht, mehr als zwei Drittel der Stadt zerstören sollte. Es ging das Gerücht um, Nero habe das Feuer selbst gelegt oder ihm zumindest gestattet, sechs Tage lang zu brennen, damit er die Hauptstadt nach Belieben wieder aufbauen konnte. Sein Ruf als Dilettant und Psychopath befeuerte diese Verschwörungstheorien noch, und so fand Nero schnell einen Sündenbock: die Christen. Wie viele er verhaften und töten ließ, ist nicht bekannt, aber klar ist, dass darunter ein brillanter Philosoph aus Tarsus war – der damit demselben intellektuellen Grund und Boden entstammte, der auch Chrysipp, Antipatros und Athenodoros hervorgebracht hatte –, der zuvor während der Herrschaft von Claudius dank Senecas Bruder dem Tod entgangen war. Saulus von Tarsus, den wir heute als den heiligen Paulus kennen, landete auf Neros Leichenhaufen.*

* Senecas Bruder Novatus wird unter seinem Adoptivnamen Gallio im Neuen Testament erwähnt (Apg. 18,12–17).

Als das Blut zu fließen und die Feuer zu brennen begonnen hatten, konnte Seneca da irgendetwas anderes als Schuld empfinden? *Tyrannodidaskalos* – Lehrer des Tyrannen. So nannten sie ihn.

Es stimmte ja auch, oder etwa nicht? Hatte er nicht genau das getan? Hatte er Nero nicht zu dem Mann geformt, als der er sich jetzt in aller Deutlichkeit entpuppt hatte? Zumindest konnte man wohl kaum noch behaupten, Seneca hätte dem Nero-Regime nicht seine Glaubwürdigkeit und seinen Schutz verliehen. Möglicherweise befiel Seneca in diesen dunklen Tagen die Verzweiflung – was er so lange zurückzuhalten versucht hatte, brach nun aus ihm heraus.

»Wir haben unser Leben damit verbracht, einer Staatsform zu dienen, der kein anständiger Mensch jemals dienen sollte«, sagt in Naomi Mitchisons unvergesslichem Roman von 1939 über die Christenverfolgung, *The Blood Of The Martyrs*, einer der Stoiker vor Gericht. »Und nun sind wir alt genug, um zu sehen, was wir angerichtet haben.«

Jahrhunderte vor Seneca lehrte Konfuzius in China und beriet Fürsten. Er hatte den gleichen Tanz getanzt, den auch Seneca tanzte, nämlich zu versuchen, in der realpolitischen Welt der Macht ein guter Philosoph zu sein. Sein Ausgleichsprinzip hatte wie folgt gelautet: »Wenn die Staatsführung gut läuft, so akzeptiere den Lohn; wenn der Staat aber nicht mehr weiter weiß, so ist es schändlich, einen Lohn zu akzeptieren.« Seneca brauchte erheblich länger als Konfuzius, um zu dieser Schlussfolgerung zu gelangen. Es war unverzeihlich – die Schande war offenkundig, als sein Vorgesetzter zum *ersten Mal* versuchte, seine Mutter zu ermorden – zumindest hätte sie es für jemanden sein müssen, der in den Tugenden ausgebildet worden war.

Aber so hatte Seneca es nicht gesehen, zumindest nicht während der ersten fast fünfzehn Jahre seiner Dienstzeit bei Nero. Mit der Zeit sollte er sich der Meinung von Konfuzius anschließen und schreiben, dass wenn »der Staat so verdorben ist, dass ihm nicht mehr zu helfen ist, wenn das Böse ihn gänzlich beherrscht, so wird der Weise sich nicht vergeblich abmühen oder seine Kraft in zwecklosen Bemühungen vergeuden«.

Aber genau dies hatte er getan, und zwar schon viel zu lange. Seneca zog sich so weit wie möglich zurück und wandte sich ganz seinem Schreiben zu. In einem bemerkenswerten Essay mit dem Titel *Über die Muße*, das nach seiner Pensionierung veröffentlicht wurde, scheint er mit seinen eigenen komplexen Erfahrungen zu ringen. »Es ist die Pflicht eines jeden Menschen«, schrieb er, »für seine Mitmenschen so weit wie möglich von Nutzen zu sein, vielen von ihnen von Nutzen zu sein; wenn das nicht möglich ist, zumindest einigen von Nutzen zu sein; wenn das nicht möglich ist, seinen Nächsten von Nutzen zu sein, und wenn das nicht möglich ist, sich zumindest selbst von Nutzen zu sein; denn indem er anderen hilft, verbessert er das Allgemeinwohl der Menschheit.«

Erst mit erheblicher Verspätung kam es Seneca in den Sinn, dass man auch im Stillen einen Beitrag für seine Mitbürger leisten kann – etwa durch das Schreiben oder einfach dadurch, dass man zu Hause ein guter Mensch ist. »Ich arbeite für spätere Generationen«, erklärte er, »indem ich einige Ideen aufschreibe, die ihnen helfen könnten […] Ich weise anderen Menschen den richtigen Weg, den ich erst spät im Leben gefunden habe […] Ich rufe ihnen zu: ›Meidet, was der Masse gefällt: meidet jedwede Geschenke des glücklichen Zufalls!‹« Seneca selbst dürfte die Ironie im Text aufgefallen sein, dass er durch den Austausch mit jenen zukünftigen Generationen mehr Gutes tue, »als wenn ich als Anwalt vor Gericht erscheine oder mein Siegel auf ein Testament stemple oder dem Senat mit meinem Rat zur Seite stehe«.

Diese Dienste kamen in erster Linie durch philosophische Briefe zum Ausdruck, die nicht nur für seinen Freund Lucilius bestimmt waren, an den sie gerichtet waren, sondern die auch zur Veröffentlichung für ein breites Publikum gedacht waren. Wenn er schon die Ereignisse Roms nicht direkt beeinflussen konnte, so dachte er sich, so konnte er doch zumindest die Menschen durch seine Feder erreichen – möglicherweise würde es ihm sogar dabei helfen, den »unsterblichen« Ruhm zu erlangen, nach dem er sich noch immer sehnte. Der Plan ging auf, beide Erwartungen wurden erfüllt, denn diese Sammlung, die als *Briefe an Lucilius* bekannt ist, erzielt noch heute jährlich Auflagen in Höhe vieler Tausend Exemplare in unzähligen Sprachen.

Wie Cicero sollte Seneca drei Jahre (62–65 nach Christus) damit verbringen, all seine Briefe und Bücher zum Abschluss zu bringen, ein Aufwand, für die ihm die literarische Welt ewig dankbar sein wird. Wir können uns vorstellen, wie sehr ihm der Vergleich mit einem so illustren Standesgenossen gefallen hätte, selbst wenn man bedenkt, wie theatralisch sein Ruhestand verlaufen würde. Auch war es ein kluger Schachzug – sich seinem Schreiben zuzuwenden, war eine bequemer Art, sich Neros zunehmend unbeständigem Verhalten zu entziehen. »Meine Tage haben nur dieses eine Ziel, und ebenso meine Nächte«, schrieb er, »es ist meine Bestimmung […], den alten Übeln ein Ende zu bereiten […] Bevor ich alt wurde, sorgte ich dafür, gut leben zu können; im Alter sorge ich nun dafür, gut sterben zu können.« Leider sollte ein großer Teil von Senecas Arbeit vor und nach dieser Zeit verloren gehen. Emily Wilson schätzt, dass mehr als die Hälfte seiner Schriften die Zeit nicht überdauert haben, darunter alle seine politischen Reden und persönlichen Briefe sowie seine Werke über Indien und Ägypten.

Trotz aller drohenden Gefahren war es für Seneca eine fröhliche und kreative Zeit. Er schrieb darüber, dass er in seinen Zimmern über einer belebten Sporthalle saß, den ganzen Lärm jedoch ausblendete und sich ausschließlich mit seiner Philosophie beschäftigte. Er schrieb über den langwierigen Prozess, mit sich selbst ins Reine zu kommen – möglicherweise ein Eingeständnis dessen, dass sein Ehrgeiz in der Vergangenheit durch das Gefühl, sich selbst nicht zu genügen, nicht viel wert zu sein, angefacht worden sein könnte. In einem Brief erwähnte er, dass nur diejenigen, die sich Zeit für die Philosophie nehmen, wahrhaftig leben. Nun, er nahm sich jetzt die Zeit, und er war dabei sehr lebendig und umtriebig. »Täglich«, so schrieb er aus seinem Exil auf Korsika, »bin ich in der Lage, mit Sokrates zu argumentieren, mit Karneades zu zweifeln, mit Epikur Frieden zu finden, mit den Stoikern die menschliche Natur zu erkunden und sie mit den Kynikern hinter mir zu lassen.«

Seneca sprach auch von der Philosophie als einer Möglichkeit, in den Spiegel zu schauen, sich der eigenen Fehler zu entledigen. Obwohl wir keine Belege dafür haben, dass er seine Arbeit für Nero in seinen Schriften direkt infrage gestellt hätte – das Dienen war Teil seines politischen Kodex, so wie auch für General Mattis in unserer Zeit –, können wir doch sagen, dass er lange damit gerungen hat, wie sein Leben verlaufen war. Das Werk, in dem Seneca Nero am deutlichsten beschrieb, ist das Stück *Thyestes*, eine dunkle, beunruhigende Geschichte über zwei Brüder, die um das Königreich Mykene kämpfen.* Es ist unmöglich, diese Geschichte heute zu lesen und sie nicht als

* Im Mittelalter glaubte man, dass der Tragiker Seneca jemand anderes sei als der Philosoph Seneca. James Romm staunt über die Bandbreite von Senecas Werken: »Es ist, als hätte sich Emerson eine Auszeit vom Schreiben seiner Aufsätze genommen, um die Oper *Faust* zu komponieren.« Das greift zu kurz. Es ist, als hätte Emerson den Transzendentalismus begründet, *Faust* geschrieben und als Vizepräsident von Lincoln gedient.

eine Art Dialog zwischen Seneca und Nero zu interpretieren, als eine Warnung vor den Verlockungen der Macht und den unaussprechlichen Dingen, die sich die Menschen ihretwegen gegenseitig antun.

Die aufschlussreichste Zeile in dem Stück enthält eine Aussage, die Seneca mittlerweile unter Schmerzen zu verstehen gelernt hatte: »Verbrechen kehren oft zu ihrem Lehrer zurück.« Und so war es.

Er schreibt in *Thyestes*: »Es ist ein unermesslich großes Königreich, ohne ein Königreich auskommen zu können.« Auch das hatte er schmerzhaft lernen müssen. Zum dritten Mal in seinem Leben hatte Seneca so gut wie alles verloren. Er glaubte, wie er nun an Lucilius schrieb, dass »das größte Kaiserreich darin besteht, Kaiser seiner selbst zu sein«.

Diese Erkenntnis hatte wahrlich lange auf sich warten lassen.

Seneca sollte erneut feststellen, dass Philosophie nichts Übernatürliches war oder nur auf den Seiten seiner Schriften existierte. Tacitus berichtet, dass Neros erster Versuch, Seneca – ebenfalls durch Gift – zu töten, durch Senecas dürftige Ernährung fehlschlug. Es war schwer, jemanden zu töten, der sich so sehr von seinem früheren Leben des Überflusses abgewandt hatte, dass er vor allem wilde Früchte und Wasser aus einem plätschernden Bach zu sich nahm. Aber selbst diese Gnadenfrist sollte nur von kurzer Dauer sein.

Im Jahr 65 nach Christus begannen Verschwörer, darunter ein stoischer Senator namens Thrasea (siehe »Thrasea der Furchtlose«) und der Sohn seines Bruders, Lukan, damit, Pläne gegen Nero zu schmieden und ihm nach dem Leben zu trachten. Seneca war daran nicht direkt beteiligt, nicht so, wie Cato oder Brutus beteiligt gewesen waren, aber er war zumindest etwas beherzter als

Cicero. Einem Gerücht zufolge planten die Verschwörer, Seneca nach Neros Tod wieder an die Macht zu bringen. Reichte diese Beteiligung aus, seine Schuld wiedergutzumachen? Genügte es, dass er endlich dazu bereit war, mit dem Monster, das er miterschaffen hatte, endgültig zu brechen? Als die Verschwörung scheiterte, setzte Seneca sein Leben bei dem Versuch aufs Spiel, die aktiveren Beteiligten zu decken.

Diese Entscheidung besiegelte sein Schicksal. Nero, ein Feigling wie Hitler in seinen letzten Tagen, sandte seine Schläger aus, um Seneca dazu aufzufordern, sich umzubringen. Es würde keine Gnade geben, trotz des Essays, das Seneca vor Jahren für seinen Schüler geschrieben hatte.

Senecas bisheriges Leben war voller Widersprüche gewesen, aber nun, da er seinem Ende entgegenblickte, gelang es ihm, einen Mut und eine Klarheit aufzubringen, zu denen er lange Zeit nicht fähig gewesen war. Er bat um etwas, worauf er sein Testament schreiben könne, doch die Bitte wurde abgewiesen. Also wandte er sich an seine Freunde und sagte, er könne ihnen lediglich das vererben, was allein zählte: sein Leben, sein gutes Beispiel. Es war herzzerreißend, und sie brachen zusammen, als er diese Worte aussprach.

Es wäre lächerlich, zu behaupten, Seneca hätte diesen Moment einstudiert, aber in gewisser Weise hatte er genau das getan. Sein ganzes Schreiben und Philosophieren, wie Cicero es ausdrückte, mündete im Moment seines Todes, und nun war er da. Er ergriff die Gelegenheit, das zu praktizieren, was er so lange gepredigt hatte. »Wo«, so tadelte er sanft seine weinenden Freunde wie auch die geneigten Leser, die seine Worte im Laufe der Geschichte lesen würden, »sind eure philosophischen Grundsätze, wo eure Anerkennung des langjährigen Studiums gegen drohendes Übel? Wer hätte nicht von Neros Grausamkeit gewusst? Nach der Ermordung einer Mutter und eines Bruders bleibt nichts anderes, als nun die Vernichtung eines Betreuers und Lehrers hinzuzufügen.«

Nicht lange zuvor hatte er Lucilius geschrieben, dass es zwar wahr sei, dass ein Tyrann oder ein Eroberer uns plötzlich in den Tod schicken könne, dass dies aber eigentlich keine wahre Macht sei. »Nehmt mich beim Wort«, hatte er gesagt, »vom Tage eurer Geburt an werdet ihr dorthin geleitet.« Seneca glaubte, dass wir, wenn wir »in Erwartung dieser letzten Stunde ruhig sein wollen«, niemals die Unausweichlichkeit unserer Sterblichkeit aus dem Bewusstsein verdrängen dürfen. Wir wurden bei unserer Geburt zum Tode verurteilt. In den Augen von Seneca verschob Nero lediglich den Zeitpunkt nach vorn. In diesem Wissen konnte er nun seine Frau Paulina umarmen und sie in aller Ruhe auffordern, nicht zu sehr um ihn zu trauern und ohne ihn weiterzuleben.

Wie so viele andere stoische Frauen ließ sie sich nicht gern sagen, was sie tun sollte. Stattdessen entschied sie sich, mit ihm zu gehen. Das Paar schlitzte sich die Arterien an ihren Armen auf und begann, zu verbluten. Neros Wachen stürmten – offenbar auf Neros Befehl hin – herein und retteten Paulina, die noch einige Jahre weiterleben sollte.

Seneca ereilte der Tod nicht so schnell, wie er gehofft hatte. Seine dürftige Ernährung schien seinen Blutfluss verlangsamt zu haben. Deshalb trank er als Nächstes bereitwillig ein Gift, das er für diesen einen Moment aufbewahrt hatte, aber nicht, ohne den Göttern zunächst ein kleines Trankopfer zu spenden. Ob er sich wohl in diesem Moment an das erinnerte, was Attalos vor so langer Zeit gesagt hatte? »Das Böse trinkt den größten Teil seines Giftes selbst.« Das traf auf Seneca zu, und es würde sich bald auch für Nero bewahrheiten.

Der Mann, der so viel über den Tod geschrieben hatte, stellte mit Ironie fest, dass der Tod nicht so bereitwillig kam.* Enttäuschte ihn das? Oder war er sich des Verlaufs der Geschichte bewusst, wohl wissend, dass das Schicksal die Szene ausdehnte, über die er so lange nachgedacht hatte? Als das Gift nicht wirkte, wurde Seneca in ein Dampfbad gebracht, wo ihn Hitze und feuchte Luft schließlich töteten. Es gibt unzählige Gemälde, die den Tod Senecas darstellen, darunter Versionen von Peter Paul Rubens und Jacques-Louis David. Ausnahmslos scheinen sie Seneca so zu zeigen, wie er vielleicht gesehen werden wollte, nicht mehr dick und reich, sondern wieder mager und würdevoll. Alle anderen im Raum sind hysterisch, Seneca aber ist seelenruhig, während er sich von der Welt verabschiedet – zu guter Letzt doch noch der perfekte Stoiker, der er im Leben nicht hatte sein können.

Kurz darauf wurde sein Leichnam in aller Stille und ohne Begräbnisriten entsorgt, auf eine Bitte hin, die er schon lange vorher geäußert hatte, was für Tacitus der Beweis dafür war, dass er wie ein guter Stoiker »selbst auf dem Höhepunkt seines Reichtums und seiner Macht an sein Lebensende« gedacht hatte – sowie an das ewige Vermächtnis, das er der Welt hinterließ.

Aber alles andere, was er im Leben erlangt hatte, ging verloren, außer den Büchern, die wir jetzt haben. Und innerhalb eines Jahres sollte Nero auch seinem Bruder das Leben nehmen, denn Verbrechen kehren nicht nur zu ihren Lehrern zurück, sondern auch zu den Menschen und Dingen, die sie lieben.

* Im Jahr 2018 übersetzte James Romm eine Auswahl von Senecas Schriften, die unter dem Titel *How to Die* erschien (auf Deutsch erschienen unter dem Titel *Über die Kunst des Sterbens*; übersetzt von Nicole Hölsken). Sie umfasst 256 Seiten.

CORNUTUS DER GEWÖHNLICHE

* 20 n. Chr.
† 68 n. Chr.

aus Libyen

CORNUTUS DER GEWÖHNLICHE

Ein geflügeltes Wort in Rom lautete: »Wir können nicht alle Cato sein.« Damit war gemeint, dass nur wenige seine reine, übermenschliche Beständigkeit und seinen Mut besaßen. Doch es gibt noch eine andere mögliche Betrachtungsweise, nämlich dass wir nicht alle überragenden Ruhm erlangen werden. Die Philosophen der heutigen Zeit sprechen vom Konzept des »moralischen Zufalls«, welches beschreibt, wie die Zeit, in der wir geboren wurden, und die Situationen, in denen wir uns wiederfinden, bestimmen, als wie heldenhaft wir uns erweisen werden.

Lucius Annaeus Cornutus entpuppt sich als ein solcher Stoiker – er war kein Cato oder Agrippinus, sondern ein gewöhnlicher Mann in außergewöhnlichen Zeiten, der sein Bestes gab. Cornutus wurde um das Jahr 20 nach Christus in Libyen geboren und war wie der stoische Gründervater Zenon ein Phönizier, aber sein Lebenswerk war dem des zweiten Zenon viel ähnlicher als dem des ersten. Er kam schließlich durch das Patronat von Senecas Familie nach Rom – daher der Name Annaeus –, sehr wahrscheinlich durch Senecas Bruder Mela, wie Cornutus dessen Sohn Lukan erzählte.

Cornutus war eine beeindruckende Persönlichkeit mit einem breitgefächerten Verständnis von vielen Gebieten, darunter Rechtschreibung, Theologie, Grammatik, Rhetorik, Linguistik, Logik, Physik und Ethik. Sein Ruf war so gut, dass Kaiser Claudius seinem Rat folgte und 48 nach Christus einen neuen Buchstaben in das römische Alphabet einführte (das Digamma, das wie ein *f* aussah und wie ein *w* klang). Wir können nicht alle Cato sein, all unsere Errungenschaften sind vergänglich, aber einen neuen Buchstaben in das Alphabet einzuführen, ist ziemlich cool.

Es muss seltsam für Senecas Familie gewesen sein, einen Stoiker wie Cornutus in Rom unter der Herrschaft desselben Kaisers gedeihen zu sehen, der ihren geliebten Sohn und Bruder des Landes verwiesen hatte, sodass er nun fernab von den Seinen war. Jedenfalls schien Cornutus den Großteil der Zeit seinen Kopf einzuziehen, mit dem er sowieso meist tief in seinen Büchern steckte. Sein Freund, der Dichter Persius, schrieb liebevoll darüber, dass er »lange Tage [...] und die frühen Abende« mit Cornutus verbrachte, in denen er mit ihm zusammenarbeitete und sich gemeinsam mit ihm entspannte, in »Ernsthaftigkeit an einem karg gedeckten Tisch«. Sie waren, so sagte er, »durch das Band der Harmonie fest verbunden und wurden von einem gemeinsamen Stern geleitet«. Es ist ein wunderschönes Bild, das man sich immer vor Augen rufen sollte, wenn gesagt wird, die Stoiker lebten angeblich ohne Freude, Freundschaft oder Vergnügen.

Im Jahre 62 nach Christus starb Persius in viel zu jungen Jahren und vererbte Cornutus eine riesige Bibliothek, darunter die vollen siebenhundert Bände der Bücher von Chrysipp, sowie eine beträchtliche Summe Geld. Cornutus gab den Schwestern seines Freundes das Geld zurück mit dem Kommentar, die Bücher seien mehr als genug.

Als aber Nero auf der Bildfläche erschien, war es selbst den unschuldigsten Bücherwürmern unter den Philosophen unmöglich, den dünnhäutigen Kaiser nicht zu beleidigen. Caesar hatte einen feinen Sinn für Humor besessen. Augustus hatte die Künste geliebt. Von einem solchen Kaiser war Rom nun weit, weit entfernt. Bei der Überarbeitung einiger Gedichte des verstorbenen Persius bemühte sich Cornutus, eine Zeile zu ändern, die Neros Ohren mit denen eines Esels verglich. Eine solche Änderung, einen solchen Kompromiss hätte Agrippinus niemals in Betracht gezogen. Cornutus glaubte jedoch, er habe keine Wahl.

Das Problem entgegenkommender Diplomatie ist, dass sie nie funktioniert. Nero fand schon bald etwas anderes, durch das er sich beleidigt fühlte. Cassius Dio berichtet, dass Nero, wie sein

Stiefvater zuvor, Cornutus um Rat gebeten hatte, insbesondere zu einer epischen Geschichte, die er über Rom schreiben wollte. Wie Nero großspurig erläuterte, plante er, die Geschichte Roms in vierhundert Bänden zu erzählen. Cornutus beschied ihm freundlich, dass dies viel zu viele seien. Einer von Neros Handlangern verlangte eine Erklärung – hatte Chrysipp nicht sogar noch mehr Bände verfasst? Hatte Cornutus nicht bereits selbst schon mehr herausgebracht? Wie konnte er so etwas sagen? Dies sei kein fairer Vergleich, antwortete Cornutus, denn die Stoiker schrieben, um »den Menschen bei der Bewältigung ihres Lebens zu helfen«.

Vielleicht war Cornutus bewusst, wie diese Bemerkung verstanden werden könnte, vielleicht sagte er es aber auch mit der Unkenntnis eines Akademikers, der unbewandert ist in den Feinheiten der höfischen Diplomatie, aber das Ergebnis war das gleiche. Man erzählt, Nero habe sich zurückhalten müssen, diesen unverschämten Philosophen nicht auf der Stelle hinrichten zu lassen.

Er entschied sich stattdessen für die Verbannung. Es ist bekannt, dass Cornutus irgendwann zwischen 66 und 68 nach Christus auf eine Insel verbannt wurde, deren Namen Cassius Dio nicht nennt. Was dann aber letztendlich mit ihm geschah, ging leider in den historischen Aufzeichnungen verloren. Sein Widerstand gegen die Tyrannei war schwerlich so heldenhaft wie der von Cato oder der von den Aufrührern, die sich gegen Nero verschworen hatten, und seine Fähigkeit, sich in der angespannten Politik seiner Zeit zurechtzufinden, war sicherlich weniger beeindruckend als die von Seneca, aber sein Schicksal trug zumindest einen kleinen Teil zum Aufstieg der stoischen Opposition bei.

Die Ungeheuerlichkeit von Neros Überreaktion auf eine solch geringfügige Beleidigung beflügelte Thrasea und Lukan, Cornutus' ehemaligen Schüler, in ihren Plänen. Wir können die Kette der Ereignisse nicht genau nachvollziehen, aber falls Seneca es mitbekommen haben sollte, dass Cornutus und Nero aneinandergerieten, muss ihn das schwer belastet haben. Hier verbannte sein eigener Schüler den Lehrer seines Neffen, genauso wie Attalos während seiner eigenen Kindheit vertrieben worden war. Es war eine Sache, dass Nero seine eigenen Familienmitglieder beseitigte, aber nun griff er jemanden aus Senecas mittelbarem Bekanntenkreis an.

Jedem, der die Geschehnisse mitverfolgte, war klar, dass die Zweifel an Neros Zurechnungsfähigkeit immer berechtigter wurden.

Währenddessen verschwand Cornutus in der Bedeutungslosigkeit, ähnlich wie Rutilius Rufus, weit weg von seiner Heimat, aber dankenswerterweise auch weit entfernt von den Blutbädern eines Landes, das sich selbst in Stücke riss.

RUBELLIUS PLAUTUS, DER MANN, DER KEIN HERRSCHER SEIN WOLLTE

* 33 n. Chr.
† 62 n. Chr.

aus Tivoli

Über Generationen hatten sich die Stoiker in den Kreisen der Macht bewegt. In Athen waren sie als Diplomaten und als Lehrer der talentiertesten und klügsten Köpfe tätig gewesen. In der Republik hatte man sie als Generäle oder Konsuln eingesetzt. Seit Areios und Athenodoros hatten sie als Berater der jungen Reichsfürsten gewirkt.

Doch keiner von ihnen hatte jemals selbst zu den Herrschenden gezählt. Gaius Rubellius Plautus, geboren 33 nach Christus, war der erste Stoiker mit königlichem Blut. Seine Mutter Julia war eine Enkelin des Tiberius, Adoptivsohn des Augustus. Somit stand Plautus in der Thronfolge der in sich zerstrittenen julisch-claudischen Dynastie.

Doch trotz seines Reichtums und seiner hohen Abstammung, so heißt es, habe Plautus genügsam und zurückgezogen gelebt. Sein Studium der Philosophie hatte ihn zu einem weisen Mann gemacht, zur Verkörperung des alten *mos maiorum*. Er war ein Mensch, dem jeder, der ihm begegnete, Respekt entgegenbrachte. Frei von Machtgier missbrauchte er seinen Reichtum nicht, wodurch er sich ebenso sehr von seinem Urgroßvater Tiberius wie von fast allen folgenden Kaisern unterschied.

Sollte er der erste Stoiker auf dem Kaiserthron werden? Der Philosophenkönig, von dem schon lange zuvor bei Platon die Rede war?

Möglicherweise, doch es wäre ein beschwerlicher Aufstieg. Ähnlich, wie Cato sich unbeabsichtigt Feinde geschaffen hatte – weil seine Tugendhaftigkeit in den Augen der Korrupten und Tyrannen ein Vorwurf war –, so war Plautus von vornherein dazu verdammt, mit Nero in Konflikt zu geraten. Zwei Männer von hoher Geburt, die darüber hinaus völlig gegensätzlich waren. Der eine wollte, angespornt von seiner Mutter, hoch hinaus. Der andere wollte seine Studien fortsetzen und nach seinem eigenen

Moralkodex leben. Der eine war bereit, alles zu tun – und sei es noch so verwerflich –, um seine Ziele zu erreichen. Der andere würde nichts tun, um seine Ziele zu verraten.

Es sollte uns also nicht überraschen, dass Nero in seiner Paranoia seinen Cousin dritten Grades als Rivalen betrachtete und Pläne gegen ihn schmiedete. Dies muss für jeden, einschließlich Plautus selbst, offensichtlich gewesen sein. Zuerst ermordete Nero seinen Stiefbruder Britannicus, nachdem seine Mutter Agrippina gedroht hatte, sich auf dessen Seite zu stellen, wenn Nero sich nicht bessern würde. Dann verbreitete sich das Gerücht, Agrippina wolle Plautus heiraten, um Nero auf dem Thron zu ersetzen. Ob es nun wahr war oder nicht, unter diesem Vorwand vertrieb Nero Agrippina aus Rom, und ermordete sie schließlich.

Obwohl die Stoiker bereits über die Gefahren des Aberglaubens geschrieben hatten, hatte Seneca es offensichtlich versäumt, Nero in dieser Hinsicht zu unterrichten. Denn im Zeitraum zwischen August und Dezember des Jahres 60 nach Christus zog ein so strahlend heller Komet über den Himmel Roms, wie man ihn noch nie gesehen hatte, und die Menschen glaubten, dies sei ein Omen dafür, dass ein Wechsel in der Monarchie bevorstehe. Nero würde abgelöst werden. Etwa zur gleichen Zeit, so erzählt Tacitus, schlug in Neros Villa am See in Sublaquaeum ein gewaltiger Blitz in den Esstisch ein. Aufgrund der Nähe zu Plautus' Geburtshaus nahmen Nero und die Gäste dies ebenfalls als böses Omen: Plautus wollte Nero entthronen.

Der Stoiker würde römischer Kaiser werden. Tatsächlich?

Daraufhin tat Nero etwas, das überhaupt nicht seinem Charakter entsprach. Er schrieb dem vermeintlichen Rivalen, Rom könne ein viel friedlicherer Ort sein, wenn er, Plautus, sich auf die Ländereien seines Großvaters Drusus in Asien zurückziehen würde. Vielleicht war seine ungewöhnliche Zurückhaltung – zumindest in dieser doch sehr ernsten Angelegenheit – auf Senecas Eingreifen zurückzuführen, eine der letzten Gelegenheiten, seinen moralischen Einfluss geltend zu machen. Plautus jedenfalls hielt es für besser, Neros Ansuchen nachzukommen.

Also ging er in Begleitung seiner Frau Antistia, seiner Kinder und »einiger enger Freunde« nach Syrien ins Exil. Tacitus zufolge begleitete der große stoische Lehrer Musonius Rufus ihn nach Syrien und riet ihm, »seinen Mut zusammenzunehmen und den Tod zu erwarten«. Im Exil versuchte Plautus, sich mit Philosophie zu beschäftigen. Cicero schrieb die Geschichte des »Damoklesschwerts« nieder, der ständigen Bedrohung durch Tod und Aufruhr, der alle Könige ausgesetzt waren. Ebenso erging es Plautus, nur, dass er kein König war.

Doch genau das ist es, was der Stoizismus uns lehrt: Die Fähigkeit, uns selbst bei größter Ablenkung zu konzentrieren, alle und alles – sogar den schleichenden Tod – zu ignorieren und unser Augenmerk auf das zu richten, was wichtig ist.

Nachdem Seneca in Ungnade gefallen war, konnte niemand mehr Nero zügeln, und genau wie heute versuchten ehrgeizige und kurzsichtige Politiker, diesen unberechenbaren Mann für ihre eigenen Ziele einzuspannen. Darunter auch Tigellinus, der Neros paranoide Neigung schürte, Feinde zu eliminieren und das Chaos in Rom aufrechtzuerhalten. Tacitus erzählt, er habe Nero zugeflüstert: »Plautus mit seinem großen Vermögen hat noch nicht einmal vorgegeben, Frieden zu wollen. Im Gegenteil, nicht zufrieden damit, wie die Nachahmung eines alten Römers herumzustolzieren, hat er die stoische Arroganz und die Führung einer Sekte übernommen, die Aufruhr und politische Gelüste propagiert.«

Mehr musste Nero nicht hören. Er gab den Befehl, Plautus aus dem Weg zu räumen.

Nero war wahrscheinlich zum Teil durch die Gewissheit motiviert, dass Plautus, hätte er tatsächlich über die Ambitionen verfügt, die der Kaiser ihm unterstellte, viele Anhänger gefunden hätte. Dies ist ohnehin eine unserer größten Ängste: Dass Menschen, die wir verabscheuen, tatsächlich besser sein könnten als wir selbst, und dass wir sie nicht ablehnen, weil sie uns unterlegen sind, sondern weil sie etwas haben, das uns fehlt.

Neros Angriff auf Plautus hat eine ironische Seite, die dem Kaiser entgangen sein wird, die Seneca jedoch schon lange zuvor beschrieben hatte. Im *Oedipus* heißt es: »Wer leerer Furcht nachgibt, verdient echte Furcht.« Plautus hatte nie nach dem Thron begehrt, aber nun riet ihm sein Schwiegervater Antistius Vetus, Truppen zusammenzustellen und zu den Waffen zu greifen. Andere gaben ihm den gleichen Rat. Es dauerte einige Zeit, bis die Attentäter Asien erreichten, so lange, dass Gerüchte aufkamen, Plautus würde sich tatsächlich zur Wehr setzen. Ein Umsturz, so schien es, lag in der Luft.

Doch das war nicht Plautus' Art. Obwohl er über genug Geld verfügte, um eine komplette Armee zu finanzieren, entschied er sich dagegen. Vielleicht wollte er lieber einem Tyrannen zum Opfer fallen, als für einen weiteren blutigen Krieg verantwortlich zu sein, der unzählige Menschenleben kosten würde. Oder er folgte Musonius' Rat: »Wähle, so lange es möglich ist, einen guten Tod für den Fall, dass schon bald dein Tod nicht zu vermeiden, doch eine gute Art zu sterben dir unmöglich wäre.«

Von den Rufen nach Bürgerkrieg ungerührt, bereitete Plautus sich auf sein Ende vor. Der Stoiker wollte kein Herrscher sein. Er würde seinen dreißigsten Geburtstag nicht mehr erleben.

Wie schon Agrippinus vor ihm ließ sich Plautus durch den drohenden Tod nicht von seiner Alltagsroutine abbringen. An einem ruhigen Nachmittag im Jahr 62 nach Christus, als er sich gerade für seine Leibesübungen entkleidete, erschienen Neros Attentäter. Sie ließen ihm nicht einmal die Würde, Selbstmord zu begehen. Ein Zenturio löschte das Leben des jungen Philosophen aus, während ein Hofeunuch zusah, um die Tat zu bezeugen. Seinen Kopf nahmen sie als Beweis mit nach Rom.

Neros Verderbtheit hatte sich zu Sadismus gesteigert. Als er Zuschauern den abgetrennten Kopf von Plautus präsentierte, sprach er sich selbst in der zweiten Person an. »Nero, warum nur hast du einen Mann mit einer solchen Nase gefürchtet?« Doch damit der Schmähung nicht genug. Nero schrieb dem Senat, Plautus sei eine labile Persönlichkeit gewesen, die Rom bedroht habe (wir erinnern uns an diese Taktik aus Rutilius Rufus' Zeiten: Der Böse beschuldigt den Guten genau der Vergehen, derer er sich selbst schuldig gemacht hat). Nero hatte zwar nicht den Mut, zu seiner schändlichen Tat zu stehen, trotzdem verlangte er Anerkennung für die Wahrung des Friedens.

Vielleicht sollten wir Seneca – der sich damals gerade zur Ruhe setzen wollte – keine allzu großen Vorwürfe machen, weil er sich hinter Nero stellte, denn er war damals nicht der Einzige. Der Senat segnete nicht nur die Verleumdung von Plautus ab, sondern ging sogar so weit, ihn posthum auszuschließen, nur um dem launischen Kaiser zu gefallen. Wenige Wochen darauf ließ Nero sich von seiner Frau scheiden, überließ ihr den konfiszierten Nachlass des Plautus und bereitete eine erneute Heirat vor.

Während Seneca Nero unerklärlicherweise noch einige Jahre diente, nahm Thrasea, einer der wenigen in Rom verbliebenen Stoiker, sich ein Beispiel an Agrippinus und weigerte sich, der Hochzeit beizuwohnen.

Mit Plautus hatte sich Nero einen imaginären Feind geschaffen, mit Thrasea einen echten. Nun hatte er wirklich einen Grund, sich zu fürchten.

THRASEA DER FURCHTLOSE

* 14 n. Chr.
† 66 n. Chr.

aus Padua

Thrasea Paetus war ein Mann, der nicht in die Zeit passte, in die er hineingeboren worden war. Er war etwa zurzeit von Augustus' Tod in Padua zur Welt gekommen und gehörte einer reichen Adelsfamilie an. Wie so viele andere römischer Stoiker hatte auch er die besten und angesehensten Lehrer, die in ihm ein Talent für Rhetorik, Recht und vor allem für ein Leben nach strengen Grundsätzen weckten.

Während andere Stoiker einen Weg gefunden hatten, sich an Veränderungen anzupassen, oder so klug waren, sich zurückzuziehen, war Thrasea ein Senator alten Schlages. Jahrzehnte waren vergangen, seit in Rom der Einfluss des mutigen und engagierten Cato zu spüren gewesen war, doch Thraseas Liebe zur Geschichte und zur Philosophie war so groß, dass ihm Figuren aus der fernen Vergangenheit der Republik nahezu lebendig und real erschienen. Einst hatte das Orakel Zenon offenbart, er könne mittels der Philosophie mit den Toten sprechen. Auch Thrasea verfügte über diese Fähigkeit.

Seneca schrieb später, jeder Philosoph solle »sich einen Cato aussuchen« – einen Menschen, an dem er sich ausrichten und messen könnte. Plutarch berichtet, Thrasea habe Cato selbst als seinen Cato gewählt und später sogar ein Buch über ihn geschrieben.

Wahrscheinlich ließ sich Thrasea auch vom Scipionischen Kreis inspirieren, den er aus Ciceros Schriften kannte, denn sein Haus wurde zum Treffpunkt geistesverwandter Dichter, Philosophen und Politiker. Wie in früheren Zeiten bei Cato und Scipio, entsponnen sich an seiner Speisetafel lange Diskussionen über Pflicht und Tugend und leider ebenso über den besorgniserregenden Zustand ihres geliebten Landes. Viele der Stoiker, die auf den folgenden Seiten beschrieben werden, gingen bei Thrasea aus und ein – von Seneca bis Helvidius Priscus –, und ebenso präsent waren die Geister der Stoiker aus vergangenen Zeiten.

Überdies konnte Thraseas Frau auf eine bewegte Familiengeschichte zurückblicken. Wie Porcia entstammte sie einer Dynastie strenger Stoiker. Im Jahre 42 nach Christus beging ihre Mutter auf Befehl des Kaisers Claudius Selbstmord. »Siehst du, es tut gar nicht weh«, lauteten ihre letzten Worte an ihren Gemahl, der gezwungen wurde, ihr zu folgen.

Bei all diesen Einflüssen, dem aus Philosophen bestehenden Freundeskreis und seinem starken Engagement für das Gemeinwohl war von vornherein klar, dass Thrasea anecken würde, ganz gleichgültig unter welchem Kaiser. Aber unter Nero? Durch seinen Charakter war es Thrasea unmöglich, einen solchen Menschen als seinen Herrn zu ertragen. Er konnte einfach nicht akzeptieren, was aus Rom geworden war, und völlig furchtlos lehnte er den Status quo kategorisch ab.

Während seiner Senatskarriere nutzte Thrasea – wie schon Rutilius Rufus und Cato – seinen Einfluss, um sich für Erpressungsopfer einzusetzen. Im Jahre 57 nach Christus nahm er sich eines Falls an, den kilikische Abgesandte vorbrachten. Sie waren nach Rom gekommen, um ihren ehemaligen Gouverneur Cossutianus Capito der Erpressung zu bezichtigen. Laut Tacitus war der Gouverneur ein durch und durch schlechter Mann, der keinen Hehl aus seiner Korruptheit machte. Bei der Verhandlung gab er sich nicht einmal die Mühe, sich zu verteidigen, wurde schuldig gesprochen und verlor seinen Rang als Senator.

In einem gesunden politischen Klima wäre Capitos Laufbahn damit beendet gewesen, jedoch nicht in Neros Rom. Innerhalb weniger Jahre wurde Capito wieder in den Rang des Senators erhoben, und *er* führte nun Zivilprozesse gegen andere, darunter auch gegen einen Dichter, der Nero kritisiert hatte. Der Senat wollte den Dichter zum Tod verurteilen, doch Thrasea verhinderte es, indem er – wie Seneca in seinem berühmten Werk *Über die*

Güte – für Zurückhaltung und Gnade plädierte. Nero stimmte zu, doch man kann sich vorstellen, wie schwer es ihm fiel, selbst die mildeste Kritik ungestraft zu lassen.

So lästig Thrasea dem Kaiser auch gewesen sein mag, konnte dieser nicht umhin, die Hartnäckigkeit seines Widersachers zu bewundern. Als jemand einmal Thrasea kritisierte – und wahrscheinlich Dankbarkeit erwartete –, weil der Senator in einem Fall angeblich ungerecht gegenüber Nero entschieden hatte, wurde derjenige für seine Speichelleckerei getadelt. »Ich wünschte, Thrasea wäre mir ein ebenso guter Freund, wie er als Richter ist«, meinte Nero.

Es war unvermeidlich gewesen, dass Cato und Caesar mit ihren gewaltigen Anziehungskräften schließlich aufeinanderprallten. Ähnlich verhielt es sich mit Thrasea und Nero: der eine Senator, der andere Kaiser; der eine kontrolliert und von Prinzipien geleitet, der andere völlig zügellos und von seinem Ego beherrscht. Der eine war auf Kompromisse und Konsens aus, der andere weigerte sich, dergleichen auch nur in Betracht zu ziehen.

Als Nero im Jahre 59 nach Christus seine eigene Mutter ermordete, war Thrasea entsetzt. Während Seneca offenbar gewillt war, darüber hinwegzusehen, gingen die anderen Senatoren noch einen Schritt weiter. Sie akzeptierten nicht nur Neros absurde Erklärung, er habe seine Mutter töten müssen, weil sie eine Verräterin gewesen sei, die geplant habe, ihn zu töten, sondern sie ehrten ihn sogar für diese Tat. Thrasea war so angewidert, dass er hinausging und sich weigerte, an der Abstimmung teilzunehmen.

Heutzutage enthalten sich Politiker bei einer Stimmabgabe, um sich politisch nach allen Seiten abzusichern. Thraseas Motivation war von ganz anderer Art, nicht Feigheit, sondern Mut lag seiner Entscheidung zugrunde. Er weigerte sich, unverhohlene Korruption und Unrecht mit seiner Stimme zu würdigen.

Cato hatte mit Ermüdungsreden gegen Caesar und Pompeius angekämpft, doch damals war Rom nominell noch eine Republik gewesen. Thrasea blieb nichts anderes übrig, als seine moralische Autorität einzubringen und den Menschen zu sagen: »Das ist nicht normal.« So tat er es auch, verweigerte seine Zustimmung und ließ nicht alles ungefragt durchgehen, auch, wenn es nicht viel nutzen würde.

Es kümmerte ihn auch nicht, wen er mit seiner Haltung in dieser oder jener Sache erzürnte.

Er weigerte sich, für die göttlichen Ehren zu stimmen, die Nero seiner neuen Frau Poppaea zukommen lassen wollte (manche Zeitgenossen behaupteten, er habe seine Mutter ermordet, weil sie seine neue Frau ablehnte). Im Prozess gegen Claudius Timarchus – ein Räuberbaron, »den sein immenser Reichtum dazu ermutigte, die Schwächsten zu unterdrücken«, wie Tacitus sich ausdrückte – plädierte Thrasea mit Nachdruck für Exil. Seine Rede fand allgemeine Zustimmung, doch das Urteil wurde von Nero aufgehoben, der offenbar unfähig war, Entscheidungen im Sinne des Gemeinwohls zu treffen. Drei lange Jahre stand Thrasea dem Kaiser in offener Ablehnung gegenüber, während dieser sich auch immer offener gegen ihn wendete. Im Jahre 63 nach Christus verweigerte Nero Thrasea den Zugang zu seinem Palast, als dieser ihm gemeinsam mit den anderen Senatoren zur Geburt seiner Tochter gratulieren wollte.

Ein Stoiker muss verstehen, wann ein Fall hoffnungslos ist und er sich besser zurückzieht. Bei Seneca kam die Einsicht zu spät, erst lange nachdem er sich durch seine Unterstützung Neros mitschuldig gemacht hatte. Doch Thrasea hatte sich nie vereinnahmen lassen. Als die anderen Senatoren hinnahmen, dass der Kaiser Thrasea, einen ihrer Kollegen, zurückwies, sah er ein, dass der Staat nicht mehr zu retten war. Die nächsten drei Jahre verbrachte er im Teilruhestand und beschäftigte sich mit Schriften über Cato und Studien der Philosophie, ohne sich wegen des Todesurteils zu sorgen, das er bald erwartete.

Laut Tacitus suchte Nero nur nach einem passenden Vorwand. Capito, den Thrasea Jahre zuvor aus dem Senat vertrieben hatte, half ihm dabei. Thrasea hatte bei der Beisetzung Poppaeas 65 nach Christus angeblich nicht die gebührende Anteilnahme gezeigt, was Nero und Capito ihm übelnahmen (welche Ironie, wenn man bedenkt, dass Nero wahrscheinlich für ihren Tod verantwortlich war). Jedenfalls brachte Capito – laut Tacitus mit nach abgrundtiefer Bosheit gierendem Herzen – seine Anklage vor, die darauf abzielte, Neros Wunsch zu erfüllen, »die Tugend selbst zu töten«, indem einer der wenigen Männer in Rom, der nicht vor dem tyrannischen Kaiser kroch, aus dem Weg geräumt werden sollte. »In seiner Gier nach Zwist spricht nun das ganze Land über dich, Nero, und über Thrasea, wie es früher über Gaius Caesar und Marcus Cato sprach«, flüsterte Capito hinterlistig.

Die Bemerkung war bösartig, jedoch zugleich das höchste Lob, das Thrasea erhofft haben könnte. So spielt das Leben: Manchmal macht uns ein Feind aufgrund seiner Ängste und Pläne das größte Kompliment.

Thrasea tat Nero nicht den Gefallen, ihn im Geheimen zu untergraben. Er schrieb ihm höchstpersönlich: Nenne deine Anklage, und ich werde mich verteidigen. Als Nero den Brief öffnete, erwartete er einen Treueschwur. Er hatte angenommen, Thrasea, würde vor ihm kriechen und um Gnade flehen. Stattdessen begegnete ihm »die herausfordernde Unabhängigkeit eines schuldlosen Mannes«. Thrasea konnte gar nicht anders.

Für den Stoiker, für uns, kommt keine andere Haltung infrage.

Nun entspann sich – wie schon zwischen Cato und Caesar, ein tödlicher Konflikt. Nero überschritt den Rubikon, indem er nach

Thraseas Kopf verlangte, und der Senat, durch die fünf Kaiser der letzten hundert Jahre zugrunde gerichtet, war mehr als bereit, sich hinter den Tyrannen zu stellen. Nur Arulenus Rusticus, ebenfalls ein Stoiker, widersprach und bot an, das Dekret des Senats zu blockieren, um Thrasea das Leben zu retten. Doch der bat ihn, nicht zu intervenieren. »Du stehst noch am Anfang deiner Laufbahn«, sagte er dem jungen Mann. »Überlege dir gut, welchen politischen Weg du in diesen Zeiten einschlagen willst.«*

Thrasea brauchte keinen Beschützer. Wie Cato beschloss er, hinzunehmen, was immer das Schicksal für ihn bereithielt.

Wie schon bei Rutilius Rufus' Schauprozess viele Jahre zuvor wurde bewusst auf eine Verteidigung verzichtet.

Der Senat fällte das Urteil, ihn zu töten und seinen Schwiegersohn Helvidius Priscus zu verbannen.

Als sich die ersten Gerüchte über das Urteil verbreiteten, saß Thrasea mit seinen Freunden – den Dichtern, Philosophen und Magistraten – im Garten, wie sie es seit vielen Jahren taten. Epiktet berichtet, Thrasea, der mit Demetrios, dem Kyniker, in ein Gespräch über die Unsterblichkeit der Seele vertieft war, habe die Nachricht mit süffisanter Resignation aufgenommen: »Ich möchte lieber heute sterben, als morgen verbannt zu werden.«

Nero erwies Thrasea die gleiche Höflichkeit wie Seneca: Er ließ ihn seine Todesart selbst wählen. Dies war für Thrasea ein weiterer Moment der Zwiesprache mit den großen toten Männern, die für ihn so lebendig waren: Sokrates, Cicero, Cato und auch der erst kürzlich verschiedene Seneca gehörten dazu. »Nero

---

* Arulenus Rusticus erlebte noch sechs weitere Kaiser, bis Domitian ihn 93 nach Christus wegen eines Buches hinrichten ließ, in dem er Thraseas Mut und Vorbildlichkeit beschrieb. Sein Enkel Junius Rusticus war Schüler des Epiktet und wurde der Philosophielehrer von Marcus Aurelius.

kann mich töten«, sagte Thrasea in Anlehnung an Sokrates' letzte Worte, »doch er kann mich nicht verletzen.«

Als Thrasea sich auf den Tod vorbereitete, bat er als Erstes seine Angehörigen, Rom zu verlassen. Er verabschiedete sich von ihnen und bat sie, auf sich achtzugeben. Dann wandte er sich flehend an seine Ehefrau, die in die Fußstapfen ihrer Mutter treten und mit ihrem Mann gemeinsam in den Tod gehen wollte. Wieder bewies er mehr Mitgefühl als Seneca und beschwor seine Frau, durchzuhalten, schon um ihrer Tochter willen, die selbst ihren Mann verlieren würde, da er in die Verbannung geschickt wurde.

Als die Beamten mit dem Todesurteil kamen, zog sich Thrasea mit Demetrios, dem Kyniker, und Helvidius Priscus in sein Schlafgemach zurück. Vielleicht philosophierten sie noch ein wenig oder Thrasea riet Helvidius, den Kampf aus der Ferne weiterzuführen. Aber schließlich war es so weit. Thrasea bat seine Gefährten, ihm die Venen beider Arme zu öffnen.

Während er ausblutend dalag, bot er – wie als Anspielung auf Senecas Selbstmord nur ein Jahr zuvor – Jupiter eine Trankgabe dar und sagte zu dem jungen Mann, der das Todesurteil überbracht hatte: »Du bist in eine Zeit geboren, in der man den Geist mit Beispielen von Mut stärken sollte.« Dann wandte er sich Demetrios zu und sprach seine letzten Worte, die im Abgrund der Geschichte verloren gingen.

Nero hatte einen weiteren Feind aus dem Weg geräumt, jemanden, der seinen Exzessen Einhalt hätte gebieten können. Doch wie Seneca ihn gewarnt hatte, holen den Täter seine Verbrechen immer ein. Man kann noch so viel morden, aber man wird niemals unbesiegbar.

Wie alle Despoten und Gangster verlor auch Nero seine Anhängerschaft zuerst nach und nach und dann alle auf einmal. Bereits die Verschwörung, in die Seneca verwickelt gewesen war, hatte gezeigt, dass die Leute begannen, sich gegen ihren wahnsinnigen Kaiser aufzulehnen. Verschwörer, die der sichere Tod erwartete, sprachen die Wahrheit aus, der Nero so lange aus dem Weg gegangen war. »Niemand in der Armee war dir treuer als ich«, sagte ihm Sabrius Flavus, »als du unsere Liebe noch verdientest. Doch nachdem du deine Mutter und deine Frau ermordet hattest und zum Wagenlenker, Schauspieler und Brandstifter wurdest, begann ich, dich zu hassen.« Ein anderer Soldat antwortete auf die Frage, warum er den Kaiser töten wollte: »Es war die einzige Möglichkeit, euch zu helfen.«

Auch Rusticus' Bereitschaft, sich auf Thraseas Seite zu stellen, war ein Hinweis auf die Meinungsverschiedenheiten im Senat, der bis dahin Neros Exzesse einstimmig gebilligt hatte. Doch es handelte sich nur um kleine Funken. Neros letzte Lebensjahre waren von weiteren Morden und selbstverliebten Auftritten geprägt. Gesangswettbewerbe ließ er manipulieren, um sich den Sieg zu sichern, und er tourte durchs ganze Reich, um sich von zunehmend erschöpften Bürgern lobpreisen zu lassen.

Am Ende war es die Armee, die sich als Erstes gegen ihn stellte. Damit fehlte ihm plötzlich das Instrument zur Einschüchterung. Er konnte nicht einmal mehr unter dem Schutz seiner einstmals treuen Schergen aus Rom fliehen.

Ein anonymes Mitglied der Prätorianergarde gab Nero einen letzten Wink. »Ist es denn so schlimm, zu sterben?«, fragte er. Als Nero eines Morgens erwachte, hatten die meisten seiner Leibwächter ihre Posten verlassen. James Romm beschreibt, was Nero nach seiner Gefangennahme erwarten würde: »Sein Kopf würde in die Gabel eines Baumes eingeklemmt, dann würde man ihn mit dicken Felsbrocken erschlagen. Anschließend würde man seine geschundene Leiche vom Tarpejischer Felsen werfen, wie man es in Rom mit den schlimmsten Verbrechern tat.«

Nero, der so lange Senecas Lektionen über das Sterben ignoriert hatte, der Thrasea in den Selbstmord getrieben und Plautus und viele andere hatte hinrichten lassen, richtete nun zwei Dolche gegen sein eigenes Fleisch. Er zögerte, steckte sie zurück in ihre Scheiden und hoffte, noch ein wenig warten zu können. Er bat seine verbliebenen Gefährten, sicherzustellen, dass er nach dem Tod nicht enthauptet würde. Was für eine Scheinheiligkeit von dem Mann, der Plautus' Kopf an den Haaren hochgehalten und sich über seine Nase lustig gemacht hatte.

Dann nahm Nero all seinen Mut zusammen, ergriff einen der Dolche und stach sich selbst in die Kehle.

Ein Beteiligter der Verschwörung vom Jahre 65 nach Christus hatte, als er in sein von Neros Schlägern hastig ausgehobenes Grab hinabsah, gescherzt: »Nicht einmal das entspricht dem Kodex.«

Neros grausame Inkompetenz zeigte sich sogar in seinem Selbstmord: Er hatte die wohl schmerzvollste Methode gewählt – und scheiterte. Schließlich trat Epaphroditos, ein früherer Sklave und Neros Berater, auf ihn zu und rüttelte an dem Dolch, der nun die Halsschlagader traf und Neros Herrschaft damit beendete. Die vorletzten Worte, die er äußerte, während seine Kehle sich mit Blut füllte, waren der typische Nero-Unsinn. »Das ist wahre Treue«, gurgelte er.

In diesem Augenblick kamen die Soldaten zurück, um das öffentliche Todesurteil – von der Art, wie Nero sie selbst so häufig ausgesprochen hatte – zu überreichen. Als ein Zenturio versuchte, die Blutung zu stoppen, sagte Nero lachend: »Zu spät.«

Er war tot.

Viele Philosophen der Stoa hatten ihm vorausgehen müssen – Rubellius Plautus, Barea Soranus, Seneca und natürlich Thrasea –, und wohl aus keinem anderen Grund als Neros flüchtiger Genugtuung. Doch niemand, der von Neros Tod hörte oder ihn lebendig erlebt hatte, hätte behauptet, dass er das bessere Los gezogen hätte.

Thrasea sagte, Nero habe die Macht, zu töten, aber nicht die, zu verletzen. Das stimmte bis auf eine Ausnahme. Nero hatte sich selbst immer wieder verletzt und seine dreißig Jahre auf dieser Welt als lebender Toter zugebracht. Noch heute gilt er als Beispiel für die schlimmste Art der Herrschaft.

Cato und Thrasea – diese beiden Namen stehen für Tapferkeit, für Weisheit, Mäßigung und Gerechtigkeit.

Und Nero? Sein Name steht für Exzess, Inkompetenz, Irrsinn und das Böse selbst. William Blake hatte recht, als er schrieb, das stärkste bekannte Gift komme aus dem Lorbeerkranz eines Cäsaren.

HELVIDIUS PRISCUS DER SENATOR

* 25 n. Chr.
† 75 n. Chr.

aus Cluviae

Die Geschichte von dem Kind, das sich aus bescheidenen Verhältnissen bis in die höchsten Regierungskreise seines Landes emporarbeitet, ist nicht neu. Die Lebensgeschichte des Politikers, der aus dem Nichts zu kommen scheint, große Macht erlangt und diese dazu nutzt, um dem Volk, von dem er abstammt, zu helfen, ist die Geschichte von Abraham Lincoln und Henry Clay. Es ist die Geschichte von Margaret Thatcher und Angela Merkel. Und es ist auch die Geschichte von Helvidius Priscus.

Helvidius wurde als Sohn eines Soldaten geboren, der in der Stadt Cluviae in der süditalienischen Region Samnium stationiert war. Helvidius Priscus sollte aus diesen bescheidenen plebejischen Ursprüngen zu einer wichtigen Figur des römischen Lebens aufsteigen, in eine Karriere, die sich über die Regierungszeit von fünf Kaisern erstreckte.

Angesichts der Daten seines ersten politischen Amtes können wir davon ausgehen, dass er spätestens im Jahre 25 nach Christus geboren wurde und von klein auf ein passionierter und ernsthafter Student gewesen sein muss. Tacitus berichtet, dass er von Jugend an »seine außerordentlichen Talente den höheren Geisteswissenschaften widmete und das nicht – wie die meisten Jugendlichen – um ihren nutzlosen Müßiggang hinter einem prahlerischen Namen zu verbergen, sondern um besser gegen die Widrigkeiten des Schicksals gewappnet die Bühne des öffentlichen Lebens betreten zu können«. Von Tacitus erfahren wir auch, dass seine frühen Lehrer Stoiker waren, »die nur solche Dinge als gut erachteten, die moralisch richtig waren, und nur solche Dinge als böse, die unedel waren, und die Macht, hohe Geburt und alles andere, das sich der Kontrolle des Willens entzog, weder als gut noch als böse ansahen«.

Wie Senecas Bruder Gallio – und wie einige Generationen zuvor schon Scipio – wurde Helvidius von einer wohlhabenden und mächtigen Familie adoptiert, vermutlich von der des Helvidius Priscus, der als Legat unter dem syrischen Gouverneur Quadratus diente. Wie der junge Helvidius – der den Namen seiner neuen Familie annahm – seinen neuen Verwandten begegnete, ist nicht genau überliefert. Möglicherweise diente sein Adoptivvater gemeinsam mit Mitgliedern seiner Familie in der Armee, vielleicht überwältigte er auch das bis dahin kinderlose Ehepaar mit seiner Intelligenz.

Jedenfalls war er nun nicht mehr der plebejische Sohn eines Niemands, sondern jemand, der im Aufstieg begriffen war. Dies kann das Schicksal bewirken, hatte Seneca geschrieben, es kann uns demütigen, es kann uns aber auch stolz machen. Es bricht unsere Herzen, bringt aber auch glückliche Momente mit sich. Ausschlaggebend ist, was wir daraus machen, und Helvidius, als Stoiker ausgebildet, würde die Ressourcen, welche das Leben ihm mitgegeben hatte, nicht verschwenden.

Nachdem der junge Helvidius durch das Erlangen eines Quästorenpostens in Achaea die erste Stufe der römischen Magistratur erklommen hatte, hatte er seinen Charakter so gefestigt und seinen Wohlstand so vermehrt, dass man ihn mit Thraseas Tochter Fannia vermählte. Es dürfte sich so angefühlt haben, wie in die Familie des Cato einzuheiraten, so wie Brutus es getan hatte – mit dem Unterschied, dass der alte Mann immer noch da war, um zu lehren und zu inspirieren. Wie Tacitus berichtet, lernte Helvidius von Thrasea alles über »den Geist der Freiheit« und wie er sich »als Bürger, Senator, Ehemann, Schwiegersohn und Freund allen Pflichten des Lebens zu gleichen Teilen« als würdig erweisen könne, »den Reichtum verachtend, entschlossen, das Richtige zu tun, und unbeeindruckt von Furcht«. Helvidius und seine Frau zogen in ein wunderschönes Haus in Rom, eine ganz erstaunliche Veränderung, verglichen mit seinem frühen Leben in den Lagern an der römischen Grenze.

Im Jahre 56 nach Christus erlangte Helvidius das Amt des Volkstribuns, in dem er sich dadurch auszeichnete, dass er die

Armen vor den Sanktionen eines jungen Schatzmeisters, Olbutronius Sabinus, bewahrte, der seine Autorität dazu missbrauchte, ihr Vermögen zu beschlagnahmen. Helvidius argumentierte im Prozess gegen Sabinus so überzeugend, dass Nero einschritt und verkündete, dass künftige Schatzmeister einem höheren Standard verpflichtet sein würden. Nero führte diese Reform wider Willen ein und genoss es sicherlich nicht, sie beschließen zu müssen.

Die Einzelheiten von Helvidius' politischer Laufbahn sind, wie die einiger anderer Stoiker auch, nicht bekannt, bis hin zu einem Punkt, an dem er von seinem Kurs abkam und in einen offenen Konflikt mit dem herrschenden Regime geriet. Im Jahre 66 nach Christus wurde Thrasea wegen der Verschwörung gegen Nero angeklagt. Helvidius' angebliche, noch aus der Zeit des Julius Caesar stammende Sympathien für Brutus und Cassius – vielleicht einer flapsigen Bemerkung entnommen oder aus etwas herausgelesen, das er geschrieben hatte – wurden als Beweis gegen seinen geliebten Schwiegervater verwendet.

Kurze Zeit darauf bat man Helvidius, Thrasea bei seinem Selbstmord zu helfen. Kaum war Thraseas Blut aus seinem Körper gewichen, wurden Helvidius und seine trauernde Frau mit ihren beiden Kindern ins ferne Mazedonien ins Exil verbannt.

Nachdem zwei Jahre vergangen waren und auch Nero sein Leben gelassen hatte, wurde Helvidius von Kaiser Galba nach Rom zurückbeordert. Im Gegensatz zu Rutilius Rufus, der sich entschieden hatte, dort zu bleiben, wo er war, frei von Roms Wahnsinn, war Helvidius optimistisch genug, um zurückzukehren. Vielleicht war Nero nur ein böser Traum gewesen – eine flüchtige Tyrannei – und der neue Kaiser wäre besser.

Sicherlich offenbaren Helvidius' erste Handlungen einen naiven Glauben an die Stabilität Roms zu jener Zeit. Nahezu umgehend erhob er Anklage gegen Eprius Marcellus, den Mann, der

Thrasea und ihn selbst verfolgt hatte. Dieses Vertrauen in die Institutionen seines Landes wurde jäh erschüttert – viele andere Senatoren teilten sich die Schuld mit Marcellus und die Unterstützung des neuen Kaisers für den Sohn eines hingerichteten Verräters war nur von sehr kurzer Dauer – und Helvidius ließ die Anklage schließlich fallen. Nach nur wenigen Monaten verstarb Galba, und so begann das sogenannte »Jahr der vier Kaiser«, in dem die Herrscher sich auf dem Thron so schnell abwechselten wie auf dem Stuhl im Spiel »Reise nach Jerusalem«.

Otho, der nächste Kaiser, sollte nicht einmal drei Monate regieren – gerade einmal genug Zeit für Helvidius, die Erlaubnis zu erhalten, Galba zu begraben. Nach dem Tod von Otho erlangte Helvidius das Amt des Prätors und fand sich alsbald in einem Konflikt mit dem neuen Kaiser Vitellius wieder, dessen Amtszeit nur acht Monate andauern sollte. In dieser Zeit, die wie eine schier endlose Reihe ungeklärter, aber aufreibender Schlachten des Willens angemutet haben musste, geriet Helvidius im Jahr 70 nach Christus in Opposition zum neuen Kaiser Vespasian, konfrontiert mit der Frage, ob der Senat oder der Kaiser die Ausgaben des Reiches kontrolliere.

So real diese Konflikte um die gesetzgeberische Vormachtstellung waren, so groß war Helvidius' stoische Verachtung für die Machthaber – was manche als Respektlosigkeit erachteten und was zweifellos die Spannungen anheizte. Es heißt, dass Helvidius, der von Thrasea gelernt hatte, dass Respekt erst verdient werden müsse, den neuen Kaiser mit seinem privaten und nicht mit seinem kaiserlichen Namen zu bezeichnen pflegte. Auf dem Höhepunkt von Vespasians Ruhm war Helvidius – nach seiner triumphalen Rückkehr aus Syrien – tatsächlich der einzige Senator, der es wagte, den Mann wie einen Bürgerlichen anzusprechen. In all seinen Edikten, die er als Prätor verfasste, weigerte sich Helvidius, Vespasian seine Königstitel zuzugestehen.

War es Leichtsinn oder die standhafte Weigerung, sich vor jemandem zu verbeugen, den er nicht als seinen Vorgesetzten anerkannte? Oder war es einfach nur Erschöpfung, verursacht durch die endlose Parade zweitklassiger Anführer, die der Senat hatte hinnehmen müssen?

Es ist bekannt, dass diese Respektlosigkeit mit der Zeit immer ausgeprägter wurde. Sueton berichtet, dass Helvidius begann, sich direkt gegen Vespasian auszusprechen. Epiktet liefert uns einen Wortwechsel, der den Mann als gänzlich furchtlos darstellt:

> Als Vespasian nach Helvidius Priscus schickte und ihm befahl, nicht an den Sitzungen des Senats teilzunehmen, so antwortete der: »Es liegt in deiner Macht, es mir nicht zu erlauben, Mitglied des Senats zu sein, aber solange ich es bin, muss ich teilnehmen.« »Gut, dann nimm teil«, sagte der Kaiser, »aber sprich nicht.« »Frag nicht nach meiner Meinung, und ich werde schweigen.« »Aber ich muss dich nach deiner Meinung fragen.« »Und ich muss sagen, was ich für richtig halte.« »Aber wenn du das tust, so werde ich dich töten.« »Wann habe ich dir denn gesagt, ich sei unsterblich? Du wirst das Deinige tun, und ich das Meinige: Es ist deine Aufgabe, zu töten; es ist die meinige, zu sterben, aber nicht in Furcht; deine Aufgabe ist es, mich zu verbannen; die meinige, ohne Kummer fortzugehen.«

Du tust deine Arbeit, ich tue meine, sagt der Stoiker. Bist du böse, werde ich gut sein. Alles andere soll geschehen, wie es geschehen mag.

Helvidius muss gewusst haben, dass ein solcher Ansatz in dieser Welt, oder zumindest in Rom, nicht lange Bestand haben konnte. Er hielt lange genug durch, um den Bau des neuen Kapitolgebäudes und die Einweihung des neu aufgebauten Tempels des Jupiter Capitolinus (Kapitolinischer Tempel) überwachen zu können. Tacitus stellt Helvidius Priscus als eine Art einsamen, aber hoffnungsfrohen Menschen dar, der friedlichere Zeiten zu finden versucht, in denen der Staat das Gemeinwohl fördert und eine funktionierende Republik die imperialen Exzesse und die blutige Nachfolge der Flavianer irgendwann in die Schatten zurückdrängt.

Es sollte nicht sein.

Vespasian, der die Nase voll davon hatte, dass mit ihm gespielt und seine Autorität untergraben wurde, beschloss, Helvidius erneut zu verbannen. Es sagt vermutlich etwas über die Macht aus, die Helvidius noch immer innehatte, dass Vespasian ein Exil in der Nähe für ihn aussuchte, damit er ihn im Auge behalten konnte. In Wahrheit war es eher eine Zelle im Todestrakt.

Nicht lange danach ordnete Vespasian die Hinrichtung von Helvidius an.

Helvidius' Frau würde später eine Feier zu Ehren ihres Mannes ausrichten, aber wie bei den Besten der Stoiker üblich, sollten nicht seine Worte, sondern seine Taten sein Vermächtnis bestimmen. Epiktet ließ sich von ihm inspirieren. Marcus Aurelius wählte ihn als Vorbild. Und dann, 1.927 Jahre später, sollte ein anderer Mann die Bildfläche betreten, der ebenfalls arm aufgewachsen und adoptiert worden war, sich aber dann in die gesetzgebenden Institutionen seines Landes verliebte: Senator Robert Byrd*. Er ergriff im Alter von fünfundachtzig Jahren das Wort im Senat, um

* Es sollte erwähnt werden, dass Byrd eine Lektion in den stoischen Tugenden der Gerechtigkeit und Fairness zu einem früheren Zeitpunkt selbst dringend hätte gebrauchen können, denn in den frühen 1940er-Jahren trat er dem Ku Klux Klan bei. Aber vielleicht hat er die Botschaft später verstanden, da er sich wiederholt für diese Sünde entschuldigte und die Bemühungen der NAACP (National Association for the Advancement of Colored People; eine schwarze Bürgerrechtsbewegung) aktiv unterstützte.

gegen die durch seinen eigenen Präsidenten verübten Übergriffe im Namen der »Sicherheit« zu protestieren:

> Helvidius Priscus sprach das aus, was er dachte; Kaiser Vespasian tötete ihn. In diesen verweichlichten Zeiten ist es aufschlussreich, von Mut zu lesen. Es gibt Mitglieder im Senat und im Repräsentantenhaus der Vereinigten Staaten, die es augenscheinlich mit der Angst zu tun bekommen, wenn der Präsident der Vereinigten Staaten ihnen sagt, sie dazu drängt, auf eine bestimmte Art und Weise abzustimmen, die gegen ihre Ansichten verstoßen könnte. Lassen Sie uns also an diesem Tag, an dem es nur wenige mutige Männer gibt – relativ wenige –, ein Blatt der römischen Geschichte zur Hand nehmen und Helvidius Priscus gedenken.

Auf die Frage hin, warum er diese Rede gehalten habe, brachte Byrd es ungewollt fertig, eine perfekte Lektion aus dem Leben Helvidius Priscus' und der tapferen Stoiker, die im Kampf gegen die Herrschaft Neros und seiner Nachfolger gestorben waren, zu erteilen:

> Für mich geht diese Frage am Thema vorbei, bei allem Respekt davor, dass Sie sie gestellt haben. In meinen Augen wurde es bereits vor tausend Jahren aufgezeichnet. Ich stand für die Verfassung ein. Ich stand für die Institution ein. Falls mir heute niemand zugehört hat, so wird es irgendwann in der Zukunft ein Mitglied geben, das sich dazu durchringen wird, diese Wälzer zu durchkämmen.

MUSONIUS RUFUS DER UNZERSTÖRBARE

* 20-30 n. Chr.
† vor 101 n. Chr.

aus Volsinii, Etrurien

Cato mag Roms eiserner Mann gewesen sein, aber am Ende wurde er von einem einzigen Kaiser bezwungen. Thrasea galt als gänzlich furchtlos, das trifft aber auch auf seinen Freund Gaius Musonius Rufus zu, der ähnlich unerschrocken war und der, wie das Schicksal so spielt, ein Leben ertragen musste, das so voller Widrigkeiten war, dass es Thraseas Martyrium unter Nero wie reines Vergnügen aussehen ließ.

Musonius Rufus wurde als Mitglied des Ritterstandes in Volsinii, Etrurien, während der Regierungszeit von Tiberius geboren und machte sich schnell einen Namen als Philosoph und Lehrer. Selbst in einer Zeit, die eine lange Reihe von brillanten Stoikern vorweisen konnte, galt Musonius Rufus als überragend. Unter seinen Zeitgenossen war er der »römische Sokrates«, ein Mann der Weisheit, des Mutes, der Selbstbeherrschung und bis in sein Innerstes durchdrungen von Hingabe für das, was richtig war. Dieser Ruhm überdauerte ihn, und so wird Musonius von vielen verschiedenen Personen bewundernd erwähnt, von Christen wie Justin dem Märtyrer und Clemens von Alexandria bis hin zu Marcus Aurelius.

Doch im Gegensatz zu Seneca und Cicero, die ihren Platz in der Oberschicht der römischen Gesellschaft auskosteten, war Musonius ein weitaus bescheidenerer Mann. Er wurde nicht in einen Senatsrang oder großen Wohlstand hineingeboren. Er heiratete nicht in eine Familie mit guten Beziehungen ein. Er strebte nicht nach Ruhm oder Macht. Auch hielt er diese Dinge, wie es scheint, nicht für besonders wichtig.

Er war davon überzeugt, dass Lob und Beifall sowohl für das Publikum als auch für den Philosophen reine Zeitverschwendung seien. »Wenn ein Philosoph«, so sagte er, »einen Aspekt der Philosophie anmahnt, überzeugend darlegt, kritisiert oder diskutiert, wenn das Publikum ihn in seiner Begeisterung und Maßlosigkeit mit nichtssagenden und faden Worten des Lobes überhäuft, wenn es sogar laut ruft und gestikuliert, wenn es bewegt und erregt ist und durch den Charme seiner Worte, durch den Rhythmus der Formulierungen und durch bestimmte rhetorische Wiederholungen beeinflusst wird, dann ist dies ein untrügliches Zeichen dafür, dass sowohl Redner als auch Publikum ihre Zeit verschwenden und dass sie nicht einen Philosophen sprechen hören, sondern einem Flötenspieler bei seinem Auftritt zusehen.«

Für Musonius bestand das Indiz für den Erfolg eines Philosophen nicht im lauten Jubel der Anhänger. Es bestand im Schweigen. Denn es bedeutete, dass das Publikum tatsächlich nachdachte – es bedeutete, dass es mit den komplexen Ideen rang, die der Redner zu vermitteln versuchte.

Und so können wir uns vorstellen, dass dieser römische Sokrates große Menschenmengen anzog – nicht aufgrund seiner geschickten Zurschaustellung, sondern wegen des Rufs seiner Lehren –, die in respektvoller Stille dasaßen, selbst dann, wenn er ihre am tiefsten empfundenen Überzeugungen infrage stellte.

Seine kontroverseste Ansicht im Rom des ersten Jahrhunderts? Dass Frauen den gleichen Anspruch auf eine Ausbildung hätten wie Männer. Zwei von Musonius' einundzwanzig überlieferten Vorlesungen (*Darüber, dass auch Frauen Philosophie studieren sollten* und *Sollten Töchter die gleiche Ausbildung erhalten wie Söhne?*) sprechen sich nachdrücklich dafür aus, Frauen gut zu behandeln und ihre Fähigkeiten als Philosophinnen zu fördern. Dies entsprach keineswegs der konventionellen Sichtweise, aber schließlich ist das Richtige oft unkonventionell.

Es sollte uns nicht überraschen, dass Musonius diese Überzeugungen vertrat und dass er den Mut hatte, sie zu einer Zeit zu vertreten, in der Frauen für die meisten nicht mehr als Eigentum waren. Ein eherner Grundsatz der stoischen Ausbildung ist das selbstständige Denken, und hier zeigte sich Musonius' Fähigkeit, erkennen zu können, was universell richtig war, auch außerhalb des Kontextes seines Zeitalters. »Es sind nicht nur die Männer allein, die Eifer und einen natürlichen Hang zur Tugend besitzen«, schrieb er, »sondern auch die Frauen. Frauen freuen sich nicht weniger als Männer über edle und gerechte Taten und lehnen ihre Gegensätze ab. Da dem so ist, warum ist es dann für Männer angemessen, nach Möglichkeiten für ein besseres Leben zu suchen, sprich Philosophie zu praktizieren, aber nicht für Frauen?«*

Sogar seine Auffassung von der Ehe war modern und forderte die »perfekte Gemeinschaft und gegenseitige Liebe von Mann und Frau, sowohl in Gesundheit als auch in Krankheit und unter allen Bedingungen«. Eine gute Ehe, so glaubte er, sei eine Ehe, in der beide Partner bestrebt seien, einander in der gegenseitigen Hingabe zu übertreffen. Er schrieb über die Beschaffenheit der »schönen Verbindung«, die Brutus und Porcia vereinte, in der zwei Seelen fest miteinander verbunden die Widrigkeiten des Lebens durchmachten und sich gegenseitig zu größerer Tugend inspirieren. Und wie war die Ehe des Musonius beschaffen? Das ist nicht bekannt – aber es wäre undenkbar, dass ein Mann, der so bewegend über die Vorzüge dieser Art von Ehe schrieb, nicht aus Erfahrung sprach, und noch unmöglicher, dass Musonius die Widrigkeiten, die ihm bald bevorstehen würden, ohne einen Lebenspartner, der Mut und Tugend besaß, hätte ertragen können.

Im Mittelpunkt der Lehren von Musonius stand der Glaube an die große Bedeutung von harter Arbeit und Ausdauer. Er war ein Mann, der aus dem gleichen Holz geschnitzt war wie Kleanthes, dessen philosophische Studien Jahrhunderte zuvor von körper-

* Die Stoiker sprachen sich schon sehr früh für die Gleichstellung der Geschlechter aus. Drei Jahrhunderte zuvor hatte Kleanthes ein Buch mit dem Titel *Dass die Tugend bei Mann und Frau dieselbe sei* geschrieben.

licher Arbeit begleitet wurden. In einem Vortrag mit dem Titel *Welche finanziellen Mittel sind für den Philosophen angemessen?* sprach Musonius in den höchsten Tönen über die Vorzüge harter Arbeit und zeigte sich überzeugt davon, dass es nur sehr wenig gebe, das unter unserer Würde sei, wenn es nur gut und mit der richtigen Arbeitsmoral getan werde.

Mühsal, so glaubte er, sei einfach ein Teil des Lebens. »Um die beschwerlichen Umstände, die wir im Namen von Tugend und Güte zu ertragen haben, etwas leichter und fröhlicher zu gestalten«, sagte er, »ist es von Vorteil, sich daran zu erinnern, welches Elend Menschen für weitaus unwürdigere Ziele zu ertragen bereit sind. So denkt zum Beispiel daran, was leidenschaftlich Liebende um niederer Begierden willen durchmachen und wie viel Anstrengung andere aufwenden, um Gewinne zu erzielen, und wie viel Leid diejenigen ertragen müssen, die nach Ruhm streben, und bedenkt, dass all diese Menschen sich freiwillig vielerlei Mühen und Entbehrungen unterwerfen.«

Wenn wir also leiden müssen, sollten wir dann nicht besser für ein Ziel leiden, für das sich der Aufwand lohnt?

Leid ertragen *auf dem Weg* zur Tugend – das ist der Kern von Musonius' Lehren. Wie er sagte: »Und würde nicht doch jeder zugeben, wie viel besser es ist, die eigene Begierde beherrschen zu können, statt seine Kraft dafür aufzuwenden, die Frau eines anderen zu gewinnen; statt Leid um des Geldes willen zu erdulden, sich in Bescheidenheit zu üben; statt sich dafür abzuschuften, etwas Bekanntheit zu erlangen, sich eher darum zu bemühen, nicht nach Bekanntheit zu dürsten; statt nach Wegen zu suchen, eine beneidete Person zu verletzen, sich eher zu fragen, wie man es vermeiden kann, Neid zu empfinden; und statt sich daran abzuarbeiten, falsche Freunde zu gewinnen, wie Kriecher es tun, eher Leiden zu ertragen, um wahre Freunde zu finden?«

Es ist passend, dass er so viel über dieses Thema schrieb und sprach, denn er sollte – wie viele andere Stoiker auch – feststellen, dass das Leben einige Herausforderungen und Strapazen für ihn bereithielt.

Musonius hatte zum ersten Mal aufgrund seiner Beziehungen zur stoischen Opposition, der unter anderem Gaius Rubellius Plautus angehörte, mit Schwierigkeiten zu kämpfen. Dank Neros paranoiden Wahnvorstellungen wurde er so zu einem dem Untergang geweihten Mann. Im Jahre 60 nach Christus begleitete er Plautus ins Exil nach Syrien. Es war Musonius' erste Begegnung mit der Launenhaftigkeit des Schicksals, und keineswegs seine letzte.

Musonius riet seinem teuren Freund, »mutig zu sein und auf den Tod zu warten«, und war wahrscheinlich anwesend, als Plautus durch Neros grimmiges Schwert fiel.

Kurzzeitig durfte Musonius nach Rom zurückkehren, aber im Jahre 65 nach Christus, als Seneca unter den Folgen der pisonischen Verschwörung zu leiden hatte, wurde Musonius von Nero auf die einsame Insel Gyara verbannt. Dort saß Musonius nun, etwa tausendeinhundert Kilometer von zu Hause entfernt, und fragte sich, ob er seinem eigenen Rat folgen und mutig auf den Tod warten müsse.

Warum brachte er sich nicht um, so wie er es Thrasea geraten hatte? Er hatte Thrasea daran erinnert, dass es keinen Grund gebe, ein größeres Unglück zu wählen, wenn wir uns mit dem vor uns liegenden begnügen können. Wir können uns darin üben, uns mit den Schwierigkeiten zufriedenzugeben, die das Schicksal uns beschert hat. Ohnehin glaubte Musonius, dass er noch zu leben habe. »Einer, dessen Leben vielen von Nutzen ist«, sagte er, »hat nicht das Recht, sich für den Tod zu entscheiden, es sei denn, sein Tod wäre von größerem Nutzen.«

So lebte und studierte er – wie wir alle es tun sollten – so lange, wie es in seiner Hand lag, dies weiterhin gut und zum Wohle aller zu tun.

Gyara ist eine sehr trockene, raue Insel, die heute unbewohnt ist, auf der damals aber Menschen lebten. Musonius ergriff jede Gelegenheit, um nach seinen Lehren zu leben und den Menschen um ihn herum von Nutzen zu sein.* Einem Bericht zufolge entdeckte er auf der Insel eine unterirdische Quelle, was ihm die ewige Dankbarkeit seiner Mitbewohner einbrachte, von denen die meisten ebenfalls politische Exilanten waren. Es liegt auf der Hand, dass er fest davon überzeugt war, das Exil sei kein Übel oder Notlage, sondern lediglich eine Art Test – eine Chance, der Tugend näher zu kommen, wenn man sich nur dafür entschied. Also tat er es, widmete sich wieder dem Lehren und Schreiben und stand den Philosophen und Würdenträgern, die ihn von jenseits des Mittelmeers besuchten, als Berater zur Seite.

Die fiktiven Briefe eines Mannes namens Apollonius von Tyana zeugen von Musonius' wachsendem Ruhm und dem inspirierenden Beispiel, das er in jenen finsteren Zeiten war. In einem Briefwechsel erwähnt Apollonius, dass er davon träume, Musonius kühn von Gyara zu retten. Musonius antwortet ihm, dies sei nicht vonnöten, denn ein wahrer Mann sei dazu verpflichtet, seine eigene Unschuld zu beweisen, und habe daher die Kontrolle über seine Freilassung. Apollonius antwortet, er befürchte, dass Musonius wie Sokrates sterben werde. Musonius hat jedoch nicht die Absicht, so leise von der Bühne zu treten. »Sokrates starb, weil er nicht bereit war, sich zu verteidigen«, sagt er angeblich, »aber ich werde es tun.«

* Sogar das moderne Griechenland hielt linke politische Agitatoren von 1948 bis 1974 auf Gyara gefangen. Auch durch die Jahrhunderte hinweg ändern sich die Menschen nicht sonderlich.

Ein weiterer Austausch fängt Musonius' Kampfgeist ein. Es heißt, dass Demetrios der Kyniker, der Thrasea während seiner letzten Momente begleitete, Musonius begegnete, als der in den Reihen einer Sträflingskolonne mit Ketten gefesselt und mit einer Spitzhacke bewaffnet einen der Kanäle Neros aushob. »Schmerzt es dich, Demetrios«, soll Musonius entgegnet haben, »wenn ich den Isthmus um Griechenlands willen durchbreche? Was hättest du empfunden, hättest du mich wie Nero auf der Leier spielen sehen?« Es fällt schwer, den Einzelheiten dieser Begegnung Glauben zu schenken, da der Kanal während seiner Gefangenschaft auf Gyara erbaut wurde, dennoch geben uns diese Geschichten eine Vorstellung vom Ansehen Musonius'.

Ob er nun durstige Inselbewohner versorgte oder einen Kanal zum Wohle Griechenlands grub, die Härte des Exils vermochte den Willen dieses wahren Philosophen nicht zu brechen. Aber was ist mit all den Annehmlichkeiten, die ihm vorenthalten wurden? Musonius entschied sich stattdessen, an das zu denken, wozu er noch Zugang hatte – zur Sonne, zum Wasser, zur Luft. Wenn er die Bequemlichkeiten Roms, seine Freunde oder die Möglichkeit, zu reisen, einmal vermisste, dann erinnerte er sich und seine Mitexilanten daran: »Als wir noch zu Hause waren, haben wir auch weder die gesamte Welt genossen noch Kontakt zu allen Menschen gehabt.« Und dann verbrachte er seine Zeit auf Gyara wieder mit dem, was er am besten konnte – nach Möglichkeiten zu suchen, um Gutes zu tun. Denn für einen Stoiker existiert diese Möglichkeit immer. Selbst unter den widrigsten Umständen. So übel ein Exil – oder irgendein anderes Ungemach – auch sein mag, so kann es doch dazu beitragen, ein besserer Mensch zu werden, wenn man sich nur dafür entscheidet.

»Das Exil verwandelte Diogenes von einem gewöhnlichen Menschen in einen Philosophen«, sagte er später und sprach dabei nicht vom gleichnamigen Stoiker, sondern von dem berühmten Kyniker aus der Zeit vor Zenon. »Anstatt in Sinope herumzusitzen, verbrachte er seine Zeit in Griechenland, und in der Ausübung der Tugend übertraf er alle anderen Philosophen. Andere, die verweichlicht und aufgrund von zu viel Luxus krank geworden waren, stärkte das Exil: es zwang sie zu einem mannhafteren Lebensstil. Wir wissen, dass einige im Exil von chronischen Krankheiten geheilt wurden [...] andere, die sich dem verweichlichenden Leben hingaben, so sagt man, wurden von der Gicht geheilt, die sie zuvor geplagt hatte. Das Leben im Exil, die Gewöhnung an ein enthaltsameres Leben, stellte ihre Gesundheit wieder her. Indem es die Menschen vervollkommnet, fördert das Exil sie also mehr, als es ihnen körperlich und seelisch schadet.«

Musonius wäre niemals so von sich eingenommen gewesen, dass er behauptet hätte, er sei durch sein eigenes Exil vollkommener geworden. Aber Tatsache ist, dass er es war.

Woher stammte diese unglaubliche Kraft und Fähigkeit? Musonius Rufus war davon überzeugt, wir alle seien wie Ärzte, die sich selbst analysieren und behandeln können. Die Kraft, klar zu denken, einer Sache auf den Grund gehen zu können, das war es, was der steinharten, uneinnehmbaren Zitadelle seiner Seele ihre Festigkeit verlieh. Er habe kein Interesse daran, sich das Leben zu erleichtern, sagte er, oder an Riechsalzen, die kurzzeitig »beleben [...] aber die eigentliche Krankheit nicht heilen«.

Und er war ein überzeugter Verfechter des »mannhaften« Lebens, welches das Exil erforderte. Während seiner Zeit in Rom, selbst auf dem Höhepunkt seiner Macht, setzte Musonius sich Kälte, Hitze, Durst, Hunger aus und schlief in harten Betten. Er gewöhnte sich an die unbehaglichen Gefühle, die diese Bedingungen mit sich brachten, und übte sich darin, geduldig, ja, sogar glücklich zu sein, während er sie durchlebte. Durch diese Übungen, so sagte er, »wird der Körper gestärkt und dazu befähigt, Entbehrungen zu ertragen, er wird robust und ist bereit für jede Aufgabe«. Als das Exil ihn ereilte, waren sein Körper und seine Seele bereit. Auch die guten Zeiten kehrten irgendwann wieder zurück, und darauf war er ebenfalls vorbereitet.

Als Galba 68 nach Christus Neros Nachfolger wurde, durfte Musonius nach Rom zurückkehren und seine Lehrtätigkeit wieder aufnehmen. Sein Ansehen sollte im Laufe des nächsten Jahrzehnts wachsen, und schließlich sollte Epiktet, ein leidgeprüfter ehemaliger Sklave eines Sekretärs von Nero, in die Reihen seiner Schüler aufgenommen werden. Hätte ein Lehrer, der weniger Leid erlebt hatte, der weniger entschlossen und bescheiden war, einem Schüler, der ein so schwieriges Leben geführt hatte, etwas vermitteln können?

Wenn der Schüler bereit ist, erscheint der Lehrer – und manchmal ist der ideale Schüler genau das, was man braucht, um das Beste aus einem Lehrer herauszuholen.

Musonius hatte die Angewohnheit, Studenten abzuweisen, um ihre Entschlossenheit zu testen. Man kann sich leicht vorstellen, wie er versuchte, diese Taktik an Epiktet anzuwenden, der sich nach drei Jahrzehnten der Bevormundung, in denen ihm gesagt wurde, was er zu tun und zu lassen hatte, dieser Herausforderung stellen sollte. Epiktet erinnert sich daran, wie Musonius ihm sagte: »Ein Stein wird aufgrund seiner Beschaffenheit auf die Erde zurückkehren, wenn man ihn in die Luft wirft. Gleichermaßen wird ein Mensch dem Leben, für das er geboren wurde, umso mehr nacheifern, je mehr man versucht, ihn davon abzudrängen.«

Wie Epiktet hatte Musonius eine ausgeprägte Abneigung gegen die Reichen ihre Verderbtheit entwickelt. Deshalb verhöhnte er sie gern. Ein Zeitzeuge berichtet, dass Musonius einmal einem Scharlatan, der sich als Philosoph ausgab, tausend Sesterzen zusprach. Als jemand einwarf, dass dieser Mann ein Lügner und eines solchen Geschenks unwürdig sei, war Musonius amüsiert. »Geld«, so antwortete er, »ist genau das, was er verdient.«

Man könnte meinen, dass Musonius sich nach zwei quälenden Exilaufenthalten einige Zeit bedeckt halten würde. So hätten es sicher Seneca oder Cicero getan. Rom befand sich in einem Zustand des Wandels und der Angst – drei weitere Kaiser würden Galba innerhalb weniger Monate folgen –, aber Musonius machte keinen Hehl daraus, was er für die richtige Art zu leben und zu handeln hielt. Tatsächlich deutete nichts in seinem Denken und Handeln darauf hin, dass er auch nur irgendein Interesse daran gehabt hätte, wer gerade an der Macht war.

Während Vitellius' Macht zu schwinden begann und Vespasians Armeen drohten, nach Rom vorzustoßen, willigte Musonius ein, als Abgesandter zu dienen, mit dem Ziel, den drohenden Konflikt zu verhindern. Sein Gefährte auf dieser Mission, Arulenus Rusticus – dem Thrasea kurz vor seinem Ende geraten hatte, darüber nachzudenken, was für eine Art Politiker er sein wolle –, wurde bei einer Schlägerei schwer verwundet. Tacitus berichtet, dass Musonius sich im Gefecht mit seinem eigenen Körper zum Schutz vor ihn warf und fast zu Tode getrampelt wurde von den Truppen, die er von der Beteiligung an zivilen Auseinandersetzungen abzuhalten versuchte.

Musonius' Rufe blieben unbeachtet – er wurde sogar in die Enge getrieben – und alsbald floss Blut auf den Straßen. Vitellius wurde unweit der Stelle, an der sein Vorgänger Galba gestorben war, von einem wütenden Mob in Stücke gerissen. Nun war Vespasian Kaiser, und Rom stand erneut unter dem Kommando eines Diktators.

Würde Vespasian sich an Musonius rächen, weil der Vitellius gedient hatte? Würde Musonius erneut ins Exil geschickt werden? Oder würde er letztendlich wegen seiner Verbindungen zur stoischen Bedrohung umgebracht werden? Keine dieser Überlegungen hielt Musonius davon ab, weiter seinen Weg zu verfolgen. Nichts von alledem würde seinen Willen, für das Richtige einzutreten, brechen.

Diese Selbstverpflichtung zur Gerechtigkeit erlaubte keine Ausnahmen, genau wie bei Cato. Nicht lange, nachdem er während der Unruhen zwischen Vitellius und Vespasian nur mit dem nackten Leben davongekommen war, geriet Musonius in einen persönlichen Konflikt, in diesem Fall mit einem Stoiker-Kollegen. Irgendwann um 70 nach Christus übernahm er das Amt der Anklage im Falle von Publius Egnatius Celer, der im Auftrag von Nero andere Stoiker bespitzelt und zur Hinrichtung eines gewissen Barea Soranus beigetragen hatte. Es war ein epischer Fall, in dem Musonius nicht nur einem stoischen Verräter, sondern auch Demetrios dem Kyniker, der die Vertretung von Celer übernahm, gegenüberstand.

Am Schluss stand ein hart erkämpfter Sieg für die Gerechtigkeit, in einer Zeit, in der solche Dinge selten geworden waren. Ein überliefertes Fragment von Musonius fängt ein, warum er einen Fall wie diesen übernommen hatte. »Wenn man etwas Gutes erreicht, wenn auch mit Mühe, so wird die Mühe vergehen, aber das Gute bleibt«, sagte er. »Wenn man hingegen etwas Unehrenhaftes mit Vergnügen tut, so vergeht irgendwann das Vergnügen, aber die Schande bleibt.«

Wir müssen das Richtige tun, egal, wie schwierig es auch sein mag, wollte Musonius damit zum Ausdruck bringen. Ein Stoiker muss vermeiden, das Falsche zu tun, auch wenn der Nutzen, der sich daraus gewinnen ließe, groß erscheinen mag.

Musonius muss gewusst haben, dass der Sieg der Gerechtigkeit gegen Celer seinen Preis haben würde. Wie auch immer das Urteil ausfallen würde, einen Informanten eines Kaisers anzugreifen – selbst eines so verhassten wie Nero –, war ein riskanter Schritt. Möglicherweise um die Stoiker vollständig loszuwerden, sollte Vespasian etwa ein Jahr später alle Philosophen mit einem pauschalen Bann belegen. Obwohl Musonius ursprünglich davon ausgenommen wurde, sollte er nicht lange danach von Vespasian persönlich für eine Zeit von drei Jahren ins Exil geschickt werden.

Das Gute, was Musonius getan hatte, blieb, während er selbst fortgeschickt wurde.

Aber wofür? Wir wissen es nicht, aber das macht nichts, denn Musonius hätte die Gründe hierfür ohnehin mit einem Achselzucken abgetan. War er verärgert? Falls ja, dann sicherlich zu Recht. Nun wurde er zum dritten Mal aus seiner Heimat vertrieben, und das nur, weil ein Despot es ihm befohlen hatte.

Musonius fand selbst hierfür einen philosophischen Standpunkt. Ein weiteres erhaltenes Fragment vermittelt einen Eindruck seiner Sichtweise: »Welche Anklage können wir gegen Tyrannen erheben, wenn wir selbst viel schlimmer sind als sie? Denn wir haben die gleichen Impulse wie sie, nur nicht die gleiche Gelegenheit, ihnen nachzugeben.«

Vielleicht erinnerte er sich aber auch daran, wie sein vorheriges Exil gewesen war und wie viel Gutes daraus entstanden war. »Lass dich nicht durch missliche Umstände verdrießen«, sagte er einmal, »sondern bedenke stattdessen, wie viele Dinge dir bereits widerfahren sind, die du nicht gewollt hast, die sich letztlich aber doch zum Besten entwickelt haben.«

Erneut in Syrien, fern von der Heimat, hielt Musonius Hof und lehrte. Wieder einmal tat er, wonach Stoiker immer streben werden: das Beste aus einer schlechten Situation zu machen.

Er war vielleicht nicht in der Lage, den geistesgestörten Herrschern, die Rom kontrollierten, beizukommen oder ihnen zu helfen, aber er fand auch fern der Heimat willige Studenten von königlichem Blut. In einer Vorlesung mit dem Titel *Darüber, dass auch Könige Philosophie studieren sollten* bezog sich Musonius auch auf einen syrischen König, den er beriet.* Musonius, der freigelassene Sklaven ebenso unterrichtete wie auch den Enkel von Herodes dem Großen, vermittelte immer die gleichen Lehren, egal, wie mächtig oder machtlos seine Schüler waren. Wie er aus seinen eigenen Anstrengungen gelernt hatte, gibt es keinen Standpunkt, der so hoch oder so niedrig ist, dass er nicht durch die vier Tugenden Gerechtigkeit, Besonnenheit, Weisheit und Tapferkeit verbessert werden könnte.

»Das Verderben sowohl des Herrschers als auch des einfachen Staatsbürgers«, sagte Musonius ihm, »ist Mutwille«. Und so sprach er ausführlich mit diesem König über die Kraft der Selbstbeherrschung, die Gefahren der Ausschweifung und die Notwendigkeit von Gerechtigkeit. Diese Dinge hatte er aus erster Hand erfahren müssen. Tatsächlich waren es eben diese Defizite in der endlosen Reihe unfähiger Kaiser, die ihn überhaupt erst nach Syrien verschlagen hatten, sodass seine Lektionen überzeugend und zutiefst persönlich gewesen sein mussten. Zweifellos lauschte der König mit dem andächtigen Schweigen, das Musonius vor langer Zeit als Indiz für einen Schüler definiert hatte, dessen Verstand von dem Gehörten schier überwältigt war. »Ist es möglich, ein guter König zu sein, wenn man nicht auch ein guter Mensch ist?«, fragte Musonius. »Nein, das ist nicht möglich. Aber nehmen wir an, er wäre ein guter Mensch, hätte er dann nicht das Recht, Philosoph genannt zu werden? Ganz sicher, denn Philosophie ist das Streben nach dem idealen Guten.«

* Gemäß den Daten zu seinem Exil handelt es sich höchstwahrscheinlich um Aristobulos von Chalkis.

Als Musonius seine Vorlesungen beendete, war der junge König wie gebannt, und im Gegensatz zu jenen römischen Kaisern, die so grausam zu Musonius gewesen waren, war er dankbar. Als Dank bot er ihm alles an – Reichtum, Macht, Vergnügen –, was in seiner Macht stand. »Der einzige Gefallen, um den ich dich bitte«, antwortete Musonius, »ist, dieser Lehre treu zu bleiben, da du sie als nützlich empfindest, denn so und nur so wirst du mich erfreuen und dir selbst nützen.«

Schließlich wurde Musonius im Jahre 78 nach Christus von Vespasians Sohn Titus aus dem Exil abberufen. Innerhalb eines Jahres wurde Titus Kaiser, und innerhalb von drei weiteren war er tot. Sein Nachfolger, Domitian, war ein weiterer Herrscher, der besser auf die Lehren hätte hören sollen, die Musonius dem syrischen König erteilt hatte. Stattdessen entschied sich Domitian dafür, gewalttätig, skrupellos und paranoid zu sein. Musonius blieb hartnäckig – nun nahm er Epiktet als Schüler auf und bildete ihn zu einem ebenso beeindruckenden stoischen Lehrer aus, wie er selbst einer war.

Wieder einmal hatte ein Kaiser die Stoiker im Visier. Schließlich verurteilte Domitian im Jahre 93 nach Christus Arulenus Rusticus wegen seiner Unterstützung von Thrasea viele Jahre zuvor zum Tode. Er ermordete den Sohn von Helvidius Priscus. Dann tötete er Epaphroditus, den ehemaligen Sklaven, der Epiktet besessen hatte und Nero fünfundzwanzig Jahre zuvor geholfen hatte, sich selbst zu töten. Domitian verbannte sogar alle Philosophen aus Rom, Epiktet eingeschlossen.

Falls Musonius zu diesem Zeitpunkt noch am Leben war, hätte dies sein *viertes* Exil bedeutet. Ob er bis zu dieser letzten Schicksalsprüfung überlebte oder kurz zuvor starb, wissen wir nicht. Angesichts der mörderischen Tyrannen, unter denen er gelebt hatte, ist es äußerst bemerkenswert, dass er so lange überlebt hat – bis hin in seine Siebziger- oder Achtzigerjahre. Unzählige Menschen und Situationen hatten sich verschworen und versucht, seinen Willen zu brechen, aber alle hatten versagt. Er berichtete, er sei wiederholt seines Landes beraubt worden, aber niemand sollte ihn seiner »Fähigkeit, das Exil zu ertragen«, berauben können.

Niemand kann uns unserer Fähigkeit berauben, unverzagt zu bleiben. Aus diesem Grunde hielt sich Musonius bis zu seinem letzten Atemzug an das, woran er glaubte, wo auch immer er seinen letzten Atemzug tat – ob in Rom oder auf welchem Felsen auch immer, auf den er geschickt worden sein mag.

»Philosophie ist nichts anderes, als mit dem Verstand nach dem Richtigen zu suchen und es durch Taten zu verwirklichen«. Das waren Musonius' Worte, aber noch wichtiger war, dass er danach gelebt hatte. Als Exilant. Als Lehrer. Als Ehemann und Vater und schließlich als Sterbender. Wie alt auch immer er geworden ist, eine lange Lebensdauer um ihrer selbst willen war nie sein Ziel gewesen. »Da das Schicksal den Faden des Todes für uns alle gleich gesponnen hat«, erläutert er in einem seiner Fragmente, »ist nicht derjenige gesegnet, der spät stirbt, sondern derjenige, der gut zu sterben vermag.«

Zweifellos war Musonius, wann auch immer er sein Ende fand, zum Sterben bereit und bereit dazu, gut zu sterben. Der Mann, der das Ende so vieler anderer Stoiker miterlebt hatte, der einigen von ihnen den Rat gab, zu gehen, wenn ihre Zeit gekommen war, und wiederum anderen geraten hatte, durchzuhalten, weil sie noch Arbeit zu erledigen hatten, sollte gewusst haben, dass irgendwann seine Zeit gekommen sein würde. Er hatte versucht, danach zu leben, indem er feststellte: »Es ist nicht möglich, auch nur einen Tag gut zu leben, wenn man nicht in Betracht zieht, dass es möglicherweise der letzte sein könnte.«

Nun war die Reihe an ihm, und Musonius – eine Inspiration für uns alle – verließ diese Welt mit derselben Würde und Gelassenheit, mit der er allen Widrigkeiten in seinem Leben begegnet war.

EPIKTET DER FREIE

* 55 n. Chr.
† 135 n. Chr.

aus Hierapolis

Es gab Stoiker, die darüber sprachen, was es bedeutet, frei zu sein, und dann gab es noch Epiktet.

Fast ein halbes Jahrtausend lang, von Zenon bis Thrasea, hatten diese Philosophen über Freiheit geschrieben. Sie hatten sich tyrannischen Regierungen widersetzt und sich der Aussicht auf Exil stellen müssen. Dennoch kommt man nicht umhin, das Privileg wahrzunehmen, das aus den meisten ihrer Schriften tropft. Die meisten dieser Männer waren reich. Sie waren berühmt. Sie waren mächtig.

Das gilt für Cato. Das gilt auch für Zenon. Poseidonios und Panaitios hatten in ihrem Leben keinen einzigen Tag arbeiten müssen.

Wenn sie also von Freiheit sprachen, taten sie es abstrakt. Sie lagen nicht buchstäblich in Ketten. Während Seneca mit überraschender Nachvollziehbarkeit von Sklavenbesitzern sprach, die selbst zu Leibeigenen der Verantwortung ihren Sklaven gegenüber wurden, oder andere Stoiker sich zu ihrem humanen Umgang mit ihrer menschlichen Habe beglückwünschten, war Epiktet tatsächlich ein solcher Leibeigener. Freiheit war für diesen stoischen Philosophen keine Metapher. Sie war sein täglicher Kampf.

Epiktet wurde im Jahre 55 nach Christus in Hierapolis geboren und kannte die Sklaverei von Geburt an. Sein Name bedeutet auf Griechisch ziemlich wörtlich »der Erworbene«. Dennoch wurde Epiktet – nicht nur in seinem Leben, nicht nur bei den Kaisern, die er beeinflusste, sondern in der Geschichte und für alle Zeiten – durch seine Beharrlichkeit, seine Sichtweise und seine schiere Selbstgenügsamkeit zum ultimativen Symbol für die Fähigkeit des Menschen, unter den finstersten Umständen wahre Freiheit zu finden.

Und es waren finstere Umstände. Epiktet wurde als Sohn einer Sklavin in der heutigen Türkei geboren, in einer Region, die damals als Teil des Römischen Reiches dessen brutalen Gesetzen unterworfen war. Eines dieser Gesetze, *Lex Aelia Sentia*, verhinderte, dass Sklaven vor ihrem dreißigsten Geburtstag freigelassen werden konnten. Es liegt eine verstörende Ironie darin, dass Augustus, der das Gesetz verabschiedet hatte und von nicht nur einem, sondern *zwei* stoischen Philosophen beraten worden war, Epiktet somit drei Jahrzehnte seines Lebens stahl.

Als kleiner Junge wurde Epiktet von einem Mann namens Epaphroditus – selbst ein ehemaliger Sklave – gekauft, der später Neros Sekretär wurde und an der Seite von Seneca diente. Zwei Kaiser, die von drei stoischen Philosophen beraten wurden, und anscheinend wurde niemals infrage gestellt, ob es richtig ist, einen Menschen zu besitzen.*

Das war wohl kaum eine Sternstunde von Tapferkeit, Gerechtigkeit, Besonnenheit oder Weisheit …

Epiktet hatte wenig Zeit, über die Gerechtigkeit seines Schicksals nachzudenken. Er war zu sehr damit beschäftigt, ein Sklave *zu sein*. Was er tun konnte und was nicht, wurde offenkundig kontrolliert. Die Früchte seiner Arbeit wurden gestohlen und sein Körper missbraucht – Rom war nicht bekannt dafür, seine Sklaven sanft zu behandeln. Er war ein Gefäß, dessen Inhalt man bis zur Neige aufbrauchte und das man dann wegwarf, wie ein Pferd, das erst zuschanden geritten und dann getötet wurde. Dass er überhaupt das Erwachsenenalter erreicht hat, ist eine Überraschung.

Selbst nach römischen Maßstäben hatte Epiktet einen grausamen Herrn. Spätere christliche Schriftsteller schilderten Epik-

---

* Der Farbstoff, mit dem Zenons Familie handelte, wurde von Sklaven unter zermürbenden Bedingungen hergestellt. Seneca besaß Sklaven, genau wie Marcus Aurelius. Doch um fair zu sein, war Epiktet selbst, zumindest seinen Schriften nach zu urteilen, in der Lage, offen über die Sklaverei zu diskutieren, und er stellte weder ihre Fairness noch ihre Moral infrage.

tets Meister als gewalttätig und verdorben. Einmal soll er Epiktet mit aller Kraft das Bein verdreht haben. Zur Strafe? Aus einem kranken Vergnügen heraus? Als Versuch, ein ungehorsames junges Kind dazu zu bringen, Anweisungen zu befolgen? Das ist nicht bekannt. Doch es ist überliefert, dass Epiktet ihn ruhig davor warnte, es zu weit zu treiben. Als das Bein schließlich brach, gab Epiktet keinen Laut von sich und vergoss keine Tränen. Er lächelte nur, sah seinen Herrn an und sagte: »Habe ich dich nicht gewarnt?«

Warum lässt uns das schaudern? Aus Empathie oder Schmerz? Ist es aus Entsetzen über die Sinnlosigkeit? Oder ist es aufgrund der absoluten Selbstbeherrschung?

Bei Epiktet ist es all das und noch mehr.

Epiktet humpelte sein ganzes Leben lang. Es ist nicht klar, ob der Grund dafür in diesem oder in einem anderen schmerzhaften Vorfall lag, aber zweifellos war sein Sklavendasein die Grundursache, und dennoch war er irgendwie ungebrochen. »Lahmheit ist ein Hindernis für das Bein«, würde er später sagen, »aber nicht für den Willen.«*

Die Stoiker waren der Ansicht, wir würden selbst entscheiden, wie wir auf etwas, das uns zustößt, reagieren. Epiktet *entschied* sich dafür, seine Behinderung nur als eine körperliche Beeinträchtigung zu sehen, und wie wir sehen werden, war es in der Tat diese Idee der *Entscheidung*, die den Kern seiner philosophischen Überzeugungen ausmachte.

Für Epiktet hatte kein Mensch die vollständige Kontrolle darüber, was im Leben geschieht. Stattdessen, so sagte er, sei es, als

* Jonas Salzgeber: *Das kleine Handbuch des Stoizismus: Zeitlose Betrachtungen um Stärke, Selbstvertrauen und Ruhe zu erlangen*. FinanzBuch Verlag, München 2019; übersetzt von Kerstin Brömer

ob wir in einem Theaterstück mitspielten. »Denke daran: Du bist ein Schauspieler in einem Stück und spielst eine Rolle nach dem Willen des Dramatikers [...] Wenn du einen Bettler spielen sollst, fülle die Rolle ebenso gut aus wie die eines Krüppels, eines Herrschers oder die eines ganz gewöhnlichen Menschen. Denn es ist deine Pflicht, den dir zugewiesenen Charakter so gut wie möglich zu spielen. Die Auswahl bleibt anderen vorbehalten.«* Und genau daran hielt er sich.

An Neros Hof in den 60er-Jahren nach Christus habe Epiktet all den Prunk, den Wahnsinn und die Widersprüche des damaligen Roms gesehen. Später erzählte er, dass er einmal Zeuge gewesen sei, wie ein Mann zu Epaphroditus kam und um Hilfe bettelte, weil sein Vermögen bis auf die letzten eineinhalb Millionen Sesterze (das entspricht heute mindestens 2,5 Millionen Euro) geschrumpft war. War es mit Sarkasmus oder aufrichtiger Verblüffung, dass der reiche Besitzer von Epiktet antwortete: »Lieber Mann, wie konntest du bisher darüber schweigen, wie konntest du es nur ertragen?«

Es muss für Epiktet zudem aufschlussreich gewesen sein, zu sehen, wie Epaphroditus – der Mann, der unglaubliche Macht über ihn hatte – sich beinahe ein Bein ausriss, um Nero zu gefallen, bis hin zum Umschmeicheln selbst des Schusters des Mannes in der Hoffnung, seine Gunst zu gewinnen. Epiktet sah, wie sich ehrgeizige Kandidaten für das Amt des Konsuls bis zur Erschöpfung abrackerten, um sich den Posten zu verdienen. Er sah die Geschenke, die man erwartete, die Brille, die man aufsetzen musste, die Reihe von Ämtern, die man jahrelang innehaben musste, um voran-

* Ryan Holiday, Stephen Hanselmann: *Der tägliche Stoiker: 366 nachdenkliche Betrachtungen über Weisheit, Beharrlichkeit und Lebensstil*. FinanzBuch Verlag, München 2017; übersetzt von Elisabeth und Thomas Gilbert

zukommen. *Das ist Freiheit?*, muss er gedacht haben. »Um dieser mächtigen und ehrwürdigen Ämter und Ehren willen küsst ihr die Hände der Sklaven eines anderen Mannes«, schrieb er, »und seid somit die Sklaven von Männern, die selbst nicht frei sind.«

Die Reichen im alten Rom waren nicht anders als die Reichen von heute: Trotz ihres großen Vermögens werden selbst Mächtige durch ihren Ehrgeiz zu Bittstellern, in der Hoffnung, noch reicher zu werden.

»Freiheit ist der Preis, für den wir arbeiten: kein Sklave von irgendetwas zu sein – weder von Zwang noch von zufälligen Ereignissen«, hatte Seneca geschrieben. Was hätte Epiktet wohl gedacht, wenn er Seneca – dessen Werke es im Haus eines belesenen Mannes wie Epaphroditus gegeben haben dürfte – leibhaftig für einen so geistesgestörten Chef hätte arbeiten sehen? Als Schriftsteller hätte Seneca durchaus jemand sein können, der Epiktet an den Stoizismus hätte heranführen können, aber durch sein Beispiel hat er Epiktet eindeutig noch mehr beeinflusst: Freiheit ist mehr als ein Rechtsstatus. Sie ist eine innere Haltung, eine Lebensweise.

Seneca, der Neros Dienst nicht verlassen konnte und schließlich gezwungen war, Selbstmord zu begehen, war nicht in der gleichen Art von Sklaverei gefangen wie Epiktet, aber auch er war nicht frei.

Epiktet war entsetzt über das, was er in den Palästen und kaiserlichen Büros Roms sah, und beschloss, anders zu leben. »Es ist besser, in einem ruhigen und zuversichtlichen Gemütszustand zu verhungern«, sagte er, »als ängstlich im Überfluss zu leben«. Jemand wie Agrippinus – dem wahrscheinlich auch Epiktet begegnete – wäre ein starkes Gegenbeispiel gewesen und hätte ihn daran erinnert, dass diejenigen, die in ihrem eigenen Takt marschierten, trotz der Tyrannei, die sie umgab, frei sein konnten. »Denn kein Mensch ist ein Sklave, der in seinem Willen frei ist«, sagte Epiktet später und klang damit viel mehr nach Agrippinus, wie der in der Praxis lebte, als nach dem Seneca, wie man ihn auf dem Papier findet.

Irgendwann kam Epiktet formell zur Philosophie, wann genau, ist nicht sicher. Um 78 nach Christus, als Musonius Rufus aus seinem dritten Exil zurückkehrte, war Epiktet jedoch da, um bei ihm zu studieren. Hat er sich zu seinen Vorlesungen davongeschlichen? Ließ Epiktets Meister ihn aus Schuldgefühl teilnehmen?

Wir wissen es nicht, aber Epiktet hat eindeutig eine Möglichkeit zur Teilnahme gefunden. Er ließ sich nicht aufhalten, auch nicht von Musonius, der ein schwieriger Lehrer war. Musonius sagte, Schweigen sei ein Zeichen aufmerksamer Schüler, aber Epiktet, der zu der Zeit, als er Rufus traf, in seinen Zwanzigern gewesen sein muss, erzählte später, dass Musonius auch glaubte, wenn ein Schüler ihn lobe, bedeute das, dass er die Herausforderungen, vor die seine Vorlesungen ihn gestellt hätten, völlig verfehlt habe.

Dabei ging es nicht um allgemeine Herausforderungen. Wie die besten Lehrer gab Musonius jedem seiner Schüler das Gefühl, er würde sie in ihrem Kern wirklich verstehen. Musonius hatte gesagt, dass ein guter Lehrer »versuchen sollte, zum Intellekt seines Zuhörers vorzudringen«, und genau das geschah eindeutig bei Epiktet.

Epiktet beschrieb später einen Unterrichtsstil, der so pointiert und so persönlich war, dass es sich anfühlte, als hätte ein anderer Schüler all Ihre Schwächen in das Ohr des Lehrers geflüstert. Einmal versuchte Epiktet, eine Ausrede zu finden, nachdem er einen Fehler gemacht hatte. »Es ist doch nicht so schlimm, als hätte ich das Kapitol in Brand gesteckt«, sagte er. Musonius schüttelte den Kopf und nannte ihn einen Narren. »Was du in diesem Fall übersehen hast«, sagte er, »*ist* das Kapitol.« Dieser Lehrer verlangte von seinen Schülern das absolut Beste. Einen Fehler zu machen, sich einer schwachen Logik zu bedienen, die eigene Inkonsequenz nicht zu erkennen, bedeutete ein völliges Scheitern in der Philosophie. Und dann zu versuchen, diesen Fehler kleinzureden? Für Musonius war das ebenso schlimm, wie Rom niederzubrennen und auf der Asche zu tanzen.

Von dieser Art von Lehrer lernte Epiktet die Philosophie nicht als eine vergnügliche Zerstreuung, sondern als etwas Todernstes zu verstehen. »Der Vortragssaal des Philosophen ist ein Krankenhaus«, sagte er später zu seinen eigenen Studenten. »Man sollte ihn nicht mit Freude, sondern mit Schmerz verlassen, denn es geht einem nicht gut, wenn man ihn betritt.«

Obwohl Musonius Rufus kein Sklave war, führten er und Epiktet lange Gespräche über die gesellschaftlichen Stände. Beide hatten offensichtlich das Schlimmste erlebt, was Menschen einander antun konnten – Musonius durch seine wiederholten Exile und Epiktet, weil er in Leibeigenschaft lebte. Doch anstatt darüber verbittert zu sein, anstatt ihren Sinn für die Entscheidungsfreiheit über ihr Leben zu verlieren, wurden sie beide durch diese schmerzlichen Ereignisse dazu gedrängt, zu erkennen, dass sie einzig und allein Macht über ihren Verstand und ihren Charakter besaßen. »Wenn ein Mensch deinen Körper an einen Passanten verschenken würde, wärst du wütend«, sagte Epiktet, und doch liefern wir unseren Geist unglaublich leicht anderen Menschen aus, wir lassen sie in unseren Kopf oder geben ihnen die Macht, uns auf eine bestimmte Art fühlen zu lassen.

Welche dieser Formen der Sklaverei ist schändlicher? Welche davon können wir beenden, jetzt gleich, in diesem Augenblick?

Irgendwann in seinen Dreißigern gewann Epiktet sowohl aufgrund der Umstände und der Gesetze als auch durch seinen Geist die Freiheit. Nun stellte ihn das Leben vor neue Entscheidungen, die gleichen, denen sich jeder von uns gegenübersieht, wenn wir das Erwachsenenalter erreichen: Womit sollte er seinen Lebensunterhalt verdienen? Wie sollte er seine Freiheit nutzen? Was würde er mit seinem Leben anfangen?

Epiktet entschied sich dafür, sich ganz der Philosophie zu widmen. Im Gegensatz zu den anderen Stoikern, die Senatoren und Generäle, Berater und wohlhabende Erben gewesen waren – Berufe, die sie von ihrer Philosophie beeinflusst ausübten –, war Epiktet einer der Ersten, der sich für das entschied, was wir heute den akademischen Weg nennen würden. Damit war sein Leben dem von Kleanthes oder Zenon ähnlicher als dem von Athenodoros oder Cato.

Fast sofort gewann Epiktet eine große Anhängerschaft. Seine Schule und sein Ansehen waren Grund genug, dass auch Epiktet im Jahre 93 nach Christus, als Domitian die Philosophen aus Rom verbannte, ins Exil geschickt wurde. In gewisser Weise war es passend, dass er sich für Griechenland – eine Stadt namens Nikopolis – entschied, denn diese Idee, Philosophie wieder zu *lehren,* war eine Rückkehr zum griechischen Stoizismus, dem Zenon und Kleanthes den Weg bereitet hatten. Epiktets Leben verlief alles andere als ruhig, und er konnte sowieso keine Laufbahn im öffentlichen Dienst erwarten, aber mit seiner Entscheidung, zu lehren, wandte er sich ganz bewusst und ausdrücklich vom Stoizismus des kaiserlichen Hofes ab.

Er würde sich nicht an den Plänen eines geistesgestörten Kaisers mitschuldig machen. Er würde nicht umsonst leiden, um ihre schlimmsten Impulse zu zügeln. Er würde kein Rädchen in dem riesigen kaiserlichen Machtgefüge sein. Er würde stattdessen die Wahrheit dort suchen, wo sie zu finden ist.

Das bedeutete jedoch nicht, dass er vor der Verantwortung oder der Realität floh – er hatte einfach kein Interesse an politischen Machenschaften oder dem Erwerb von Reichtum. Er strebte stattdessen nach Weisheit: Er wollte wissen, wie man sie erlangt, wie man sie anwendet, wie man sie an andere weitergibt. »Wenn wir Philosophen«, so sagte er, »uns so eifrig für unsere eigene Arbeit einsetzen würden, wie die alten Männer in Rom sich für die Dinge eingesetzt haben, die ihnen am Herzen lagen, könnten vielleicht auch wir etwas erreichen.«

Epiktets stärkste Einsicht als Lehrer leitet sich direkt aus seinen Erfahrungen als Sklave ab. Fast vom Augenblick seiner Geburt an war er täglich daran erinnert worden, dass er über so gut wie nichts Macht besaß, nicht einmal über sich selbst. Als er schließlich Stoizismus studierte und immer besser verstand, nahm er diese Lektion in das auf, was er als unsere »Hauptaufgabe im Leben« bezeichnete. Es ginge, so sagte er, einfach darum, »die Dinge zu erkennen und voneinander zu unterscheiden, sodass ich mir eindeutig sagen kann, welche davon äußere Umstände sind, über die ich keine Macht habe, und welche von Entscheidungen abhängen, die in meiner Macht stehen.« Oder anders ausgedrückt, was uns obliegt und was nicht (*ta eph'hemin, ta ouk eph'hemin*).

Wenn wir unser Weltverständnis einmal in dieser strengen Kategorisierung organisiert haben, bleibt nur noch – was für Epiktets Überleben als Sklave so zentral war –, sich auf das zu konzentrieren, was *uns obliegt*. Unsere Haltungen. Unsere Emotionen. Unsere Wünsche. Unsere Sehnsüchte. Unsere Meinungen darüber, was mit uns geschehen ist. Epiktet glaubte, dass die Menschen, so machtlos sie bezüglich ihrer äußeren Bedingungen auch waren, immer die Fähigkeit behielten, *selbst zu entscheiden*, wie sie reagieren wollten. »Du kannst mein Bein anketten«, sagte er einmal, als sein Bein tatsächlich angekettet und gebrochen war, »aber nicht einmal Zeus hat die Macht, meine Entscheidungsfreiheit zu brechen.«

»Jede Situation hat zwei Henkel«, lehrte Epiktet. Einer dieser Henkel war brüchig, der andere belastbar. Egal, in welchem Zustand wir uns befinden, egal, wie unerwünscht die Situation ist, wir behalten die Fähigkeit zu wählen, welchen wir ergreifen. Werden wir uns dafür entscheiden, unseren Bruder als egoistischen Idioten anzusehen? Oder werden wir uns daran erinnern, dass wir dieselbe Mutter haben, dass er nicht absichtlich so ist, dass wir ihn lieben, dass auch wir schlechte Triebe haben?«*

Diese Entscheidung, welchen Henkel wir wählen – die wir Tag für Tag und bei jedermann, mit dem wir zu tun haben, treffen –, bestimmt, was für ein Leben wir führen. Und was für ein Mensch wir sind.

Auch wenn es uns nicht überraschen sollte, dass in Zeiten, die so hart und grausam waren wie Rom im ersten Jahrhundert nach Christus, die Studenten in Scharen zusammenströmten, um die Einsichten eines Mannes zu hören, der über so viele Widrigkeiten triumphiert hatte, so ist es doch interessant, wie wohlhabend und mächtig die Zuhörer von Epiktet wurden, selbst, als er mehr als achthundert Kilometer von Rom entfernt lehrte. Aus dem ganzen Reich schickten Eltern ihre Kinder, damit sie von einem Mann über das Leben unterrichtet wurden, den sie im geschäftigen Treiben bei Hofe als bloßen Sklaven angesehen und abgewiesen hätten.

Sogar die Mächtigen selbst kamen, um ihm zu Füßen zu sitzen. Irgendwann reiste ein junger Hadrian, der zukünftige Kaiser, durch Nikopolis und traf auf Epiktet. Wie viele Vorlesungen er besuchte und welche Art von Fragen er stellte, ist nicht bekannt, die

* Thomas Jefferson nahm später diese Regel von Epiktet in den *Canon of Conduct* (Verhaltenskanon) auf, den er für seinen Sohn schrieb, indem er festhielt: »Nimm die Dinge immer an ihrem geschmeidigen Griff.«

historischen Aufzeichnungen zeigen uns jedoch, dass er diesen Stoiker bewunderte und dass er ihn, als er selbst allmächtig wurde, stillschweigend unterstützte (die *Historia Augusta* berichtet, dass Hadrian dafür bekannt war, untaugliche Philosophen ganz aus dem Beruf zu entlassen). Bald schon würden Epiktets Lehren ihren Weg zu einem jungen Marcus Aurelius finden, Hadrians Adoptivenkel und künftigem König.

Epiktets Fokus auf die Ohnmacht war nicht nur eine Einsicht in die Machtstrukturen seiner Zeit. Er betrachtete das, was uns grundlegend menschlich sein lässt. So vieles liegt nicht in unserer Hand. Und doch bleibt so vieles innerhalb unserer Reichweite, vorausgesetzt, wir weigern uns, es loszulassen.

Wenn ein Mensch glücklich sein will, sich fair behandelt fühlen will, reich sein will, so liegen die Voraussetzungen dazu laut Epiktet nicht zwingend in einem einfachen Leben, in netten Menschen, die ihn umgeben, und im freien Geldfluss. Stattdessen muss er die Welt aus der richtigen Perspektive betrachten. »Nicht die Dinge beunruhigen uns«, sagte er, »sondern unsere Meinung, die wir von den Dingen haben.« *Unsere Meinungen bestimmen die Realität, die wir erleben.* Epiktet glaubte nicht daran, dass es möglich sei, beleidigt oder frustriert zu sein, ohne jedwede Zustimmung. »Denke daran, es reicht nicht aus, geschlagen oder beleidigt zu werden, um verletzt zu werden, du musst daran glauben, dass du verletzt wurdest«, sagte er. »Wenn es jemandem gelingt, dich zu provozieren, dann sieh ein, dass dein Verstand an der Provokation mitschuldig ist. Deshalb ist es wichtig, dass wir nicht impulsiv auf Eindrücke reagieren; nimm dir einen Moment Zeit, bevor du reagierst, und es wird dir leichter fallen, die Kontrolle zu behalten.«

Diese Botschaft sollte jeder Mensch schon als Kind lernen – oder bevor er König wird.

Und was ist mit den Situationen, die sich unserer Kontrolle entziehen? Wie soll man damit umgehen?

Genauso, wie Epiktet es tat, als er noch ein Sklave war – mit Durchhaltevermögen und Gleichmut. Durch Aulus Gellius ist einer der berühmtesten Aussprüche von Epiktet erhalten geblieben:

> [Epiktet] pflegte zu sagen, dass es zwei Fehler gebe, die bei Weitem die schlimmsten und widerlichsten von allen seien, nämlich der Mangel an Durchhaltevermögen und der Mangel an Selbstbeherrschung, wenn wir das Unrecht, das wir ertragen müssen, nicht hinnehmen oder ertragen können, oder wenn wir uns nicht von Handlungen oder Vergnügungen abhalten können, von denen wir uns abhalten sollten. »Wenn sich also jemand«, so sagte er, »diese beiden Wörter zu Herzen nehmen und sie als Leitfaden verwenden würde, dann wäre er fast ohne Sünde und würde ein sehr friedliches Leben führen. Diese beiden Wörter sind ἀνέχου (durchhalten) und ἀπέχου (widerstehen).«

Durchhalten und widerstehen. Das sind die Zutaten der Freiheit, egal, in welchem Zustand und in welcher Situation man sich befindet.

Für jeden reichen Studenten, den Epiktet unterrichtete, dürfte er andere gesehen haben, die genauso verarmt und benachteiligt waren wie er. Er hatte vermutlich mit Männern – und wenn er auf Musonius gehört hat, wie zu erwarten ist, dann unterrichtete er auch Frauen – zu tun, die vom Schicksal gebeutelt worden waren. Seine Botschaft an sie war die gleiche wie die an Kaiser und zukünftige Senatoren: Finde heraus, wie du das Beste aus dem machst, was dir im Leben mitgegeben wurde, spiele die dir zugewiesene Rolle mit der Brillanz eines Charakterdarstellers.

Die Fähigkeit, das Leben zu dessen Bedingungen zu akzeptieren und Dinge so hinnehmen zu können, wie sie sind, das war in Epiktets Augen die wahre Macht. »Erinnert euch«, sagte er, »dass es nicht nur der Wunsch nach Reichtum und Stellung ist, der uns entwürdigt und unterjocht, sondern auch der Wunsch nach Frieden, Freizeit, Reisen und Lernen. Es spielt keine Rolle, worin das Äußere besteht, der Wert, den wir ihm beimessen, unterwirft uns einem anderen [...] Wo unser Herz ist, dort liegt unser Hindernis.«

Für Epiktet sollte sich der Ehrgeiz also nicht auf das Äußere, sondern auf das Innere konzentrieren. Der größte und beeindruckendste Triumph eines Stoikers, so sagte er, sei nicht der über andere Menschen oder feindliche Armeen, sondern der über sich selbst – über die eigenen Grenzen, Launen, das Ego, die belanglosen Wünsche. Wir alle haben diese Impulse, wenn es uns jedoch gelingt, uns über sie zu erheben, so zeichnet uns das aus. Beeindruckend ist das, was wir aus diesem windschiefen Material, das wir bei der Geburt erhielten, gestalten können.

Männer und Frauen, denen dies gelingt, sind sehr selten, aber umso glorreicher. Wie viel besser ist das Leben derer, die versuchen, sich zu erheben, als das der Massen, die klagen und jammern, die auf das Niveau ihrer niedrigsten Instinkte sinken. »Von nun an«, sagte Epiktet, »beschließe, wie ein Erwachsener zu leben, der Fortschritte macht, und tue das, was du für das Beste hältst, im Rahmen der Gesetze, die du niemals beiseiteschiebst. Und wann immer du auf etwas Schwieriges oder Angenehmes, Hoch- oder Geringgeschätztes stößt, erinnere dich daran, dass der Wettkampf jetzt stattfindet: Du bist bei den Olympischen Spielen, du kannst nicht länger warten, und dein Fortschritt wird durch einen einzigen Tag und ein einziges Ereignis zunichtegemacht oder erhalten.«

Die Erfahrung, von so vielem beraubt worden zu sein, machte Epiktets Loslösung von weltlichen Besitztümern aus. Es war, als sagte er zu sich selbst: »Niemand wird mir je wieder etwas wegnehmen.«

Wir wissen, dass eines Abends ein Dieb in das Haus von Epiktet eindrang und eine eiserne Lampe stahl, die er in einem Schrein in seinem vorderen Flur brennen ließ. Während er Enttäuschung und Wut aufwallen spürte, wusste er, dass ein Stoiker diesen starken Gefühlen nicht trauen durfte. Er hielt inne, horchte in sich hinein und fand einen anderen Weg, mit der Erfahrung, ausgeraubt worden zu sein, umzugehen. »Morgen, mein Freund«, sagte er zu sich selbst, »wirst du eine Steingutlampe finden; denn ein Mensch kann nur verlieren, was er hat.«

Man kann nur verlieren, was man hat. Man besitzt keine Kontrolle über die eigenen Besitztümer, also sollte man ihnen nicht mehr Wert zuschreiben, als sie verdienen. Und wann immer wir das vergessen, findet das Leben eine Möglichkeit, es uns schmerzhaft wieder ins Bewusstsein zu rufen.

Der Ruhm dieses genügsamen Lehrers wird auch dadurch deutlich, dass nach seinem Tod ein Bewunderer – dem es offensichtlich nichts ausmachte, etwas zu besitzen, das man ihm wegnehmen konnte – für dreitausend *Drachmen* die Steingutlampe des Epiktet kaufen würde.

Doch selbst mit dieser Ablehnung des Materialismus war Epiktet vorsichtig. Er wollte seine Selbstdisziplin nicht zu einem Laster werden lassen, zu einer Art Wettbewerb mit anderen Menschen. »Wenn du deinen Körper an Genügsamkeit gewöhnt hast«, sagte er, »dann spiel dich darüber nicht auf, und wenn du nur Wasser trinkst, dann posaune diese Tatsache nicht die ganze Zeit herum. Und wenn du jemals Ausdauertraining machen willst, dann tu es für dich selbst und nicht, damit die Welt es sieht.« Fortschritt ist wunderbar. Sich selbst zu verbessern, ist ein lohnendes Unterfangen. Aber es sollte *um seiner selbst willen* geschehen – nicht, um dafür Glückwünsche oder Anerkennung einzuheimsen.

Epiktet hatte keine leiblichen Kinder, aber es ist bekannt, dass er ein junges Waisenkind adoptierte und aufzog. Es ist also zutiefst bewegend, wenn man sich vorstellt, wie er sich gegen den möglichen Verlust der Freude stählt, die ihm die Vaterschaft brachte. Wie wir von Marcus Aurelius erfahren, der selbst sieben Kinder in seinem Leben verlieren würde:

> Wenn du deinem Sohn einen Gutenachtkuss gibst, sagte Epiktet, musst du dir innerlich zurufen: »Morgen früh ist er vielleicht tot.« Führe das Schicksal nicht in Versuchung, sagst du daraufhin. Indem man von einem natürlichen Ereignis spricht? Dann würde man auch das Schicksal in Versuchung führen, wenn man sagte: »Die Ähren werden abgeerntet.«

Es kann für Epiktet nicht leicht gewesen sein, in dieser Form an einen Jungen zu denken, den er liebte, aber er wusste aus Erfahrung, dass das Leben grausam war. Er wollte sich daran erinnern, dass sein kostbarer Sohn nicht sein *Besitz* war, ebenso wenig wie seine Freunde, seine Schüler oder seine Gesundheit. Das Schicksal dieser Menschen und Dinge lag zum größten Teil außerhalb seiner Macht. Was für einen Stoiker nur eines bedeutet: Wir sollen sie schätzen, solange wir sie haben, aber wir müssen akzeptieren, dass sie uns nur anvertraut wurden und dass sie jeden Augenblick vergehen können. Und wir ebenfalls.

Genau dazu praktizierte Epiktet Philosophie. Ein Mann, der die ganze Realität und Härte des Lebens zu spüren bekommen hatte, hatte weder Platz noch Zeit für Dialektik oder Spitzfindigkeiten. Er wollte Strategien, die dabei halfen, ein besserer Mensch zu werden und mit all dem umgehen zu können, was einem im Laufe eines Tages oder in einem Reich, das viel zu oft von Tyrannen regiert wurde, widerfahren könnte.

Wenn diese praktische Neigung ihn mit anderen Stoikern in Konflikt brachte, dann sollte es eben so sein. »Was ist das Werk der Tugend?«, fragte er. »Ein gut verlaufendes Leben. Wer macht also Fortschritte? Die Person, die die vielen Werke des Chrysipp gelesen hat? Ist Tugend denn nicht mehr als großes Wissen über Chrysipp erlangt zu haben?«

Was zählte, war das Handeln. Nicht das Lesen. Nicht das Auswendiglernen. Nicht einmal die Veröffentlichung beeindruckender eigener Schriften. Nur, darauf hinzuarbeiten, ein besserer Mensch, ein besserer Denker, ein besserer Bürger zu sein. »Ich kann eine Person nicht als hart arbeitend bezeichnen, nur weil ich höre, dass sie liest und schreibt«, sagte Epiktet, »selbst wenn sie es die ganze Nacht hindurch tut. Solange ich nicht weiß, wofür ein Mensch arbeitet, kann ich ihn nicht als fleißig bezeichnen [...] Ich kann es aber, wenn das Ziel, für das er arbeitet, sein ihn selbst beherrschendes Prinzip ist, in ständiger Harmonie mit der Natur zu sein und zu bleiben.«

Als Denker und Lehrer predigte Epiktet Demut. »Es ist unmöglich, das zu lernen, was man schon zu wissen glaubt«, sagte er. Im Zen gibt es ein Gleichnis von einem Meister und einem Schüler, die sich zum Tee hinsetzen. Der Meister schenkt ein, bis die Tasse überläuft. Diese Tasse ist wie dein Verstand, sagt er. Wenn sie voll ist, kann sie nichts mehr aufnehmen. »Diese arrogante Ansicht, wir würden etwas Nützliches wissen, sollten wir ablegen, bevor wir uns der Philosophie zuwenden«, sagte Epiktet, »... sonst werden wir niemals auch nur annähernd vorankommen, selbst, wenn wir alle Lehrbücher und Abhandlungen des Chrysipp zusammen mit denen des Antipatros und des Archedemus durchpflügen.«

Also führte Epiktet jeden Morgen einen Dialog mit sich selbst, prüfte seine Fortschritte und beurteilte, ob er sich für das, was kommen könnte, vernünftig gewappnet hatte. Dazu führte er Tagebuch oder rezitierte für sich allein Philosophie. »Halte solche Gedanken Tag und Nacht griffbereit«, riet er, »schreibe sie auf, lies sie laut vor, sprich mit dir und anderen darüber.«

Während andere Römer früh aufstanden, um einem Mäzen zu huldigen oder ihre Karriere voranzutreiben, wollte Epiktet in den Spiegel schauen, sich selbst zur Rechenschaft ziehen, sich auf die Bereiche konzentrieren, in denen er versagte. »Was fehlt mir, um Gelassenheit zu erreichen? Was, um Ruhe zu erreichen?«, fragte er. »Was habe ich falsch gemacht? Was habe ich getan, das unfreundlich, unsozial oder gefühllos war? Was habe ich unterlassen, was getan hätte werden sollen?«

Epiktet starb etwa 135 nach Christus. Obwohl er in die Anonymität und Sklaverei hineingeboren worden war und die Ursachen und Umstände seines Todes nicht bekannt sind, bestand nie ein Zweifel daran, dass sein Vermächtnis überleben würde.

Ebenso wie Sokrates und Cato veröffentlichte Epiktet zu Lebzeiten kein einziges Wort. Doch seine Lehren fanden schon zu seiner Zeit weite Verbreitung. Marcus Aurelius erhielt später von seinem Tutor Junius Rusticus eine Kopie von Epiktets Vorlesungen als Leihgabe. Hadrian hatte Epiktet studiert, und sein auserwählter Schützling trank ausgiebig aus derselben Quelle der Weisheit.

Doch wenn Epiktet sich weigerte, zu schreiben, wie konnten dann so viele seiner Lehren überleben? Weil ein Schüler, Arrian – ein Biograf, der unter Hadrian Konsul werden würde – acht Bände mit Notizen aus Epiktets Vorlesungen veröffentlichte. Der Titel, den Arrian für eine gekürzte Fassung dieser Bände wählte, gibt am besten wieder, wofür der Stoizismus und die Lehren von Epiktet bestimmt waren. Er nannte sie *Encheiridion*, was wörtlich »zur Hand haben« bedeutet.

A. A. Long, ein späterer Übersetzer von Epiktet, erklärt diese Wortwahl:

> In seinem frühesten Gebrauch bezieht sich *encheiridion* auf ein Handmesser oder einen Dolch. Möglicherweise wollte Arrian diese Konnotation mit der Verteidigungs- oder Schutzfunktion des Werkes in Verbindung bringen. Es passt zu seiner Mahnung am Anfang und am Ende des Textes, die Botschaft von Epiktet jederzeit »zur Hand« (*procheiron*) zu haben. In offensichtlicher Nachahmung veröffentlichte Erasmus 1501 ein Werk in lateinischer Sprache mit dem Titel *Enchiridion militis Christiani* (Handbuch eines christlichen Soldaten).

Shakespeare lässt Casca in *Julius Caesar* sagen, dass jeder Sklave die Quelle seiner Freiheit in der Hand halte, und mit dieser Waffe sollte sich Brutus 44 vor Christus von der Herrschaft Caesars befreien.

Epiktet, etwa vier Generationen später, war ein echter Sklave und stand unter einer viel schwerwiegenderen Tyrannei. Doch er musste nicht auf Mord zurückgreifen. Er brauchte keine buchstäbliche Waffe. Stattdessen schuf er eine andere Art von Freiheit, eine tiefer greifende Freiheit – die Arrian liebenswürdigerweise aufzeichnete –, die man ebenfalls in der Hand halten konnte.

Und so wurde auch Toussaint Louverture zum Teil durch Epiktets leidenschaftlichen Einsatz für die Freiheit inspiriert, als er sich erhob und seine haitianischen Mitsklaven gegen Napoleons Frankreich in die Freiheit führte. Genauso wie Colonel James Stockdale, der 1965 über Vietnam abgeschossen wurde. Da er wusste, dass er mit ziemlicher Sicherheit gefangen genommen werden würde, bewaffnete er sich mit Epiktets Lehren, die er als Student in Stanford studiert hatte, und sagte sich, während er mit dem Fallschirm absprang: »Ich verlasse die Welt der Technik und trete ein in die Welt des Epiktet.«

Im Abstand von zweitausend Jahren halfen also die gleichen Lehren zwei Männern dabei, Freiheit in der Gefangenschaft zu finden und trotz der schlimmsten Umstände standfest und unverwüstlich zu bleiben. Nur so können zukünftige Generationen jemandem wie Epiktet danken oder ihm die gebührende Ehre erweisen.

Vergessen Sie alles außer Handeln. Reden Sie nicht darüber, sondern verhalten Sie sich entsprechend.

»Erkläre nicht deine Philosophie«, sagte Epiktet, »verkörpere sie.«

JUNIUS RUSTICUS
DER PFLICHTBEWUSSTE

* 100 n. Chr.
† 170 n. Chr.

aus Rom

Im Jahre 66 nach Christus, als Thrasea bereits zum Tode verurteilt worden war, bot Arulenus Rusticus an, Einspruch zu erheben und ihn zu retten. »Nein«, erwiderte Thrasea, »dafür ist es zu spät.« Aber es sei noch Zeit, so sagte er zu dem mutigen jungen Mann, der versuchen wollte, ihm das Leben zu retten, »darüber nachzudenken, was für eine Art Politiker du sein willst.«

Rusticus zog anschließend einen Sohn auf, der seinerseits einen Sohn haben würde, der die in diesen Worten enthaltene Hoffnung weitestgehend erfüllte. Er sollte auch den Beweis dafür liefern, so schien es, dass der Verlauf der Geschichte oft von kleinen Ereignissen abhängt.

Junius Rusticus, der Enkel von Arulenus, wurde um das Jahr 100 nach Christus herum geboren, etwa zehn Jahre nach der Ermordung seines Großvaters. Er sollte der Lehrer werden, der Marcus Aurelius an den Stoizismus heranführen und damit zur Bildung des ersten Philosophenkönigs der Welt beitragen sollte – der Art Anführer, die das exakte Gegenteil der Männer war, denen Arulenus mutig die Stirn geboten hatte.

Es wäre nur logisch für Junius gewesen, sich von dieser gewalttätigen Welt abzuwenden und sich in seinen Büchern und Theorien zu vergraben. Ein antiker Schriftsteller berichtet, dass ein Teil von Junius sich damit begnügt hätte, ein »reiner Schreibtischphilosoph« zu sein, dass er am liebsten zu Hause geblieben wäre und in Ruhe und Frieden seine Theorien verfasst hätte. Aber durch das Pflichtgefühl, das ihm durch das Schicksal seines Großvaters eingeflößt worden war, fühlte er sich zu höheren Dingen berufen, so, wie es auch bei Cato gewesen war.

Dies ist ein Vorbild, das jede talentierte und brillante Person anspornen sollte: Du bist es dir selbst und der Welt schuldig, dich in der kurzen Lebensspanne, die dir auf diesem Planeten vergönnt ist, aktiv einzubringen. Du kannst dich nicht ausschließlich auf Ideen zurückziehen. Du musst *einen Beitrag leisten*.

Junius seinerseits wurde Soldat und General. Mit Anfang dreißig war er Konsul unter Hadrian. Irgendwann lernte er Arrian kennen, der unter Epiktet studiert hatte. Es ist durchaus möglich, so mutmaßen moderne Gelehrte wie Donald Robertson, dass Junius Epiktets Vorlesungen persönlich besuchte und seine eigenen Aufzeichnungen über die Lehren verfasste, die der große Weise seinen Schülern beibrachte. Jedenfalls gelangte ein persönliches Exemplar mit den Aussprüchen von Epiktet aus Junius' Bibliothek direkt in die Hände des jungen Marcus Aurelius – und veränderte seinen Lebensweg für immer.

Ein Buch wurde überreicht und gelesen – was für ein einfacher Austausch. Aber, wenn er wie hier zwischen den richtigen Menschen und zur richtigen Zeit stattfindet, kann er ausreichen, um die Welt zu verändern.

Irgendwann in den frühen Zwanzigern von Marcus Aurelius wurde Junius dessen offizieller Tutor. Es war, wie es scheint, eine prägende Studienzeit. Wie Marcus sich später erinnern sollte, lernte er von Junius die großen und die kleinen Dinge, angefangen von der Frage, wie er sich würdevoll verhalten solle, bis hin zum prägnanten und wirkungsvollen Schreiben.

»Von Rusticus«, so erinnerte er sich in seinem späteren Leben, »lernte ich, mir der Tatsache bewusst zu werden, dass mein Charakter Korrektur und Schulung benötigt; dass man sich weder in argumentativen Spitzfindigkeiten verlieren noch Abhandlungen über rein spekulative Themen verfassen oder Predigten halten sollte; weiterhin, dass man es unterlassen sollte, sich ostentativ als moralischer Athlet oder selbstloser Mensch auszugeben, und auch, dass man Rhetorik, Poesie und schöne Sprache meiden und weder in schönen Gewändern im eigenen Haus umherwandeln noch gegen die Regeln des guten Geschmacks verstoßen sollte; ich lernte von ihm, Briefe ohne Affektiertheit zu schreiben, so, wie sein eigener Brief an meine Mutter aus Sinuessa; dass man sich zur Versöhnung mit denjenigen bereit zeigen sollte, die die Beherrschung verloren und einem Böses angetan haben, immer bereit, ihnen auf halbem Wege entgegenzukommen, sobald sie dazu bereit zu sein scheinen, das Vorgefallene rückgängig machen zu wollen; sorgfältig zu lesen und sich nicht mit einer oberflächlichen Perspektive zu begnügen; auch nicht vorschnell jedem wortgewandten Redner zuzustimmen und darüber hinaus lernte ich von ihm, mich mit den Erinnerungen des Epiktet vertraut zu machen, die er mir aus seiner eigenen Bibliothek zur Verfügung stellte.«

Von Junius lernte Marcus Aurelius all das, was Seneca eigentlich Nero hätte vermitteln sollen, aber nicht vermitteln konnte. In der Tat zeigen sich hier bemerkenswerte Parallelen. Nero bekam Seneca im Teenageralter nach dem Tod seines Vaters als Lehrer. Marcus begann im Alter von fünfundzwanzig Jahren, nach dem Tod seiner Mutter, bei Junius zu studieren. Als Nero zum Kaiser gekrönt wurde, musste Seneca sich mit ernsthafteren Regierungsangelegenheiten beschäftigen. Als Marcus im Jahre 161 nach Christus Kaiser wurde, wurde Junius mit den Aufgaben eines Magistrats und Beraters betraut. Wie Seneca sollte er später als Konsul dienen.

Im Gegensatz zu Seneca schien Junius dazu bereit gewesen zu sein, seinem Schüler auch einmal bittere Wahrheiten ins Gesicht zu sagen. Marcus erzählt, dass er »oft über Rusticus verärgert war«, aber Lehrer und Schüler versöhnten sich immer wieder. Es ist ihrer beider Verdienst, dass Marcus sich nie so über Junius' Kritik oder Methoden ärgerte, dass er etwas tat, was er später bedauert hätte.

Nero war ein aufsässiger Schüler gewesen, ein Junge, der auf seine Chance wartete, das tun zu können, was immer er wollte, sobald er seine Macht erlangt haben würde. Der Respekt, den er Seneca in seiner Jugend entgegengebracht hatte, verwandelte sich mit der Zeit in eine Art Groll und Ekel. Seneca schien damit leben zu können – zufrieden damit, seine Meinung kundzutun in der Hoffnung, sie möge bei der Gegenseite ankommen – und war ansonsten sorglos genug, um Nero zu erlauben, die Macht, nach der er sich so sehr sehnte, an sich zu reißen.

Marcus hingegen war wissbegierig und blieb es sein Leben lang, selbst dann, als sich die Machtdynamik zwischen ihm und seinem Tutor verändert hatte. In der *Historia Augusta* heißt es, dass er Junius stets mit einem Kuss begrüßte und ihn vor allen anderen Mitgliedern seines Stabes ehrte. Er suchte sowohl bei privaten als auch bei beruflichen Fragen Rat bei ihm und verehrte seinen Lehrer aufrichtig, dem er sich als »Anhänger« verpflichtet fühlte. Rusticus hatte das geschafft, was nur wenigen Lehrern gelingt, selbst denen mit demütigen Schülern: Er *erreichte* Marcus Aurelius.

Plutarch sollte später darüber sprechen, wie viele Politiker danach trachteten, zu regieren, nur um nicht selbst regiert zu werden. Was Marcus vielleicht so besonders machte, war, dass er einen Berater und Philosophen wie Rusticus über sich selbst zu stellen schien, obwohl seine Macht als Kaiser fast absolut war. Warum blieb Marcus ein guter Mensch, während so viele andere Herrscher von der Macht korrumpiert wurden? Seine Beziehung zu einem weisen, älteren Mann wie Rusticus und die Ehrerbietung, die er ihm entgegenbrachte, erklärt einiges davon.

Fast unmittelbar, nachdem Marcus Aurelius Kaiser wurde, wurden Junius wichtige Aufgaben im Dienste des Staates übertragen. Im Jahre 162 nach Christus diente er in seiner zweiten Amtszeit als Konsul (fast dreißig Jahre nach seiner ersten). Fünf Jahre lang war er städtischer Präfekt – und somit im Wesentlichen der Bürgermeister von Rom – und hatte die Aufsichtsgewalt über die Polizei, den Gesetzesvollzug, öffentliche Arbeiten und die Lebensmittelversorgung der Stadt inne. Angesichts der enormen Korruption, die in Rom vorherrschte, war dies eine Position von immenser Verantwortung und Vertrauen. Allen Berichten nach erwies er sich als dieses Vertrauens würdig.

Dies sollte Junius leider auch auf direktem Wege zu einem Ereignis führen, welches sein Vermächtnis in weiten Teilen definieren würde. Im Jahre 165 nach Christus landete ein scheinbar unbedeutender Gerichtsfall auf Junius' Schreibtisch. Ein christlicher Philosoph namens Justin der Märtyrer und ein kynischer Philosoph namens Crescens waren in einen hässlichen Streit verwickelt worden, der sich auf den Straßen verbreitet hatte. Nach einer Anzeige durch Crescens, in dessen Augen diese Christen Ketzer waren, wurden Justin und sechs seiner Schüler angeklagt und zum Verhör vorgeführt.

Tatsächlich hatte Justin bei einem stoischen Lehrer in Samaria studiert, die Schule aber verlassen, um sich dem aufkommenden christlichen Glauben anzuschließen. Viele von Justins Schriften zeigten Ähnlichkeiten zwischen den Stoikern und den Christen auf, und es ist gut möglich, dass er auch mit Junius' eigenem philosophischem Werk vertraut war. Er erhoffte sich aus diesem Grunde von seinem stoischen Richter ein Urteil zu seinen Gunsten. Als frommer Christ wusste er sicherlich auch, dass ein Jahrhundert zuvor Senecas Bruder den heiligen Paulus in Korinth freigesprochen hatte.

Aber dies war das Rom einer ganz anderen Zeit, und Rusticus war nicht einfach nur ein Schreibtischphilosoph. Es war seine Aufgabe, den Frieden zu bewahren. Diese Christen weigerten sich, die römischen Götter und die Vormachtstellung des römischen Staates anzuerkennen. Dies war wahnwitzig, staatszersetzend und gefährlich. War es nicht Rusticus' Aufgabe, geltendes Recht durchzusetzen? Zu verhindern, dass solche Dinge geschahen? Vielleicht verlor Rusticus sich aber auch – da Marcus sich an der Front befand und niemand ihm zur Seite stand – ein wenig in der Ausübung seiner eigenen Macht.

In ihrem 1939 erschienenen Roman über das Christentum im alten Rom, der zu einer Zeit geschrieben wurde, in der der Faschismus religiöse Minderheiten in Europa unterdrückte, versucht Naomi Mitchison mittels der Figur des stoischen Philosophen Nausiphanes die Konfrontation zwischen Stoikern und Christen zu erklären. »[Die Christen] wurden verfolgt«, sagt er, »weil sie den römischen Staat ablehnten; keinen Römer haben Meinungsverschiedenheiten über unterschiedliche Götter je wirklich gekümmert; in religiösen Angelegenheiten waren sie zutiefst tolerant, weil ihre eigenen Götter nicht aus dem Herzen jedes Einzelnen entstammten, sondern nur soziale Erfindungen waren – oder dazu geworden waren. Doch auf politischer Ebene waren sie relevant und mussten verfolgt werden, und so mussten alle sie bekämpfen, die den Mut dazu hatten.«

Wir glauben fest daran, dass wir das Richtige tun und den Status quo beschützen. Doch im Zuge dessen tun wir schreckliche Dinge.

Das Verfahren des Prozesses mit all seinen modern anmutenden Untertönen wurde festgehalten. Rusticus ging gleich zur Sache und verlangte von Justin eine Darstellung seiner Lebensweise. War er ein Christ?

»Ja, ja, das bin ich«, erwiderte Justin, wohl wissend, dass seine Überzeugungen von den Mächtigen als Bedrohung angesehen wurden – nicht von Rusticus im Speziellen, sondern vom Imperium, das er vertrat. Dennoch schien Rusticus Justins Behauptung, dass es die Römer seien, die »am Irrtum festhielten«, persönlich zu nehmen. »Erkennst du die [christlichen] Lehren an; Schuft, der du bist?«, herrschte Rusticus ihn an, und von da an geriet ihre Auseinandersetzung außer Kontrolle.

So wie Hochmut vor dem Fall kommt, so kommt Geringschätzung vor Ungerechtigkeiten und moralischem Versagen.

Seneca hatte in den Jahren 55 bis 56 nach Christus seinen berühmten Essay *Über die Güte* geschrieben und ihn Nero gewidmet. Es steht zu vermuten, dass Rusticus kein großer Bewunderer von Senecas Philosophie war, vor allem, wenn man bedenkt, wie Nero sich entwickelt hatte. Doch in diesem Fall war der Tenor dieses Essays – welches zum Thema hatte, wie die Entscheidungen, die die Mächtigen gegenüber den Machtlosen treffen, definieren, wer sie sind – von unmittelbarer Relevanz. Auf der einen Seite stand Rusticus, die volle Gewalt des römischen Staatsapparats kontrollierend. Justin, auf der anderen Seite, war lediglich ein kleiner Mann, ein einzelner Mensch, der einem weit verbreiteten Glauben widersprach. Sein Beispiel war nur von sehr geringer Bedeutung. Man hätte ihn auch einfach freilassen können.

Er verdiente Gnade. Fast jeder verdient sie.

Aber Rusticus war zu frustriert, um sie zu gewähren. Er war verwirrt von Justins Glauben, von seinem festen Glauben an etwas, das das römische System nicht zuließ. Das war der eigentliche Grund, weshalb Justin überhaupt erst in diesem Gericht und vor Rusticus gelandet war.

»Hör zu«, sagte Rusticus, »bist du überzeugt davon, dass du in den Himmel kommen würdest, wenn du gegeißelt und geköpft würdest?« Justin antwortete: »Ich hoffe, dass ich Gottes Haus betreten werde, wenn ich auf diese Weise leide. Denn ich weiß, dass Gottes Gunst am Ende alles Irdischen all jenen gewährt werden wird, die ein gutes Leben geführt haben.«

Marcus sagte, er habe von Rusticus gelernt, »dass man sich zur Versöhnung mit denjenigen bereit zeigen sollte, die die Beherrschung verloren und einem Böses angetan haben, immer bereit, ihnen auf halbem Wege entgegenzukommen, sobald sie dazu bereit zu sein scheinen, das Vorgefallene rückgängig machen zu wollen«. Wo war diese Bereitschaft im Falle von Justin? Wie viel besser hätte es Rusticus gestanden, wäre es ihm nur gelungen, sie aufzubringen?

Er gab Justin die Chance, Buße zu tun, sich dem Gesetz zu unterwerfen und dann seines Weges zu gehen. Justin konnte seine Meinung ändern. Er musste nur das tun, was von jedem anderen Römer erwartet wurde. »Kommen wir nun zu dem Punkt, um den es geht«, sagte Rusticus, »der notwendig und dringlich ist. Kommt zusammen und bringt einmütig den Göttern ein Opfer dar.« Die Strafe dafür, dies zu unterlassen, wäre die gleiche gewesen wie für jeden anderen Römer auch, der es wagte, eine solche Gottlosigkeit zu begehen, der die Götter verschmähte, auf deren Gunst das Reich seiner Meinung nach angewiesen war.

So stellte er Justin vor die gleiche Wahl, vor die auch Agrippinus, Cato, Thrasea und Helvidius gestellt worden waren. Folge unseren Anweisungen und du kannst deines Weges gehen. Thrasea war vor diese Wahl gestellt worden, mit der Aussicht auf Begnadigung, hatte aber selbst die Hilfe von Arulenus, dem Großvater von Rusticus, abgelehnt. Jetzt, Jahre später, waren die Rollen vertauscht. Hier stand kein Tyrann, der von einem Stoiker Gehorsam forderte. Es war ein Stoiker, der von einem Christen Gehorsam einforderte.

Diesmal sollte der Christ der Mutige sein. »Niemand, der bei klarem Verstand ist, lässt sich dazu herab, zugunsten eines falschen Glaubens auf den wahren Glauben zu verzichten«, antwortete Justin. Und so entschied er sich dafür, für das zu sterben, woran er glaubte, anstatt Kompromisse einzugehen und zu leben.

Die ungeheure Macht des Staates in seinen Händen haltend, entschied sich Rusticus dazu, sie zu nutzen. »So sollen diejenigen, die sich geweigert haben, den Göttern zu opfern und dem Befehl des Kaisers zu gehorchen«, befahl er, »gegeißelt und hinweggeführt werden, um gemäß unseren Gesetzen die Todesstrafe zu erleiden.«

Im Namen von Marcus Aurelius wurde der arme Mann auf Befehl von Rusticus fortgeschickt, um grausam geschlagen und ausgepeitscht zu werden, bis ihm die Haut vom Körper fiel, bevor er anschließend enthauptet wurde.*

Dies sollte ein Schandfleck auf zwei ansonsten makellosen Reputationen bleiben.

Selbst, wenn Justin in dieser religiösen Frage vollkommen und unstrittig falsch gelegen haben sollte, hätten die Stoiker nicht stattdessen die Idee der *Sympatheia* in Betracht ziehen müssen, welche von Zenon und Chrysipp stammte? Wie hatten sie nur vergessen können, dass wir alle Teil eines großen Ganzen sind, jeder mit einer ihm zugedachten Rolle, einem eigenen Part, den er spielen muss? Marcus Aurelius schrieb später in großartigen Worten, dass auch die falsch unterrichteten Menschen, sogar die Selbstsüchtigen, selbst die Schamlosen und Dummen ein Teil dieser Gleichung sind, und dass wir nicht überrascht sein sollten, wenn wir ihnen begegnen. Über diesen Gedanken sollten er und Rusticus noch unzählige Male diskutieren.

War eine Welt möglich, in der es hundertprozentige Übereinstimmung in allen Fragen gab? War es nicht unvermeidlich, dass einige Leute anderer Meinung waren, insbesondere in Religions-

* Unglaublicherweise sollten Justins Gebeine in den 1960er-Jahren in einem Kirchensafe in Baltimore wiederentdeckt und schließlich in den 1980er-Jahren zur letzten Ruhe gebettet werden.

fragen? Was war so entsetzlich an der Existenz einiger weniger Andersdenkender? Was – oh Schreck – wenn der Ketzer etwas wüsste, was man selbst nicht weiß? Was wäre, wenn die meisten Menschen, selbst die Störenfriede, von dem, was sie taten, wirklich aufrichtig überzeugt wären?

So sei es, hätte Rusticus, während er den Prozess gegen Justin führte, bei sich denken können, *auch Menschen wie diesen muss es geben. Lasst mich ihm einen Klaps auf die Hand geben und dann lasst ihn gehen.* Aber das tat er nicht. Er hatte sich angesichts des vor ihm liegenden Prozesses zu sehr in Schwarz-Weiß-Denken verrannt: Justin weigerte sich, die Opferriten auszuüben, eine tägliche Praxis im römischen Leben. Das war ziviler Ungehorsam, und das Gesetz war in dieser Hinsicht eindeutig. So ordnete er 165 nach Christus eine der bekanntesten Hinrichtungen der christlichen Geschichte an.

Aber nur im Rückblick. Das »Martyrium« von Justin erhielt zu jener Zeit nur wenig Aufmerksamkeit. Rom befand sich mitten im Partherkrieg, und an der Grenze gärte ein Konflikt mit germanischen Stämmen. Eine Seuche plagte das Reich. Millionen sollten sterben. Ein Todesurteil für einen Gesetzesbrecher sah nicht nach einer Sache aus, die in die Geschichte eingehen würde.

Doch so ist Geschichte. Genau wie die normalerweise kaum erwähnenswerte Entscheidung, Marcus Aurelius ein Buch zu überreichen, weitreichende Konsequenzen haben sollte, so sollte es auch bei diesem unbedeutenden Prozess, der sich damals wahrscheinlich in keiner Weise von Hunderten anderen unterschied, der Fall sein.

So, wie es den Stoikern nicht in den Sinn kam, die Institution der Sklaverei infrage zu stellen, so war auch wahre Religionsfreiheit ein völlig unvorstellbares Konzept. Aber sich für eine Sache zum Märtyrer zu machen, Kompromisse selbst unter Androhung des Todes zu verweigern? Dies hätte von jemandem, der in den Lehren des Stoizismus so bewandert war wie Rusticus, respektiert werden müssen, wenn auch widerwillig.

Leider war er dazu nicht in der Lage. Alles, was er sah, war eine Bedrohung für die öffentliche Ordnung, eine Bedrohung seiner Macht. Ironischerweise waren es die gleichen Beweggründe, die einen paranoiden Kaiser dazu bewogen hatten, Rusticus' Großvater zu töten.

Rusticus hatte aus Pflichtgefühl heraus das getan, was er glaubte, tun zu müssen, genau wie Justin der Märtyrer. Da Ersterer nicht in der Lage war, das große Ganze zu sehen, sollte er für alle Zeiten für Millionen von Christen ein Verbrecher sein. Letzterer, das Opfer, inspiriert die Verfolgten dieser Welt bis zum heutigen Tage.

Im Jahre 168 nach Christus gab Junius sein Amt als Stadtpräfekt ab. Er sollte innerhalb von zwei Jahren sterben. Marcus führte, Hunderte Kilometer von Rom entfernt, einen brutalen Krieg; trotzdem nahm er sich die Zeit, dem Senat den Auftrag zu erteilen, seinen langjährigen Lehrer und Freund, an dessen Seite er fast die Hälfte seines Lebens verbracht hatte, zu ehren. In der *Historia Augusta* heißt es, dass in Rom Statuen von Rusticus aufgestellt wurden – zu Ehren eines Mannes, der nichts von Streit, Spektakeln oder Predigten hielt, sondern sein Leben ausschließlich der Ausbildung seines Charakters und seinen öffentlichen Pflichten gewidmet hatte.

Aber das eigentliche Denkmal für Rusticus – das sogar seinen eigenen, schändlichen Gerichtsfall vergessen lässt – sollte das Leben des von ihm ausgebildeten Schülers werden, des Stoikers, der schließlich König werden sollte.

MARCUS AURELIUS
DER PHILOSOPHENKÖNIG

* 121 n. Chr.
† 180 n. Chr.

aus Rom

Seit den Zeiten von Platon war es der Traum der Weisen gewesen, dass eines Tages eine Art König der Philosophen auf der Bildfläche erscheinen würde. Obwohl die Stoiker seit Jahrhunderten mächtige Positionen bekleideten, war keiner von ihnen auch nur annähernd in der Lage gewesen, selbst das Oberkommando zu übernehmen. Immer wieder hatten sie darauf gehofft, dass der neue Imperator besser sein würde als die vorhergehenden, dass er auf das Volk hören und dessen Wohl über seine eigenen Bedürfnisse stellen würde. Leider sollte jeder von ihnen den Beweis dafür liefern, dass absolute Macht absolut korrumpiert.

Caesar. Oktavian. Tiberius. Claudius. Nero. Trajan. Vespasian. Domitian.

Die Liste unvollkommener und seelisch zerrütteter Könige war lang und reichte nicht nur zurück bis zu den Anfängen Roms, sondern bis hin zu den Königen zu Zeiten von Zenon und Kleanthes. So, wie die Christen für das Erscheinen eines Erlösers gebetet hatten, so hofften auch die Stoiker, dass eines Tages ein Anführer geboren würde, der aus demselben Holz geschnitzt war wie sie; einer, der das Reich von der Korruption erlösen und vor dem endgültigen Verfall retten könnte.

Dieser Anführer sollte am 26. April 121 unter dem Namen Marcus Catilius Severus Annius Verus das Licht der Welt erblicken, und es sollte ihm – frei nach seinem großen Bewunderer Matthew Arnold – gelingen, sich all jener noch so unerreichbar erscheinenden Erwartungen und Pflichten als würdig zu erweisen.

Die Anfangsjahre des Jungen, der zu Marcus Aurelius werden sollte, waren sowohl von Verlust als auch von Versprechungen geprägt. Sein Vater, Verus, starb, als er drei Jahre alt war. Er wurde von seinen beiden Großvätern aufgezogen, die für ihn schwärmten und ihn bei Hofe fortwährend zur Schau stellten. Schon in jungen Jahren erwarb er sich den Ruf, sehr ehrlich zu sein. Der

Kaiser Hadrian, der durch die frühen akademischen Erfolge des jungen Mannes auf ihn aufmerksam wurde, erahnte sein Potenzial und begann, ihn im Auge zu behalten. Sein Spitzname für Marcus, mit dem er gern auf die Jagd ging, war »Verissimus« – eine Anspielung auf seinen Namen Verus – der *Wahrhaftigste*.

Was könnte es gewesen sein, das Hadrian auf ihn aufmerksam werden ließ? Was hatte ihn ahnen lassen, dass der Junge zu Großem bestimmt sein könnte? Marcus war eindeutig ein heller Kopf, aus gutem Hause, gutaussehend und fleißig. Aber Jünglinge von dieser Sorte gab es in Rom reichlich, darunter auch viele »aufrichtige«. Das bedeutete aber nicht, dass sie alle das Zeug dazu gehabt hätten, ein gutes Staatsoberhaupt zu werden.

Als Marcus zehn oder elf Jahre alt war, hatte er sich bereits der Philosophie zugewandt, trug angemessene bescheidene, grobe Kleidung und nahm schlichte und bescheidene Gewohnheiten an, er schlief sogar auf dem Boden, um sich abzuhärten. Marcus sollte später über die Charaktereigenschaften schreiben, über die er versuchte, sich zu definieren, und die er »Beiworte für dich selbst« nannte. Es waren die Attribute »*Aufrecht. Bescheiden. Geradlinig. Vernünftig. Kooperativ. Neutral*«. Hadrian, der keinen leiblichen Sohn hatte und über einen möglichen Nachfolger nachdachte (so, wie er selbst vom erbenlosen Kaiser Trajan als Nachfolger gewählt worden war), musste gespürt haben, dass Marcus sich von Kindesbeinen an zu diesen Ideen hingezogen fühlte. Er dürfte diese Kombination aus Mut und Gelassenheit, Mitgefühl und Entschlossenheit während ihrer gemeinsamen Wildschweinjagd bemerkt haben. Er muss etwas in Marcus' Seele gesehen haben, das dieser wahrscheinlich nicht einmal selbst sehen konnte, und so kam es, dass Hadrian an Marcus' siebzehntem Geburtstag begann, einen außergewöhnlichen Plan zu schmieden.

Er würde Marcus Aurelius zum Kaiser von Rom machen.

Wir wissen nicht viel über Hadrians Beweggründe, wohl aber über die Zukunftspläne, die er hatte. Am 25. Februar 138 adoptierte Hadrian einen begabten und vertrauenswürdigen fünfzigjährigen Verwaltungsbeamten namens Antoninus Pius unter der Bedingung, dass er seinerseits Marcus Aurelius adoptiere. Man wählte Tutoren und legte Aufstiegsmöglichkeiten in Form einer Reihe von aufeinanderfolgenden Ämtern fest. Selbst, nachdem Marcus Mitglied der kaiserlichen Familie geworden war, so heißt es, besuchte er weiterhin die Residenzen seiner Philosophielehrer, um ihren Rat einzuholen, obwohl er sie genauso gut zu sich hätte zitieren können. Er führte sein gewohntes Leben unbeirrt weiter, so, als hätten sich seine Mittel und sein Status nicht unwiderruflich verbessert.

Als Hadrian einige Monate später starb, war Marcus' Zukunft bereits vorherbestimmt. Er sollte auf ein Amt vorbereitet werden, das in Rom bisher nur fünfzehn Personen innegehabt hatten – er sollte das Purpur tragen, er sollte Caesar werden.

Der vor ihm liegende Weg unterschied sich nicht sonderlich von dem, den Neros Mutter für ihren Jungen vorherbestimmt hatte. Würde das Ergebnis anders aussehen?

Im Gegensatz zu den meisten anderen Prinzen sehnte sich Marcus nicht nach Macht. Als er erfuhr, dass er offiziell von Hadrian adoptiert worden war, soll er nicht überglücklich, sondern sehr traurig gewesen sein. Vielleicht lag es daran, dass er lieber Schriftsteller oder Philosoph geworden wäre. Seine Zurückhaltung war von Ernsthaftigkeit geprägt. Ein Historiker der Antike merkte an, dass Marcus bestürzt darüber gewesen sei, dass er das Haus seiner Mutter verlassen und in den königlichen Palast umziehen musste. Als ihn jemand nach dem Grund für seine Niedergeschlagenheit angesichts einer solch unglaublichen Gunst des Schicksals fragte, habe er all die üblen Dinge aufgezählt, die Könige begangen hatten.

Vorbehalte sind nicht dasselbe wie Feigheit. Die souveränsten Führungspersönlichkeiten – die besten – sorgen sich oft darüber, sie könnten ihre Pflichten nicht gut genug erfüllen. Sie beginnen ihre Arbeit jeden Morgen mit dem Wissen, dass sie nicht leicht zu erfüllen sein wird. Aber sie machen weiter. Marcus sollte zu jener Zeit davon träumen, dass er Schultern aus Elfenbein hätte. Für ihn war dies ein sicheres Zeichen: *Er konnte es bewältigen.*

Mit neunzehn Jahren wurde Marcus Aurelius zum Konsul berufen, dem höchsten Amt im Land. Im Alter von vierundzwanzig Jahren wurde er wiedergewählt. Im Jahre 161 wurde er im Alter von vierzig Jahren zum Kaiser ernannt, das gleiche Amt, das Nero und Domitian und Vespasian und so viele andere Ungeheuer bekleidet hatten.

Bereits in so jungen Jahren zum Herrscher gewählt worden zu sein und mit einer enormen Macht ausgestattet zu werden, scheint Marcus Aurel auf eine gewisse Art und Weise zu einem besseren Menschen gemacht zu haben. Dieses in der Menschheitsgeschichte ganz und gar ungewöhnliche Ereignis – dass ein Mann in dieser Position nicht dem Beispiel der Könige vor ihm folgte – lässt sich nur durch eines erklären: Stoizismus.*

Aber es wäre ungerecht gegenüber Marcus Aurelius, ihm nicht volle Anerkennung für die *Mühen* auszusprechen, die er hatte investieren müssen. Und wir wissen, dass er diese Mühen bewusst und freiwillig auf sich nahm. Er erkannte ganz offen die »Bosheit, List und Heuchelei, die Macht hervorbringt«, sowie die »eigenartige Rücksichtslosigkeit, die Menschen aus ›guten Familien‹ oft an

* Gregory Hays, einer der versiertesten Übersetzer von Marcus Aurelius, schreibt: »Hätte er sich mit einer bestimmten Schule identifizieren müssen, so wäre [der Stoizismus] sicherlich diejenige, die er gewählt hätte. Dennoch vermute ich, dass seine Antwort auf die Frage, was er denn studiert habe, nicht ›Stoizismus‹, sondern einfach ›Philosophie‹ gelautet hätte.«

den Tag legen«, und beschloss, dass er eine Ausnahme von dieser Regel darstellen würde. »Nimm dich in Acht, dass du nicht caesarifiziert oder in Purpur gefärbt wirst«, notierte er für sich noch im hohen Alter, »das kommt vor. Bleibe also einfach, gut, rein, ernst, schlicht, ein Freund der Gerechtigkeit, gottesfürchtig, freundlich, voller Zuneigung, beständig in deiner wahren Aufgabe. Bemühe dich immer darum, derselbe Mann zu bleiben, zu dem dich die Philosophie machen wollte.«

Es war nicht nur der Gegenwind der Macht, dem Marcus im Leben ausgesetzt war. Aus seinen Briefen wissen wir, dass er unter periodisch wiederkehrenden, mit Schmerzen verbundenen Gesundheitsproblemen litt. Im Alter von sechsundzwanzig Jahren wurde er Vater – eine Erfahrung, die für jeden Mann eine enorme Veränderung und eine schwierige Erfahrung darstellt. In Marcus' Fall jedoch war das Schicksal unvorstellbar grausam. Er und seine Frau Faustina sollten dreizehn Kinder bekommen. Nur fünf von ihnen sollten das Erwachsenenalter erreichen.

Seine Regierungszeit von 161 bis 180 war geprägt von der Antoninischen Pest – einer globalen Pandemie, die ihren Ursprung im Fernen Osten hatte, sich erbarmungslos über die Grenzen hinweg ausbreitete und mindestens fünf Millionen Menschenleben in einem Zeitraum von fünfzehn Jahren forderte – und von etwa neunzehn Jahren Krieg an den Grenzen. Wie der Historiker Cassius Dio schreiben sollte, war Marcus Aurelius »nicht das Glück beschieden, das er verdiente, denn er war körperlich nicht stark und war praktisch während seiner gesamten Regierungszeit in eine Vielzahl von Problemen verwickelt«.

Aber solch äußere Dinge schrecken einen Stoiker nicht ab. Marcus glaubte, dass Seuchen und Krieg nur unser Leben bedrohen können. Es ist unser Wesen, das wir schützen müssen – die Art und Weise, wie wir *während* dieser Kriege, Seuchen und aller anderen Rückschläge im Leben handeln. Und sein eigenes Wesen aufgeben? Das ist das wirkliche Übel.

Vielleicht hatte Marcus Aurelius das Exemplar mit den Lehren von Epiktet, das Junius Rusticus ihm geschenkt hatte, so verinnerlicht, weil sie beide harte Schicksalsschläge erlitten hatten. Es ist ein bemerkenswerter Kontrast: ein Imperator und ein Sklave teilen und lieben dieselbe Philosophie, wobei der Letztere den Erstgenannten stark beeinflusste – aber dies ist weder ein Widerspruch in sich, noch wäre es den Menschen des Altertums seltsam erschienen. Erst durch den heute vorherrschenden reaktionären und sozial spaltenden Fokus auf »Privilegien« haben wir vergessen, wie viel wir als Menschen gemeinsam haben und dass wir alle gleichermaßen nackt und schutzlos dem Schicksal ausgeliefert sind, ob wir nun weltliche Macht besitzen oder nicht.

Sowohl Marcus Aurelius als auch Epiktet wurden, um die Metapher von Epiktet zu gebrauchen, vom Schöpfer des Universums beschwerliche Rollen zugewiesen. Was sie ausmachte, war die Art und Weise, wie sie diese Rollen ausfüllten, die keiner von ihnen – insbesondere Marcus nicht – jemals selbst gewählt hätte.

Betrachten Sie einmal die erste Amtshandlung von Marcus Aurelius, nachdem sein Adoptivvater Antoninus Pius im Jahre 161 nach Christus gestorben war. Nachdem Octavian Kaiser geworden war, hatte Areios Didymus, sein stoischer Berater, ihm geraten, sich des jungen Caesarion, des Sohns von Julius Caesar und Kleopatra, zu entledigen. »Es ist nicht gut, zu viele Caesaren zu haben«, hatte der Stoiker seinem Vorgesetzten halb im Scherz gesagt, während er einen Mord vorschlug. Nero hatte so viele seiner Rivalen beseitigen lassen, dass Seneca ihn daran erinnern musste, dass kein König *jeden* Nachfolger loswerden könne. Marcus Aurelius befand sich in einer noch unübersichtlicheren Situation. Er besaß einen Adoptivbruder, Lucius Verus, dessen Vorrecht auf den Thron Hadrians größer war als sein eigenes.* Was sollte er tun? Was würden *Sie* tun?

Marcus Aurelius durchtrennte diesen gordischen Knoten mit Leichtigkeit und Anmut: Er ernannte seinen Adoptivbruder, Lucius Verus, zum Mitkaiser.

Das Erste, was Marcus Aurelius tat, nachdem er die absolute Macht erreicht hatte, war, freiwillig die Hälfte davon abzutreten. Allein aus diesem Grund gebührt ihm die gleiche Ehrfurcht, die auch König George III. empfand, als er hörte, dass George Washington ins Privatleben zurückkehren würde – »Wenn er das tut, Sir, dann wird er zum großartigsten Menschen dieser Welt«. Aber dies sollte nur eine von vielen Gesten dieser Art sein, die die Herrschaft von Marcus Aurel bestimmen würden.

Als die Antoninische Pest über Rom hereinbrach, die Straßen mit Leichen übersät waren und die Gefahr allgegenwärtig wurde, hätte es ihm niemand vorgeworfen, wenn er aus der Stadt geflohen wäre. Tatsächlich wäre es vielleicht die besonnenere Verhaltensweise gewesen. Stattdessen blieb Marcus und trotzte dem Übel – so, wie es später auch die britische Königsfamilie während des Blitzkrieges tun sollte –, zeigte niemals Angst und bewies den Menschen durch seine bloße Anwesenheit, dass ihm die Verantwortung seines Amtes mehr bedeutete als seine eigene Sicherheit.

Später, nachdem die Schatzkammer Roms aufgrund der Verheerungen durch die Pest und die endlosen Kriege erschöpft war, sah sich Marcus Aurelius erneut vor die Wahl zwischen dem leichten und dem schweren Weg gestellt. Er hätte die Steuern erhöhen oder die Provinzen plündern können, auch hätte er die Probleme einfach aussitzen und seinen Nachfolgern die Kosten hinterlas-

* Lucius war der Sohn eines früher gewählten Erben Hadrians, der aber gestorben war, bevor er die Nachfolge des Kaisers antreten konnte.

sen können. Stattdessen, so erzählt Cassius Dio, brachte Marcus »sämtliche kaiserliche Insignien zum Forum und verkaufte sie gegen Gold. Nachdem der Aufstand der Barbaren niedergeschlagen worden war, erstattete er denjenigen, die den kaiserlichen Besitz freiwillig zurückbrachten, den vollen Kaufpreis; die aber, die dazu nicht bereit waren, zwang er auch nicht.« Obwohl er als Kaiser formal gesehen uneingeschränkte Kontrolle über Roms Gelder hatte, machte er von diesen Möglichkeiten nie Gebrauch. »Was uns betrifft«, so sagte er einmal vor dem Senat über seine Familie, »sind wir so weit von eigenen Besitztümern entfernt, dass selbst das Haus, in dem wir leben, euch gehört.«

Schließlich, gegen Ende seines Lebens, als sich Avidius Cassius, sein treuester General, gegen ihn wandte und einen Staatsstreich unternahm, sah sich Marcus Aurelius einer weiteren Prüfung all der Tugenden, an die er glaubte, ausgesetzt: Ehre, Ehrlichkeit, Mitgefühl, Großzügigkeit und Würde. Er hatte alles Recht der Welt, wütend zu sein.

Unglaublicherweise entschied Marcus sich dazu, den Putschversuch als *Chance* zu sehen. Sie könnten, so sagte er zu seinen Soldaten, hinausgehen und »diese Angelegenheit zur Zufriedenheit aller regeln und so der ganzen Menschheit zeigen, dass es sogar für den Umgang mit Bürgerkriegen gute Lösungen gibt«. Dies war eine Chance, »einem Mann, der einem Unrecht getan hat, zu vergeben; demjenigen freundschaftlich verbunden zu bleiben, der die Freundschaft beendet hat; dem, der die Treue gebrochen hat, die Treue zu halten«. Ein Attentäter sollte Avidius bald genug zur Strecke bringen, vermutlich in der Hoffnung, Marcus mit dieser Tat zu beeindrucken, doch sollte sich hierdurch nur zeigen, auf welch gänzlich anderen Ebenen Marcus Aurelius operierte. Wie Cassius Dio schrieb, war Marcus »derart bekümmert über den Tod von Cassius, dass er sich nicht einmal dazu durchringen konnte, den abgetrennten Kopf seines Feindes auch nur anzusehen, bevor die Mörder näher kamen, befahl er, ihn zu begraben«. Er fuhr fort, jeden von Avidius' Kollaborateuren mit Milde zu behandeln, einschließlich mehrerer Senatoren, die den Putschversuch aktiv unterstützt hatten. »Ich flehe euch, den Senat, an, meine Herrschaft nicht mit dem Blut auch nur eines Senators zu beflecken«, appellierte Marcus später an diejenigen, die Rache in seinem Namen forderten. »Möge es niemals geschehen.«

Sein Diktum, sowohl im Leben als auch als Anführer, war einfach und geradlinig: »Tue das Richtige. Der Rest spielt keine Rolle.« Keine seiner Äußerungen und keine andere seiner Taten verkörpert den Inbegriff des Stoizismus besser als diese Worte:

> »Verschwende keine Zeit mehr damit, darüber zu reden, wie ein guter Mensch beschaffen sein soll. Sei einer.«

Dennoch gewinnt man beim Studium von Marcus' Leben den Eindruck, dass er irgendwie anders, aus einem ganz speziellen Eisen geschmiedet war, was ihm seine vielen schwierigen Entscheidungen erleichterte. Die allgemeine Wahrnehmung des Stoizismus verstärkt diesen Eindruck nur noch – dass die Stoiker auf gewisse Art und Weise unempfindlich gegen Schmerz waren, dass sie jenseits von materiellem Verlangen und jenseits körperlicher Begierden standen.

Aber Marcus hätte diese Erklärung nicht hingenommen, denn sie trägt dem harten Training und all den Entbehrungen, die er auf sich nahm, um sich zu verbessern, nur ungenügend Rechnung. »Als einziger unter allen Imperatoren«, so schrieb der Historiker Herodian über Marcus Aurelius, »bewies er seine Gelehrsamkeit nicht durch bloße Worte oder die Kenntnis philosophischer

Lehren, sondern durch seinen tadellosen Charakter und seine maßvolle Lebensweise«.

Und von all seiner Bildung und seinem Charakter einmal abgesehen, blieb er immer auch noch ein *Mensch*.

Wir wissen, dass man Marcus Aurelius zu Tränen rühren konnte wie einen normalen Menschen, dass er den gleichen Schmerz und die gleichen Verluste und Frustrationen fühlte, die jeder fühlt. Die *Historia Augusta* berichtet sehr anschaulich, dass Marcus weinte, als ihm mitgeteilt wurde, dass sein Lieblingslehrer verstorben war. Wir wissen, dass er einst im Gerichtssaal in Tränen ausbrach, während er einen Fall beaufsichtigte und der Anwalt die zahllosen Seelen erwähnte, die durch die Seuche umgekommen waren, die noch immer in Rom wütete.

Wir können davon ausgehen, dass Marcus noch viele andere Male geweint hat. Dieser Mensch wurde durch den General verraten, dem er am meisten von allen vertraute. Dieser Mensch verlor eines Tages seine Ehefrau. Dieser Mensch verlor *acht* Kinder, darunter alle seine Söhne bis auf einen einzigen.

Marcus weinte nicht, weil er schwach war. Er weinte auch nicht, weil er unstoisch gewesen wäre. Er weinte, weil er menschlich war. Weil diese überaus schmerzhaften Erfahrungen ihn erschütterten. »Weder Philosophie noch Kaisereich«, sagte Antoninus mitfühlend, als sein Sohn in seinen Armen schluchzte, »helfen über den Schmerz hinweg.«

Marcus Aurelius muss also gelegentlich die Beherrschung verloren haben, sonst hätte er nie Anlass dazu gehabt, in seinen *Selbstbetrachtungen* – die nie zur Veröffentlichung bestimmt waren – zu erwähnen, dass es notwendig sei, seine Emotionen unter Kontrolle zu halten. Wir wissen, dass er begehrte, wir wissen, dass er Ängste hatte, wir wissen, dass er sich wünschte, seine Rivalen würden sich in Luft auflösen.

Er versuchte nicht, sämtliche Emotionen zu beherrschen, sondern nur die schädlichen, die ihn dazu brachten, das zu verraten, woran er glaubte. »Fange an, auf diese Weise zu beten, und du wirst es erkennen«, schrieb er in sein Tagebuch. »Bete nicht um ›irgendeine Gelegenheit, mit ihr schlafen zu können‹, sondern darum, aufzuhören, es zu wollen. Nicht um ›eine Möglichkeit, ihn loszuwerden‹ – sondern um einen Weg, damit aufzuhören, es zu versuchen. Nicht um ›irgendeine Möglichkeit, mein Kind zu retten‹ – sondern darum, keine Angst davor zu haben, es zu verlieren.«*

Die Frau von George Marshall, einem großen Mann von gleichem Format, fing mit der Beschreibung ihres Mannes ein, was auch Marcus Aurelius so beeindruckend machte:

> In vielen der Artikel und Interviews, die ich über General Marshall gelesen habe, erwähnen die Autoren seine zurückhaltende Natur und seine Bescheidenheit [...] Nein, ich glaube nicht, dass ich meinen Mann als zurückhaltend oder übermäßig bescheiden bezeichnen würde. Ich glaube, er ist sich seiner Macht sehr wohl bewusst, aber ich glaube auch, dass dieses Wissen durch Demut und Selbstlosigkeit gemildert wird, wie ich es nur bei wenigen starken Männern gesehen habe.

Wenn Marcus von Natur aus perfekt gewesen wäre, gäbe es wenig zu bewundern. Dass er es nicht war, ist der springende Punkt. Er hat sich seine stoische Denk- und Lebensweise erarbeitet, und das können wir auch.

* Für die Momente, in denen er das nicht schaffte, hatte Marcus diesen Rat: »Wenn die Umstände dies nicht zulassen, finde umgehend zu dir selbst zurück und behalte deinen Rhythmus bei, so gut es geht. Du wirst ein besseres Verständnis der Harmonie erlangen, wenn du dies beherzigst«.

Es sei darauf hingewiesen, dass Marcus selbst nicht gewollt hätte, dass wir durch sein Vorbild beschämt werden, sondern dass wir uns unserer eigenen Fähigkeiten bewusst werden. »Erkenne, dass wenn es menschlich möglich ist«, sagte er sowohl zu uns als auch zu sich selbst, »auch du es erreichen kannst.«

Marcus Aurelius schaffte es, sich nicht von der Macht korrumpieren zu lassen, er schaffte es, angesichts einer schrecklichen Epidemie keine Angst zu haben, sich nicht durch Verrat zu Zorn hinreißen zu lassen und auch nicht durch unermessliche persönliche Tragödien völlig gebrochen zu werden. Was bedeutet das? Es bedeutet, *Sie können das auch schaffen*.

Der Kern der Potenz von Marcus Aurelius als Philosoph und Philosophenkönig scheint eine ziemlich einfache Übung zu sein, von der er in Senecas Schriften und dann in Epiktets Schriften gelesen haben muss: die morgendliche oder abendliche Reflexion. »Halte solche Gedanken Tag und Nacht griffbereit«, hatte Epiktet gesagt. »Schreibe sie auf, lies sie laut vor, sprich mit dir und anderen darüber.«

Sehr viel von dem, was wir über das philosophische Denken von Marcus Aurelius wissen, stammt aus der Tatsache, dass er jahrelang danach gehandelt hat. Er hat sich ständig Weisheiten und Aphorismen des stoischen Denkens notiert. In der Tat ist sein einziges bekanntes Werk, *Selbstbetrachtungen*, voll von Zitaten aus Werken von Chrysipp, Anspielungen auf Themen aus den Schriften von Panaitios und Zenon, Geschichten über Sokrates, Gedichten von Aristophanes, Übungen von Epiktet sowie allen möglichen eigenständigen Interpretationen der stoischen Weisheiten. Der Titel *Selbstbetrachtungen* (manchmal auch als *Meditationen* angegeben), der auf das Jahr 167 nach Christus zurückgeht, ergibt sich aus der Übersetzung von *ta eis heauton*, »für sich selbst«. Dies trifft die Essenz des Buches perfekt, denn Marcus schrieb wirklich für sich selbst, wie jeder, der *Selbstbetrachtungen* gelesen hat, leicht bemerken wird.

Wie sonst können wir Passagen ohne weitere Erklärung verstehen, wie »die Art und Weise, wie [Antoninus Pius] die Entschuldigung des Zollbeamten in Tusculum annahm«, oder noch undurchschaubarer, wenn er nur schreibt, »derjenige in Caiteta«. Diese Momente waren viel zu unbedeutend, um es in die Geschichtsschreibung zu schaffen, aber sie beeinflussten den Autor, den *Mann*, so sehr, dass er sich Jahrzehnte später noch an sie erinnerte und über sie nachdachte.

Selbstbetrachtungen ist kein Buch für den Leser, es war ein Buch für den Autor. Und doch macht gerade das es zu einem so beeindruckenden Werk, zu einer der großen literarischen Leistungen aller Zeiten. Indem er nur an und für sich selbst schrieb, ist es Marcus Aurelius irgendwie gelungen, ein Buch zu verfassen, das nicht nur die Jahrhunderte überdauert hat, sondern auch heute noch Menschen Wissen vermittelt und ihnen hilft. Wie der Philosoph Brand Blanshard 1984 bemerkte:

> Nur wenige kümmern sich heute noch um die Märsche und Gegenmärsche der römischen Feldherren. Woran sich die Jahrhunderte geklammert haben, ist ein Notizbuch mit den Gedanken eines Mannes, dessen wirkliches Leben weitgehend unbekannt war, der im Dunkel der mitternächtlichen Stunde nicht die Ereignisse des Tages oder die Pläne für den nächsten Tag niedergeschrieben hat, sondern etwas von weitaus dauerhafterem Interesse, nämlich die Ideale und die Ansprüche, nach denen ein seltener Geist lebte.

Die ersten Seiten der *Selbstbetrachtungen* offenbaren diesen Geist recht gut. Während der ersten zehn Prozent des Buches nimmt

Marcus sich die Zeit, die Lektionen, die er von den wichtigen Menschen in seinem Leben gelernt hatte, anzuerkennen und zu kodifizieren. In der Privatsphäre dieser Seiten würdigt er seinen Großvater für seine Höflichkeit und sein ruhiges, gelassenes Temperament, seinen Vater für Männlichkeit ohne Prahlerei, seine Mutter für Frömmigkeit und Großzügigkeit, seinen Tutor für die Vermittlung einer positiven Arbeitsmoral und die Götter dafür, dass sie ihn mit guten Menschen umgaben. Er bedankt sich sogar – ohne allzu sehr darauf einzugehen – bei Rusticus für seine Lehren, die dafür gesorgt hätten, »dass ich weder Abhandlungen über abstrakte Dinge schrieb, noch moralisierende Reden hielt, noch erfundene Darstellungen über *Das einfache Leben* oder *Der Mann, der nur für andere lebt* verfasste.«

Doch warum hat er all das aufgeschrieben, wenn es nie zur Veröffentlichung gedacht war, wenn niemand es je sehen würde? Wenn niemand je ganz wissen würde, was diese Menschen ihm bedeuteten? Marcus erklärt es so:

> Wenn du eine Aufmunterung brauchst, so richte deinen Blick auf die trefflichen Eigenschaften deiner Zeitgenossen: Dieser hat ein hohes Maß an Tatkraft, jener an Bescheidenheit, wieder ein anderer an Großzügigkeit und so fort. Denn nichts ist so ermutigend wie die Tugenden, die sich in den Menschen um uns herum offenbaren, wenn wir praktisch damit überschüttet werden. Darum behalte dies in deinem Gedächtnis.

Marcus benutzte diese Schrift also für den wahren Zweck des Stoizismus – sich selbst zu verbessern, sich auf das vorzubereiten, was das Leben zu bieten hatte. An anderer Stelle stellt er fest, dass die Menschen, denen er im Laufe des kommenden Tages begegnen wird, vorwitzig, undankbar, schmähsüchtig, verschlagen, neidisch oder unverträglich sein werden. Wollte er sich damit eine Entschuldigung verschaffen, sich selbst danebenbenehmen zu dürfen? Oder wollte er damit Verzweiflung rechtfertigen? Nein, Marcus schrieb: »Niemand kann mich zu Abscheulichkeiten verführen« – noch konnte ihn jemand verletzen oder verärgern. Er musste Menschen lieben. Er musste bereit sein – und gut.

In der Tat war eines der häufigsten Themen in den Schriften von Marcus Aurelius seine Bereitschaft, anderen zu dienen – diese Vorstellung von *Sympatheia* und die Pflicht, für das Gemeinwohl zu handeln, die zuerst von Zenon aufgebracht und in den folgenden Jahrhunderten von Chrysipp und Poseidonios weitergeführt wurden. Der Ausdruck »Gemeinwohl« taucht in dieser und anderer Form (meist als »gemeines Wohl«) mehr als achtzig Mal in *Selbstbetrachtungen* auf, was für einen Stoiker Sinn ergibt, jedoch überrascht, wenn man bedenkt, wie fast alle seine Vorgänger den Zweck des Staates begriffen. Doch hier haben wir Marcus, der schreibt: »Wann immer es dir schwerfällt, morgens aus dem Bett zu kommen, erinnere dich daran, dass du von der Natur dazu ausersehen bist, mit anderen zusammenzuarbeiten.«

Aber er musste sich regelmäßig daran erinnern, wie wir alle, denn man kann es unheimlich leicht vergessen.

Marcus nutzte dieses private Tagebuch als eine Möglichkeit, sein Ego im Zaum zu halten. Der Ruhm, so schrieb er, sei flüchtig und leer. Applaus und Jubel seien das Klatschen der Zungen und das Schmatzen der Hände. Was nütze posthumer Ruhm, so merkte er an, wenn man tot sei? Und wenn die Menschen in Zukunft genauso unerfreulich und falsch mit den Dingen umgehen würden wie jetzt?

»Worte, die ehemals gebräuchlich waren, sind nun veraltet«, schrieb er. »Und das gilt auch für die Namen einst hochberühmter Männer, die nun tot sind: Camillus, Caeso, Volesus, Dentatus,

Scipio und Cato, Augustus, Hadrian und Antoninus [...] Alles vergeht so schnell, wird zur Legende und schon bald versinkt es in Vergessenheit.« Alexander der Große und sein Maultiertreiber, so schrieb Marcus Aurelius, seien beide gestorben und beide in der gleichen kalten Erde begraben worden. Was nützen also Ruhm oder Errungenschaften? Sie sind dem Charakter unterlegen.

In Aquincum, dem römischen Lager in der Nähe des heutigen Budapest, wo Marcus Aurelius die Zweite Legion besuchte und Teile von *Selbstbetrachtungen* geschrieben haben soll, haben Archäologen eine überlebensgroße Kalksteinstatue eines Kaisers in einer Toga freigelegt. Auf den ersten Blick sieht es so aus, als sei der Kopf abgebrochen worden. Doch bei genauerem Hinsehen stellt sich heraus, dass der Kopf so konstruiert war, dass er austauschbar ist. Die Statue war Teil eines Schreins für den Kaiserkult, und man wollte den Kopf jedes Mal austauschen können, wenn ein neuer den Thron bestieg.

Das Wissen, dass er nur ein Platzhalter war, half Marcus, zu verhindern, dass ihm seine Position zu Kopf stieg. Er ließ sich nur wenige Denkmäler bauen. Er hatte nichts gegen Kritik. Er hat seine Macht nie missbraucht.

Hadrian wurde einmal so wütend, dass er einem Sekretär mit einem Schreibgriffel ins Auge stach. Natürlich hatte das keine Konsequenzen für ihn. Marcus hätte dieselbe Freiheit ausnutzen können, sich so zu verhalten, wie es ihm beliebte. Stattdessen hielt er sein Temperament im Zaum und lehnte es ab, auf die Leute um ihn herum einzuschlagen, selbst, wenn sie ihm das hätten durchgehen lassen. Warum sollten wir Wut auf die Welt empfinden, schrieb er und übernahm eine Zeile aus einem verloren gegangenen Stück von Euripides, als ob die Welt es bemerken würde.

Man kann nicht sagen, dass Marcus bei all seiner Würde und Ausgeglichenheit ein perfekter Herrscher war. Kein Anführer ist das und Marcus hätte von sich selbst auch nicht erwartet, ein solcher sein zu können.

Man muss ihm die Christenverfolgungen unter seiner Herrschaft vorhalten – ein Schandfleck sowohl für ihn als auch für Rusticus. Doch selbst in dieser Hinsicht hat er einen Fürsprecher, nämlich in Tertullian, einem frühchristlichen Schriftsteller, der die letzten Jahre der Herrschaft von Marcus Aurelius miterlebte und der ihn als Beschützer der Christen betrachtete. Obwohl Marcus einige kleinere Verbesserungen im Leben der Sklaven vornahm, brachte er es – wie alle Stoiker – nicht über sich, das Prinzip der Sklaverei völlig infrage zu stellen. Trotz all seines Geredes, ein »Weltbürger« zu sein, und seines Glaubens an die Einheit aller Bewohner dieses Planeten betrachtete er weite Teile der Weltbevölkerung als »Barbaren« und bekämpfte und tötete viele von ihnen. Und er entschied sich letztendlich für einen zweifelhaften Nachfolger – oder er war dazu gezwungen, als erst zweiter Kaiser nach Augustus, der einen männlichen Erben hatte. Auf jeden Fall übergab er den Thron an seinen Sohn Commodus, der sich als geistesgestörter Mann mit zahlreichen Fehlern herausstellte.*

Es wäre unfair, Marcus nur an seinen eigenen Schriften oder an den unmöglich hohen Standards seiner Philosophie zu messen. Stattdessen sollte er auch mit anderen Männern (und Frauen) verglichen werden, die die oberste Macht innehatten. Das hat Cassius Dio getan und festgestellt: »Er regierte besser als alle anderen, die jemals in irgendeiner Machtposition waren.«

---

* Hier ist nicht der Platz, um das komplizierte und enttäuschende Leben von Commodus zu erörtern, aber wenn Sie den Film *Gladiator* gesehen haben, haben Sie ein überraschend genaues Bild von diesem Mann. Warum war Commodus so, wie er war? Das kann niemand sagen, aber der Verlust so vieler Brüder und Schwestern wird wohl Einiges davon erklären, und sicherlich tragen auch Marcus und Faustina einen großen Teil der Verantwortung dafür.

Es gilt die Regel, dass sensible, nachdenkliche Männer wie Marcus Aurelius sich als schlechte Anführer entpuppen. Ein Oberhaupt oder eine Führungskraft zu sein, bedeutet, mit der Unordnung der Welt, den Fehlern und Schwächen der Menschheit konfrontiert zu werden. Der Grund dafür, dass es so wenige Philosophenkönige gegeben hat, liegt nicht nur im Mangel an Gelegenheiten – es liegt auch daran, dass Philosophen oft den Anforderungen einer solchen Arbeit nicht genügen. Bei Marcus stellte sich jedoch heraus, dass er sowohl die Elfenbeinschultern als auch den scharfen Verstand hatte, die für diese Aufgabe erforderlich sind. »Erwarte dir nicht Platons Republik«, erinnerte er sich. Er musste die Realität anerkennen und sie zu deren Bedingungen annehmen.

Er musste sich mit dem begnügen, was da war. Für einen Idealisten und Ideenliebhaber war Marcus, wie Abraham Lincoln, auch beeindruckend pragmatisch. »Die Gurke ist bitter?«, fragte er rhetorisch. »Dann wirf sie weg. Dir stehen Brombeersträucher im Weg? Dann gehe um sie herum. Das ist alles, was du wissen musst.« Nichts drückte seinen Führungsstil und seine Sicht des Fortschritts besser aus als dieses Zitat:

> Du musst dein Leben Handlung für Handlung aufbauen und damit zufrieden sein, wenn jede ihr Ziel so weit wie möglich erreicht – und niemand kann dich davon abhalten. Aber es wird Hindernisse von außen geben! Vielleicht, aber kein Hindernis, das dich davon abhielte, gerecht, selbstbeherrscht und weise zu handeln.

Was aber, wenn ein anderer Bereich meines Handelns durchkreuzt wird?

Nun, nimm das Hindernis bereitwillig als das an, was es ist, und lenke deine Aufmerksamkeit auf die gegebenen Umstände, und eine andere Handlung wird sofort an seine Stelle treten, eine, die besser zu dem Leben passt, das du dir aufbaust.

So scheint er auch über die Politiker gedacht zu haben, mit denen er zusammenarbeitete. Anstatt sie an seinen Maßstäben zu messen oder Unmögliches von ihnen zu erwarten – wie es viele talentierte, brillante Führungskräfte ganz selbstverständlich tun –, konzentrierte er sich auf ihre Stärken und war tolerant gegenüber ihren Schwächen. Wie Lincoln hatte Marcus keine Angst davor, dass man ihm widersprach, und er nutzte die Gemeinsamkeiten, so gut er konnte. »Solange ein Mensch etwas Gutes tut«, schrieb Cassius Dio, »lobt Marcus ihn und setzt ihn für den Dienst ein, in dem er sich hervorgetan hat, aber auf sein anderes Verhalten achtet er nicht; denn er erklärt, dass es unmöglich ist, solche Männer zu schaffen, wie man sie sich wünscht, und dass es daher angebracht ist, diejenigen, die bereits existieren, mit den jeweiligen Aufgaben zu betrauen, die sie für den Staat zu leisten vermögen.«

Ernest Renan, ein Marcus-Aurelius-Biograf des 19. Jahrhunderts, drückt es perfekt aus: »Eine solch strenge Philosophie hätte Starrheit und Strenge hervorrufen können. Aber hier zeigte sich die seltene Güte der Natur des Marcus Aurelius in ihrer ganzen Brillanz. Seine Strenge beschränkte sich nur auf ihn selbst.«

Muscnius Rufus war etwa vierzig Jahre vor der Geburt von Marcus Aurelius von einem syrischen König angesprochen worden. »Bilde dir nicht ein«, hatte er dem Mann gesagt, »dass es für irgendjemanden geeigneter wäre, Philosophie zu studieren, als für dich, und auch aus keinem anderen Grund, als dass du ein König bist. Denn die erste Pflicht eines Königs besteht darin, sein Volk schützen und fördern zu können, und ein Beschützer und Wohltäter muss wissen, was für einen Menschen gut und was schlecht ist, was hilfreich und was schädlich, was vorteilhaft und was nachteilig ist, denn es ist klar, dass diejenigen, die sich mit dem Bösen verbünden, Schaden erleiden, während diejenigen, die sich dem Guten anschließen, Schutz genießen, und dass diejenigen, die als hilfs- und förderungswürdig erachtet werden, Vorteile genießen, während diejenigen, die sich auf Dinge einlassen, die nachteilig und schädlich sind, bestraft werden.«

Hätte Musonius sich vorstellen können – der Mann, der von fünf aufeinanderfolgenden römischen Kaisern verfolgt und missbraucht worden war –, dass seine Vision eines Tages in einem solchen Mann wie Marcus Aurelius Fuß fassen würde? Dass alles, wovon die Stoiker gesprochen und geträumt hatten, auf so schöne Weise und doch so flüchtig in Erfüllung gehen würde? Er hatte gesagt, dass nur ein guter Mensch ein guter König sein könne, und Marcus, der Schriften von Musonius gelesen hatte, tat sein Bestes, um diesem Befehl gerecht zu werden.

Hätte Epiktet sich vorstellen können, dass seine Lehren ihren Weg zum ersten Kaiser finden würden, der echte Schritte zur Verbesserung der Notlage römischer Sklaven unternehmen würde, wie Marcus es tatsächlich tat? Zusammen mit seinem Stiefvater Antoninus schützte er die Rechte der befreiten Sklaven und ermöglichte es den Sklaven sogar, Eigentum von ihren Herren zu erben. Marcus verbot die Todesstrafe für Sklaven und stufte eine übermäßig grausame Behandlung der Sklaven als Verbrechen ein. Hatte ihn vielleicht die Geschichte von Epiktets gebrochenem Bein dazu inspiriert? War es die stoische Tugend der Gerechtigkeit, die ihn dazu zwang, sich um die weniger vom Glück Begünstigten zu kümmern? Auch wenn es enttäuscht, dass Marcus nicht die Vision hatte, die Sklaverei gänzlich abzuschaffen, so bleibt es doch immer wieder beeindruckend, wenn jemand in der Lage ist, auch jenseits der üblichen und fehlerbehafteten Vorstellungen seiner Zeit zu denken und, wenn auch nur schrittweise, die Welt für seine Mitmenschen besser zu machen.

Dies dürften keine leichten Entscheidungen gewesen sein, sie waren auch nicht unumstritten, aber er traf sie, wie es sich für einen Stoiker gehört. Vergessen Sie Proteste. Vergessen Sie die Kritik und die Absichten der Kritiker. Vergessen Sie die harte Arbeit, die erforderlich ist, um etwas Neues oder Bahnbrechendes in Gang zu setzen. Tun Sie, was richtig ist. Komme, was wolle.

Im Nachhinein ist es offensichtlich, dass Marcus sein Tagebuch dazu nutzte, sich zu beruhigen, seinen ruhelosen Geist zur Ruhe zu bringen und an den Ort der *apatheia* (der Abwesenheit von Leidenschaften) zu gelangen. Das Wort *galene* – Ruhe oder Stille – taucht in seinen Schriften acht Mal auf. Es gibt Metaphern über Flüsse und das Meer, die Sterne und schöne Beobachtungen über die Natur. Der Prozess, sich hinzusetzen, mit einem Griffel und einer Wachstafel oder Papyrus und Tinte, war für ihn zutiefst therapeutisch. Er hätte am liebsten seine *gesamte* Zeit mit Philosophieren verbracht, aber das sollte nicht sein, und so genoss er die wenigen Minuten, die er sich während eines Feldzuges in seinem Zelt oder sogar auf seinem Platz im Kolosseum, während die Gladiatoren unten kämpften, abzweigte, als Gelegenheit zum Nachdenken.

Auf den Seiten seines Tagebuchs stählte er sich auch gegen die Schicksalsschläge, die ihn so regelmäßig ereilten. »Das Leben ist Krieg und eine Reise fern der Heimat«, schrieb er. Das war buchstäblich wahr. Etwa zwölf Jahre seines Lebens würde er an der Nordgrenze des Reiches entlang der Donau verbringen und lange, brutale Kriege führen. Cassius Dio beschrieb die Szene, in der Markus nach einer langen Abwesenheit nach Rom zurückkehrte. Als er sich an das Volk wandte, verwies er darauf, wie lange er gezwungen war, fort zu sein. »Acht!«, rief das Volk liebevoll. »Acht!«, während die Menschen an jeder Hand vier Finger hochhielten. Er war *acht Jahre* lang fort gewesen. Das muss in diesem

Augenblick einen großen Eindruck auf ihn gemacht haben, ebenso die Verehrung der Menge, auch wenn Marcus sich oft gesagt hatte, wie wertlos so etwas war. Als Zeichen seiner Dankbarkeit und Wohltätigkeit verteilte er jeweils achthundert Sesterzen an die Menschen, das größte Geschenk des Kaisers an das Volk, das je gemacht wurde. Doch damit nicht genug. Nach seiner Rückkehr erließ er zahllose Schulden gegenüber der kaiserlichen Privatschatzkammer und verbrannte die Dokumente im Forum, sodass sie nie wieder herangezogen werden könnten.

Marcus mag bescheiden gelebt haben, aber niemand hätte sagen können, dass er sich anderen gegenüber nicht großzügig zeigte. Tatsächlich entsprach seine Politik als Kaiser vollkommen den Prinzipien, die er eines Tages in sein Tagebuch schrieb: »Sei tolerant gegenüber anderen und streng zu dir selbst.«

Es muss sehr anstrengend gewesen sein, so selbstdiszipliniert zu sein. Dennoch gibt es in den *Selbstbetrachtungen* keine Beschwerden, keine vertraulichen Klagen oder Schuldzuweisungen. Wenn Marcus davon träumte, seinen Belastungen zu entfliehen, wenn er an einen Strand oder die Berge dachte oder daran, Zeit in seiner Bibliothek mit geliebten Büchern zu verbringen, dann erinnerte er sich daran, dass er keinen Urlaub brauchte, um sich zu erholen. Er brauchte nicht zu reisen, um sich zu entspannen. »Denn nirgendwo kann man einen friedlicheren und ruhigeren Rückzugsort finden als in der eigenen Seele«, schrieb er. »Halte oft solch stille Einkehr und du wirst erneuert werden.«

Wie bereits erwähnt, waren Marcus' frühe Jahre von Verlust geprägt, und auch seine späteren Jahre sollten es sein. Ein Schicksalsschlag sollte dem anderen folgen. Im Jahre 149 verlor er neugeborene Zwillingsjungen. Im Jahr 151 verlor er seine erstgeborene Tochter, Domitia Faustina. Im Jahr 152 starb ein weiterer Sohn, Tiberius Aelius Antoninus, im Säuglingsalter. Im selben

Jahr starb Marcus' Schwester Cornificia. Kurz darauf starb Marcus' Mutter, Domitia Lucilla. Im Jahre 158 starb ein weiterer Sohn, dessen Name unbekannt ist. Im Jahre 161 verlor er seinen Adoptivvater, Antoninus Pius. Im Jahre 165 starb ein weiterer Sohn, Titus Aurelius Fulvus Antoninus (der Zwillingsbruder von Commodus). Im Jahre 169 verlor er während einer vermeintlichen Routineoperation seinen Sohn Verus, einen süßen Jungen, von dem er gehofft hatte, er würde an der Seite von Commodus regieren, so wie er zusammen mit seinem eigenen Bruder regiert hatte. Im selben Jahr verlor er eben diesen Bruder – seinen Mitkaiser – Lucius Verus. Nicht lange danach verlor er seine sechsundvierzigjährige Ehefrau.

Von Marcus' Söhnen starben fünf vor ihm, ebenso drei seiner Töchter. Kein Elternteil sollte seine Kinder überleben. Acht von ihnen zu verlieren, und auch noch in jungen Jahren, ist erschütternd. »Unfair« trifft es nicht einmal annähernd. Es ist grotesk.

Solche Dinge können einen Menschen zerbrechen lassen, es wäre nur allzu verständlich, wenn er angesichts dessen alle Überzeugungen über Bord geworfen und begonnen hätte, eine so grausame Welt zu hassen. Dennoch liegt uns eine überlieferte Notiz von Marcus Aurelius vor, die die in ihm verkörperte Führungsstärke und die unglaubliche Widerstandsfähigkeit des menschlichen Geistes selbst angesichts solcher Schicksalsschläge einfängt.

> – Es ist ein Unglück, dass dies geschehen ist.
>
> Nein. Es zeugt von Glück, dass dies geschehen ist und ich unversehrt davon geblieben bin – weder von der Gegenwart erschüttert noch von der Zukunft verängstigt. Dies hätte jedem passieren können. Aber nicht jeder hätte es unbeschadet überstanden.

Antoninus, sein Adoptivvater, hatte für Marcus immer Vorbildcharakter. Besonders inspiriert, sagte er, habe ihn »die Art und Weise, wie er mit den materiellen Annehmlichkeiten umging, die ihm das Schicksal in solcher Fülle beschert hatte – ohne Hochmut und ohne Rechtfertigung. Wenn es sie gab, so nutzte er sie. Wenn nicht, vermisste er sie nicht«. »Akzeptiere es ohne Hochmut«, schrieb Marcus später in *Selbstbetrachtungen* über die Höhen und Tiefen, die Segnungen und Flüche des Lebens, »und lass gleichmütig los.«

Wie könnte man die Idee des »bevorzugt Gleichgültigen«, über die Zenon. Kleanthes, Chrysipp und Aristo vor all diesen Jahren diskutiert hatten, besser beschreiben?

Kein Thema wird in Marcus' Aufzeichnungen öfter behandelt als der Tod. Vielleicht waren es seine eigenen Gesundheitsprobleme, die ihm seine eigene Sterblichkeit so überaus bewusst machten, aber es gab auch andere Gründe. In seinem Buch *How to Think Like a Roman Emperor* (auf Deutsch erschienen unter dem Titel *Denke wie ein römischer Herrscher*) berichtet Donald Robertson, dass die Römer glaubten, das Verbrennen von Weihrauch könne eine Familie vor Krankheit schützen. Da er nicht wie viele andere wohlhabende Bürger während der Seuche aus Rom floh, erwachte Marcus in einer surreal duftenden Stadt – einer Mischung aus dem fauligen Geruch von Leichen und dem süßen Aroma von Weihrauch. Wie Robertson schreibt: »Über ein Jahrzehnt lang [war] der Duft von Weihrauch eine Mahnung an Marcus, dass er fortwährend im Schatten des Todes lebte und dass das tägliche Überleben niemals als selbstverständlich angesehen werden sollte.«

Seine Schriften spiegeln diese Einsicht wider, immer und immer wieder. »Stell dir vor, du wärest tot«, schreibt er. »Du hast dein Leben gelebt. Jetzt nimm, was übrig geblieben ist, und lebe es auf die richtige Art.« An einer anderen Stelle schreibt er: »Du könntest jederzeit aus dem Leben scheiden, lass dies deine Taten, deine Worte und deine Gedanken leiten.« Die abschließenden beiden Einträge in *Selbstbetrachtungen*, die möglicherweise geschrieben wurden, als er bereits im Sterben lag, greifen das Thema wieder auf. Was spielt es für eine Rolle, wie lange man lebt? fragte er sich. Der Vorhang fällt für jeden Schauspieler. »Aber mir waren nur drei Akte vergönnt!«, schrieb er, und gibt damit dem Teil in uns allen eine Stimme, der sich vor dem Tod fürchtet.

> Ja. Dies wird ein Drama in drei Akten sein, dessen Länge durch die Macht bestimmt wird, die dich erschaffen hat und die nun deinen Verfall inszeniert. Es war nicht an dir, über das eine oder das andere zu bestimmen. Also gehe in Würde – mit derselben Würde, die dir zuteilwurde.

Dies zu tun, sollte die letzte Prüfung dieses Königs der Philosophen sein, so, wie sie es für jeden einzelnen Stoiker und jeden Menschen war und ist. Wir alle sterben und können es nicht verhindern, wir haben aber Einfluss darauf, wie wir diesem Tod entgegentreten, welchen Mut, welche Haltung und welches Gefühl wir ihm entgegenbringen.

Es wird berichtet, dass Marcus gegen Ende seines Lebens sehr krank war und sich – weit weg von zu Hause – auf den germanischen Schlachtfeldern aufhielt, in der Nähe des heutigen Wien. Besorgt darüber, sein Sohn könne sich mit dem, was auch immer ihn befallen hatte, anstecken, und auch, um Komplikationen bei der Erbfolge zu vermeiden, verabschiedete Marcus sich unter Tränen von ihm und schickte ihn fort, damit er sich auf die Herrschaft vorbereiten konnte. Selbst kurz vor seinem eigenen Ende unterrichtete er noch immer und versuchte immer noch, ein Philosoph zu sein, insbesondere seinen Freunden gegenüber, die angesichts seines nahenden Todes sehr bekümmert waren. »Warum weint ihr um mich?«, fragte Marcus sie, »anstatt über die Seuche und den Tod nachzudenken, der unser aller Los ist?« Dann sagte er mit der Würde eines Mannes, der sich auf diesen Augenblick sehr lange vorbereitet hatte: »Wenn ihr mir nun die Gnade gewährt, gehen zu dürfen, so sage ich euch Lebewohl und ziehe weiter.«

Er sollte noch etwa einen Tag weiterleben. Vielleicht war es während dieser letzten Momente, dass er – körperlich geschwächt, sein Wille aber immer noch ungebrochen – die letzten Worte niederschrieb, die seine *Selbstbetrachtungen* enthalten – eine Mahnung an sich selbst, seiner Philosophie treu zu bleiben:

> Also gehe in Würde – mit derselben Würde, die dir zuteilwurde.

Schließlich, am 17. März des Jahres 180, im Alter von achtundfünfzig Jahren, drehte er sich zu seiner Wache um und sagte: »Suche die aufgehende Sonne; ich gehe bereits unter.« Dann bettete er seinen Kopf zur Ruhe, schlief ein und wachte nicht mehr auf.

Weder Rom noch wir, seine Nachkommen, sollten eine solche Erhabenheit je wieder erblicken.

FAZIT

Hundert Jahre vor Zenon hielt der große athenische Staatsmann Perikles eine Rede – heute bekannt als Perikles' »Gefallenenrede« – in der er den Verlust von vielen Tausenden seiner tapferen Landsleute betrauerte. Während er darum rang, die richtigen Worte zu finden, mit denen er ihr erbrachtes Opfer und ihren Heldenmut ausdrücken könnte, erinnerte er das trauernde Volk von Athen daran, dass der Ruhm der Toten nicht in ihren Leistungen oder in den Denkmälern, die zu ihren Ehren errichtet würden, liege, sondern in dem Vermächtnis dessen, was sie für ihr Land getan hätten. Es war ihr Andenken, das, was sie angeregt hatten, das, was »in das Leben anderer eingewoben« war. Viele Jahrhunderte später drückte Jackie Robinson die Idee noch prägnanter aus. »Ein Leben ist nicht wichtig«, heißt es auf seinem Grabstein, »außer durch die Wirkung, die es auf andere Leben hat.«

Das gilt auch für die Stoiker, deren Leben in diesem Buch beschrieben wurden, um Männer und Frauen, deren Einfluss nicht nur bis heute anhält, sondern der auch das Leben der anderen Männer und Frauen in diesem Buch geprägt hat.

Zenon, der durch einen Schiffbruch zur Philosophie gefunden hat und anschließend eine Schule schuf, die seit fast zweitausendfünfhundert Jahren besteht …

Kleanthes, dessen harte Arbeit und Genügsamkeit Zenon und seine Lehren unterstützte …

Chrysipp, der viele der frühen stoischen Theorien klärte und kodifizierte …

Cato, dessen Märtyrertod zwar nicht die Republik rettete, aber Seneca, Thrasea und Agrippinus inspirierte, als sie ihrem eigenen Tod ins Auge sahen, und der schließlich und am stärksten die amerikanischen Revolutionäre inspirierte, ihre eigene Republik nach seinem Bild zu schaffen …

Porcia, die ihren Mann ermutigte, einen Schlag gegen die Tyrannei zu führen …

Rusticus, der diese Kopie von Epiktets Lehren an Marcus Aurelius weitergab …

Musonius Rufus, der seinerseits Epiktet lehrte …

Epiktet, dessen Weltanschauung Toussaint Louverture und James Stockdale die Kraft gab, die sie in ihren feuchten Gefängniszellen brauchten …

In einigen Fällen entstammte ihr Einfluss ihren Schriften, aber in den meisten Fällen beeinflussten sie durch ihre Taten. Dadurch, wie sie *lebten*. Wie sie *handelten*.

Das hatten die Stoiker von Sokrates gelernt. Plutarch, der die Quelle eines großen Teils des Materials in diesem Buch ist, merkte an: »Sokrates stellte seinen Schülern keine Schreibtische auf, er saß nicht auf einem Lehrerstuhl oder setzte im Voraus feste Zeiten für Vorträge und Spaziergänge mit seinen Schülern an.« Ganz im Gegenteil. »Er praktizierte Philosophie, während er herumscherzte«, sagte Plutarch, »und während er trank, während er an militärischen Feldzügen teilnahm, während er mit einigen seiner Studenten auf dem Marktplatz herumhing und schließlich sogar, während er in Haft saß und den Schierlingsbecher trank. Er war der Erste, der gezeigt hat, dass unser Leben zu jeder Zeit und in jeder Hinsicht offen für die Philosophie ist, ganz egal, welches Gefühl wir gerade durchleben und welcher Aktivität wir gerade nachgehen.«

Wunderschön. Aber noch schöner ist die Wirkung, die dieses Beispiel auf Marcus Aurelius, Zenon, Musonius Rufus, Thrasea und Rutilius hatte. Auch die Stoiker dienten in militärischen Feldzügen. Sie saßen auf dem Marktplatz. Auch sie wurden – ob zu Recht oder zu Unrecht – verhaftet und zum Selbstmord gezwungen. Damit bewiesen sie, dass sie Philosophen waren. Durch diese Handlungen, durch diese Entscheidungen schrieben sie ihre besten Werke – manchmal mit ihrem eigenen Blut.

»Es gibt keine Rolle, die so gut zur Philosophie passt wie die, die du gerade ausfüllst«, schrieb Marcus Aurelius. Wahrscheinlich meinte er die *Rolle* des Kaisers, aber die Bedeutung lässt sich leicht erweitern: die Rolle des Elternteils, die Rolle des Ehepartners, die Rolle einer Person, die in der Schlange wartet, die Rolle einer Person, die soeben schlechte Nachrichten erhalten hat, die Rolle einer Person, die reich ist, die Rolle einer Person, die ins Exil geschickt oder in den Bankrott getrieben wurde, die Rolle einer Person, die buchstäblich oder anderweitig versklavt ist.

All das war Philosophie. All das ließ jemanden zum Stoiker werden.

Wie wir diese Aufgaben erledigen, wie wir diese Rollen spielen, das ist es, was zählt. Epiktet, der ein Sklave war, bevor er Philosoph wurde, riet seinen Schülern, in die Welt hinauszugehen und »wie ein menschliches Wesen zu essen, wie ein menschliches Wesen zu trinken, sich zu kleiden, zu heiraten, Kinder zu bekommen, politisch aktiv zu werden – gepeinigt zu werden, einen eigensinnigen Bruder, Vater, Sohn, Nachbarn oder Gefährten auszuhalten. Zeig uns all das, damit wir sehen können, dass du wirklich von den Philosophen gelernt hast.«

Im Großen und Ganzen zeigten die Stoiker, was sie aus den Einsichten Zenons, aus den fünfhundert Zeilen, die Chrysipp jeden Tag geschrieben hatte, aus den etwa fünfzig Büchern von Kleanthes, aus den Vorträgen des Epiktet und aus den Selbstbetrachtungen, die Marcus Aurelius verfasst hatte, gelernt hatten. Sie zeigten, was sie aus dem Beispiel Catos, aus dem mühelosen Mut von Agrippinus und aus den warnenden Erzählungen von Seneca und Cicero und Diotimos gelernt hatten.

Haben viele der Stoiker versagt, also den hohen Erwartungen nicht entsprochen? Auf jeden Fall. Sie ließen sich vom Reichtum verführen und gingen peinliche Kompromisse ein, während sie nach Ruhm grabschten. Sie haben die Beherrschung verloren. Sie haben gelogen. Sie schalteten Rivalen aus – oder schauten weg, wenn jemand anderes es tat. Sie haben geschwiegen, wenn sie hätten sprechen sollen. Sie setzten Gesetze durch, die sie hätten infrage stellen müssen. Sie waren nicht immer glücklich; sie ertrugen nicht immer die Widrigkeiten, denen sie ausgesetzt waren, mit der Würde, die man erwarten würde.

Die Geschichte Roms ist eine Geschichte von übergroßem Ehrgeiz und Tatendrang, eine Geschichte von Macht und Exzess und oft auch von Brutalität. Die meisten römischen Führer waren Monster, die nur wegen ihrer Vergehen in Erinnerung geblieben sind. Auch wenn die Stoiker nicht fehlerfrei waren, so waren ihre Zurückhaltung und ihre Güte für die meisten ihrer Zeitgenossen doch eine große Erleichterung. »Wie eintönig gleich alle großen Tyrannen und Eroberer waren«, bemerkte der große C. S. Lewis einmal, »wie glorreich verschieden die Heiligen.«

Niemandem in diesem Buch ist es gelungen, ständig den erhabenen Tugenden Tapferkeit und Gerechtigkeit, Mäßigung und Weisheit gerecht zu werden. Doch in ihren einzigartigen Bemühungen und Triumphen gelang es jedem der hier aufgeführten Stoiker, uns etwas zu lehren, indem sie – absichtlich oder unabsichtlich – bewiesen, warum die Prinzipien, an die zu glauben sie vorgaben, den Entscheidungen, die sie tatsächlich trafen, überlegen waren.

Die Stoiker brachten uns vieles vor allem durch die Tatsache bei, dass sie es *versuchten*. Nun geht es darum, was *wir* aus ihren Erfolgen und Misserfolgen in diesem lebenslangen Streben lernen können.

»Zeige mir jemanden, der krank und glücklich ist«, sagte Epiktet, »in Gefahr und glücklich, sterbend und glücklich, verbannt und glücklich, in Ungnade gefallen und glücklich. Zeige ihn mir! Bei Gott, wie sehr wünschte ich, einen Stoiker zu sehen. Aber da du mir niemanden zeigen kannst, der so perfekt ist, zeige mir zumindest jemanden, der sich aktiv mit diesem Ziel formt [...] Zeige ihn mir!«

Das ist letztlich die Botschaft dieses Buches und das, was die Geschichten, die wir erzählt haben, und die Menschen, die wir porträtiert haben, definiert hat.

Wir hoffen, dass diese Seiten zu der ununterbrochenen Reihe von Einflüssen beitragen, die das Leben dieser Stoiker geprägt haben und die bis heute aktiv sind. In der Tat war eine der schwierigsten Entscheidungen, die hier getroffen wurde, diejenige, keine sogenannten »modernen Stoiker« zu porträtieren, die weiterhin mit den stoischen Prinzipien ringen, sie praktizieren und in ihrem eigenen Leben vorleben.

Ob das nun die Medientitanin Arianna Huffington ist, die stets eine laminierte Notizkarte mit einem Marcus-Aurelius-Zitat in ihrer Handtasche bei sich trägt, oder General James Mattis, der die *Selbstbetrachtungen* des Marcus Aurelius seit Jahrzehnten bei militärischen Operationen mit sich führt: Der Stoizismus ist in der modernen Welt lebendig – mit der gleichen Brillanz, Kühnheit und Menschlichkeit wie in der Antike. Es gibt Autoren wie Tim Ferriss, die dazu beigetragen haben, den Stoizismus bei Millionen von Menschen populär zu machen, und Laura Kennedy, deren nachdenkliche »Coping«-Kolumne in *The Irish Times* erscheint, sowie Donald Robertson, der sich auf die Behandlung von Angstzuständen und den Einsatz der kognitiven Verhaltenstherapie spezialisiert hat.

Chrysipp war ein Elitesportler und ein Stoiker, heute ist der Stoizismus für Stars in der National Football League, der National Basketball Association, der Major League Baseball, den Rugby-Weltmeisterschaften und im Fußball tägliche Praxis. Michele Tafoya von *Sunday Night Football* ist eine aktive Schülerin der Philosophie, was Musonius Rufus sicherlich zum Lächeln bringen würde. An der Wand des Klubhauses der Pittsburgh Pirates hängt ein Zitat von Epiktet: »Nicht die Dinge beunruhigen uns, sondern unsere Meinung, die wir von den Dingen haben.« Zenon, Seneca, Cato und Cicero waren Stoiker, die über enorme Vermögen verfügten und große Geschäftsvorhaben leiteten, so wie heute Silicon-Valley-Unternehmer wie Kevin Rose und Wall-Street-Milliardäre wie Thomas Kaplan neben ihren Geschäften ihre eigenen stoischen Praktiken pflegen. In Washington in den USA kommen jeden Morgen Senatoren im Kapitol zusammen und diskutieren über Stoizismus, so wie es ihre Amtskollegen vor Tausenden von Jahren in Rom und die Gründerväter der USA im Jahre 1776 taten. Möge der Geist des Helvidius Priscus in diesem Saal wachsen.

Genauso, wie es in der Antike der Fall war, gibt es auch heute unzählige Stoiker mit weniger glanzvollen Berufen, die dennoch Irrungen und Wirrungen erleben, die sie dank der Weisheit, die diese Philosophen zu entdecken halfen, durchstehen. Sie sind Eltern. Sie sind Bürger. Sie sind Lehrer. Sie sind Sterbliche mit den gleichen Sehnsüchten und Ängsten, Hoffnungen und Träumen wie alle, die jemals gelebt haben.

Wie Sie, wie Seneca, wie Epiktet, wie Poseidonios, versuchen diese Menschen, ihr Leben, so gut sie nur können, zu meistern. Sie versuchen, die beste Version ihrer selbst zu sein, die sie sein können. Sie lesen und üben, versuchen und scheitern, stehen wieder auf und versuchen es wieder.

Genau das müssen wir alle tun.

Und sie werden letztlich und unvermeidlich – wie alle Stoiker in diesem Buch – irgendwann einmal an ihr Lebensende kommen. Jeder von uns stirbt, sagten die Stoiker, aber zu wenige von uns leben tatsächlich. Zu viele von uns sterben vor ihrer Zeit und haben zuvor – ohne nachzudenken – die Art von Leben geführt, die Seneca als kaum anders als den Tod beschrieb.

Die Ironie dieses Buches besteht darin, dass es sich zwar um das *Leben* der Stoiker handelt, dass aber in vielen Fällen die interessanteste und bedeutsamste Handlung im Leben dieser Männer und Frauen ihr *Tod* war.

Für die Stoiker war das ganze Leben eine Vorbereitung auf den Tod. Wie Cicero gesagt hatte: Philosophieren bedeutet zu lernen, wie man stirbt. Seneca bereitete sich auf das Ende des Lebens vor, selbst auf dem Höhepunkt seiner Macht. So auch Cato. Genau wie Thrasea. Genauso wie Zenon. So waren sie in der Lage, in diesem schrecklichen oder traurigen Moment Mut und Würde, Klugheit und Mitgefühl aufzubringen.

Ob ein Stoiker durch die Hand eines Tyrannen starb oder weil er zu sehr über einen guten Witz lachte – wie Chrysipp –, all diese Stoiker lehrten uns etwas über das Sterben. Sie wandten das, was sie so lange studiert hatten, im vielleicht wichtigsten Moment ihres Lebens an.

In gewisser Weise ist das eine passende Lektion, um damit zu schließen. Viele der Stoiker wurden ihrer Lebensphilosophie nicht gerecht, aber es gibt in diesem Buch keinen Stoiker, der nicht gut gestorben wäre.

Mit Ausnahme von Cicero, der am Ende schwankte, der Kompromisse einging, der floh. Und es sollte angemerkt werden –

nicht selbstgefällig, aber mit Überzeugung –, dass er der Einzige war, der den Stoizismus zwar liebte, der sich jedoch nicht richtig an ihn binden konnte, der die Medizin zwar verschrieb, sich aber weigerte, sie selbst einzunehmen.

Wie Epiktet schrieb: »Ist es möglich, frei von Fehlern zu sein? Auf keinen Fall, aber es ist möglich, sich zu bemühen, Fehler zu vermeiden.«

Genau das ist Stoizismus. Es geht darum, sich zu *bemühen*. Zu *trainieren*. Besser zu sein. Besser zu werden. Einen weiteren Fehler zu vermeiden, um diesem Ideal einen Schritt näher zu kommen. Nicht Perfektion, sondern Fortschritt – darum ging es in jedem dieser *Leben*.

Die einzige Frage, die sich uns, den lebenden Erben dieser Tradition, stellt, lautet: Werden wir diese Arbeit erledigen?

ZEITLEISTE DER STOIKER UND DER GRIECHISCH-RÖMISCHEN WELT

Fettschrift kennzeichnet entweder Philosophen, die danach einen universellen Einfluss auf alle Stoiker hatten, oder stoische Personen/Orte/Ereignisse.

VOR CHRISTUS

535–475 Leben des Heraklit von Ephesus (beeinflusste alle frühen Stoiker)

490 Erste persische Invasion von Griechenland und Schlacht von Marathon

470 Geburt des Sokrates vor den Mauern von Athen

450er Fertigstellung der Stoa Poikile, der berühmten »bemalten Veranda« auf der athenischen *Agora*

430 Geburt des Xenophon von Athen, Schüler von Sokrates

412 Geburt des Diogenes von Sinope, Gründer der kynischen Schule zusammen mit Antisthenes und Krates von Theben

399 Prozess gegen und Hinrichtung von Sokrates in Athen

387 Plato gründet die Akademie in Athen

384 Geburt des Aristoteles in Stagira, Chalkidiki

382 Geburt von Antigonos dem Einäugigen in Elimiotis, Mazedonien

371 Geburt des Theophrastos, des Nachfolgers von Aristoteles, in Eresos, Lesbos

365 Geburt des Krates von Theben, kynischer Schüler von Diogenes von Sinope

360 Geburt des Stilpon von Megara

356 Geburt Alexanders des Großen in Pella, Mazedonien

354 Tod von Xenophon, dessen Buch über Sokrates Zenon zur Philosophie bekehren sollte

347 Aristoteles gründet die erste Schule in Assos

343 Aristoteles wird zum Lehrer des jungen Alexanders des Großen ernannt

336 Philipp II. von Mazedonien wird ermordet; Alexander wird sein Nachfolger

335 Aristoteles gründet das Lyzeum in Athen

334 Geburt von Zenon, Gründungsscholarch (offizieller Leiter der Schule) der Stoa, in Kition, Zypern

333 Alexander befreit Zypern von der persischen Herrschaft

330 Geburt von Kleanthes, des zweiten Scholarchen der Stoa, in Assos

323 Tod von Alexander und Beginn der Erbfolgekriege
Tod von Diogenes von Sinope in Korinth

323–322 Aristoteles verlässt Athen in Richtung Chalkis, Euböa, wo er 322 stirbt; Theophrastos wird als sein Nachfolger zum Leiter des Lyzeums ernannt

312 Zenon kommt nach einem Schiffbruch in Athen an (nach dem Bericht des Persaeus »im Alter von zweiundzwanzig Jahren«)
Kitions letzter König, Pumathion, wird von Ptolemaios I. getötet

306 Epikur gründet seine Schule in Athen

Demetrius der Belagerer schlägt Ptolemaios I. und erobert Zypern; erklärt seinen Vater, Antigonos den Einäugigen, zum König

Geburt des Persaios von Kition, Schüler, Zimmergenosse und persönlicher Sekretär von Zenon

Geburt des Ariston von Chios

305–304 Demetrius belagert Rhodos

301 Tod von Antigonos dem Einäugigen in der Schlacht von Ipsus, Phrygien

Zenon beginnt mit dem Unterricht in der Stoa Poikile

279 **Geburt des Chrysipp, des dritten Scholarchen der Stoa, in Soli, Kilikien**

Gallier marschieren in Mazedonien ein, schänden die Königsgräber, töten Keraunos; abgebrochene Invasion in Griechenland

278 Antigonos II. Gonatas und Antiochos I. schließen einen Vertrag zur Schaffung einer Trennung zwischen Europa und Asien

276 Antigonos II. wieder als König von Mazedonien eingesetzt

Zenon von Kition und Aratos von Soloi an den Hof des Antigonos in Pella eingeladen

Ptolemaios II. in Syrien von Antiochos I. besiegt

272 Siege von Ptolemaios II. in Südanatolien

264 Arkesilaos wird sechster Leiter der Akademie und ist ein skeptischer Gegner der frühen Stoiker

Antigonos II. belagert Athen (bis 262)

262 Tod von Zenon, dem Gründungsscholarchen des Stoizismus, in Athen; gefolgt von Kleanthes

261 Antigonos II. besiegt die Kriegsflotte von Ptolemaios II. in der Schlacht von Kos

256–253 Antigonos II stellt die Autonomie Athens wieder her, indem er seine Besatzungstruppen aus Athen abzieht

245 Ptolemaios III. Euergetes ernennt Eratosthenes, der bei Zenon und Ariston studierte, zum Leiter der Bibliothek von Alexandria und zum Lehrer von Ptolemaios IV. Philopator

243 Tod von Zenons Schüler und Zimmergenosse Persaios in der Schlacht gegen Aratos in Korinth

239 Tod von Antigonos II.

Seleukos von Antiochos Hierax besiegt, Rückzug nach Kilikien

235 Sphairos schließt sich dem Hof des Königs von Sparta, Kleomenes, an

230 Tod von Kleanthes in Athen; Nachfolger wird Chrysipp

Geburt des Diogenes in Seleucia am Tigris in Babylon; er sollte der fünfte Scholarch der Stoa werden

226 Ein großes Beben lässt den Koloss von Rhodos zusammenstürzen

222 Kleomenes III. von Antigonos III. Doson besiegt, er flieht nach Ägypten

Tod von Ptolemaios III.; Krönung von Ptolemaios IV. Philopator

Sphairos folgt Kleomenes auf Einladung des Philopators nach Alexandria

214 Geburt von Karneades, dem großen akademischen Skeptiker, in Kyrene (heutiges Libyen)

206 Tod des Chrysipp in Athen; Zenon von Tarsos wird sein Nachfolger als vierter Scholarch der Stoa

185 Geburt des Panaitios auf Rhodos, der der siebte und letzte Scholarch der Stoa werden sollte

168 Die Römer besiegen Perseus von Makedonien, den letzten der Antigoniden, im Dritten Makedonischen Krieg und besetzen Griechenland und Makedonien

Krates von Mallos, ein stoischer Lehrer und Leiter der Bibliothek von Pergamon, wird vom Attalidenkönig (Verbündete Roms) auf eine Mission nach Rom geschickt

158 Geburt des Publius Rutilius Rufus

155 Die Griechische Philosophie wird in Rom eingeführt, als Athen Botschafter der großen Schulen – Karneades (Leiter der Akademie), Critolaus (Leiter des Lyzeums) und Diogenes (Leiter der Stoa) – entsendet, um gegen eine verhängte Geldstrafe Berufung einzulegen

149–146 Scipios Belagerung von Karthago

144 Panaitios geht nach Rom

142 Tod des Diogenes von Babylon; sein Nachfolger als sechster Scholarch der Stoa wird Antipatros von Tarsos

140–138 Panaitios schließt sich Scipio Aemilianus bei seiner Mission im Osten an

140 Archedemos von Tarsos gründet eine stoische Schule in Babylon

138 Rutilius Rufus studiert bei Panaitios in Rom

135 Geburt des Poseidonios, des großen Universalgelehrten und Schülers des Panaitios, in Apameia, Syrien

133 Die Dynastie der Attaliden tritt ihr gesamtes Territorium an Rom ab

Tod von Tiberius Gracchus und Prozess gegen Gaius Blossius, Schüler und Freund des Antipatros von Tarsos

129 **Tod des Antipatros von Tarsos; Nachfolger in Athen wird Panaitios**
Tod von Scipio Aemilianus (Scipionischer Kreis)
Gaius Blossius begeht Selbstmord nach Teilnahme an Aristonikos' gescheitertem utopischen Putsch gegen Rom in Pergamon (132–129)
Tod von Karneades, Leiter der Akademie
110 Geburt des epikureischen Philosophen Philodemos in Gadara, Syrien
109 Tod des Panaitios in Athen; Ende der Scholarchie, rivalisierende Lehrer setzen stoische Lehren fort
106 Geburt von Cicero
100 Diotimos fälscht Briefe des Epikur
95 Geburt von Cato dem Jüngeren
88–86 Beginn des Ersten Mithridatischen Krieges; Belagerung von Athen durch Sulla, Zerstreuung der großen Schulen. Philon von Larissa wird Ciceros Lehrer in Rom.
86 Fertigstellung von Ciceros erstes Buch, *De Inventione* (Über die Auffindung des Stoffes)
79 Cicero besucht Rhodos, wo er erstmals bei Poseidonios studiert
78 Cicero besucht Rutilius Rufus in Smyrna; Rutilius stirbt kurze Zeit später
74 Geburt des Athenodoros Kananites bei Tarsos, Kilikien, eines stoischen Lehrers von Octavian
70 Geburt von Porcia Catonis
Geburt von Areios Didymus?
60 Der stoische Lehrer Diodotus stirbt in Ciceros Haus und hinterlässt ihm seinen Nachlass
56 Cicero vervollständigt *De Oratore* (Über den Redner)

55 Cicero »ergötzt sich an der Bibliothek des Faustus Sulla« in der Nähe seiner Villa in Cumae, die Teil der Kriegsbeute von Sullas Belagerung von Athen war und neben anderem Werken die Bibliothek des Aristoteles enthält

54 Cicero beginnt *De Re Publica* **(Vom Staat); veröffentlicht es 51 v. Chr.**

51 Tod des Poseidonios; Cicero beginnt *De Legibus* **(Von den Gesetzen)**

46 Tod von Cato durch Selbstmord in Utica, Karthago; Cicero und Brutus schreiben Lobreden; Cicero schreibt *Paradoxe der Stoiker*

45 Cicero schreibt *Consolatio* **und** *Hortensius: Aufruf zur Philosophie* **(heute verloren),** *Academica* **und** *De finibus bonorum et malorum* **(Vom höchsten Gut und vom größten Übel, auch: Über die Ziele menschlichen Handelns)**

45–44 Cicero schreibt *Tusculanae disputationes* **und** *Vom Wesen der Götter*

44 Cicero schreibt *Cato maior de senectute* **(Cato der Ältere über das Alter),** *De divinatione* **(Von der Weissagung),** *De fato* (Über das Schicksal), *Topica*, *Laelius de amicitia* **(Über die Freundschaft) und** *De officiis* **(Von den Pflichten, oder: Vom pflichtgemäßen Handeln; sein letztes Buch)**

Athenodoros Kananites kommt mit dem jungem Octavian nach Rom

43 Tod von Cicero auf Befehl von Marcus Antonius

40/35 Philodemos stirbt in Herculaneum und hinterlässt seine Bibliothek in der Villa von Piso

31 Octavian besiegt Marcus Antonius und Kleopatra bei Actium

30 Octavian betritt Alexandria mit Areios Didymos

27 Octavian wird zu Augustus, der erste römische Kaiser

c. 4 Geburt von Seneca in Corduba (heutiges Córdoba) in Südspanien

NACH CHRISTUS

10 Tod von Areios Didymos

c. 20 Geburt von Gaius Musonius Rufus in Volsinii, Etrurien

c. 35 Geburt des Euphrates von Tyros

37 Tod des Tiberius, Nachfolger wird Caligula
Geburt von Nero

c. 40 Geburt von Dion Chrysostomos in Prusa, Bithynien

41 Tod von Caligula; Nachfolger wird Claudius
Seneca wird von Claudius nach Korsika verbannt

49 Seneca wird von Korsika zurückbeordert, um der Tutor von Nero zu werden

50 Cornutus beginnt seine Lehrtätigkeit in Rom, zu den Schülern gehören Lucanus und Persius

c. 52 Der heilige Paulus erscheint vor Gericht vor Senecas Bruder Gallio (Apg. 18:12–17)
Vor oder nach diesem Datum hält Paulus seine Predigt auf dem »Areshügel« (Areiopag), in der er sich auf Kleanthes' *Hymne an Zeus* bezieht

54 Tod von Claudius; Nachfolger wird Nero

55 Geburt des Epiktet in Hierapolis, Phrygien

60–62 Gaius Rubellius Plautus von Nero ins syrische Exil geschickt, wird begleitet von Musonius Rufus

61 Geburt von Plinius dem Jüngeren in Como, Italien

62 Plautus in Syrien von Neros Truppen hingerichtet; Musonius Rufus kehrt nach Rom zurück

62–65 Seneca zieht sich aus dem höfischen Leben zurück und beginnt sein letztes Schaffen, darunter seine *Briefe an Lucilius*

64 Großer Brand von Rom

65 Seneca begeht Selbstmord auf Befehl von Nero

65–68 Musonius Rufus von Nero auf die Insel Gyara verbannt

66 Tod von Thrasea Paetus

68–69 Nero begeht mithilfe von Epaphroditus Selbstmord; Nachfolger wird Galba

Musonius Rufus kehrt unter Galba nach Rom zurück

69 Jahr der vier Kaiser; Vespasian konsolidiert die Macht

71 Vespasian verbannt zeitweise alle Philosophen aus Rom mit Ausnahme von Musonius Rufus

75 Vespasian verbannt und ermordet Helvidius Priscus; Musonius Rufus kehrt nach Syrien zurück

78 Musonius Rufus kehrt mit der Unterstützung von Titus nach Rom zurück

79 Tod von Vespasian; Nachfolger wird Titus

Eruption des Vesuvs, Zeuge wird ein achtzehnjähriger Plinius der Jüngere

81 Tod des Titus; Nachfolger wird Domitian

Plinius der Jüngere dient als Stabsoffizier der dritten gallischen Legion in Syrien, schreibt später über seine dortige Zeit mit Euphrates

85 Epiktet, der bereits bei Musonius Rufus studiert, wird von Epaphroditus, Neros persönlichem Sekretär, freigelassen; gründet seine eigene Schule in Rom

86 Geburt von Arrian, Historiker und stoischer Schüler von Epiktet, der seine Lehren aufzeichnete, in Nicomedia, Bithynien

93 Domitian verbannt Philosophen aus Rom, darunter Epiktet, der seine Schule nach Nikopolis verlegt

95 Domitian ermordet Epaphroditus wegen seiner Rolle bei Neros Tod

96 Tod von Domitian; Nachfolger wird Nerva

98 Tod von Nerva; Nachfolger wird Trajan

100 Geburt von Junius Rusticus, Enkel des Arulenus Rusticus und stoischer Mentor von Marcus Aurelius

101 Tod des Musonius Rufus?

107–11 Arrian nimmt an Epiktets Vorlesungen in Nikopolis teil und hält sie in dem Buch fest, das zu ***Encheiridion*** **(Handbüchlein der Moral) werden soll**

112/3 Tod von Plinius dem Jüngeren in Bithynien

117 Tod von Trajan; Nachfolger wird Hadrian

118 Euphrates von Tyros begeht Selbstmord, indem er Schierling trinkt, mit dem Segen Hadrians

120 Hierokles blüht auf und erschafft um diese Zeit sein Konzept der Kreise

121 Geburt von Marcus Aurelius am 26. April in Rom

135 Tod des Epiktet

131–37 Arrian von Hadrian zum Gouverneur von Kappadokien ernannt

138 Tod von Hadrian; Nachfolger wird Antoninus Pius, der Adoptivvater von Marcus Aurelius

161 Tod von Antoninus Pius; Nachfolger wird Marcus Aurelius

165 Hinrichtung von Justin der Märtyrer durch das Urteil von Junius Rusticus

170 Tod von Junius Rusticus

176 Marcus Aurelius setzt die vier Lehrstühle für Philosophie in Athen wieder ein

180 Tod von Marcus Aurelius in Vindabona am 17. März

197 Tertullian schreibt in Karthago in *Apologetikum* positiv über Kleanthes' Theologie und dass Marcus Aurelius »ein Beschützer« der Christen sei

c. 200 Sextus Empiricus und Alexander von Aphrodisias schreiben Polemiken gegen den Stoizismus

Clemens von Alexandria schreibt in seinen *Stromateis* über stoische philosophische Positionen

Diogenes Laertios beginnt mit den Studien, die zu seinem mehrbändigen Werk *Leben und Meinungen berühmter Philosophen* führen werden

VERWENDETE QUELLEN UND WEITERFÜHRENDE LITERATUR

STOISCHE PRIMÄRTEXTE UND GESCHICHTEN

Annas, Julia, Hrsg. *Cicero: On Moral Ends*. Cambridge: Cambridge University Press, 2001. Enthält eine sehr hilfreiche Einleitung und eine zeitliche Übersicht von Ciceros Schriften.

Dyck, Andrew R. *A Commentary on Cicero, De Officiis*. Ann Arbor: University of Michigan Press, 1996.

Edelstein, Ludwig, und I. G. Kidd. *Posidonius*. Bd. 1, *The Fragments*. 2. Aufl. Cambridge: Cambridge University Press, 1989.

Graver, Margaret. *Cicero on the Emotions: Tusculan Disputations 3 and 4*. Chicago: University of Chicago Press, 2002.

Graver, Margaret, und A. A. Long, Übers. und Kommentar. *Letters on Ethics by Lucius Annaeus Seneca*. Chicago: University of Chicago Press, 2015.

Kidd, I. G. *Posidonius*. Bd. 2, *The Commentary*. Cambridge: Cambridge University Press, 1988.

———. *Posidonius*. Bd. 3, *The Translation of the Fragments*. Cambridge: Cambridge University Press, 1999.

Loeb Classical Library. Cambridge, MA: Harvard University Press. Enthält wichtige doxographische und historische Quellenwerke wie Diogenes Laertios, Plutarch, Tacitus, Sueton, Cassius Dio, Athenaios, Aulus Gellius, Historia Augusta und andere, zusammen mit Cicero und den vielen stoischen Primärtexten von Seneca, Epiktet und Marcus Aurelius. www.loebclassics.com.

Long, A. A., Übers. *How to Be Free: An Ancient Guide to the Stoic Life, Epictetus' Encheiridion and Selections from Discourses*. Princeton, NJ: Princeton University Press, 2018.

Long, A. A., und D. N. Sedley. *The Hellenistic Philosophers*. 2 Bde. Cambridge: Cambridge University Press, 1987.

Lutz, Cora E. *Musonius Rufus: The Roman Socrates*. Yale Classical Studies, Bd. 10. New Haven, CT: Yale University Press, 1947. Diese Sammlung von Musonius' Vorträgen und Fragmenten wurde ohne den griechischen Text von Otto Hense unter dem Titel *That One Should Disdain Hardships: The Teachings of a Roman Stoic* mit einer Einführung von Gretchen Reydams-Schils neu aufgelegt. New Haven, CT: Yale University Press, 2020.

Mensch, Pamela, Übers., und James Miller, Hrsg. *Diogenes Laertius' Lives of the Eminent Philosophers*. Oxford: Oxford University Press, 2018. Nicht nur eine herausragende Übersetzung, sondern die gesammelten Aufsätze sind auch von unschätzbarem Wert.

Pomeroy, A. *Arius Didymus: Epitome of Stoic Ethics*. Atlanta: Society of Biblical Literature, 1999.

Ramelli, I. *Hierocles the Stoic: Elements of Ethics, Fragments and Excerpts*. Atlanta: Society of Biblical Literature, 2009.

Thom, Johan C. *Cleanthes' Hymn to Zeus*. Studien und Texte zu Antike und Christentum 33. Tübingen: Mohr Siebeck, 2005.

von Arnim, Hans. *Stoicorum Veterum Fragmenta*. Leipzig: Teubner, 1903–5. Nachgedruckt in vier Bänden bei Wipf & Stock, Eugene, OR.

HISTORISCHER UND GEDANKLICHER HINTERGRUND

Adams, G. W. *Marcus Aurelius in the Historia Augusta and Beyond*. New York: Lexington Books, 2013.

Algra, K., J. Barnes, J. Mansfeld, und M. Schofield, Hrsg. *The Cambridge History of Hellenistic Philosophy*. Cambridge: Cambridge University Press, 1999.

Arena, Valentina. *Libertas and the Practice of Politics in the Late Roman Republic*. Cambridge: Cambridge University Press, 2012.

Astin, A. E. *Scipio Aemilianus*. Oxford: Oxford University Press, 1967.

Barnes, Jonathan. *Mantissa: Essays in Ancient Philosophy IV*. Herausgegeben von Maddalena Bonelli. Oxford: Clarendon Press, 2015.

Barrett, Anthony A. *Agrippina: Sex, Power, and Politics in the Early Empire*. New Haven, CT: Yale University Press, 1996.

Bartsch, Shadi, und Alessandro Schiesaro, Hrsg. *The Cambridge Companion to Seneca*. Cambridge: Cambridge University Press, 2015.

Berthold, Richard M. *Rhodes in the Hellenistic Age*. Ithaca, NY: Cornell University Press, 2009.

Billows, Richard A. *Antigonos the One-Eyed and the Creation of the Hellenistic State*. Berkeley: University of California Press, 1990.

Birley, A. R. *Marcus Aurelius: A Biography*. London: Routledge, 2002.

Branham, R. Bract, und Marie-Odile Goulet-Cazé. *The Cynics: The Cynic Movement in Antiquity and Its Legacy*. Berkeley: University of California Press, 1996.

Davies, Malcolm. »The Hero at the Crossroads: Prodicus and the Choice of Heracles.« *Prometheus* 39 (2013): 3–17.

Dawson, Doyne. *Cities of the Gods: Communist Utopias in Greek Thought*. Oxford: Oxford University Press, 1992.

Drinkwater, John F. *Nero: Emperor and Court*. Cambridge: Cambridge University Press, 2019.

Everitt, Anthony. *Cicero: The Life and Times of Rome's Greatest Politician*. New York: Random House, 2003.

Garland, R. *The Piraeus: From the Fifth to the First Century B.C.* London: Bristol Classical Press, 1987.

Gill, C. *The Structured Self in Hellenistic and Roman Thought*. Oxford: Oxford University Press, 2006.

Goodman, Rob, und Jimmy Soni. *Rome's Last Citizen: The Life and Legacy of Cato, Mortal Enemy of Caesar*. New York: Thomas Dunne, 2014.

Grant, Michael. *The Antonines: The Roman Empire in Transition*. London: Routledge, 1994.

Green, Peter. *Alexander to Actium: The Historical Evolution of the Hellenistic Age*. Berkeley: University of California Press, 1990.

Griffin, Miriam, und Jonathan Barnes, Hrsg. *Philosophia Togata I: Essays on Philosophy and Roman Society*. Oxford: Clarendon Press, 1996.

Haskell, H. J. *This Was Cicero: Modern Politics in a Roman Toga*. New York: Alfred A. Knopf, 1942.

Laffranque, Marie. *Poseidonios D'Apamée*. Presses Universitaires de France, 1964.

Lavery, Gerard. »Cicero's Philarchia and Marius.« *Greece & Rome* 18, Nr. 2 (1971): 133–42.

Millar, Fergus. *The Roman Near East: 31 BC–AD 337*. Cambridge, MA: Harvard University Press, 1993.

Morford, Mark. *The Roman Philosophers: From the Time of Cato the Censor to the Death of Marcus Aurelius*. London: Routledge, 2002.

Nussbaum, M. *The Therapy of Desire*. Princeton, NJ: Princeton University Press, 1994.

Quinn, Josephine C. *In Search of the Phoenicians*. Princeton, NJ: Princeton University Press, 2018.

Raven, James, Hrsg. *Lost Libraries: The Destruction of Great Book Collections Since Antiquity*. London: Palgrave Macmillan, 2004 Insbesondere Kapitel 3, T. Keith Dix, »Aristotle's Peripatetic Library.«

Rawson, Elizabeth. *Cicero: A Portrait*. London: Bristol Classical Press, 1994. Ursprünglich erschienen 1975.

———. *Intellectual Life in the Late Roman Republic*. London: Duckworth, 2013. Ursprünglich erschienen 1985.

Romm, James S. *Dying Every Day: Seneca at the Court of Nero*. New York: Alfred A. Knopf, 2014.

Sedley, David. »Philodemus and the Decentralisation of Philosophy.« *Cronache Ercolanesi* 33 (2003): 31–41.

Smith, William, Hrsg. *A Dictionary of Greek and Roman Biography and Mythology*. 3 Bde. London: I. B. Tauris, 2007. Ursprünglich erschienen 1849.

———. *A Dictionary of Greek and Roman Antiquities*. 2 Bde. Cambridge: Cambridge University Press, 2013. Ursprünglich erschienen 1842.

Striker, G. *Essays on Hellenistic Epistemology and Ethics*. Cambridge: Cambridge University Press, 1996.

Williams, Gareth D., und Katherina Volk. *Roman Reflections: Studies in Latin Philosophy*. Oxford: Oxford University Press, 2015.

Wilson, Emily. *The Greatest Empire: A Life of Seneca*. New York: Oxford University Press, 2014.

Woolmer, Mark. *A Short History of the Phoenicians*. London: I. B. Tauris, 2017.

WERKE ÜBER STOIZISMUS

Bobzien, Susanne. *Determinism and Freedom in Stoic Philosophy*. Oxford: Clarendon Press, 2001.

Brennan, T. *The Stoic Life*. Oxford: Oxford University Press, 2005.

Brunt, P. A. *Studies in Stoicism*. Herausgegeben von Miriam Griffin und Alison Samuels. Oxford: Oxford University Press, 2013.

Colish, Marcia L. *The Stoic Tradition from Antiquity to the Early Middle Ages*. Bd. 1, *Stoicism in Classical Latin Literature*. Leiden: E. J. Brill, 1985.

———. *The Stoic Tradition from Antiquity to the Early Middle Ages*. Bd. 2, *Stoicism in Christian Latin Thought Through the Sixth Century*. Leiden: E. J. Brill, 1985.

Edelstein, Ludwig. *The Meaning of Stoicism*. Martin Classical Lectures, Bd. XXI. Cambridge, MA: Harvard University Press, 1966.

Engberg-Pedersen, T. *Paul and the Stoics*. Louisville, KY: Westminster John Knox Press, 2000.

Gould, Josiah B. *The Philosophy of Chrysippus*. Albany: State University of New York Press, 1970.

Graver, Margaret. *Stoicism and Emotion*. Chicago: University of Chicago Press, 2007.

Hadot, P. *The Inner Citadel: The Meditations of Marcus Aurelius*. Übers. von Michael Chase. Cambridge, MA: Harvard University Press, 1998.

Hahm, David E. »Posidonius' Theory of Historical Causation.« In *Aufstieg und Niedergang der Römischen Welt*, II.36.3, S. 1325–63. Berlin: De Gruyter, 1989.

———. »Diogenes Laertius VII: On the Stoics.« In *Aufstieg und Niedergang der Römischen Welt*, II.36.6, S. 4076–182, Indizes S. 4404–11. Berlin: De Gruyter, 1992.

Ierodiakoou, Katerina. *Topics in Stoic Philosophy*. Oxford: Oxford University Press, 1999.

Inwood, B. *The Cambridge Companion to the Stoics*. Cambridge: Cambridge University Press, 2003.

Jackson-McCabe, Matt. »The Stoic Theory of Implanted Preconceptions.« *Phronesis* 49, Nr. 4 (2004): 323–47.

Jedan, Christophe. *Stoic Virtues: Chrysippus and the Religious Character of Stoic Ethics*. London: Continuum, 2009.

Klein, Jacob. »The Stoic Argument from Oikeiōsis.« *Oxford Studies in Ancient Philosophy* 50 (2016): 143–200.

Long, A. A. *Hellenistic Philosophy: Stoics, Epicureans, Skeptics*. 2. Aufl. London: Duckworth, 1986.

——— . *Problems in Stoicism*. London: Continuum, 2000.

——— . *Stoic Studies*. Berkeley: University of California Press, 2001.

——— . *From Epicurus to Epictetus: Studies in Hellenistic and Roman Philosophy*. Oxford: Oxford University Press, 2006.

——— . *Greek Models of Mind and Self*. Cambridge, MA: Harvard University Press, 2015.

Long, A. G., Hrsg. *Plato and the Stoics*. Cambridge: Cambridge University Press, 2013.

Meijer, P. A. *Stoic Theology: Proofs for the Existence of the Cosmic God and of the Traditional Gods*. Delft: Eburon, 2007.

Motto, Anna Lydia. *Seneca Sourcebook: Guide to the Thought of Lucius Annaeus Seneca*. Amsterdam: Adolf M. Hakkert, 1970.

Newman, Robert J. »Cotidie Meditare: Theory and Practice of the Meditation in Imperial Stoicism.« In *Aufstieg und Niedergang der Römischen Welt*, II.36.3. Berlin: De Gruyter, 1989.

Obbink, Dirk, und Paul A. Vander Waerdt. »Diogenes of Babylon: The Stoic Sage in the City of Fools.« *Greek, Roman, and Byzantine Studies* 32, Nr. 4 (1991): 355–96.

Papazian, Michael. »The Ontological Argument of Diogenes of Babylon.« *Phronesis* 52, Nr. 2 (2007): 188–209.

Reydams-Schils, Gretchen. *The Roman Stoics: Self, Responsibility, and Affection*. Chicago: University of Chicago Press, 2005.

——— . »Philosophy and Education in Stoicism of the Roman Imperial Era.« *Oxford Review of Education* 36, Nr. 5 (2010): 561–74.

Robertson, Donald. *How to Think Like a Roman Emperor: The Stoic Philosophy of Marcus Aurelius*. New York: St. Martin's Press, 2019.

Sambursky, Samuel. *The Physics of the Stoics*. London: Routledge, 1959.

Sandbach, F. H. *The Stoics*. 2. Aufl. London: Duckworth, 1994.

Scaltsas, Theodore, und Andrew S. Mason, Hrsg. *The Philosophy of Epictetus*. Oxford: Oxford University Press, 2007.

Schofield, M. *The Stoic Idea of the City*. Chicago: University of Chicago Press, 1999.

Schofield, M., und G. Striker, Hrsg. *The Norms of Nature*. Cambridge: Cambridge University Press, 1986.

Sellars, J. *Stoicism*. Berkeley und Durham: University of California Press und Acumen, UK, 2006.

——— . »Stoic Cosmopolitanism and Zeno's ›Republic‹«. *History of Political Thought* 28, Nr. 1 (2007): 1–29.

——— . *The Art of Living: The Stoics on the Nature and Function of Philosophy*. London: Bloomsbury, 2013.

——— . *Hellenistic Philosophy*. Oxford: Oxford University Press, 2018.

Sorabji, Richard. *Emotion and Peace of Mind: From Stoic Agitation to Christian Temptation*. Oxford: Oxford University Press, 2000.

Star, Christopher. *The Empire of the Self: Self-Command and Political Speech in Seneca and Petronius*. Baltimore: Johns Hopkins University Press, 2012.

Stephens, W. O. *Epictetus and Happiness as Freedom*. London: Continuum, 2007.

Valantasis, Richard. »Musonius Rufus and Roman Ascetical Theory.« *Greek, Roman, and Byzantine Studies* 40 (2001).

Weiss, Robin. »The Stoics and the Practical: A Roman Reply to Aristotle.« DePaul College of Liberal Arts and Social Sciences, Theses and Dissertations, Paper 143 (2013), http://via.library.depaul.edu/etd/143.

INDEX DER STOIKER

Dein Ego ist Dein Feind

Ryan Holiday

Viele Menschen glauben, dass die Gründe, die sie daran hindern, erfolgreich zu sein, in ihrer Umwelt zu finden sind. Aber in Wirklichkeit steckt der größte Feind in jedem von uns selbst: unser Ego. Es macht uns blind für unsere Fehler, verhindert, dass wir aus ihnen lernen, und hemmt unsere Entwicklung. Denn gerade in Zeiten, in denen die schamlose Selbstdarstellung in sozialen Netzwerken eine Selbstverständlichkeit ist, liegt die wahre Herausforderung in der Idee, weniger Zeit in das Erzählen der eigenen Größe zu stecken und stattdessen die wirklich wichtigen Missionen des Lebens zu meistern.
Mit einer Fülle an Beispielen aus Literatur, Philosophie und Geschichte zeigt Ryan Holiday eindrucksvoll und praxisnah, wie die Überwindung des eigenen Egos zum unnachahmlichen Erfolg verhilft. Bewaffnet mit den Erkenntnissen aus diesem Buch kann sich jeder seinem größten Feind stellen – dem eigenen Ego.

288 Seiten | Hardcover | 19,99 € (D) | 20,60 € (A) | ISBN 978-3-95972-032-8

Dein Hindernis ist Dein Weg

Ryan Holiday

Tagtäglich werden wir mit Problemen konfrontiert. Dabei haben wir stets die Wahl: Wir können uns von den Hürden auf unserem Weg aufhalten lassen oder wir zeigen, aus welchem Holz wir geschnitzt sind, und wachsen an der Herausforderung. Wenn wir vor Aufgaben stehen, die frustrierend oder schwierig sind, löst dies im ersten Moment oft Angst, Wut oder Hilflosigkeit aus. Doch es liegt in unserer Macht, diese erste Reaktion zu nutzen, sie in eine Stärke umzuwandeln und so ans Ziel zu kommen.
Ryan Holiday – mehrfacher Bestsellerautor – zeigt, wie das jahrhundertealte Wissen der Stoiker gerade für unsere hektische und unsichere Zeit ein Segen sein kann. In viele kleine Lektionen verpackt, enthüllt er, wie große Geister wie Edison, Roosevelt aber auch Steve Jobs oder Barack Obama Weisheit, Mut, Selbstbeherrschung und Gelassenheit erlernt haben, um in der zunehmenden Komplexität unserer Welt nicht nur zu bestehen, sondern Großartiges zu leisten. Und er zeigt, wie sich dieses Wissen von jedem im eigenen Leben anwenden lässt.

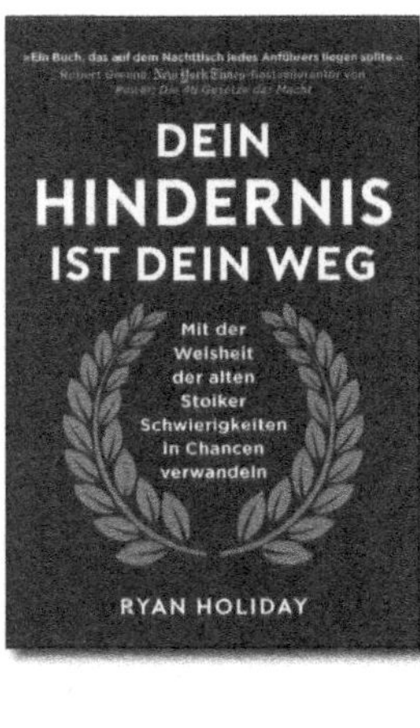

224 Seiten | Hardcover | 19,99 € (D) | 20,60 € (A) | ISBN 978-3-95972-328-2

Der tägliche Stoiker

Ryan Holiday | Stephen Hanselman

Wie findet man das wahre Glück? Wie lässt sich Erfolg wirklich bemessen? Und wie geht man mit den Herausforderungen des Alltags wie Wut, Trauer und der Frage nach dem Sinn des Ganzen um? New York Times-Bestsellerautor Ryan Holiday und Stephen Hanselman haben das Wissen der Stoiker in 366 zeitlose Lektionen verpackt und zeigen, dass die Philosophie des Stoizismus nicht nur zeitlos, sondern gerade für unsere hektische und unsichere Zeit ein Segen ist. Weisheit, Mut, Gerechtigkeitssinn und Selbstbeherrschung sowie Gelassenheit lassen sich erlernen und helfen uns, in der zunehmenden Komplexität unserer Welt zu bestehen. Die uralten Weisheiten der Stoiker, gesammelt und kommentiert, unterstützen bei diesen alltäglichen Herausforderungen.

432 Seiten | Hardcover | 24,99 € (D) | ISBN 978-3-95972-045-8

In der Stille liegt der Weg

Ryan Holiday

Im Laufe der Geschichte hatten große Anführer, Denker, Künstler und Visionäre die Eigenschaft, Launen zu überwinden, Ablenkungen zu vermeiden und das Richtige zu tun. Die Zen-Buddhisten beschrieben es als inneren Frieden und wussten, dass es wichtig war, ob man ein Samurai-Krieger oder ein Mönch ist. Die Stoiker und Epikureer nannten es Ataraxie und glaubten, dass es ein Bollwerk gegen die Leidenschaften des Mobs, eine Voraussetzung für gute Führung und ein Weg zur tiefen Wahrheit sei. Ryan Holiday nennt es Stille – stabil sein, während sich die Welt um einen dreht.

In diesem Buch skizziert er einen Weg zu dieser zeitlosen, aber dringend notwendigen Lebensweise. Ausgehend von den größten Denkern der Geschichte, von Konfuzius bis Seneca, von Mark Aurel bis Thích Nhât Hahn, von John Stuart Mill bis Nietzsche, zeigt er, dass Stille nicht nur Untätigkeit ist, sondern das Tor zur Selbstbeherrschung, Disziplin und Konzentration.

256 Seiten | Hardcover | 19,99 € (D) | 20,60 € (A) | ISBN 978-3-95972-329-9